Zecharia Sitchin

Götter Mythen Kulturen Pyramiden

Die Suche nach der Unsterblichkeit

Zecharia Sitchin

Götter Mythen Kulturen Pyramiden

Die Suche nach der Unsterblichkeit

Herbig

Originaltitel:
The Stairway to Heaven

Schutzumschlag: Wolfgang Heinzel, Merching
Foto: The Image Bank, München
Druck und Binden: Mohndruck
Graphische Betriebe GmbH, Gütersloh
Printed in Germany
ISBN 3-7766-1636-9

Inhalt

1

Auf der Suche nach dem Paradies

Es gab einmal eine Zeit – so berichten es unsere alten Schriften –, da war die Unsterblichkeit für die Menschheit erreichbar.

Ein Goldenes Zeitalter war es, als der Mensch mit seinem Schöpfer im Garten Eden lebte – der Mensch hegte den wundervollen Garten, und Gott erging sich darin in der Abendkühle. »Und Gott ließ allerlei Bäume aus dem Boden hervorwachsen, die lieblich anzusehen waren und wohlschmeckende Früchte trugen, auch den Baum des Lebens mitten im Garten und den Baum der Erkenntnis des Guten und des Bösen. Und ein Strom entsprang in Eden, den Garten zu bewässern, und teilte sich daselbst in vier Arme: Der erste heißt Pison... Der zweite Strom heißt Gihon... Der dritte heißt Hiddekel (Tigris)... und der vierte Strom ist der Euphrat.«

Von den Früchten eines jeden Baumes durften Adam und Eva essen, nicht jedoch von denen des Baumes der Erkenntnis. Doch einmal taten sie es, verführt von der Schlange, und Gott sorgte sich:

> »Dann sprach die Gottheit Jahwe:
> ›Sehet, der Adam ist einer von uns geworden und weiß, was gut und böse ist. Könnte er jetzt nicht seine Hand ausstrecken und teilhaben am Baume des Lebens und essen und ewig leben?‹
> Und die Gottheit Jahwe verstieß den Adam aus dem Garten Eden... Östlich vom Garten Eden ließ er Cherub sich lagern mit einem funkelnden Schwert, zu bewachen den Weg zum Baume des Lebens.«

So wurde der Mensch von dem Ort verbannt, wo das ewige Leben für ihn erreichbar gewesen war. Dennoch erinnert er sich noch immer daran, er hat nie aufgehört, sich danach zu sehnen, und immer wieder versucht, es zu erlangen.

Seit der Vertreibung aus dem Paradies sind Helden auf der Suche nach Unsterblichkeit bis ans Ende der Welt gezogen; einige wenige erhaschten einen Blick darauf, und naive Gemüter behaupteten, sie zufällig gefunden zu haben. Jahrhundertelang war die Suche nach

dem Paradies einzelnen vorbehalten, aber in grauer Vorzeit wurde sie von mächtigen Königreichen als nationales Unternehmen betrieben.
Die Neue Welt soll entdeckt worden sein, als Forscher einen neuen Seeweg nach Indien und seinen Reichtümern suchten. Das ist jedoch nicht die ganze Wahrheit, denn was Ferdinand und Isabella von Spanien in erster Linie finden wollten, das war der Jungbrunnen, eine Zauberquelle, deren Wasser die Alten verjüngt und den Menschen ewig jung erhält, weil sie im Paradies entspringt.
Sobald Kolumbus und seine Leute das Land betreten hatten, das sie für die Indien vorgelagerten Inseln hielten (»Westindische Inseln«), verbanden sie die Erforschung des neuen Landes mit der Suche nach dem legendären Brunnen, der angeblich Alte verjüngen sollte. Gefangene »Indianer« wurden befragt, sogar gefoltert, weil die Spanier ihnen den geheimen Ort des Brunnens entpressen wollten.
An diesen Nachforschungen beteiligte sich Ponce de León, seines Zeichens Soldat und Abenteurer, der zum Rang eines Gouverneurs von Hispaniola (heute Haiti) und Puerto Rico aufstieg. Im Jahr 1511 wohnte er dem Verhör einiger gefangener Eingeborener bei. Bei der Beschreibung ihrer Insel sprachen sie von Perlen und anderen Reichtümern. Sie schwärmten auch von den wunderbaren Eigenschaften ihrer Gewässer. Eine Quelle gebe es, sagten sie, von der ein altersgebeugter Inselbewohner getrunken habe, worauf ihm die Manneskraft zurückgegeben worden sei; er habe sich wieder eine Frau genommen und Kinder gezeugt.
Ponce de León – selbst ein älterer Mann – war überzeugt, daß die Eingeborenen den Wunderjungbrunnen beschrieben. Die Tatsache, daß der alte Mann, der daraus getrunken, seine Manneskraft wiedergewonnen und Kinder gezeugt hatte, schien ein schlüssiger Beweis zu sein. Denn am spanischen Hof und in ganz Europa hingen zahlreiche Bilder der bedeutendsten Maler, die bei allen Darstellungen von Liebesszenen und sexuellen Allegorien stets einen Brunnen beigefügt hatten. Vielleicht wurde das berühmteste dieser Bilder, Tizians »Irdische und himmlische Liebe«, ungefähr zu der Zeit geschaffen, als die Spanier auf den Westindischen Inseln ihre Nachforschungen betrieben. Man weiß, daß der Brunnen auf dem Gemälde die endgültige Liebesvereinigung andeutet – der Brunnen, dessen Wasser durch ewige Jugend Manneskraft verleiht.
Ponce de Leóns Bericht an König Ferdinand spiegelt sich in dem

Buch »De orbe novo« des Hofhistorikers Petrus Martyr von Angleria, das die erste Beschreibung der Entdeckung Amerikas enthält. Demnach offenbarten die Eingeborenen von den Inseln Lucayos (Bahamas), es gebe eine Insel, wo »ein Quellwasser die wunderbare Eigenschaft hat, vielleicht zusammen mit einer bestimmten Ernährung, alte Männer wieder jung zu machen«. Viele Forscher haben festgestellt, daß die Entdeckung des Jungbrunnens zu den größten Erwartungen gehörte, die die Eroberer in die Neue Welt setzten. Zweifellos trifft dies auch auf König Ferdinand zu.
Als Ferdinand von Ponce de León benachrichtigt wurde, verlor er keine Zeit. Sofort übermittelte er Ponce de León einen Freibrief (datiert vom 23. Februar 1512) für eine Entdeckungsexpedition nordwärts der Insel Hispaniola. Der Admiralität wurde befohlen, Ponce de León zu unterstützen und ihm die besten Schiffe und Seeleute zur Verfügung zu stellen, damit er unverzüglich die Insel Beininy (Bimini) erforschen könnte. Der König verfügte ausdrücklich: »Nachdem Sie die Insel erreicht und erfahren haben, was sie enthält, werden Sie mir den Bericht zustellen.«
Im März 1513 stach Ponce de León nordwärts in See. Als Grund für die Expedition wurde offiziell die Suche nach »Gold und anderen Metallen« angegeben; der wahre Zweck bestand darin, den Jungbrunnen zu finden. Das erfuhren die Seeleute bald, da sie nicht nur eine Insel fanden, sondern deren Hunderte. Vor einer nach der anderen ging man vor Anker, und den Landgängern wurde aufgetragen, nicht nach Gold zu suchen, sondern nach einer ungewöhnlichen Quelle. Von jedem Gewässer wurde gekostet, doch ohne ersichtliche Wirkung. Am Ostersonntag – *Pascua de Flores* auf spanisch – sichtete man eine lange Küstenlinie. Ponce de León nannte diese »Insel« Florida. Er segelte an der Küste entlang, landete immer wieder, durchstreifte mit seinen Leuten die Urwälder, und sie tranken das Wasser unzähliger Quellen. Aber kein einziges Quellwasser wirkte Wunder.
Der Mißerfolg der Expedition scheint die Überzeugung, der Brunnen existiere irgendwo, kaum gedämpft zu haben: Er mußte nur gefunden werden. Noch mehr Eingeborene wurden ins Verhör genommen. Einige wirkten ungewöhnlich jung in Anbetracht ihres angeblichen Alters. Andere wiederholten Legenden, die das Vorhandensein des Brunnens bestätigten. Eine solche Legende (beschrieben von J. Curtin in »Creation Myths of Primitive America«) handelt davon, daß der Gott Olelbis, »Der zuoberst sitzt«, bei der

Erschaffung des Menschen zwei Gesandte zur Erde schickte, eine Leiter zu bauen, die Erde und Himmel verbinden sollte. In der Mitte der Leiter sollten sie einen Rastplatz mit einem Becken reinen Trinkwassers errichten. An der Spitze sollten sie zwei Quellen erschaffen, eine zum Trinken, die andere zum Baden. Wird ein Mensch alt, sagte Olelbis, so laßt ihn zur Spitze hinaufklettern, auf daß er trinke und bade, worauf er seine Jugend wiedererhält.
Die Überzeugung, daß es den Brunnen irgendwo auf den Inseln gäbe, war so stark, daß Petrus Martyr 1514 – in dem Jahr nach Ponce de Leóns fruchtloser Mission – Papst Leo X. folgende Nachricht zukommen ließ:
»325 Meilen von Hispaniola entfernt soll es eine Insel namens Boyuca alias Ananeo geben, die – laut jenen, die ihr Inneres erforscht haben – einen außergewöhnlichen Brunnen besitzt, dessen Wasser die Alten verjüngt. Möge Eure Heiligkeit nicht denken, dies sei leichthin oder unüberlegt gesagt; denn das Wort davon hat sich als Wahrheit am ganzen Hof verbreitet, so daß alle Leute, von denen sich nicht wenige durch Weisheit oder Vermögen vom gemeinen Volk unterscheiden, es für wahr halten.«
Nach weiteren unergiebigen Untersuchungen zog Ponce de León unverzagt den Schluß, man müsse nach einer Quelle in Verbindung mit einem Fluß suchen; möglicherweise waren beide durch einen verborgenen unterirdischen Tunnel verbunden. Wenn der Brunnen sich auf einer Insel befand, konnte er durch eine Quelle gespeist werden, die auf Florida entsprang?
Im Jahr 1521 schickte die spanische Krone Ponce de León abermals auf die Suche, diesmal mit dem Schwerpunkt in Florida. Am wahren Zweck seines Auftrag kann nicht gezweifelt werden: Wenige Jahrzehnte später schrieb der spanische Historiker Antonio de Herrera y Tordesillas in seiner »Historia General de las Indias«: »Er (Ponce de León) ging auf die Suche nach dem heiligen Brunnen, der von den Eingeborenen so gepriesen wurde, und auch nach dem Fluß, dessen Wasser die Alten verjüngt.« Er wollte die Quelle von Bimini und den Fluß in Florida finden, denn die Eingeborenen von Cuba und Hispaniola »versicherten, daß Alte, die darin badeten, wieder jung wurden«.
Statt ewiger Jugend fand Ponce de León den Tod durch den Pfeil eines Eingeborenen. Mag die individuelle Suche nach einem Lebenselixier auch nie geendet haben, die organisierte Suche auf königliches Geheiß war damit zu Ende.

War es von Anfang an eine aussichtlose Suche? Waren Ferdinand und Isabella, waren Ponce de León und die Männer, die das Meer befuhren und auf der Suche nach dem Brunnen starben, lauter Narren, die kindlich an primitive Märchen glaubtcn?
Nicht ihrer Anschauung nach. Die Heilige Schrift, heidnischer Glaube und die dokumentierten Berichte großer Weltreisender bestätigten allesamt, daß es einen Ort gab, dessen Wasser (oder Fruchtnektar) Unsterblichkeit und ewige Jugend verlieh.
Noch immer wurden damals Sagen aus der Zeit, als die Kelten die Pyrenäenhalbinsel bevölkerten, erzählt von einem geheimen Ort, einem geheimen Brunnen, einer geheimen Frucht oder einem Kraut, dessen Finder vom Tod verschont bleibt. Da gab es die Göttin Idun, die Hüterin jener Äpfel, von denen die Götter genossen, um sich zu verjüngen. Tatsächlich bedeutet Idun »Verjüngung«, und die Äpfel, die sie der Sage nach aufbewahrte, wurden »Elixier der Götter« genannt.
Spiegelt sich hier die Sage von Herakles und seinen zwölf Arbeiten wider? Das delphische Orakel verhieß ihm: »Wenn das getan ist, sollst du einer der Unsterblichen werden.« Die vorletzte Aufgabe bestand darin, drei der goldenen Äpfel der Hesperiden herbeizuschaffen. Die Hesperiden – »Töchter des Abendlandes« – hüteten die Äpfel in fern im Westen gelegenen Gärten.
Haben nicht die Griechen und später die Römer Sagen über unsterblich gewordene Menschen hinterlassen? Sarpedons Leichnam wurde von Apollo gesalbt, so daß dieser Sohn des Zeus noch drei Menschenalter lebte. Aphrodite salbte Phaon mit einem Wundermittel und verwandelte ihn in einen schönen Jüngling, der »in den Herzen aller Frauen von Lesbos Liebe erweckte«. Und der Knabe Demophon, der von Demeter mit Ambrosia gespeist wurde, wäre sicher unsterblich geworden, wenn seine ahnungslose Mutter ihn der Göttin nicht entrissen hätte.
Da gab es die Sage von Tantalos, der unsterblich geworden war, weil er an der Tafel der Götter gespeist und Nektar und Ambrosia entwendet hatte. Doch als er ihnen, um ihre Allwissenheit zu prüfen, das Fleisch seines Sohnes vorsetzte, mußte er in der Unterwelt durch ungestillten Hunger und Durst büßen: Bis zum Hals im Wasser stehend, hängen ihm die köstlichsten Früchte vor Augen – jedoch ewig außer Reichweite. (Hermes erweckte übrigens den geschlachteten Sohn wieder zum Leben.) Hingegen lehnte Odysseus, dem die Nymphe Kalypso Unsterblichkeit verhieß, wenn er für im-

mer bei ihr bliebe, das Angebot ab, weil er es vorzog, zu seiner Frau zurückzukehren.
Gab es nicht auch die Erzählung von Glaukos, einem gewöhnlichen sterblichen Fischer, der ein Meergott wurde? Eines Tages sah er, daß ein Fisch, den er gefangen hatte, durch Berührung mit einem Kraut wieder zu Leben kam und ins Wasser zurücksprang. Nach Genuß dieses Krautes stürzte sich Glaukos an derselben Stelle ins Wasser, worauf die Meergötter Okeanos und Tethys ihn in ihren Kreis aufnahmen und in einen Gott verwandelten.
Im Jahr 1492 stach Kolumbus von Spanien aus in See, und das war auch das Jahr, in dem die Besetzung der iberischen Halbinsel durch die Mauren mit der Aufgabe des maurischen Königreichs Granada endete. Während der fast 800 Jahre, die die Moslems und die Christen um die Halbinsel stritten, war die gegenseitige Beeinflussung der beiden Kulturen außerordentlich stark, und die im Koran enthaltene Geschichte vom Fisch und dem Lebensbrunnen war den Mauren und den Katholiken gleicherweise bekannt. Die Tatsache, daß sie mit der griechischen Sage vom Fischer Glaukos übereinstimmt, wurde als Bestätigung ihrer Wahrheit betrachtet. Das war einer der Gründe, warum man den legendären Brunnen in Indien suchte, dem Lande, zu dem Kolumbus aufbrach und das er seiner Meinung nach erreicht hatte.
Der Abschnitt des Korans, der diese Erzählung enthält, ist die achtzehnte Sure. Sie schildert die Ergründung verschiedener Geheimnisse durch Moses, den biblischen Helden des Auszugs der Israeliten aus Ägypten. Das Wissen, das ihm zur Ausübung seiner neuen Berufung als Gesandter Gottes noch fehlte, sollte ihm durch einen geheimnisvollen »Diener Gottes« beigebracht werden. Nur von einem Gehilfen begleitet, sollte Moses diesen rätselhaften Lehrer mit Hilfe eines einzigen Hinweises finden: Er sollte einen gedörrten Fisch mitnehmen, und an der Stelle, wo der Fisch ins Wasser springen und verschwinden würde, sollte er den Lehrer treffen.
Nach langer vergeblicher Suche riet der Gehilfe Moses, aufzugeben. Aber Moses widersetzte sich und sagte, er werde nicht ablassen, bevor sie den Zusammenfluß zweier Ströme erreicht hätten.
Tatsächlich ereignete sich das Wunder beim Zusammenfluß zweier Ströme, aber ohne daß Moses es wahrnahm. Erst als er das Fehlen des Fisches bemerkte, berichtete ihm sein Begleiter, der Fisch sei in einer Art Tunnel im Wasser verschwunden.
Die Koranerzählung von dem gedörrten Fisch (Abb. 1), der wieder

60. »Siehe«, sprach Moses zu seinem Gehilfen.
»Ich werde nicht ablassen, bevor ich den Zusammenfluß der Ströme erreicht habe
oder bevor ich Jahre um Jahre gereist bin.«

٦٠- وَإِذْ قَالَ مُوسَىٰ لِفَتٰىهُ لَآ
أَبْرَحُ حَتّٰىٓ أَبْلُغَ مَجْمَعَ الْبَحْرَيْنِ أَوْ
أَمْضِيَ حُقُبًا ○

61. Aber als sie den Zusammenfluß erreichten,
vergaßen sie den Fisch,
der seinen Weg nahm durch den Strom
wie durch einen Tunnel.

٦١- فَلَمَّا بَلَغَا مَجْمَعَ بَيْنِهِمَا نَسِيَا حُوتَهُمَا
فَاتَّخَذَ سَبِيلَهُ فِي الْبَحْرِ سَرَبًا ○

62. Als sie weitergezogen waren, sprach Moses:
»gib uns unser Mahl, denn wir sind erschöpft
durch die Reise.«

٦٢- فَلَمَّا جَاوَزَا قَالَ
لِفَتٰىهُ اٰتِنَا غَدَآءَنَا ۡ لَقَدْ
لَقِيْنَا مِنْ سَفَرِنَا هٰذَا نَصَبًا ○

63. Der Gehilfe aber entgegnete: »Sahst Du, was geschah,
als wir an jenem Felsen waren?
Nur Satan ließ mich vergessen, es Dir zu sagen:
Der Fisch nahm seinen wunderbaren Weg durch den Strom.«

٦٣- قَالَ اَرَءَيْتَ اِذْ اَوَيْنَآ
اِلَى الصَّخْرَةِ فَاِنِّيْ نَسِيْتُ الْحُوْتَ ۡ
وَمَآ اَنْسٰنِيْهُ اِلَّا الشَّيْطٰنُ اَنْ اَذْكُرَهٗ ۚ
وَاتَّخَذَ سَبِيْلَهٗ فِي الْبَحْرِ ۖ عَجَبًا ○

64. Moses sprach: »Das war es, wonach wir gesucht haben.«
So kehrten sie um und folgten ihren Spuren,
sie nahmen den Pfad, den sie gekommen waren.

٦٤- قَالَ ذٰلِكَ مَا كُنَّا نَبْغِ ۖ
فَارْتَدَّا عَلٰٓى اٰثَارِهِمَا قَصَصًا ○

Abb. 1

zu Leben kommt und durch einen unterirdischen Kanal zum Meer zurückschwimmt, geht über die entsprechende griechische Sage insofern hinaus, als sie nicht von einem einfachen Fischer handelt, sondern vom verehrten Moses. Sie stellt den Vorfall auch nicht als zufällige Entdeckung dar, sondern als ein Ereignis, das der Herr

vorausgesagt hat. Der Herr kannte die Stelle, wo das Lebenswasser zu finden war, und die durch Wiedererweckung eines toten Fisches entdeckt werden konnte.
Als fromme Christen mußten der König und die Königin von Spanien die Vision in der Offenbarung des Johannes wörtlich nehmen: »Er zeigte mir einen reinen Strom des lebendigen Wasser, klar wie Kristall, der hervorfloß aus dem Throne Gottes... Auf beiden Seiten des Stromes, mitten in seinem Lauf, standen Lebensbäume, die alle Monde Früchte trugen.« Sie müssen auch an die Verheißungen geglaubt haben: »Ich will dem Dürstenden umsonst aus dem Brunnen des Lebenswassers zu trinken geben.« – »Wer überwindet, dem will ich zu essen geben vom Baume des Lebens, der im Paradiese Gottes steht.«
Gewiß kannten sie auch den Vers des Psalmdichters David: »Du gibst ihnen zu trinken aus dem Strom der Ewigkeit, denn bei dir ist der Brunnen des Lebens.«
Aufgrund der Heiligen Schrift konnte also nicht bezweifelt werden, daß es den Brunnen des Lebens oder den Strom der Ewigkeit in der Tat gab. Die einzige Frage war: Wo und wie war er zu finden?
Die achtzehnte Sure des Korans schien wichtige Hinweise zu geben. Sie berichtet des weiteren von den drei Widersprüchen des Lebens, auf die Moses vom Diener Gottes aufmerksam gemacht wird. Dann aber beschreibt die Sure drei andere Episoden: erstens einen Besuch in einem Land, wo die Sonne untergeht, zweitens in einem Land, wo die Sonne aufgeht, also im Osten, und schließlich in einem Land jenseits des zweiten, wo die mythische Bevölkerung von Gog und Magog (die feindliche Weltmacht am Ende aller Tage) unerhörtes Unheil anrichtet. Um dieser Unruhe ein Ende zu machen, füllt der Held der Geschichte, hier *Du-al'karnain* (»Besitzer der beiden Hörner«) genannt, den Paß zwischen zwei steilen Bergen mit Eisenblöcken und übergießt sie mit geschmolzenem Blei, auf diese Weise eine gewaltige Schranke errichtend, die Gog und Magog nicht zu überwinden vermögen. Voneinander getrennt, können die beiden kein Unheil mehr auf Erden anrichten.
Das Wort *Karnain* bedeutet sowohl im Arabischen als auch im Hebräischen zweierlei: Doppelhörner und Doppelstrahlen. Diese drei Episoden, die den Mysterien Moses unmittelbar folgen, dürften sich auf Moses beziehen, der den Beinamen *Du-al'karnain* gehabt haben kann, weil sein Antlitz, wie berichtet wird, »strahlte«, als er vom Berg zurückkehrte, wo er dem Herrn von Angesicht zu Ange-

sicht begegnet war. Der mittelalterliche Volksglaube schrieb den Namen und die Reisen in die drei Länder jedoch Alexander dem Großen zu, der im vierten Jahrhundert v. Chr. den größten Teil der Alten Welt bis nach Indien eroberte.
Dieser Volksglaube, der Moses mit Alexander dem Großen verwechselte, geht auf die überlieferten Berichte der Eroberungen und Abenteuer Alexanders des Großen zurück. Dazu nämlich gehörte wiederum nicht nur das Bravourstück im Lande von Gog und Magog, sondern auch die gleiche Geschichte von einem gedörrten Fisch, der wieder lebendig wurde, nachdem Alexanders Koch den Brunnen des Lebens gefunden hatte!
Die Fama von Alexanders Abenteuern, die im Mittelalter in Europa und im Nahen Osten umging, beruhte auf den vermeintlichen (jedoch in Wirklichkeit gefälschten) Schriften des griechischen Geschichtsschreibers Kallisthenes aus Olynthos. Er wurde von Alexander beauftragt, den Bericht über die Eroberungen, Triumphe und Abenteuer seiner asiatischen Expedition zu verfassen, wurde aber wegen angeblicher Verschwörung gegen Alexander ins Gefängnis geworfen, wo er starb. Sein Bericht ist auf geheimnisvolle Weise vernichtet worden. Doch Jahrhunderte später begann in Europa ein lateinischer Text zu kursieren, der als Übersetzung des verlorenen Originals von Kallisthenes ausgegeben wurde und heute als Pseudo-Kallisthenes bezeichnet wird.
Jahrhundertelang glaubte man, die vielen Darstellungen der Feldzüge Alexanders des Großen, die in Europa und im Nahen Osten verbreitet waren, seien Übertragungen des lateinischen, angeblich von Kallisthenes stammenden Textes. Doch später stellte man fest, daß es noch andere Versionen in vielen Sprachen gab – auf hebräisch, arabisch, persisch, syrisch, armenisch und äthiopisch – sowie mindestens drei griechische Fassungen. Die verschiedenen Ausgaben, von denen einige aus Alexandria und aus dem zweiten Jahrhundert v. Chr. stammen, weichen stellenweise voneinander ab, doch im großen und ganzen weisen die überwältigenden Übereinstimmungen auf eine gemeinsame Quelle hin, vielleicht doch auf die Schriften des Kallisthenes oder – wie mitunter behauptet wird – auf Alexanders Briefe an seine Mutter Olympias und seinen Lehrer Aristoteles.
Die wundersamen Abenteuer, die uns hier beschäftigen sollen, begannen, nachdem Alexander Ägypten erobert hatte. Aus den Texten ist nicht zu ersehen, welche Richtung Alexander einschlug, und

es steht auch nicht fest, daß die Episoden die richtige chronologische oder geographische Reihenfolge haben. Aber eine der ersten Episoden könnte die übliche Verwechslung von Alexander mit Moses erklären, denn anscheinend versuchte Alexander Ägypten zu verlassen, indem er das Wasser teilte und seine Gefolgsleute zu Fuß über das Meer führte.

Als er zum Meer gelangte, beschloß er, mitten hindurch einen Damm aus geschmolzenem Blei zu bauen. Seine Mannen »fuhren fort, Blei und anderes geschmolzenes Material ins Wasser zu gießen, bis der Damm die Oberfläche überragte. Dann errichtete er darauf einen Turm und eine Säule, in die sein eigenes Abbild mit zwei Hörnern auf dem Kopf gemeißelt wurde.« Das Monument trug die Inschrift: »Wer hierher kommt und übers Meer segeln möchte, dem sei kundgetan, daß ich das Meer abgeriegelt habe.« Nachdem das Wasser auf diese Weise »abgeriegelt« war, sollte die Überquerung des Meeres beginnen. Doch vorsichtshalber wurden Gefangene vorausgeschickt. Als sie den Turm in der Mitte des Dammes erreichten, »sprangen die Wellen zu ihnen empor, und das Meer verschluckte sie, und alle kamen um... Als der Zweihörnige dies sah, fürchtete er sich gewaltig vor dem Meer« und gab den Versuch, es Moses gleichzutun, auf.

Ganz erpicht darauf, die »Dunkelheit« auf der anderen Seite des Meeres zu erforschen, machte Alexander mehrere Umwege, auf denen er angeblich die Quellen des Euphrats und des Tigris aufsuchte, wo er »die Geheimnisse des Himmels und der Sterne und der Planeten« zu ergründen trachtete.

Er ließ seine Truppen zurück, begab sich zum Land der Dunkelheit und gelangte am Rande der Wüste zu einem Berg namens Muschas. Nach mehreren Tagewanderungen sah er »einen geraden Weg, der keine Mauer und keine Erhöhung und keine Senke hatte«. Er verabschiedete sich von seinen wenigen getreuen Gefährten und ging allein weiter. Nach zwölf Tagen und zwölf Nächten »gewahrte er den Strahlenglanz eines Engels«, doch als er näher kam, war der Engel »ein flammendes Feuer«. Alexander erkannte, daß er den Berg erreicht hatte, »von dem die ganze Welt umgeben ist«.

Der Engel war nicht weniger erstaunt als Alexander. »Wer bist du, und aus welchem Grunde bist du hier, o Sterblicher?« fragte er und wunderte sich, wie es Alexander gelungen war, »in diese Dunkelheit vorzudringen, was noch kein anderer Mensch vermocht hat«. Worauf Alexander antwortete, Gott selbst habe ihn geführt und ihm die Kraft gegeben, »zu diesem Ort zu gelangen, der das Paradies ist«.

Um die Leser zu überzeugen, daß das Paradies eher als die Hölle durch unterirdische Gänge zu erreichen war, schaltete der Schreiber aus alter Zeit nun ein langes Gespräch zwischen dem Engel und Alexander über Gott und die Menschen ein. Schließlich drängte der Engel Alexander, zu seinen Freunden zurückzukehren, aber Alexander ließ sich nicht davon abbringen, die Geheimnisse des Himmels und der Erde, der Gottheit und der Menschen zu erforschen. Endlich erklärte sich Alexander bereit, zu gehen, wenn ihm etwas zugebilligt würde, das noch nie ein Mensch bisher erhalten hätte. »Willfährig sagte der Engel: ›Ich will dir sagen, wie du leben kannst, ohne zu sterben.‹ Der Zweigehörnte sagte: ›Sprich!‹ Und der Engel sprach zu ihm:

> ›Im Lande Arabien hat Gott die Schwärze undurchdringlicher Dunkelheit eingesetzt, darin ist verborgen ein Schatz dieses Wissens. Dort ist auch der Brunnen des Wassers, das Lebenswasser genannt wird, und wer davon trinkt, und sei es auch nur ein einziger Tropfen, wird nie sterben.‹«

Der Engel schrieb diesem Lebenswasser noch andere magische Kräfte zu: »die Fähigkeit, durch den Himmel zu fliegen, sogar wie die Engel zu fliegen«. Alexander bedurfte keiner weiteren Anregung mehr, er fragte begierig: »In welchem Teil der Erde liegt dieser Brunnen?« Die rätselhafte Antwort des Engels lautete: »Befrage diejenigen Menschen, die Erben dieses Wissens sind.« Dann schenkte er Alexander eine Weintraube, seine Truppen damit zu speisen.

Nach der Rückkehr zu seinen Gefährten schilderte Alexander ihnen sein Erlebnis und gab jedem eine Weinbeere. »Immer wenn er eine Beere abzupfte, wuchs an ihrer Stelle eine neue.« So konnte er mit einer einzigen Traube alle Soldaten und ihre Tiere ernähren. Hierauf hörte er sich bei allen Gelehrten um, die er finden konnte. Er fragte die Weisen: »Habt ihr in euren Büchern jemals gelesen, daß Gott einen Ort der Dunkelheit hat, wo das Wissen verborgen ist und wo der Brunnen liegt, der Lebensbrunnen genannt wird?«

Nach den griechischen Fassungen der Sage spürte er den richtigen Weisen am Ende der Welt auf, nach den äthiopischen befand sich der Weise unter seinen Soldaten. Er hieß Matun, und er kannte die alten Schriften. Der Ort, sagte er, »liegt nahe bei der Sonne, wenn sie auf der rechten Seite aufgeht«.

Durch diese rätselhafte Auskunft kaum klüger geworden, vertraute sich Alexander der Führung Matuns an. Sie begaben sich wieder in die Dunkelheit. Nach langer Reise wurde Alexander müde und schickte Matun voraus, den richtigen Weg zu suchen. Damit Matun in der Dunkelheit sehen konnte, gab Alexander ihm einen Stein mit, den er früher unter wundersamen Umständen von einem alten König erhalten hatte, der unter den Göttern lebte, einen Stein, den Adam aus dem Paradies mitgenommen hatte und der schwerer war als alle Stoffe auf Erden.
Obwohl Matun sorgsam auf den Weg achtgab, verirrte er sich. Er holte den Stein hervor und legte ihn auf den Boden. Sobald der Stein die Erde berührte, begann er zu leuchten. In dem Licht gewahrte Matun einen Brunnen. Er ahnte jedoch nicht, daß er zufällig auf den Lebensbrunnen getroffen war. Die äthiopische Fassung beschreibt die Fortsetzung folgendermaßen:
»Nun hatte er einen gedörrten Fisch bei sich, und da er großen Hunger hatte, stieg er hinab, den Fisch im Wasser zu waschen und dann zu kochen. Doch siehe da, sobald der Fisch das Wasser berührte, schwamm er davon. Als Matun das sah, streifte er seine Kleider ab und stieg ganz ins Wasser, den Fisch zu holen, und da lebte der Fisch im Wasser.«
Als Matun begriff, daß dies der »Brunnen des Lebenswassers« war, wusch er sich darin und trank davon. Nach dem Aufstieg aus dem Brunnen war er nicht mehr hungrig, und er hatte auch sonst keine irdischen Bedürfnisse mehr; denn er war *El-Khidr* geworden, »der Immergrüne«, der ewig Junge.
Nach der Rückkehr zum Lager berichtete er Alexander (der in der äthiopischen Fassung »Der mit den zwei Hörnern« heißt) nicht von seiner Entdeckung. Jetzt nahm Alexander selbst die Suche auf und tastete in der Dunkelheit nach dem richtigen Weg. Plötzlich sah er den Stein, den Matun zurückgelassen hatte, »in der Dunkelheit leuchten, und nun hatte der Stein zwei Augen, die Lichtstrahlen aussandten«. Als ihm klar wurde, daß er den richtigen Weg gefunden hatte, stürzte er vor, wurde aber von einer Stimme aufgehalten, die ihn ermahnte, seinen zunehmenden Ehrgeiz zu zügeln, und ihm weissagte, statt ewiges Leben zu finden, werde er bald zu Staub werden. Erschrocken kehrte Alexander zu seinen Gefährten und zu seinen Truppen zurück. Er gab die Suche auf.
Laut mehreren Versionen sprach ein Vogel mit menschlichen Zügen zu Alexander und ließ ihn umkehren, als er einen Ort erreichte, wo

»Saphire, Smaragde und Zirkone eingebettet waren«. Alexanders angeblichem Brief an seine Mutter nach versperrten ihm zwei Vogelmenschen den Weg.
In der pseudo-Kallisthenesschen griechischen Fassung nahm Alexanders Koch Andreas den gedörrten Fisch, um ihn in einem Brunnen zu waschen, »dessen Wasser von Blitzen funkelte«. Als der Fisch mit dem Wasser in Berührung kam, entschlüpfte er den Händen des Kochs. Als dem Koch bewußte wurde, was er gefunden hatte, trank er von dem Wasser und nahm etwas davon in einer Silberschale mit, verriet aber keinem Menschen seine Entdeckung. Alexander, laut dieser Fassung von 360 Mann begleitet, setzte seine Suche fort und gelangte zu einem Ort, der hell schimmerte, obwohl weder Sonne noch Mond oder Sterne zu sehen waren. Den Weg versperrten zwei Vögel mit menschlichen Zügen.
»Kehre um!« befahl einer von ihnen Alexander. »Denn das Land, auf dem du stehst, gehört Gott allein. Kehre um, o Unglücklicher, denn in das Land der Gesegneten darfst du den Fuß nicht setzen!« Furchtschaudernd kehrte Alexander mit seinen Mannen um, aber zum Andenken nahmen sie etwas Erde und einige Steine mit. Nach mehreren Tagemärschen hatten sie das Land der ewigen Dunkelheit hinter sich gelassen, und im Licht sahen sie, daß die Erde und die Steine, die sie mitgenommen hatten, in Wirklichkeit Perlen, kostbare Edelsteine und Goldklumpen waren.
Erst jetzt erzählte der Koch Alexander von dem Fisch, der wieder lebendig geworden war, aber immer noch hielt er es geheim, daß er von dem Wasser getrunken und etwas davon aufbewahrt hatte. Alexander geriet in Wut und verbannte ihn aus dem Lager. Aber der Koch wollte nicht allein fortgehen, denn er hatte sich in eine von Alexanders Töchtern verliebt. Ihr offenbarte er sein Geheimnis und gab ihr von dem Wasser zu trinken. Als Alexander dies erfuhr, verbannte er seine Tochter ebenfalls. »Du bist ein göttliches Wesen und unsterblich geworden«, erklärte er und sagte, deshalb könne sie nicht mehr unter Menschen leben; sie gehöre ins Land der Gesegneten. Dem Koch jedoch ließ Alexander einen Stein um den Hals binden und ins Meer werfen; aber anstatt zu ertrinken, wurde der Koch der Meerdämon Andrentic.
»Und so endet die Geschichte von dem Koch und der Jungfrau«, heißt es zum Schluß.

Den gelehrten Ratgebern der mittelalterlichen europäischen Könige und Königinnen dienten die verschiedenen Versionen nur als Bestätigung für das Alter und die Echtheit der Sage von Alexander dem Großen und dem Jungbrunnen. Aber wo nur gab es dieses Zauberwasser?

War der Brunnen wirklich jenseits der ägyptischen Grenze auf der Halbinsel Sinai – in dem Gebiet, wo Moses gewirkt hatte? Oder im Quellgebiet von Euphrat und Tigris, irgendwo nördlich von Syrien? Ging Alexander zum »Ende der Erde« – nach Indien –, um den Brunnen zu finden, oder befaßte er sich mit diesen zusätzlichen Eroberungen erst, nachdem er von dort zurückgekehrt war?

Während sich die mittelalterlichen Gelehrten bemühten, das Rätsel zu lösen, bildete sich aufgrund neuer Werke aus christlichen Quellen eine Meinung heraus, die für Indien sprach. Ein lateinischer Aufsatz mit dem Titel »Alexander magni inter ad paradisum«, eine syrische »Homilie über Alexander« von Bischof Jakob von Sarug, die »Historia de proeliis« von Josippon (Joseph ben Gorion) – die vollständige Alexandersage mit der Geschichte vom Tunnel, den menschenähnlichen Vögeln und dem Zauberstein – verlegten das Land der Dunkelheit oder das Gebirge der Dunkelheit ans »Ende der Erde«. Dort unternahm Alexander, wie es in einigen dieser Schriften heißt, eine Schiffsreise auf dem Ganges, der kein anderer Fluß war als der biblische Pison. Dort in Indien, vielleicht auf einer der Küste vorgelagerten Insel, erreichte Alexander das Tor zum Paradies.

Als diese Schlußfolgerungen im Mittelalter Gestalt annahmen, warf eine neue Quelle unerwarteterweise Licht auf die Frage. Im Jahr 1145 veröffentlichte der Bischof Otto von Freising in seiner Weltchronik einen erstaunlichen Brief. Der Papst, schrieb er, habe einen Brief von einem christlichen Herrscher in Indien erhalten, von dessen Existenz man bisher nichts gewußt hatte. Und in seinem Brief bestätigte dieser König, daß der Fluß des Paradieses tatsächlich in seinem Gebiet lag.

Otto von Freising gab als Vermittler, durch den der Papst den Brief erhalten hatte, Bischof Hugo von Gebal an, einer sehr alten Stadt (früher Byblos) an der syrischen Mittelmeerküste. Der Herrscher hieß Johannes der Ältere und wurde Priester Johannes genannt. Er galt als Abkömmling eines der Weisen, die das Jesuskind aufgesucht hatten. Er hatte die moslemischen Könige von Persien siegreich bekämpft und in den Ländern am »Ende der Erde« ein blühendes christliches Reich errichtet.

Heute betrachten einige Historiker die ganze Angelegenheit als Fälschung zu Propagandazwecken. Andere vertreten die Meinung, daß die Berichte, die den Papst erreichten, Verzerrungen von Ereignissen enthielten, die wirklich stattgefunden haben. Die damalige christliche Welt erlitt 1144 mit ihrem Kreuzzug eine Niederlage, aber am »Ende der Erde« hatten mongolische Herrscher begonnen, die Tore des moslemischen Reiches zu erstürmen, und 1141 den Sultan Sandschar geschlagen. Als die Nachricht die Küstenstädte am Mittelmeer erreichte, wurde sie an den Papst weitergeleitet, mit der Aufforderung, die Moslems von der anderen Seite her anzugreifen.

Mag die Suche nach dem Jungbrunnen auch nicht zu den Gründen für den ersten Kreuzzug (1095) gezählt haben, so doch offenbar für die folgenden. Denn kaum hatte Otto von Freising über die Existenz des Priesters Johannes und des Paradiesflusses in dessen Gebiet Bericht erstattet, da rief der Papst zur Wiederaufnahme der Kreuzzüge auf. Zwei Jahre später, 1147, trat Konrad III. im Verein mit anderen Herrschern und vielen Rittern den zweiten Kreuzzug an.

Während die Kreuzfahrer nach anfänglichen Siegen scheiterten, wurde Europa aufs neue von Nachrichten und Hilfsversprechungen des Priesters Johannes überschwemmt. Laut den damaligen Chronisten sandte er 1165 einen Brief an den byzantinischen Kaiser, ans Heilige Römische Reich und an geringere Könige, in dem er seine endgültige Absicht erklärte, mit seinem Heer ins Heilige Land zu kommen. Wieder wurde sein Gebiet mit glühenden Worten beschrieben, die der Vorstellung von dem Ort entsprachen, wo der Fluß des Paradieses, ja die Tore zum Paradies lagen.

Die versprochene Hilfe kam nie. In den Weg von Europa nach Indien wurde keine Bresche geschlagen. Gegen Ende des dreizehnten Jahrhunderts endeten die Kreuzzüge, und die letzte wichtige Besitzung der Christen fiel in die Hände der Moslems.

Doch auch während der Kreuzzüge verbreitete sich der feste Glaube an das Vorhandensein des Paradieswassers in Indien immer mehr.

Schon vor dem Ende des zwölften Jahrhunderts fand eine neue Version der Eroberungen Alexanders des Großen den Weg in die Festungen und Städte. Man nennt sie heute den »Alexanderroman« von Lambert le Tort und Alexandre de Paris. Das Werk der beiden

Franzosen fußt auf der lateinischen Fassung der pseudo-Kallisthenesschen Schrift und auf anderen »Biographien«, die damals kursierten. Die Ritter, die Krieger und die Städter in den Trinkhallen kümmerte es nicht, wer die Verfasser waren, solange sie den »Roman«, der die wundersamen Abenteuer Alexanders in fremden Ländern in lebhaften Farben schilderte, in einer ihnen verständlichen Sprache lesen konnten.

Darunter war die Geschichte von den drei Zauberbrunnen. Der eine Brunnen verjüngte die Alten, der zweite verlieh Unsterblichkeit, der dritte erweckte Tote zum Leben. Die drei Brunnen, so heißt es im »Alexanderroman«, lagen in verschiedenen Ländern, entsprangen sie doch dem Euphrat und Tigris in Westasien, dem Nil in Afrika und dem Ganges in Indien. Das waren die vier Flüsse des Paradieses, und obwohl sie in verschiedenen Ländern flossen, hatten sie doch eine einzige Quelle: im Garten Eden, genau wie die Bibel es längst gesagt hatte.

Es war der Jungbrunnen – erzählt der »Roman« –, den Alexander und seine Mannen gefunden hatten. Als Tatsache wird vermerkt, fünfundsechzigjährige Gefährten Alexanders »erhielten wieder die Haut Dreißigjähriger, nachdem sie aus dem Brunnen der Jugend getrunken hatten«. In den Übersetzungen des »Romans« wurde dies ausgeschmückt: Nicht nur die äußere Erscheinung der älteren Soldaten veränderte sich, sondern auch ihre Manneskraft wurde wieder gestärkt.

Wie aber sollte man zu diesem Brunnen gelangen, wenn der Weg nach Indien von den heidnischen Moslems versperrt wurde?

Immer wieder versuchten die Päpste mit dem rätselhaften Priester Johannes in Verbindung zu treten, »dem glorreichen König der Inder und dem geliebten Sohne Christi«. Im Jahr 1245 entsandte Papst Innozenz IV. den Mönch Giovanni da Pian del Carpini über Südrußland zu dem mongolischen Herrscher oder Khan, weil er die Mongolen für Nestorianer (eine aus der christlichen Kirche Persiens hervorgegangene Glaubensgemeinschaft) und den Khan für Priester Johannes hielt. Neun Jahre später, 1254, reiste der armenische Priesterregent Haithon verkleidet durch die Osttürkei zum Lager des mongolischen Häuptlings in Südrußland. Im Bericht von seinen abenteuerlichen Reisen wird erwähnt, daß ihn sein Weg über den Engpaß am Kaspischen Meer, die sogenannte Kaspische Pforte, führte, und die Überlegung, daß dies der Paß sein konnte, den Alexander mit geschmolzenem Metall versperrt hatte, legte den

Gedanken nahe, daß das »Ende der Erde«, das Tor zum Paradies, tatsächlich zu erreichen war.
Zu diesen und anderen päpstlichen und königlichen Gesandten gesellten sich bald private Abenteurer, darunter die Brüder Niccolo und Matteo Polo sowie Niccolos Sohn Marco Polo und Ritter Wilhelm von Boldensele, die alle das Reich des Priesters Johannes suchten.
Ihre Reiseberichte hielten das Interesse von Kirche und Höfen wach, aber wieder war es ein volkstümliches literarisches Werk, das die Anteilnahme der Massen entfachte. Der Verfasser führte sich mit den Worten ein: »Ich, Hanns von Mandeville, ritter, geborn und erzogen in Engelland in einem dorf haist Sant Albans, fur über mer, da man zalt von Christus geburt 1322 jare an Sant Michels morgen.«
Als Mandeville 34 Jahre später seine Reisen beschrieb, erklärte er, nicht nur in das Heilige Land und nach Jerusalem gekommen zu sein, sondern auch zu den Ländern des Khans und des Priesters Johannes: nach Indien, und in verschiedene andere Länder mit seltsamen Wundern.
In dem Kapitel, das vom Königreich des Priesters Johannes handelt, schreibt Mandeville:
»Nun will ich uch sagen von dem grossen und edlen kayser von Yndien, der da jaisset Priester Johans... Nun hät er in seinem kungrich menig gute statt und menig gut dorff und menig gross und wit ynsel. Wan das land von India sind ytel ynseln von der wasser wegen, die von dem paradys kommend, die das lant *also tailend*...«
Er schildert dann den Fluß des Paradieses:
»Item ihr söllend hören ein gross wunder: uß den selben bergen da kumpt geloffen als *wer es ain* gross Wasser... und das gät in das Sandig Mer, das in latin haisset ›Mare Harenosum‹.«
Jenseits des Flusses erlebte der Weltreisende ein Paradies auf Erden:
»Nit verre von in dem land da ist ain ynsel, die haisset Pasamsore, und etliche haissent es Millestorrachund, ist unter dem kayser von India. Die war gar schön, und da machet er in die schönsten böm garten, die ye kain man gesach. Dar in pflantzet er allerley böm, die obß tragend, die man kann erdencken, und was wol schmecket, das pflantzet er dar in. Und in den hieß er machen den schönsten palast und kamren, und hieß den gezieren mit gemäld, gold und edel gestain.«

Der Zweck dieses Paradieses mit herrlichen Pavillons und Kammern diente lustvollen Vergnügungen – alles das Werk eines reichen und teuflischen Mannes.
»Item in dem garten da wärend die schönsten jungfrowen viertzig als man sie möcht finden, und viertzig jüngling, die wärend all ieglichs fünffzehn jär alt und wärend all geklaidt in gülden gewand. Wen er die zaigt, so sprach er, es wärend engel.
Item in den garten wärend gemacht dry brunnen gar schön kosperlich von gold und edelm gestain. Und die wärend gemacht mit grossen künsten, wan wen er wolt, so giend uß ainem brunnen milch, uß dem andern hung, uß dem dryten win. Und da selb hieß er es das paradyß.«
Das war jedoch nicht, wie Mandeville betont, das biblische Paradies. Das wahre Paradies, sagt er, liege hinter den Inseln und Ländern, die Alexander der Große bereist hat. Der Weg dorthin führte ostwärts zu zwei Inseln, reich an Gold- und Silberminen, wo sich »das Rote Meer vom Meer Occean trennet«:
»Nun söllend ir wissen das enthalb des landes und der ynsel des kaysers von Indien gen orient da findt man nit me als groß gebierg und gestain, und da ist es dan fürbas vinster. Und also sprechend die von dem land, das die selb vinsternis stosset an ain ort an das paradyß, in dem Adam unser vatter was.«
Von dort flossen die Wasser des Paradieses:
»Und mitten in dem paradyß da ist der brunn, da von die vier wasser kommend, die da iren loff hand durch menig land. Das erste haisset Physon oder Ganges, das ist alles ains, und das gät durch Indien. In dem wasser findt man menig edel gestain und menig korn von gold. Das andere wasser haisset Nil oder Geon, das gät durch Moren land und durch Egypten. Das dritt wasser haisset Tygris, das gät durch Asia und durch das groß Armenia. Das vierd wasser haisset Eufrates, und das gät durch Persya und durch das klain Armenia.«
Hanns von Mandeville bekennt, daß er selbst diesen biblischen Garten Eden nicht erreicht hat, und gibt die Erklärung dafür ab:
»Es mag nieman wider das wasser faren, und ist menig mensch der umb tod von grossen herren, die gern hetten gewist, wie es da wäre. Es mag kain töttlicher mensch nit dar kumen, es hett den besunder gnäd von gott. Da von so kann ich uch nit me von dem paradyß sagen.«
Trotz dieses Zugeständnisses steht in vielen Übersetzungen der ur-

sprünglich französisch geschriebenen Reisebeschreibung (auch in der ersten deutschen Übersetzung von Michelfelser, 1481) folgender Satz: »Ich, Hanns von Mandeville, sah den Brunnen und trank mit meinem Gefährten dreimal davon, und seit ich daraus getrunken habe, fühle ich mich gesund.« Die Tatsache, daß sich der Verfasser zum Schluß beklagt, er leide an Podagra und nähere sich dem Ende seiner Tage, hatte den vielen, die sich für die Wunderberichte begeisterten, nichts zu bedeuten. Damals fiel es auch nicht in Betracht, daß Ritter Hanns von Mandeville nach neueren Untersuchungen in Wirklichkeit der belgische Arzt Jean de Bourgogne gewesen sein kann, der nie Forschungsreisen unternommen, aber einige Zeit am Hofe des Sultans von Ägypten gelebt und seine Schilderungen über andere, von ihm nie besuchte Länder anderen Quellen entlehnt hat.
In dem Buch »La primera vision de America y otros estudios«, das die phantastischen Vorstellungen beschreibt, die zu Forschungsreisen und so zur Entdeckung Amerikas führten, faßt Angel Rosenblat die Gründe folgendermaßen zusammen: »Mit dem Glauben ans irdische Paradies verband sich ein Verlangen messianischer oder faustischer Natur: den Born ewiger Jugend zu finden. Das ganze Mittelalter träumte davon. In den neuen Bildern vom verlorenen Paradies machte man aus dem Baum des Lebens den Brunnen des Lebens.« Die Motivation entstammte der Überzeugung, daß »der Brunnen des Lebens aus Indien kam, ein Brunnen, der alle Leiden heilte und Unsterblichkeit zusicherte.« Nach Indien zu gelangen und zu den Wassern, die vom Paradies flossen, das wurde »ein Sinnbild des ewigen menschlichen Verlangens nach Freude, Jugend und Glück«.

Da der Landweg von Feinden abgeschnitten war, suchten die europäischen christlichen Könige einen Seeweg nach Indien. Unter der Leitung Heinrichs des Seefahrers nahm Mitte des fünfzehnten Jahrhunderts Portugal eine führende Stellung im Wettrennen nach dem Fernen Osten ein, denn der Königssohn versuchte als erster, Afrika zu umschiffen. Im Jahr 1445 gelangte der portugiesische Seefahrer Bartolomeu Diaz bis zur Mündung des Senegals und berichtete eingedenk des Zweckes seiner Reise: »Man sagt, er komme vom Nil, dem ruhmreichsten Fluß der Erde, der dem Garten Eden und dem irdischen Paradies entströmt.« Andere folgten, sie umfuhren das Kap an der Südspitze des afrikanischen Erdteils. Im Jahr 1499 um-

schiffte Vasco da Gama mit seiner Flotte ganz Afrika und erreichte das begehrte Ziel: Indien.
Dennoch gewannen die Portugiesen, die das Zeitalter der Entdekkungen begründet hatten, das Rennen nicht. Der in Italien geborene Seemann Cristoforo Colombo, den wir heute als Christoph Kolumbus kennen, studierte fleißig die alten Karten und alle Schriften derjenigen, die sich ostwärts gewagt hatten, und zog den Schluß, daß er auf einem kürzeren Seeweg nach Indien gelangen könnte, wenn er die westliche Richtung einschlug. Um sich die Mittel zu diesem Unternehmen zu beschaffen, begab er sich nach Spanien und ersuchte um eine Audienz bei König Ferdinand und Königin Isabella. Er nahm (wie auch später auf seiner ersten Reise) ein mit Anmerkungen versehenes Exemplar der lateinischen Fassung von Marco Polos Buch mit. Er konnte außerdem auf die Reisebeschreibung von Hanns von Mandeville verweisen, der schon anderthalb Jahrhunderte vor Kolumbus erklärt hatte, man komme, wenn man immerzu ostwärts fahre, schließlich im Westen an, da die Erde rund sei, denn »unser Herrgott hat die Erde ganz rund gemacht«.
Im Januar 1492 besiegten Ferdinand und Isabella die Mauren endgültig und verbannten sie von der iberischen Halbinsel. War das für Spanien nicht ein göttliches Zeichen dafür, daß ihm auch gelingen würde, was den Kreuzfahrern versagt geblieben war? Am 3. August desselben Jahres stach Kolumbus unter spanischer Flagge in See, um einen westlichen Seeweg nach Indien zu finden. Am 14. Oktober sichtete er Land. Bis zu seinem Tod im Jahr 1506 war er überzeugt, die Inseln erreicht zu haben, die einen großen Teil des legendären Reiches von Priester Johannes bildeten.
Zwei Jahrzehnte später erteilte Ferdinand mit einem Freibrief Ponce de León den Auftrag, sich sofort auf die Suche nach dem verjüngenden Wasser zu machen.
Die Spanier glaubten, Alexander dem Großen nachzueifern. Sie ahnten nicht, daß sie viel älteren Fußspuren folgten.

2

Die unsterblichen Vorfahren

Das kurze Leben des Mazedoniers Alexander – er starb im Alter von 33 Jahren in Babylon – war erfüllt von Abenteuern, Eroberungen, Forschung; denn es trieb ihn das brennende Verlangen, das Ende der Erde zu erreichen und göttliche Geheimnisse zu entschleiern.
Das war keine ziellose Suche. Als Sohn der Königin Olympias und angeblich ihres Gemahls, des Königs Philipp II., wurde er von dem Philosophen Aristoteles in allen damals bekannten Wissenschaften unterrichtet. Er war Zeuge der Streitigkeiten und des Zwistes zwischen seinen Eltern, der zur Folge hatte, daß Olympias mit dem jungen Alexander floh. Nach der Ermordung Philipps bestieg Alexander als Zwanzigjähriger den Thron. Seine frühen Feldzüge führten ihn nach Delphi, dem Sitz des berühmten Orakels. Hier vernahm er die erste von mehreren Weissagungen, die ihm Ruhm verhießen, aber auch ein sehr kurzes Leben.
Unverzagt machte sich Alexander auf – wie die Spanier fast 1800 Jahre später –, das Wasser des Lebens zu suchen. Zu diesem Zweck mußte er den Weg nach Osten öffnen. Von dort waren die großen Götter gekommen: der erhabene Zeus, der von der phönizischen Stadt Tyros durchs Mittelmeer zur Insel Kreta geschwommen war; Poseidon, der das Pferd aus Kleinasien eingeführt hatte; Aphrodite, die ebenfalls das Mittelmeer überquert hatte, über die Insel Zypern; Athene, die den Olivenbaum von den Ländern Westasiens nach Griechenland gebracht hatte. Dort waren auch laut den griechischen Geschichtsschreibern, deren Schriften Alexander studierte, die Wasser, die den Menschen ewig jung erhielten.
Da gab es den Bericht über den Sohn des Perserkönigs Kyros, Kambyses, der alsbald nach der Thronbesteigung zu einem Heereszug nach Ägypten rüstete. Nachdem er die Ägypter geschlagen hatte, behandelte er sie grausam und zerstörte den Tempel ihres Gottes Amun. Dann faßte er den Plan, südwärts zu gehen und »die lang-

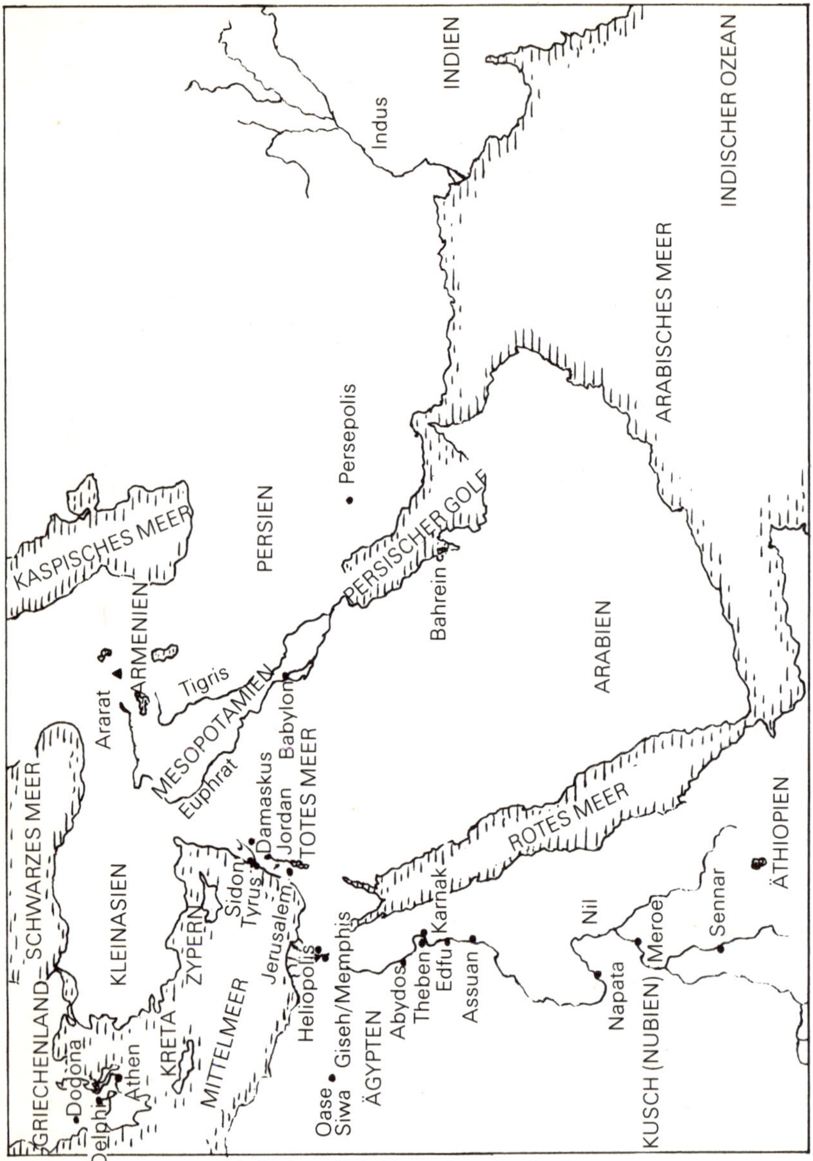

Die Welt zur Zeit Alexanders des Großen

Abb. 2

Abb. 3

Abb. 4

lebigen Äthiopier« anzugreifen. Herodot hat die Ereignisse ein Jahrhundert vor Alexander beschrieben:
»Seine Späher gingen nach Äthiopien unter dem Vorwand, dem König Geschenke zu bringen, aber in Wirklichkeit wollten sie sich alles merken, was sie sahen, und vor allem ergründen, ob es in Wahrheit etwas gab, das in Äthiopien ›Sonnenscheibe‹ genannt wurde.«
Sie sagten dem äthiopischen König, 80 Jahre seien bei den Persern die längste Lebensspanne, und befragten ihn über das Gerücht von der Langlebigkeit der Äthiopier. Dies bestätigte der König:

»Der König führte sie zu einem Brunnen, darin sie nach dem Waschen feststellten, daß ihr Fleisch ganz glänzend und glatt war, als ob sie in Öl gebadet hätten. Und ein Duft stieg von der Quelle auf wie von Veilchen.«

Nach der Rückkehr zu Kambyses beschrieben die Späher das Wasser als »so schwach, daß nichts darauf schwimmen wollte, weder Holz noch ein leichterer Stoff, sondern alles sank auf den Boden«. Herodot vermerkt die Schlußfolgerung:

»Wenn der Bericht von diesem Brunnen wahr ist, muß die ständige Benutzung dieses Wassers ihnen (den Äthiopiern) solche Langlebigkeit verleihen.«

Der Bericht vom Jungbrunnen in Äthiopien und von dem Frevel des Persers Kambyses am Amuntempel ist mit Alexanders Leben in Beziehung zu bringen. Es ging nämlich das Gerücht, er sei nicht der Sohn Philipps II., sondern aus einer Vereinigung seiner Mutter Olympias mit dem ägyptischen Gott Amun (Abb. 3) hervorgegangen. Das gespannte Verhältnis zwischen Olympias und Philipp bestätigte diesen Verdacht.

In verschiedenen pseudo-Kallisthenesschen Schriften wird erzählt, daß der ägyptische Pharao Nektanebôs an Philipps Hof zu Besuch weilte. Er sei ein Meistermagier und Wahrsager gewesen und habe Olympias heimlich verführt. In Wirklichkeit sei – ohne daß sie es damals gewußt habe – der Gott Amun in der Gestalt des Nektanebôs zu ihr gekommen. So habe sie mit Alexander den Sohn eines Gottes geboren. Und den Tempel gerade dieses Gottes hatte der Perser Kambyses später entweiht.

Nachdem Alexander das persische Heer in Kleinasien besiegt hatte, zog er gen Ägypten. Er rechnete mit starkem Widerstand seitens der Vizekönige, die Persien regierten, aber zu seiner Verwunderung fiel ihm ein großer Teil des Landes widerstandslos in die Hände – zweifellos ein Omen. Unverzüglich begab er sich zum Amun-Orakel. Hier bestätigte ihm der Sage nach der Gott selbst seine Abkunft, worauf die ägyptischen Priester ihn zum Pharao vergöttlichten. Infolgedessen wurde sein Wunsch, dem Los eines Sterblichen zu entgehen, zu einem Anspruch und Recht, und auf den Münzen wurde er von jetzt an als gehörnter Zeus-Amun dargestellt (Abb. 4).

Alexander ging nun südwärts nach Karnak, wo Amuns großer Reichstempel stand. Diese Reise war bedeutungsvoller, als es scheinen mag. Seit dem dritten Jahrtausend v. Chr. war Karnak das religiöse Zentrum mit einer Ansammlung von Tempeln, Pylonen,

Schreinen und Monumenten, die Generationen von Pharaonen zu Ehren Amuns erbaut hatten. Das eindrucksvollste und kolossalste Gebäude war der Reichstempel, den Königin Hatschepsut mehr als 1000 Jahre vor Alexanders Zeit errichtet hatte. Auch sie soll eine Tochter Amuns gewesen sein, empfangen von einer Königin, die der Gott verkleidet aufgesucht hat.
Was sich in Karnak zugetragen hat, weiß niemand. Tatsache ist nur, daß Alexander, anstatt sein Heer ostwärts zurückzuführen, ins Herzland des persischen Reiches zog, nur begleitet von einer auserwählten kleinen Schar. Seinen Gefährten wurde glauben gemacht, es handle sich um eine Vergnügungsreise, um ein Liebesabenteuer.
Das außergewöhnliche Zwischenspiel war den Historikern jener Zeit ebenso unerklärlich wie Alexanders Feldherren. Um es vernunftgemäß zu deuten, beschrieben die Chronisten die Frau, die er aufzusuchen gedachte, als *femme fatale*, »deren Schönheit kein lebender Mensch gebührend rühmen konnte«. Es war Kandace, Königin eines Landes im Süden von Ägypten, dem heutigen Sudan. Im Gegensatz zur Geschichte von Salomon und der Königin von Saba begab sich in diesem Fall der König ins Land der Königin, nach Schamar. Denn in Wirklichkeit suchte Alexander, ohne daß seine Gefährten etwas davon wußten, nicht Liebe, sondern das Geheimnis der Unsterblichkeit.
Nach einem angenehmen Aufenthalt willigte die Königin ein, als Abschiedsgeschenk die geheime Höhle zu enthüllen, wo »sich die Götter versammelten«. Er befolgte ihre Anweisungen und fand die heilige Stätte:

»Er trat ein mit einigen Soldaten und sah hellen Dunst.
Und das Gewölbe schimmerte wie von Sternen erhellt.
Die äußere Gestalt der Götter war körperlich sichtbar,
eine Menge bediente sie schweigend.
Zuerst war er erschrocken und überrascht.
Aber er blieb, um zu sehen, was geschehen würde,
denn er sah ruhende Gestalten,
deren Augen wie Lichtstrahlen leuchteten.«

Der Anblick der ruhenden Gestalten mit den leuchtenden Augen ließ Alexander erstarren. Waren es Götter oder vergöttlichte Sterbliche? Dann erschreckte ihn eine Stimme:

»Und da sprach einer:
›Sei gegrüßt, Alexander. Weißt du, wer ich bin?‹
Und er antwortete: ›Nein, Herr.‹

Der andere sagte: ›Ich bin Sesonkhusis, der welterobernde König, der zu den Göttern aufgestiegen ist.‹«

Alexander war keineswegs überrascht – als ob er gerade die gesuchte Person getroffen hätte. Anscheinend hatte man ihn erwartet, denn er wurde aufgefordert, einzutreten zum »Schöpfer und Oberaufseher des ganzen Alls«. Er ging hinein und sah auf einem Thron den Gott Serapis. (In der griechischen Fassung ist es Dionysos.) Alexander fand die Gelegenheit günstig, die Frage seiner Lebenszeit zur Sprache zu bringen: »Wie viele Jahre werde ich noch leben?«

Aber der Gott antwortete nicht. Da sein Schweigen beredsam war, suchte Sesonkhusis Alexander zu trösten, indem er sagte: »Obwohl ich zu den Göttern aufgestiegen bin, ist mir weniger Glück beschieden als dir. Ich habe zwar die ganze Welt erobert und viele Völker unterworfen, aber niemand erinnert sich meines Namens. Du hingegen wirst berühmt werden, du wirst einen unsterblichen Namen haben. Du wirst nach dem Tode im Gedenken weiterleben, also nicht sterben. Unsterblich wird dein Ruhm sein.«

Enttäuscht verließ Alexander die Höhle und setzte die Reise fort, um den Rat anderer Weiser zu suchen, um dem Los eines Sterblichen zu entgehen, um anderen nachzueifern, denen es gelungen war, sich den unsterblichen Göttern beizugesellen.

Laut einer anderen Darstellung war unter denen, die Alexander aufsuchte, der biblische Patriarch Enoch aus der Zeit vor der Sintflut, Noahs Urgroßvater. Der Schauplatz war ein Gebirge, »wo das Paradies liegt, das das Land des Lebens ist, der Ort, wo die Heiligen wohnen«. Auf einem Berg erhob sich ein glitzerndes Gebäude, von dem eine riesige Treppe aus 2500 goldenen Stufen himmelwärts aufragte. In einem großen Saal sah Alexander »goldene Gestalten, jede in einer Nische, einen goldenen Altar und zwei zwanzig Meter hohe Kerzenhalter«.

»Auf einem Lager ruhte ein Mann, der ein goldgewirktes, mit kostbaren Steinen besetztes Gewand trug, und über ihm waren goldene Weinranken mit Juwelentrauben.«

Der Mann gab sich als Enoch zu erkennen und sagte: »Dringe nicht in die Geheimnisse Gottes ein.« Alexander schlug diese Warnung in den Wind. Zum Abschied erhielt er eine Weintraube, die genügte, sein ganzes Heer zu speisen.

Laut einer weiteren Fassung traf Alexander zwei Männer aus alttestamentarischer Zeit: Enoch und den Propheten Elia, die nach bi-

blischer Darstellung nie gestorben sind. Das geschah, als Alexander eine unbewohnte Wüste durchquerte. Plötzlich wurde sein Pferd von einem »Geist« besessen, der Pferd und Reiter in die Luft erhob und Alexander zu einem leuchtenden Tabernakel brachte. Drinnen sah er die beiden Männer. Ihre Gesichter strahlten, ihre Zähne waren weißer als Milch, ihre Augen leuchteten heller als der Morgenstern; sie waren »erhaben von Gestalt, schön anzusehen«. Sie gaben sich zu erkennen und sagten, Gott habe sie dem Tod verborgen. Dieser Ort sei die Stätte, wo das Leben erhalten bleibe, und dem die klaren Wasser des Lebens entströmten. Doch bevor Alexander mehr erfahren oder von dem Wasser trinken konnte, entführte ihn ein »Feuerwagen« – und er war wieder bei seinen Truppen.
Nach moslemischer Überlieferung wurde übrigens auch der Prophet Mohammed tausend Jahre später auf seinem Schimmel himmelwärts getragen.
Waren diese Episoden in den Biographien Alexanders reine Erfindung, nur Mythos oder vielleicht ausgeschmückte Erzählungen, die auf geschichtlichen Tatsachen fußten?
Gab es eine Königin Kandace, eine Königsstadt Schamar, einen Welteroberer namens Sesonkhusis? Bis vor verhältnismäßig kurzer Zeit besagten die Namen den Altertumsforschern nichts. Wenn es sie gegeben hatte, so waren sie in der langen Zeit verlorengegangen wie die Monumente alter Kulturen im Sand, der sie bedeckte. Die Pyramiden und die Sphinx, die sich über den Sand erhoben, machten das ganze nur noch rätselhafter, und die damals unentzifferbare Hieroglyphenschrift bestätigte, daß es unerschließbare Geheimnisse gab. Die Erzählungen aus alter Zeit, die weitergingen zu den Griechen und den Römern, wurden zu Sagen und verloren sich schließlich.
Erst als Napoleon 1798 Ägypten eroberte, begann Europa das Land wiederzuentdecken. Ernsthafte Gelehrte, die Napoleons Truppen begleiteten, machten sich daran, den Sand von den Monumenten zu entfernen und den Vorhang der Vergessenheit zu heben. An der Mittelmeerküste bei Rosette fand man einen Steinblock der eine Inschrift in griechischer, demotischer und Hieroglyphenschrift trug. Das war der Schlüssel zur Erschließung der altägyptischen Sprache und der Inschriften, die die Taten der Pharaonen und die Verherrlichung ihrer Götter verewigen.
Ab 1820 drangen Archäologen weiter südwärts vor und entdeckten am Nil Meroe, den Hauptsitz des altäthiopischen mächtigen Prie-

ster- und Handelsstaates gleichen Namens. Eine königlich-preußische Expedition grub in den Jahren 1842 bis 1844 eindrucksvolle Ruinen aus. Zwischen 1912 und 1914 wurden von anderen Forschern Tempelreste ausgegraben, darunter, wie den Hieroglyphen zu entnehmen war, die des Sonnentempels – vielleicht die Stätte, wo die Späher des Kambyses nach der »Sonnenscheibe« geforscht hatten. Weitere Ausgrabungen im vorigen Jahrhundert, das Zusammensetzen archäologischer Funde und die fortgesetzte Entzifferung der Hieroglyphen erbrachten den Beweis, daß es im ersten Jahrtausend v. Chr. in dieser Gegend ein nubisches Reich gegeben hat; es war das biblische Land Kusch.

Es gab tatsächlich eine Königin Kandace. Die Hieroglyphen enthüllten, daß das nubische Reich anfangs von einer weisen, gütigen Königin regiert wurde, die Kandace hieß (Abb. 5). Sooft danach eine Frau den Thron bestieg – was nicht selten geschah –, nahm sie den Namen als Sinnbild für die Würde einer großen Königin an. Weiter südlich von Meroe, noch innerhalb des Königreichs, gab es die Ortschaft Sennar – möglicherweise die Stadt *Schamar*, die in der Alexandersage vorkommt.

Und Sesonkhusis? In der äthiopischen Fassung der pseudo-Kallisthenesschen Alexandersage steht, daß Alexander und seine Mannen auf der Reise nach (oder von) Ägypten an einem See vorbeizogen, der von Krokodilen wimmelte. Hier hatte ein früherer Herrscher einen Weg über den See gebaut. »Und siehe da, da stand ein Gebäude am Seeufer, und auf dem Gebäude war ein heidnischer Altar mit der Inschrift: ›Ich bin Kosch, der König der Welt, der Eroberer, der diesen See überquert hat.‹«.

Wer war dieser Welteroberer *Kosch* – der König, der über Kusch oder Nubien herrschte? In der griechischen Fassung heißt der Eroberer, der der Überquerung des Sees – als ein Teil des Roten Meeres beschrieben – ein Denkmal gesetzt hat, Sesonkhusis. Also waren Kosch und Sesonkhusis ein und dieselbe Person: ein Pharao, der sowohl in Ägypten als auch in Nubien herrschte. Auf nubischen Monumenten ist ein solcher Herrscher dargestellt, der von einem »strahlenden Gott« die dattelpalmenförmige »Frucht des Lebens« entgegennimmt. (Abb. 6).

Ägyptische Berichte sprechen von einem großen Pharao, der früh im zweiten Jahrtausend v. Chr. tatsächlich ein Welteroberer war. Er hieß Senusert, und auch für ihn war Amun der Reichsgott. Griechische Historiker schreiben ihm die Eroberung von Libyen und Ara-

Abb. 6

Abb. 5

bien zu, bedeutungsvollerweise ferner von Äthiopien und allen Inseln im Roten Meer sowie großer Teile von Asien – er soll sogar noch weiter östlich vorgedrungen sein als später die Perser und über Kleinasien Europa erreicht haben. Herodot schildert die Heldentaten dieses Pharaos, den er Sesostris nennt, und vermerkt, daß Sesostris überall, wohin er kam, Gedenksäulen errichtete. »Die Säulen, die er errichtete«, sagt Herodot, »sind immer noch zu sehen.« Der Gedenkstein, den Alexander am Seeufer sah, bestätigte nur das, was Herodot ein Jahrhundert früher geschrieben hatte.
Sesonkhusis hat es tatsächlich gegeben. Sein Name bedeutet »Er, dessen Geburten leben«. Denn kraft seiner Stellung als Pharao von Ägypten hatte er jedes Recht, sich zu den Göttern zu gesellen und ewig zu leben.

Bei der Suche nach dem Wasser des Lebens oder der ewigen Jugend machte man geltend, daß die Suche nicht hoffnungslos war, weil ja andere in der Vergangenheit damit Erfolg gehabt hatten. Wenn die Wasser einem verlorenen Paradies entströmten, war es dann nicht wichtig, diejenigen zu finden, denen die Suche geglückt war, um von ihnen zu erfahren, wie man dorthin gelangte?
Aufgrund dieser Überlegung trachtete Alexander danach, unsterblichen Vorfahren zu begegnen. Ob er sie wirklich getroffen hat, ist unwesentlich; entscheidend ist die Tatsache, daß Alexander und die Geschichtsschreiber seiner Zeit in den Jahrhunderten vor dem Zeitalter des Christentums an die Existenz unsterblicher Urahnen glaubten und überzeugt waren, daß in einer für sie weit zurückliegenden Zeit Sterbliche unsterblich werden konnten, wenn die Götter es wünschten.
Verschiedentlich werden von den Biographen Alexanders Begegnungen mit Sesonkhusis, Elia und Enoch geschildert. Wie Sesonkhusis Unsterblichkeit erlangt hat, wird nirgends berichtet. Anders verhält es sich mit Elia, dem biblischen Propheten, der im neunten Jahrhundert während der Regierung der Könige Ahab und Ahasja im Reich Israel wirkte. Wie sein angenommener Name (*Eli-Yah* bedeutet »mein Gott ist Jahwe«) andeutet, stand er fest zu dem hebräischen Gott Jahwe, dessen Anhänger sich der Unterwerfung unter den kanaanitischen Gott Baal widersetzten. Er flüchtete in die Einsamkeit, wo er auf wunderbare Weise ernährt wurde und einen Mantel erhielt, der ihm wunderwirkende Kräfte verlieh. Sein erstes Wunder bestand darin, daß er in der Nähe der phönizischen Stadt

Sidon einer Witwe dazu verhalf, mit einer Handvoll Mehl und ein wenig Öl ihr Leben lang auszukommen. Dann gab er ihrem verstorbenen Sohn mit Hilfe des Herrn das Leben zurück. Er konnte auch vom Himmel das Feuer Gottes herabbeschwören, das den Anhängern Baals Verderben brachte.
Von ihm heißt es in der Heiligen Schrift, er sei nicht auf Erden gestorben, sondern er »fuhr im Wettersturm zum Himmel empor«. Nach jüdischer Überlieferung ist Elia immer noch unsterblich, und bis zum heutigen Tage ist es bei frommen Juden Brauch, ihn symbolisch zum Passahmahl einzuladen.
Elias Himmelfahrt ist im Alten Testament genau beschrieben. Es war kein plötzliches oder unerwartetes Ereignis, im Gegenteil, es war eine geplante und vorbereitete Operation, deren Schauplatz und Zeitpunkt Elia im voraus mitgeteilt worden war. Der angegebene Ort war im Jordantal, auf der Ostseite des Flusses – vielleicht in dem Gebiet, wo Elia zum Gottesmann erkoren worden war.
Hier der Wortlaut der biblischen Geschichte:

»Als der Herr Elia im Wettersturm zum Himmel auffahren lassen wollte, ging Elia mit Elisa aus Gilgal weg. Und Elia sprach zu Elisa: ›Bleibe hier, ich bitte dich, denn der Herr hat mich nach Bethel geschickt.‹ Und Elisa sprach zu ihm: ›So wahr der Herr lebt, und bei deinem Leben, ich will dich nicht verlassen.‹ Und da sie nach Bethel kamen, traten die Prophetenjünger, die in Bethel waren, zu Elisa heraus und sprachen zu ihm: ›Weißt du, daß der Herr heute deinen Meister über deinem Haupt entführen wird?‹ Und er sprach: ›Ja, ich weiß es wohl, aber schweigt darüber.‹«

Nun gab Elia zu, sein Bestimmungsort sei Jericho am Jordan, und bat seinen Lieblingsschüler, zurückzubleiben; doch wieder weigerte sich Elisa und ging mit dem Propheten weiter.

»Und als sie nach Jericho kamen, traten die Prophetenjünger, die in Jericho waren, zu Elisa heraus und sprachen: ›Weißt du, daß der Herr heute deinen Meister über deinem Haupt entführen wird?‹ Und er sprach: ›Ja, ich weiß es wohl, aber schweigt darüber.‹«

Abermals versuchte Elia vergeblich, Elisa abzuschütteln, weil er unbegleitet zum Ufer gehen wollte. Elisa schlug ihm die Bitte ab, er mochte sich von Elia nicht trennen. Auch fünfzig von den Prophetenjüngern kamen mit, blieben aber abseits in einiger Entfernung stehen, während Elia und Elisa zum Ufer hinuntergingen.

»Da nahm Elia seinen Mantel, rollte ihn zusammen und schlug

damit aufs Wasser, und das Wasser teilte sich nach beiden Seiten, und die beiden überquerten den Jordan auf trockenem Boden. Und da sie hinüberkamen, sprach Elia zu Elisa: ›Erbitte dir etwas, das ich dir tun soll, ehe ich von dir genommen werde.‹ Und Elisa sprach: ›Daß dein Geist bei mir sei zwiefältig.‹«

Sie gingen weiter und sprachen miteinander.

»Da erschien ein feuriger Wagen mit feurigen Rossen und trennte die beiden voneinander, und Elia fuhr im Wettersturm zum Himmel empor. Elisa sah es und rief laut: ›Mein Vater! Mein Vater! Der Wagen Israels und seine Reiter!‹ Und sah ihn nicht mehr.«

Eine Weile stand Elisa benommen da. Dann gewahrte er den Mantel, den Elia zurückgelassen hatte. Versehentlich oder absichtlich? Entschlossen, es zu ermitteln, hob Elisa den Mantel auf, kehrte zum Jordan zurück, rief den Herrn an und schlug mit dem Mantel aufs Wasser. Und siehe da – »da teilte es sich nach beiden Seiten, und Elisa ging hindurch«. Die Prophetenjünger, die auf der Westseite des Jordans auf der Ebene von Jericho zurückgeblieben waren, sahen dies und sprachen: »Der Geist des Elia ruht auf Elisa.« Sie gingen ihm entgegen und verneigten sich tief vor ihm.

Die Jünger konnten kaum glauben, was sie mit eigenen Augen gesehen hatten, und stellten Betrachtungen darüber an, ob Elia tatsächlich für immer zum Himmel entführt worden sei. Vielleicht hatte der Herr ihn nur ein Stück weit weggeweht und ihn auf einen Berg oder in ein Tal entrückt? Trotz Elisas Einwendungen suchten sie drei Tage lang. Als sie von der vergeblichen Suche zurückkehrten, sprach Elisa: »Sagte ich euch nicht, ihr solltet nicht gehen?« Denn er wußte die Wahrheit: Der Herr Israels hatte Elia in einem Feuerwagen entführt.

Von Enoch (oder Henoch) wird im Alten Testament gesagt: »Enoch wandelte mit Gott und war plötzlich nicht mehr da; denn Gott hatte ihn hinweggenommen.« Er war der siebente vorsintflutliche Patriarch im Stammbaum der Sethiten (im Gegensatz zu den verfluchten Nachkommen Kains) und der Urgroßvater Noahs. Das fünfte Kapitel der Genesis verzeichnet die Genealogie dieser Urväter, deren erstgeborener Sohn jeweils angegeben ist sowie das Alter, in dem sie gestorben sind. Aber Enoch bildet eine Ausnahme: Bei ihm wird nicht angegeben mit wieviel Jahren er *gestorben* ist. Statt dessen heißt es: »Als Enoch 65 Jahre alt war, wurde ihm Methusalem geboren. Enoch wandelte mit Gott; er lebte nach der Geburt Me-

thusalems noch 300 Jahre. Demnach betrug die ganze Lebenszeit Enochs 365 Jahre.« So viele Jahre also, wie unser Sonnenjahr Tage hat. Dann war er plötzlich fort; von Tod ist nicht die Rede.
In Erweiterung der kryptischen biblischen Aussage zitieren jüdische Kommentatoren häufig andere Quellen, die eine tatsächliche Himmelfahrt Enochs beschreiben, bei der er hinter Gottes Thron versetzt wurde.
Nach diesen Legenden (von I. B. Lavner gesammelt in seinem Werk »Kol Agadoth Israel« »Alle Legenden Israels«): wurde ein feuriges Pferd vom Himmel gesandt, als der Herr Enoch zu sich rief. Zu dieser Zeit predigte Enoch dem Volk gerade Rechtschaffenheit. Als die Leute das feurige Pferd vom Himmel herabkommen sahen, verlangten sie von Enoch eine Erklärung. Und er sprach zu ihnen: »Wisset, die Zeit ist für mich gekommen, euch zu verlassen und zum Himmel aufzusteigen.« Doch als er das Pferd bestieg, wollten die Leute ihn nicht gehen lassen und folgten ihm eine ganze Woche lang. »Und es geschah am siebenten Tage, daß ein feuriger Wagen, gezogen von vier Rossen und von Engeln, herabkam und Enoch himmelwärts entführte.« Während er auffuhr, widersetzten sich die Engel dem Herrn: »Wie kommt es, daß ein vom Weibe geborener Mensch in den Himmel aufsteigt?« Aber der Herr wies auf Enochs Frömmigkeit und Hingebung hin, öffnete ihm die Tore zu Leben und Weisheit und bekleidete ihn mit einem prächtigen Gewand und einer glänzenden Krone.
Oft legen rätselhafte Stellen in der Heiligen Schrift den Gedanken nahe, daß der Scheiber annahm, der Leser kenne andere, ausführlichere Schilderungen des betreffenden Gegenstands. Es wird sogar manchmal darauf verwiesen – »Buch der Redlichen«, »Buch der Kriege des Herrn« –, also auf Bücher, die existiert haben müssen und verlorengegangen sind. In Enochs Fall scheint diese Voraussetzung zuzutreffen, denn im Hebräerbrief wird auf ihn ebenfalls nur kurz Bezug genommen: »Durch den Glauben ward Enoch hinweggenommen, daß er den Tod nicht sähe, und ward nicht gefunden, darum, daß ihn Gott wegnahm, denn vor seinem Wegnehmen *hat er Zeugnis gehabt,* daß er Gott gefallen habe.« Die zweite Stelle im Neuen Testament, die Enoch erwähnt, steht im Judasbrief: »Es hat aber auch von solchen geweissagt Enoch, der siebente von Adam, und gesprochen: Siehe, der Herr kommt mit viel tausend Heiligen, Gericht zu halten über alle...« Gerade die Stellen im Neuen Testament sind deutliche Hinweise auf Schriften dieses Urvaters.

Verschiedene christliche Schriften, die im Lauf der Jahrhunderte entstanden sind, enthalten ähnliche Hinweise oder Andeutungen, und wie sich herausgestellt hat, zirkulierten seit dem zweiten Jahrhundert v. Chr. mehrere Fassungen eines »Buches Enoch« (oder Henoch). Die Gelehrten, die diese Schriften im neunzehnten Jahrhundert studierten, gelangten zu dem Schluß, daß es zwei grundlegende Quellen gegeben hat. Die erste, Enoch I, die »Äthiopisches Buch Enoch« genannt wird, ist die äthiopische Übersetzung der griechischen Übersetzung eines hebräischen (oder aramäischen) Originals. Bei der zweiten, Enoch II, handelt es sich um die slawische Übersetzung eines griechischen Originals mit dem Titel »Buch der Geheimnisse Enochs«.

Die Gelehrten, die diese Fassungen studiert haben, schließen die Möglichkeit nicht aus, daß sowohl Enoch I als auch Enoch II von einem noch viel früheren Originalwerk herrühren, und daß es in uralter Zeit tatsächlich ein »Buch Enoch« gegeben haben kann. Nicht nur die Apokryphen und Pseudepigraphen wurden erst im neunzehnten Jahrhundert auf deutsch herausgegeben, sondern auch Enoch I und Enoch II.

Enoch II, das »Buch der Geheimnisse Enochs«, ist in Form einer Ich-Erzählung geschrieben und beginnt mit genauer Zeit- und Ortsangabe:

»Am ersten Tage des ersten Monats des 365. Jahres war ich allein in meinem Haus, und ich lag auf meinem Bett und schlief... Und da erschienen mir zwei Männer, sehr groß, desgleichen ich noch nie auf Erden gesehen habe; ihre Gesichter leuchteten wie die Sonne, und ihre Augen waren wie brennende Lampen, und Feuer kam von ihren Lippen. Ihr Gewand hatte das Aussehen von Federn, ihre Füße waren dunkelrot. Ihre Flügel waren heller als Gold, ihre Hände weißer als Schnee. Sie standen am Kopfende meines Bettes und riefen mich beim Namen.«

Weil Enoch schlief, als diese Fremden erschienen, fügt er ordnungshalber hinzu, daß er nun nicht mehr schlief. »Ich sah diese Männer deutlich vor mir stehen«, sagt er aus. Er verneigte sich vor ihnen und wurde von Furcht ergriffen. Aber die beiden beschwichtigten ihn:

»Sei frohen Mutes, Enoch, fürchte dich nicht; der ewige Gott hat uns zu dir gesandt, und siehe, heute sollst du mit uns zum Himmel auffahren.«

Hierauf hießen sie ihn seine Familie und die Diener wecken; er sollte ihnen befehlen, ihn nicht zu suchen, »bis der Herr dich zu ihnen zurückbringt«. Das tat Enoch, und er benutzte die Gelegenheit, seine Söhne zu rechtschaffenem Wandel zu ermahnen. Hierauf erfolgte die Himmelfahrt:

»Es geschah, nachdem ich zu meinen Söhnen gesprochen hatte, daß diese Männer mich riefen, und sie nahmen mich auf ihre Flügel und setzten mich auf die Wolken, und siehe da, die Wolken bewegten sich... Höher oben sah ich die Luft, und noch höher sah ich den Äther, und sie brachten mich in den ersten Himmel, und sie zeigten mir ein sehr großes Meer, größer als das irdische Meer.«

So wurde Enoch auf »Wolken, die sich bewegten«, vom ersten Himmel – »wo zweihundert Engel über die Sterne gebieten« – zum düsteren zweiten Himmel gebracht, dann zum dritten. Hier zeigte man ihm »einen Garten von göttlichem Aussehen, schöne und duftende Bäume und Früchte, inmitten darin ist ein Lebensbaum, und an diesem Ort ruht der Gott, wenn er ins Paradies kommt.«

Den überwältigend prächtigen Lebensbaum beschreibt Enoch mit folgenden Worten: »Er ist schöner als jegliches erschaffene Ding; auf allen Seiten ist er wie Gold und Purpur, durchsichtig wie Feuer.« Von seiner Wurzel gehen vier Ströme aus, die Honig, Milch, Öl und Wein ergießen, und sie fließen hinab von diesem himmlischen Paradies zum Garten Eden, wobei sie die Erde umkreisen. Der dritte Himmel und sein Lebensbaum werden von dreihundert »sehr glorreichen« Engeln bewacht. Und in diesem dritten Himmel liegen der Ort der Gerechten und der furchtbare Ort, wo die Schlechten gemartert werden.

Noch weiter oben, im vierten Himmel, sieht Enoch die Leuchtkörper und verschiedene wundersame Geschöpfe sowie die Heerschar des Herrn. Im fünften Himmel sieht er viele »Heerscharen«, im sechsten »Scharen von Engeln, die die Umdrehungen der Sterne beobachten«. Dann gelangt er zum siebenten Himmel, wo die größten Engel umhereilen, und wo er – »von fern« – den Herrn auf seinem Thron sitzen sieht.

Die beiden geflügelten Männer und ihre beweglichen Wolken setzen Enoch an der Grenze des siebenten Himmels ab und verlassen ihn, worauf der Herr den Erzengel Gabriel zu Enoch entsendet, ihn vor sein Angesicht zu holen.

33 Tage lang wird Enoch in allen Weisheiten und allen vergangenen und zukünftigen Ereignissen unterrichtet; dann wird er von einem ehrfurchtgebietenden Engel »von sehr kaltem Aussehen« zur Erde

zurückgebracht. Im ganzen war er 60 Tage abwesend. Aber seine Rückkehr erfolgt nur, damit er seine Söhne über die Gesetze und Gebote belehre, und 30 Tage später wird er wieder in den Himmel geholt, diesmal für immer.
Das äthiopische Buch Enoch (Enoch I) ist sowohl als persönliches Vermächtnis wie auch als Geschichtswerk geschrieben; wahrscheinlich lautet sein ursprünglicher Titel »Die Worte Enochs«. Es behandelt nicht nur seine Himmelfahrten, sondern auch seine Reisen zu den vier Weltwinkeln. Auf der Reise zum »nördlichen Ende der Erde« sah er dort eine »großartige, ruhmreiche Vorrichtung«, die nicht näher erklärt wird. Dort sah er auch, ebenso wie am westlichen Ende der Erde, »drei Himmelstore, dem Himmel geöffnet«, durch die Hagel und Schnee, Kälte und Frost eindrangen.
»Von dort ging ich zum südlichen Ende der Erde«, und hier wurden durch die Himmelstore Tau und Regen hineingeweht. Und von dort begab er sich zu den östlichen Toren, durch die die Sterne des Himmels zogen und ihrem Lauf folgten.
Aber die hauptsächlichen Geheimnisse, auch die vergangenen und die zukünftigen, wurden Enoch gezeigt, als er zur »Mitte der Erde« und von dort nach Osten und nach Westen ging. Die »Mitte der Erde« war die Stätte des zukünftigen Heiligen Tempels in Jerusalem; auf der Reise gen Osten gelangte Enoch zum Baum der Erkenntnis, und im Westen wurde ihm der Baum des Lebens gezeigt.
Auf der Reise gen Osten kam Enoch durch Berge und Wüsten, sah Wasserläufe von wolkenbedeckten Gipfeln fließen, sah Schnee und Eis (»Wasser, das nicht fließt«) und balsamisch duftende Bäume. Als er immer weiter ostwärts ging, gelangte er zu den Bergen am Erythräischen Meer (Rotes Meer, Arabischer Meerbusen). Dann kam er an Zotiel vorbei, dem Engel, der den Eingang zum Paradies bewachte, und im »Garten der Gerechtigkeit« sah er unter vielen herrlichen Bäumen den Baum der Erkenntnis. Er war so hoch wie eine ausgewachsene Kiefer, seine Blätter ähnelten denen des Johannisbrotbaums, seine Früchte sahen aus wie Weintrauben. Der Engel, der ihn begleitete, versicherte ihm, dies sei der Baum, dessen Frucht Adam und Eva gegessen hatten, ehe sie aus dem Garten Eden vertrieben wurden.
Auf der Reise gen Westen kam Enoch zu einer »feurigen Bergkette, die Tag und Nacht brannte«. Dahinter war eine Stätte, umgeben von sechs Bergen, die durch tiefe Schluchten voneinander getrennt

waren. In der Mitte erhob sich ein siebenter Berg, »ähnlich einem Thron, um den duftende Bäume standen, darunter ein Baum von einem Duft, desgleichen ich noch nie wahrgenommen habe, und seine Frucht gleicht der Dattel«.
Der Engel, der ihn begleitete, erklärte ihm, der Berg in der Mitte sei der Thron, »auf dem der heilige Große, der Herr des Himmels, der ewige König sitzen wird, wenn er zur Erde herabkommt«. Von dem Baum mit der dattelartigen Frucht sagte er: »Was diesen wohlriechenden Baum betrifft, so darf kein Sterblicher ihn vor dem Jüngsten Gericht berühren. Seine Frucht wird die Nahrung der Auserwählten sein. Sein Duft wird in ihre Knochen eingehen, und sie werden lange auf Erden leben.«
Nachdem Enoch alle geheimen Orte der Erde besichtigt hatte, kam für ihn die Zeit, die Himmelfahrt anzutreten.
»Und sie (die Engel) brachten mich zu einem Ort, wo diejenigen, die sich dort befanden, wie flammendes Feuer waren, und wenn sie es wünschten, erschienen sie als Menschen. Und sie brachten mich zu einem Ort der Dunkelheit und zu einem Berg, dessen Gipfel den Himmel erreichte. Und ich sah die Kammern der Leuchtkörper und der Schätze der Sterne, des Donners und in der Tiefe zitternde feurige Pfeile, ein feuriges Schwert und alle die Blitze.«
Im Gegensatz zu Alexander, dem die Unsterblichkeit im entscheidenden Moment vorenthalten wurde, weil er entgegen seiner Vorbestimmung danach gestrebt hatte, wurde Enoch wie nach ihm die Pharaonen mit göttlichem Segen bedacht. Er wurde im entscheidenden Augenblick des weiteren Vordringens für würdig erachtet: »Sie (die Engel) führten mich zu den Wassern des Lebens.«
Er wurde zum »Haus des Feuers« gebracht:
»Und ich ging weiter, bis ich mich einer Mauer näherte, die aus Kristall erbaut war und umgeben von Feuerzungen, und ich fürchtete mich. Und ich ging in die Feuerzungen und näherte mich einem großen Haus aus Kristall. Wände und Boden waren aus Kristall. Die Decke war wie der Weg der Sterne und der Blitze, und dazwischen waren feurige Cherubim, und ihr Himmel war wie Wasser. Feuer umloderte die Wände, und die Tore flammten.
Und ich trat ein in dieses Haus, und es war heiß wie Feuer und kalt wie Eis...
Und ich schaute eine Vision: Siehe, da war ein zweites Haus, noch größer als das erste, und das ganze Portal stand mir offen, und es war erbaut aus Feuerflammen...

Und ich blickte hinein und sah einen hohen Thron: Er war aus Kristall, der wie die Sonne funkelte, und es erschienen Cherubim. Und unter dem Thron kamen Ströme von loderndem Feuer hervor, so daß ich nicht darauf blicken konnte.«
Nach der Ankunft beim »Fluß des Feuers« wurde Enoch emporgehoben.
Er konnte die ganze Erde sehen – »die Mündungen aller Flüsse auf Erden... und die Ecksteine der Erde... und die Winde auf Erden, die die Wolken tragen«. Höher steigend, war er dort, »wo die Winde das Himmelsgewölbe strecken und ihren Standort zwischen Himmel und Erde haben. Ich sah die Winde des Himmels, die umkehren und den Kreislauf der Sonne und aller Sterne bewirken.« Er folgte dem Weg der Engel und erreichte einen Punkt »am Firmament des Himmels droben«, von dem aus er »das Ende der Erde« sehen konnte.
Er konnte von hier aus die Ausdehnung der Himmel überblicken, und er sah »sieben Sterne gleich glänzenden großen Bergen« – »sieben Berge aus prächtigem Gestein«. Von wo aus er diese Himmelskörper auch betrachtete, drei standen immer im Osten, im »Gebiet des himmlischen Feuers«. Dort sah Enoch Feuersäulen auf- und absteigen – Ausbrüche von Feuer »über alles Maß hinaus sowohl in der Breite als auch in der Höhe«. Auch im Süden waren drei Himmelskörper; dort sah Enoch einen Abgrund, der oben kein Himmelsfirmament und unten keinen festen Erdboden hatte... es war eine erschreckende Leere. Als er den Engel, der ihn aufwärts trug, um eine Erklärung bat, erhielt er die Antwort: »Dort waren die Himmel vollendet. Es ist das Ende von Himmel und Erde; es ist ein Gefängnis für die Sterne und die Heerschar des Himmels.«
Der mittlere Stern »reichte zum Himmel wie der Thron Gottes«. Er wirkte wie aus Alabaster, die Spitze des Thrones wie aus Saphir, und der Stern war »wie loderndes Feuer«.
Von der weiteren Himmelfahrt sagt Enoch: »Ich kam dorthin, wo alles chaotisch war. Und ich sah etwas Schreckliches.« Der schreckliche Anblick waren »zusammengebundene Himmelssterne«. Der Engel erklärte ihm: »Das sind zahlreiche Himmelssterne, die das Gebot des Herrn nicht befolgt haben, und sie bleiben gefesselt, bis zehntausend Jahre vergangen sind.«
Enoch schließt die Schilderung seiner ersten Himmelfahrt: »Ich allein, Enoch, sah das Ende aller Dinge, und kein Mensch wird sehen, was ich gesehen habe.«

Nachdem er im Himmel in aller Arten Weisheit unterwiesen worden war, wurde er zur Erde zurückgebracht, andere Menschen zu belehren. »Eine Zeitlang war er verborgen, und kein Menschenkind wußte, wo er sich verbarg und wo er lebte und was aus ihm geworden war.« Doch als sich die Sintflut näherte, schrieb er seine Lehren nieder und riet seinem Urenkel Noah, rechtschaffen und der Rettung würdig zu sein.
Danach wurde Enoch abermals »von denen weggenommen, die auf der Erde leben. ›Der Wagen der Geister‹ trug ihn empor, und sein ›Name‹ verschwand mit ihnen«.

3

Die Reise der Pharaonen nach ihrem Tode

Die Abenteuer Alexanders und seine Suche nach unsterblichen Urahnen enthalten offenkundig Elemente der überlieferten Göttersagen: Höhlen, Engel, unterirdisches Feuer, feurige Rosse und Feuerwagen. Aber es ist erwiesen, daß in den Jahrhunderten vor dem christlichen Zeitalter der Glaube herrschte (von Alexander oder von seinen Geschichtsschreibern oder beiden übernommen), um Unsterblichkeit zu erlangen, müsse man den ägyptischen Pharaonen nacheifern.

Dementsprechend berief sich Alexander nicht einfach auf eine Verwandtschaft mit einem griechischen Gott, sondern sein Anspruch auf halbgöttliche Abstammung rührte von einem komplizierten Liebesverhältnis eines ägyptischen Gottes her. Es ist geschichtliche Tatsache, nicht etwa Sage, daß Alexander nach Durchbrechung der feindlichen Linien in Kleinasien die Perser nicht verfolgte, sondern es notwendig fand, nach Ägypten zu ziehen. Dort wollte er die Bestätigung seiner vermeintlichen göttlichen Abstammung erlangen und sich von dort aus auf die Suche nach dem Lebensquell machen.

Im Gegensatz zu den Hebräern, Griechen und anderen Völkern des Altertums, bei denen der Sage nach nur einige wenige durch göttlichen Willen dem Los des Sterblichen entgehen konnten, machten die alten Ägypter aus dieser Bevorzugung ein Recht. Es war kein Recht für die Allgemeinheit, auch nicht eine Belohnung für Tugend, sondern ein Sonderrecht des ägyptischen Königs, des Pharaos, das ihm nur deswegen zustand, weil er auf dem Thron von Ägypten saß. Aus diesem Grunde waren die ersten Herrscher von Ägypten überlieferungsgemäß nicht Menschen, sondern Götter.

Laut ägyptischen Überlieferungen kamen in unvordenklichen Zeiten von der Himmelsscheibe »Götter des Himmels« zur Erde. (Abb. 7) Als Ägypten von Wasser überschwemmt wurde, erschien hier »ein sehr großer Gott, der in frühester Zeit auf die Erde gekommen war, und hob das Land buchstäblich aus Wasser und Schlamm em-

Abb. 7

Die Himmelsscheibe und die Götter Ägyptens

1. Ptah	2. Ré-Amen	3. Thot	4. Seker
5. Osiris	6. Isis mit Horus	5. Nephtys	6. Hathor

Die Götter mit ihren Attributen

9. Ré/Falke 10. Horus/Falke 11. Seth/Esel 12. Thot/Ibis 13. Hathor/Kuh

por, indem er den Nil eindämmte und Abflußgräben anlegte (deswegen wurde Ägypten »Aufgestiegenes Land« genannt). Dieser alte Gott hieß Ptah (»Entwickler«). Er galt als großer Gelehrter, Meisteringenieur und Architekt, als der kunstfertige Handwerker unter den Göttern, der sogar an der Erschaffung des Menschen mitgewirkt hatte. Sein Stock wurde häufig als Maßstab dargestellt, ähnlich dem Gerät, das Landvermesser zu benutzen pflegen (Abb. 7). Die Ägypter glaubten, Ptah habe sich schließlich in den Süden zurückgezogen, wo er fortfahren konnte, die Wasser des Nils mit Schleusen zu regeln, die er in einer geheimen Höhle beim ersten Wasserfall des Flusses (wo sich heute der Assuan-Damm befindet) erstellt hatte. Doch bevor er Ägypten verließ, baute er noch die erste heilige Stadt und nannte sie An zu Ehren des Himmelsgottes (das biblische On, das die Griechen Heliopolis nannten). Hier setzte er seinen Sohn Ré (so genannt zu Ehren der Himmelskugel) als ersten göttlichen Herrscher über Ägypten ein.
Ré, ein großer »Gott des Himmels und der Erde«, ließ in An einen besonderen Schrein errichten, als Gehäuse für den *Ben-Ben*, einen »geheimen Gegenstand«, in dem Ré vom Himmel auf die Erde gekommen sein soll.
In späterer Zeit teilte Ré das Königreich zwischen seinen Söhnen Osiris und Seth auf. Aber daraus ergab sich nichts Gutes. Immer wieder versuchte Seth, seinen Bruder Osiris zu stürzen und zu töten. Schließlich gelang es ihm, Osiris mit einer List in einen Sarg zu lokken, den Seth prompt versiegelte und ins Wasser warf. Isis, Schwester und Frau von Osiris, fand den Sarg, der im heutigen Libanon ans Ufer geschwemmt worden war. Sie versteckte Osiris, während sie die Hilfe anderer Götter aufbot, die Osiris wieder zum Leben erwecken konnten; aber Seth entdeckte den Leichnam, zerstückelte ihn und verstreute die einzelnen Teile. Mit Hilfe ihrer Schwester Nephtys sammelte Isis die Stücke (alle außer dem Phallus) und setzte den Körper wieder zusammen, wodurch Osiris zum Leben erweckt wurde.
Danach lebte Osiris in der »anderen Welt« unter den anderen Göttern weiter.
Seinen Platz auf dem Thron von Ägypten nahm sein Sohn Horus ein. Nach seiner Geburt versteckte ihn seine Mutter Isis im Schilf des Nils (genau wie es laut Bibel mit Moses geschah), um ihn von Seth fernzuhalten. Doch das Kind wurde von einem Skorpion gestochen und starb. Rasch wandte sich die Göttin, seine Mutter, um

Hilfe an Thot, einen Gott mit Zauberkräften. Thot, der sich im Himmel befand, kam sogleich in Rés »Barke astronomischer Jahre« auf die Erde und erweckte Horus wieder zum Leben.
Als Horus erwachsen war, forderte er Seth zum Kampf um den Thron heraus. Der Kampf spielte sich in weiten räumlichen Ausmaßen ab, die Götter verfolgten einander im Himmel. Horus griff Seth von einem *Nar* (»feurige Säule«) aus an. Abbildungen aus vordynastischer Zeit zeigen diese Himmelswaffe als einen langen zylindrischen Gegenstand mit trichterförmigem, strahlensprühendem Schwanz und zwei Scheinwerfern oder »Augen«, deren Farbe laut ägyptischen Sagen von Blau zu Rot wechselte (Abb. 8).
Seth wurde verwundet; er büßte seine Hoden ein, was ihn nur noch wütender machte. Beim letzten Kampf, über der Halbinsel Sinai, schoß Seth einen Feuerstrahl auf Horus ab, der ein Auge verlor. Die großen Götter riefen zum Waffenstillstand auf und traten zur Beratung zusammen. Nach einigem unschlüssigen Hin und Her entschied der Herr der Erde zugunsten von Horus und erklärte ihn in der Herrschaft über Ägypten zum legitimen Erben in der Ré-Osiris-Nachfolge. (Danach wurde Horus gewöhnlich mit den Attributen eines Falken abgebildet, Seth hingegen als asiatische Gottheit, versinnbildlicht durch den Esel, das Lasttier der Halbinsel Sinai.)
Die Ernennung des Horus zum alleinigen Herrscher über die beiden Länder (Ober- und Unterägypten) galt während der ganzen Geschichte Altägyptens als der Zeitpunkt, ab dem das Königtum dauernde Verbindung zu den Göttern erhielt, denn jeder Pharao wurde als ein Nachfolger des Horus und als Thronfolger des Osiris betrachtet.
Aus unerklärlichen Gründen folgte der Herrschaft des Horus eine Zeit des Chaos und des Niedergangs; wie lange sie dauerte, weiß niemand. Schließlich entstand um 3200 v. Chr. in Ägypten eine »dynastische Rasse«, und ein Mann namens Menes bestieg den Thron des wiedervereinigten Landes. Damals bescherten die Götter Ägypten die Zivilisation und das, was wir heute Religion nennen. Das Königtum, das mit Menes begann, setzte sich durch 26 Dynastien von Pharaonen fort bis zur 525 v. Chr. beginnenden Fremdherrschaft durch die Perser und später durch Griechen und Römer (als die berühmte Kleopatra regierte).
Nachdem Menes, der erste Pharao, das Königreich geeint hatte, erbaute er südlich von Heliopolis die Hauptstadt Memphis. Menes ließ nach dem Vorbild Ptahs den Nil, der am Felsenrande der Liby-

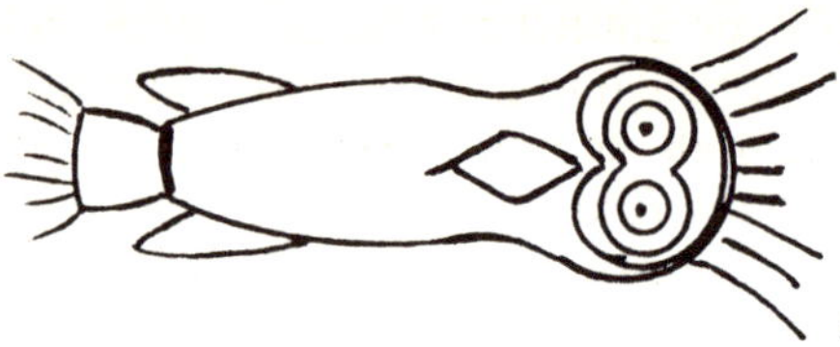

Abb. 8

schen Wüste hinfloß, in sein jetziges Bett ableiten und erbaute auf dem so gewonnenen Platz die Stadt. Ihre Tempel weihte er dem Weltengott Ptah. Über 1000 Jahre lang blieb Memphis das politisch-religiöse Zentrum Ägyptens.

Aber um 2200 v. Chr. brach großes Unheil über Ägypten herein; welcher Art es war, darüber sind sich die Gelehrten nicht einig. Einige vermuten, daß asiatische Eindringlinge das Land eroberten, die Bewohner versklavten und ihre Götter stürzten. Was überhaupt noch an Unabhängigkeit blieb, das beschränkte sich auf Oberägypten, auf die weniger zugänglichen Gebiete weiter südlich. Als etwa 150 Jahre später die Ordnung wiederhergestellt war, ging die politisch-religiöse Macht – das Attribut des Königtums – von Theben aus, einer alten, bisher unbedeutenden Stadt in Oberägypten am Nil.

Ihr Gott hieß Amen (»Der Verborgene«); er war der gleiche Gott Amun, den Alexander zu seinem wahren göttlichen Vater erkor. Als oberste Gottheit wurde er als Amen-Ré (»Verborgener Ré«) angebetet, und es ist nicht geklärt, ob er der eigentliche, aber jetzt unsichtbare oder »verborgene« Ré oder eine andere Gottheit war.

Die Griechen nannten Theben Diospolis (»Stadt des Zeus«), denn sie stellten Amun ihrem obersten Gott Zeus gleich. Diese Tatsache erleichterte es Alexander, sich mit Amun verwandt zu fühlen. Er eilte nach Theben, nachdem er Amuns günstiges Orakel vernommen hatte.

Hier in Theben und in seinen Vororten (heute bekannt als Karnak, Luxor, Deir-el-Bahari) sah Alexander die vielen Amun geweihten Schreine und Monumente, die noch heute eindrucksvoll sind, obwohl Theben nur noch ein ausgedehntes Ruinenfeld ist. Sie wurden größtenteils von der 12. Pharaonen-Dynastie erbaut, der wahrscheinlich Sesonkhusis angehörte, der 1500 Jahre vor Alexander das Wasser des Lebens gesucht hatte. Einer der Kolossaltempel wurde von Königin Hatschepsut errichtet, die ebenfalls eine Tochter des Gottes Amun gewesen sein soll.

Derartige Sagen von göttlicher Abkunft waren nicht ungewöhnlich. Der Anspruch der Pharaonen auf göttlichen Status, der sich nur darauf gründete, daß sie den Thron des Osiris einnahmen, wurde manchmal durch die Erklärung aufgebauscht, der Herrscher sei der Sohn oder Bruder dieser oder jener Gottheit. Gelehrte messen derartigen Behauptungen nur symbolische Bedeutung bei; aber einige Pharaonen, so drei Könige der 5. Dynastie, versteiften sich darauf, sie seien tatsächlich – körperlich – ein Sohn des Gottes Ré, von ihm gezeugt, als er die Frau des Hohenpriesters seines eigenen Tempels schwängerte.
Andere Könige bewiesen ihre Abkunft von Ré auf spitzfindigere Weise. Es hieß, Ré habe sich in dem regierenden Pharao verkörpert, so daß die Königin auf diesem Umweg von Ré begattet wurde. Infolgedessen konnte der Thronerbe behaupten, ein direkter Abkömmling Rés zu sein. Doch abgesehen von solcher Berufung auf göttliche Abstammung galt jeder Pharao in theologischer Hinsicht als Inkarnation des Horus und damit als Sohn des Gottes Osiris. Folglich war der Pharao zu ewigem Leben berechtigt, und zwar wie Osiris durch Auferstehung nach dem Tode.
Diesem Kreis der Götter und gottähnlichen Pharaonen wollte Alexander beitreten.

Man glaubte, daß Ré und die anderen unsterblichen Götter ewig leben konnten, weil sie sich immer wieder verjüngten. Darum trugen die Pharaonen Namen, die etwa »Er, der Geburten wiederholt« bedeuteten. Die Götter verjüngten sich, indem sie an ihrem Wohnsitz göttliche Nahrungsmittel und Getränke zu sich nahmen. Deshalb mußte der König, um nach dem Tode weiterzuleben, mit den Göttern zusammen speisen.
Die alten Beschwörungsformeln riefen die Götter an, ihre göttliche Nahrung mit dem Toten zu teilen: »Nehmt diesen König zu euch, auf daß er essen möge, was ihr eßt, auf daß er trinken möge, was ihr trinkt, auf daß er von dem leben möge, wovon ihr lebt.« Die Inschrift auf der Pyramide des Königs Pepi I. lautet:

> »Gebt diesem König Pepi Nährkraft von eurer ewigen Nährkraft, von eurem ewig erhaltenden Getränk.«

Der Pharao hoffte, seine ewig erhaltende Nahrung im himmlischen Gebiet des Gottes Ré zu erhalten, auf dem »unvergänglichen Stern«. Dort wuchs auf einem mystischen »Feld der Opfer« oder »Feld des Friedens« die Pflanze des Lebens. Eine Inschrift auf der

Pyramide Pepis I. beschreibt, wie er an den wachehaltenden »gefiederten Vögeln« vorbeigeht, um die Gesandten des Horus zu treffen. Mit ihnen...

»... reist er zu dem großen See,
wo sich die großen Götter niedergelassen haben.
Diese Großen des unvergänglichen Sterns
geben Pepi die Pflanze des Lebens,
von der sie selbst leben,
auf daß auch er davon leben möge.«

Ägyptische Abbildungen zeigen den Verstorbenen (manchmal zusammen mit seiner Frau) in diesem himmlischen Paradies, wie er das Wasser des Lebens trinkt, aus dem der Lebensbaum mit der lebenspendenden Frucht, der Dattel, wächst (Abb. 9).

Der Ort, der auch »Gefilde des Lebens« genannt wurde, war Rés Geburtsort, zu dem er von der Erde zurückgekehrt war. Hier wurde Ré selbst fortwährend verjüngt oder »wiedererweckt«, denn die Göttin mit den vier Krügen schenkte ihm zeitweise ein gewisses Elixier ein, »am Tage des Erwachens«. Der König setzte seine Hoffnung darauf, daß dieselbe Göttin auch ihm das Elixier einschenken und so »sein Herz wiedererwecken« werde.

In diesem Wasser, dem sogenannten »Lebenswasser«, hatte sich Osiris verjüngt, und deswegen wurde dem König Pepi verheißen, Horus werde ihm eine zweite Jugend schenken: »Er wird deine Ju-

Abb. 9

gend in dem Wasser erneuern, das ›Wasser der Jugend‹ heißt.« Im Jenseits erwartete den auferstandenen, sogar verjüngten Pharao ein paradiesisches Dasein: »Unter den Göttern ist für ihn gesorgt; sein Wasser ist Rés Wein. Wenn Ré ißt, gibt er ihm ab; wenn Ré trinkt, gibt er ihm ab.« An die Beobachtung eines Psychologen unserer Zeit erinnert die Fortsetzung: »Er schläft gesund jeden Tag... er befindet sich heute besser als gestern.«

Das Paradoxon, daß man erst sterben mußte, um Unsterblichkeit zu erlangen, schien den Pharao nicht weiter zu stören. Als oberster Herrscher der beiden Länder Ägyptens erfreute er sich des bestmöglichen Lebens auf Erden, und die Auferstehung unter den Göttern war eine noch verlockendere Aussicht. Außerdem wurde ja nur sein irdischer Körper einbalsamiert und begraben; denn die Ägypter glaubten, daß jedem Menschen ein *Ba* innewohnte, vergleichbar unserer Seele, der sich nach dem Tode wie ein Vogel himmelwärts aufschwang, sowie ein *Ka*, eine unsterbliche geistige Substanz. Der *Ka*, der zu Lebzeiten in Gestalt und Wesen des Menschen eingebunden war, wurde nach dem Tode freigesetzt. Der Mensch hatte also ein göttliches Element, ein zweites Ich, das im Jenseits zum Leben erwachte.

Ein Leben nach dem Tode war zwar möglich, aber nicht leicht zu erlangen. Der verstorbene König mußte einen langen, beschwerlichen Weg zurücklegen und sich zeremoniellen Vorbereitungen unterziehen, bevor er die Reise ins Jenseits antreten konnte.

Die Vergöttlichung des Pharaos begann mit seiner Reinigung, zu der auch die Einbalsamierung gehörte, so daß der tote König mit seinen zusammengebundenen Gliedern Osiris glich. Der einbalsamierte König wurde in einem Leichenzug zum Totentempel getragen, vor dem eine Säule stand (Abb. 10).

Im Totentempel vollzog der Priester die Riten, die Voraussetzung für die Aufnahme bei den Göttern waren. Am wichtigsten war der Mundöffnungsritus, den ein *Schem*-Priester überwachte, der stets mit einem Leopardenfell abgebildet ist (Abb. 11). Mit einem gebogenen Gerät aus Kupfer oder Eisen wurde der Mund der Mumie oder einer Grabstatue, die ihn darstellte, berührt.

Die vielschichtig eingewickelte Mumie trug eine goldene Totenmaske. Die Berührung des Mundes – sei es des Verstorbenen, sei es seiner Statue – kann also nur ein symbolischer Akt gewesen sein. In der Tat beschwor der Priester nicht den Toten, sondern die Götter, »den Mund«, d.h. den Eingang zum Himmel, zu öffnen, damit der

Abb. 10

Abb. 11

Pharao zu ewigem Leben auferstehen konnte. Besonders wurde das »Auge« des Horus angerufen, das er im Kampf mit Seth verloren hatte, die »Mundöffnung« zu beeinflussen, auf daß sich »für den König ein Weg öffne zu den Glänzenden und er sich unter ihnen niederlassen möge«.
Das irdische, und, wie vermutet wurde, nur zeitweilige Grab des Pharaos hatte auf der Ostseite eine Scheintür, eine zugemauerte Nische, die wie eine Tür aussah. Man stellte sich vor, daß sich der gereinigte, fest verschnürte Pharao mit geöffnetem Mund erheben, den Staub der Erde abschütteln und durch die Scheintür hinausgehen würde. Aber er konnte die Steinwand nicht ohne Hilfe durchdringen. Auf einem Pyramidentext, der die Auferstehung be-

schreibt, heißt es: »Er, der damit betraut ist, kommt zu dir. Er nimmt dich am Arm und bringt dich zum Himmel, zu deinem Vater.«

So geleitet von einem göttlichen Gesandten, schritt der dem versiegelten Sarg entstiegene Pharao durch die Scheintür, und die Priester sangen:

»Der König ist auf dem Weg zum Himmel!
Der König ist auf dem Weg zum Himmel
mit dem Wind, mit dem Wind.
Er wird nicht gehindert;
niemand ist da, der ihn hindert.
Der König ist unabhängig, Sohn der Götter.
Er wird Brot im Überfluß haben bei Ré;
sein Opfer wird vom Himmel kommen.
Der König ist ›Der, der wiederkehrt‹.«

Doch bevor der König zum Himmel aufsteigen konnte, um mit den Göttern zu essen und zu trinken, mußte er eine anstrengende Reise unternehmen. Sein Ziel war *Neter-Khert*, das »Land der Berggötter«. Die Hieroglyphe, die es darstellt, ist das Schriftzeichen für *Neter* (»Gott«)  auf einer Barke: . In der Tat mußte der Pharao einen langen, gewundenen Schilfsee überqueren. Ein göttlicher Fährmann brachte das Boot hinüber, doch zuvor wurde der König einem Verhör unterzogen: Wieso hielt er sich für berechtigt, den See zu überqueren? War er der Sohn eines Gottes oder einer Göttin? Jenseits des Sees lag hinter einer Wüste und einer von Göttern bewachten Bergkette *Duat*, ein magischer Ort »für den Aufstieg zu den Sternen«. Lage und Ort gaben den Gelehrten Rätsel auf; manche sahen darin eine Unterwelt. Tatsächlich wird der *Duat* als eine unterirdische Welt mit Gängen und Höhlen, siedenden Gewässern, gespenstischen Lichtern, unsichtbaren Göttern, von Vögeln bewachten Kammern und Türen, die sich von selbst öffnen, dargestellt. Dieses magische Land war in zwölf Abschnitte eingeteilt und wurde in zwölf Stunden durchwandert.

Der *Duat* ließ sich schwer erklären, weil er trotz seiner irdischen Natur – man erreichte ihn ja nach der Überquerung eines Bergpasses – hieroglyphisch durch Stern und Falke  oder einfach als Stern in einem Kreis ⊛ dargestellt wurde, womit eine himmlische Verbindung bezeichnet wurde.

So verblüffend es auch scheinen mag, Tatsache ist, daß die Ägypter das Problem der Auferstehung und des Weiterlebens nach dem Tode darin sahen, daß der Mensch nicht zu fliegen vermochte, im Gegensatz zu den Göttern. Ein Pyramidentext faßt dieses Problem und seine Lösung in zwei Sätzen zusammen: »Menschen werden begraben, die Götter fliegen. Veranlasse diesen König, zum Himmel zu seinen Brüdern, den Göttern, zu fliegen.« In der Pyramide des Königs Teti sind die Hoffnung des Pharaos und die Bitte an die Götter folgendermaßen ausgedrückt:

»Menschen fallen,
sie haben keinen Namen.
Ergreife du König Teti an seinen Armen,
nimm du König Teti zum Himmel empor,
auf daß er nicht sterbe auf Erden unter Menschen.«

Es oblag also dem König, den »verborgenen Ort« zu erreichen und durch das unterirdische Labyrinth zu gehen, bis er dort einen Gott fand, der das Emblem des Lebensbaumes trug, sowie den »Herold des Himmels«. Sie öffneten ihm geheime Tore und führten ihn zum »Auge« des Horus, einer Himmelsleiter – zu einem Gegenstand, der seine Farbe von Blau zu Rot wechseln konnte, wenn er »Antrieb« entwickelte. Dann stieg der König, in einen Falken verwandelt, himmelwärts zum ewigen Leben auf dem unvergänglichen Stern, wo Ré selbst ihn willkommen hieß:

»Die Tore des Himmels sind für dich geöffnet;
die Tore des kühlen Ortes sind für dich geöffnet.
Du wirst Ré vor dir sehen, auf dich wartend.
Er wird dich an der Hand nehmen,
er wird dich zum Doppelschrein des Himmels führen;
er wird dich setzen auf den Thron des Osiris...
du sollst gestützt stehen, gerüstet wie ein Gott...
unter den Ewigen auf dem unvergänglichen Stern.«

Vieles von dem, was man heute darüber weiß, stammt aus den Pyramidentexten – Tausende von Versen, die in der Hieroglyphenschrift der alten Ägypter an den Mauern der Pyramiden von fünf Pharaonen (Unas, Teti, Pepi I., Merenré und Pepi II.) stehen, die von 2350 bis 2180 v. Chr. in Ägypten geherrscht haben. Diese Texte hat der deutsche Ägyptologe Kurt Sethe in seinem dreibändigen Werk »Die altägyptischen Pyramidentexte« herausgegeben und erläutert. Die Vielzahl von Versen schienen nur eine Sammlung von wiederholten, zusammenhanglosen Beschwörungen, Gebeten und Lobpreisungen des Königs zu sein. Ein Sinn ergab sich erst, als die Gelehrten die Theorie entwickelten, daß im alten Ägypten ein Konflikt und dann eine Verschmelzung von einer »Sonnenreligion« und einer »Himmelsreligion« stattgefunden hat, von einer Ré-Priesterschaft und einer Osiris-Priesterschaft, was darauf hinwies, daß man es mit einem über 1000 Jahre lang angehäuften Material zu tun hatte.

Den Gelehrten, die die unzähligen Verse als Ausdruck primitiver Mythologie betrachteten – als Phantasievorstellungen angsterfüllter Menschen, die furchtsam kauerten, wenn der Wind heulte und der Donner krachte, und diese Erscheinungen »Götter« nannten –, blieben sie rätselhaft und verwirrend. Heute aber ist man sich einig, daß diese Verse weitaus älteren, zusammenhängenden und verständlichen Schriften entnommen sind.

Spätere Inschriften auf Sarkophagen und Särgen wie auch auf Papyrus (gewöhnlich mit Illustrationen) beweisen denn auch, daß die Verse und Äußerungen aus den »Totenbüchern« abgeschrieben worden sind, die Titel trugen wie »Das, was im *Duat* ist«, »Das Buch der Tore«, »Das Buch der zwei Wege«. Die Fachwelt glaubt, daß diese »Bücher« ihrerseits Versionen zweier noch älterer Grundwerke sind, uralter Schriften, die von der Himmelfahrt Rés handelten, und einer späteren Quelle, die das segensreiche Leben nach dem Tode der Osiris-Anbeter schildert.

Die wissenschaftlichen Theorien lassen jedoch die »magischen« Aspekte der Information durch die Texte außer acht. Rätselhafterweise ist das »Auge des Horus« ein selbständiger Gegenstand, ein Objekt, das der König betreten kann, und dessen Farbe von Blau zu Rot wechselt, wenn es »angetrieben« wird. Es gibt Boote mit Selbstantrieb, Türen, die sich von selbst öffnen, unsichtbare strahlende Götter. In einer Unterwelt, die angeblich nur von Geistern bewohnt ist, werden Brückenträger und Kupferkabel erwähnt. Und der erstaunlichste Aspekt: Warum heißt es in den Texten, der König sei auf dem Weg zum *Himmel*, wenn ihn die Transfiguration in eine Unterwelt führt?

Alle Verse deuten an, daß der König dem Weg der Götter folgt, daß er einen See überquert, den vor ihm ein Gott überquert hat, daß er wie Ré eine Barke benutzt, daß er wie Osiris »wie ein Gott gerüstet« aufsteigt. Die Frage erhebt sich: Waren diese Texte keine Phantasien – keine »Mythologie« –, sondern Schilderungen einer fingierten Reise, eine Darstellung dessen, was die Götter wirklich getan

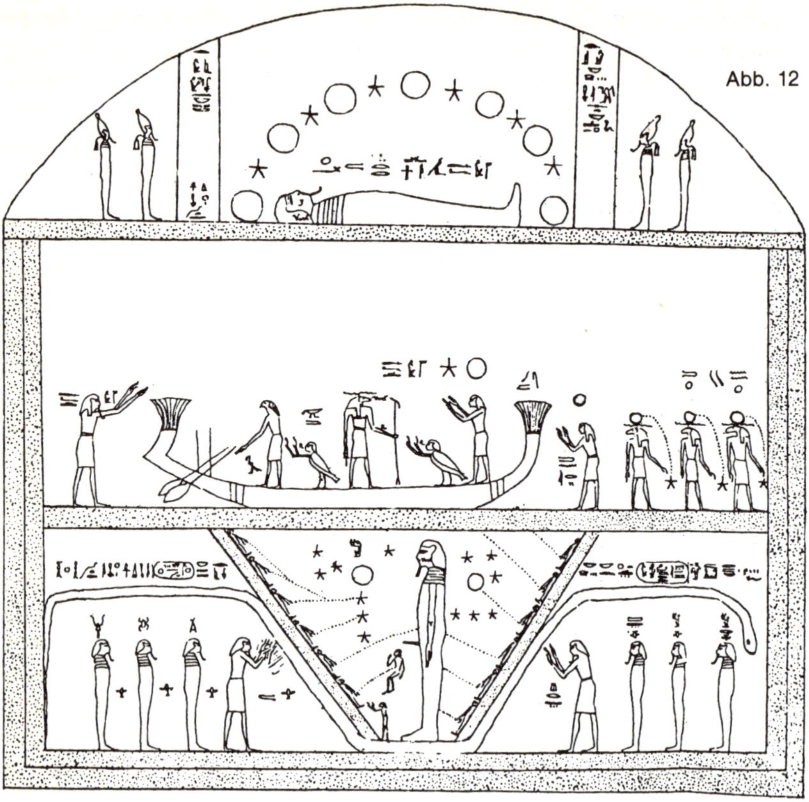

Abb. 12

hatten? Waren die Texte, in denen der Name des Königs den eines Gottes ersetzte, Kopien viel früherer Schriften, die nicht von der Reise der Pharaonen handelte, sondern von der Reise der Götter? Schon 1887 verkündete der hervorragende französische Ägyptologe Gaston Maspero in seinem Werk »L'archéologie égyptienne« (auf deutsch 1889 unter dem Titel »Ägyptische Kunstgeschichte« erschienen), nach der grammatischen Form und anderen Hinweisen zu urteilen, hätten die Pyramidentexte ihren Ursprung wahrscheinlich im Beginn der ägyptischen Zivilisation, vielleicht sogar vor der Niederschrift in Hieroglyphen. Zu Anfang unseres Jahrhunderts zog J. H. Breasted in seinem Buch »Developement of Religion and Thought in Ancient Egypt« (»Entwicklung der Religion und des Denkens in Altägypten«) den Schluß, daß »dieses ältere Material existiere, ob wir es nun besitzen oder nicht«. Er fand in den Texten Informationen über die Zivlisationsverhältnisse und über Ereignisse, die den Wahrheitsgehalt der Verse bekräftigt und beweist, daß sie nicht auf Phantasie beruhen, sondern sich auf Tatsachen beziehen. »Für den Menschen mit Vorstellungskraft«, sagt er, »enthalten sie eine Überfülle von Bildern aus einer längst entschwundenen Welt, die darin widergespiegelt wird.«

Alles in allem beschreiben die Texte und später auch die Illustrationen eine Reise, die über der Erdoberfläche beginnt, unter die Erde führt und bei einer Öffnung zum Himmel endet, durch die die Götter – und die ihnen nacheifernden Könige – emporgeschleudert wurden (Abb. 12). So verbindet der hieroglyphische Begriffsinhalt einen unterirdischen Ort mit einer himmlischen Funktion.

Haben die Pharaonen die Reise vom Grab zum Jenseits wirklich auf diese Weise unternommen? Sogar die Ägypter des Alten Reiches behaupteten nicht, daß der mumifizierte Leichnam diese Reise antrat, sondern der *Ka* (die geistige Substanz im Menschen) des verstorbenen Königs. Doch sie stellten sich vor, daß dieses zweite Ich leiblich durch eine wirklich vorhandene Gegend seiner Bestimmung entgegenging.

Was aber, wenn die Texte eine Welt spiegeln, die es tatsächlich gegeben hat – was, wenn die Fahrt des Pharaos zur Unsterblichkeit, wenn auch nur nachvollzogen, Schritt für Schritt einer Reise folgte, die in vorgeschichtlicher Zeit wirklich unternommen worden ist? Treten auch wir in diese Fußstapfen, begleiten wir die Götter auf ihrer Reise.

4

Die Stufen zum Kosmos

Versetzen wir uns in den prachtvollen Totentempel des Pharaos. Nachdem der König mumifiziert und für seine Reise vorbereitet wurde, beschworen die *Schem*-Priester die Götter, ihm einen Weg und ein Tor zu öffnen. Der göttliche Gesandte erschien auf der anderen Seite der Scheintür, um den Pharao durch die Steinmauer zu führen und aufbrechen zu lassen.
Dem Pharao, der auf der Ostseite seines Grabes durch die Scheintür auftauchte, wurde eingeschärft, die Richtung nach Osten einzuschlagen. Um einem Mißverständnis vorzubeugen, wurde er ausdrücklich gewarnt: »Die nach Westen gehen, kehren nicht zurück!« Sein Ziel war der *Duat*, das »Land der Berggötter«. Dort sollte er »das große Doppelhaus... das Haus des Feuers« betreten, wo er »während einer Nacht von Rechenjahren« in ein göttliches Wesen verwandelt wurde, das dann »zur Ostseite des Himmels« aufstieg.
Das erste Hindernis auf dem Weg des Pharaos war der Schilfsee, eine lange Reihe aneinanderstoßender Seen. Auf symbolische Weise erhielt der Pharao den Segen seines Schutzgottes, der die Wasser teilte (Abb. 13).
Die Überquerung war jedoch möglich, denn ein göttlicher Fährmann bediente die Barke, die Khnum, »der Gott, der Dinge anfertigt«, gebaut hatte. Der Fährmann war aber auf der anderen Seite

Abb. 13

stationiert, und der Pharao hatte große Mühe, den Fährmann zu überzeugen, daß er dazu berechtigt war, abgeholt und über den See gesetzt zu werden. Er wurde von dem Fährmann verhört. Der Pharao erklärte seinen Anspruch auf göttliche Abkunft und beteuerte seine Rechtmäßigkeit. Manchmal ging es gut; manchmal aber mußte er Ré oder Thot anrufen, ihn überzusetzen. In diesem Fall wurde das Boot von einer unbekannten Kraft angetrieben, und das Steuerruder, das der König ergriff, richtete sich von selbst aus. Kurz, das Fahrzeug bewegte sich aus eigenem Antrieb. So gelang es dem Pharao, den See zu überqueren und sich auf den Weg zu machen zu den »Zwei, die die Himmel näher zusammenbringen«:

»Er steigt in das Boot wie Ré
am Ufer des gewundenen Wasserlaufs.
Der König fährt im *Hanbu*-Boot;
er steuert zum Land der Zwei,
die die Himmel näher zusammenbringen,
zu dem Land, das beim Schilfsee beginnt.«

Der Schilfsee lag am östlichen Ende des Gebiets von Horus. Dahinter lag das Gebiet seines Gegners Seth, die »Länder Asiens«. Wie es bei einer so wichtigen Grenze zu erwarten ist, stellte der König fest, daß die Ostküste von vier höchst verdächtig aussehenden Spähern bewacht wurde. Das kohlschwarze gelockte Haar fiel ihnen in die Stirn, an den Schläfen und am Hinterkopf trugen sie Zöpfe.
Unverzagt machte der König abermals sein Recht geltend und erklärte, von »meinem Vater Ré« gerufen worden zu sein. Ein Pharao soll sogar gedroht haben: »Stellt euch mir in den Weg, und ich werde euch die Locken wie Lotusblumen im Teich ausreißen!« Einem anderen kamen die Götter zu Hilfe. Irgendwie gelang es dem König, weiterzukommen, hinaus aus dem Lande des Horus.
Um zu seinem Ziel zu gelangen, mußte er zu den »Bergen des Ostens« (Abb. 14). Das waren zwei Berge, die »in Ehrfurcht vor Seth stehen«. Dorthin führte der Weg durch eine Einöde, eine Art Niemandsland zwischen den Gebieten von Horus und Seth.
Nach der Durchquerung der Wüste wurde er wieder von Wächtern aufgehalten, die zu wissen verlangten: »Wohin willst du?«
Seine Gönner antworteten für ihn: »Der König will in den Himmel, Leben und Freude zu genießen. Möge der König seinen Vater sehen, möge er Ré sehen.« Während die Wächter überlegten, flehte der König: »Öffnet die Grenze... entfernt die Schranke... laßt mich hindurch wie die Götter!«

Abb. 14

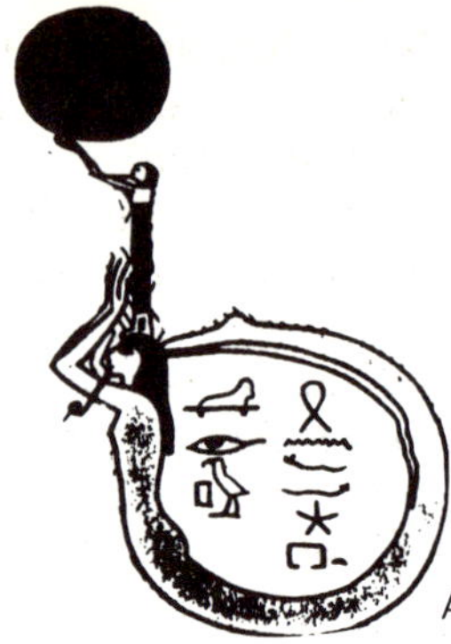

Abb. 15

Da der König aus Ägypten kam, aus dem Gebiet des Horus, mußten er und seine Gönner Klugheit walten lassen. In vielen Versen wird der König als neutral in der Fehde zwischen den Göttern dargestellt. Den Wächtern wurde erklärt, er sei »geboren von Horus, in dessen Namen die Erde bebt« und »empfangen durch Seth, in dessen Namen der Himmel erzittert«. Der König betonte nicht nur seine Verwandtschaft mit Ré, sondern unterstrich auch, er komme »in Rés Diensten«, womit er gewissermaßen einen Paß von einer höheren Behörde vorwies. Mit schlauer Unparteilichkeit weisen die Texte darauf hin, daß es im eigenen Interesse der beiden Götter sei, wenn der König seine Reise fortsetzte, da Ré es sicher zu schätzen wissen würde, wenn sie einem seiner Diener beistünden.
Schließlich ließen die Wächter den König zu dem Bergpaß durch. Seine Gönner sorgten dafür, daß er sich der Bedeutung des Augenblicks bewußt war:

»Du bist jetzt auf dem Weg zu den erhabenen Orten
im Lande Seths.
Im Lande Seths
wirst du auf die erhabenen Orte gesetzt werden,
auf den erhabenen Baum des östlichen Himmels,
auf dem die Götter sitzen.«

Der König ist im *Duat* angekommen.
Den *Duat* stellte man als einen die Götter umgebenden Kreis dar, der eine Öffnung zum Himmel hatte, versinnbildlicht durch die Göttin Nut, durch die der unzerstörbare Stern, als Himmelsscheibe bezeichnet, erreicht werden konnte (Abb. 15). Nach anderen Quellen war es ein von Bergen umschlossenes längliches oder ovales Tal. Ein Strom mit vielen Armen floß durch dieses Land, aber er war

kaum befahrbar, und meistens mußte Rés Barke vom Ufer aus gezogen werden, oder sie bewegten sich aus eigener Kraft wie ein »Erdboot«, ein Schlitten.
Der *Duat* war in zwölf Abteilungen gegliedert, die über der Erde begannen und sich unterirdisch fortsetzten. Zwölf Stunden brauchte der König, um dieses verzauberte, furchteinflößende Gebiet hinter sich zu bringen; es gelang ihm, weil Ré ihm seine Zauberbarke zur Verfügung stellte, in der der König von seinen Schutzgöttern begleitet wurde.
Sieben Pässe oder Einschnitte gab es in den Bergen, die den *Duat* umschlossen, zwei auf der Ostseite von Ägypten 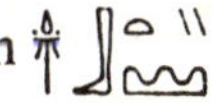 (das heißt westlich des *Duats*), die »Horizont« und »Horn des verborgenen Ortes« genannt wurden. Der Paß, den Ré benutzt hatte, war 220 *Atru* (etwa 40 Kilometer) lang und folgte dem Lauf eines Flusses. Der Fluß war jedoch ausgetrocknet, und Rés Barke mußte getreidelt werden. Der Paß wurde bewacht und hatte Befestigungen, »deren Türen stark waren«.
Der Pharao benutzte, wie einige Papyri andeuten, den zweiten, kürzeren Paß (nur ungefähr 22 Kilometer lang). Die Papyruszeichnungen zeigen ihn auf der Barke oder dem Schlitten Rés zwischen zwei Berggipfeln, auf denen je zwölf Wächter stehen. Die Texte beschreiben einen »See siedenden Wassers« in der Nähe, das sich jedoch trotz ungestümem Brodelns kühl anfühlt. Unter der Erde brennt Feuer. Es riecht hier stark nach Bitumen oder Natron, dieser Geruch vertreibt die Vögel. Doch nicht sehr weit entfernt ist eine von Sträuchern oder niedrigen Bäumen umgebene Oase.
Jenseits des Passes begegnet der König anderen Göttern. »Komm in Frieden«, sagen sie. Er hat den zweiten Abschnitt erreicht.
Er heißt nach dem Strom, der ihn durchfließt, *Ur-Nes* (manche Gelehrte setzen ihn dem griechischen Gott Uranus gleich). Dieser Landesteil mißt 22 zu 60 Kilometer und wird von langhaarigen Menschen bewohnt, die das Fleisch ihrer Esel essen und in bezug auf Wasser und Lebenserhaltung von den Göttern abhängen, da die Gegend unfruchtbar und der Fluß meistens ausgetrocknet ist. Sogar Rés Barke ist hier zu einem »Erdboot« geworden. Das Gebiet wird vom Mondgott und von der Göttin Hathor beherrscht.
Von den Göttern geleitet, legt der König den Weg durch den zweiten Teil zurück, und in der dritten Stunde kommt er in *Net-Asar* (»Strom des Osiris«) an. Der dritte Landesteil ist ungefähr gleich

groß wie der zweite und wird von den »Kämpfern« bewohnt. Hier herrschen die vier Götter, denen die vier Kardinalpunkte des Kompasses unterstehen.

Die bildlichen Darstellungen, die die Hieroglyphentexte begleiten, zeigen den gewundenen Strom des Osiris – durch bebautes Land, durch eine Bergkette – bis zum Gebiet zwischen den Flußarmen. Dort war die Himmelsleiter, bewacht von den legendären Phönixvögeln, und dort war Rés Himmelsboot auf einem Berg, das in einem Feuerstrom aufstieg (Abb. 16).

Abb. 16

Der König ruft nun die Schutzzauberer an, auf daß »dieser Mann der Erde unbehelligt den *Neter-Khert* betreten möge«. Der König nähert sich dem Herzen des *Duats*, er ist nahe dem *Amun-Ta*, dem »verborgenen Ort«.
Hier war Osiris selbst zum ewigen Leben nach dem Tode aufgestiegen. Hier hoben sich die beiden, die »den Himmel näher bringen«, vom Himmel ab wie zwei magische Bäume. Der König betet zu Osiris:

»Möge mir mein Name gegeben werden
im großen Hause der Zwei.
Möge im Hause des Feuers
mein Name gewährleistet sein.
In der Nacht, die die Jahre errechnet
und die Monate zählt,
möge ich sein ein göttlich Geschöpf,
möge ich sitzen an der Ostseite des Himmels.
Lasse den Gott mich schieben;
In Ewigkeit ist sein Name.«

Der König gewahrt den »Berg des Lichtes«.
Er hat die Himmelsleiter erreicht.
Auf den Pyramideninschriften heißt es, der Ort sei »die Treppe, auf der man zur Höhe gelangt«. Die Treppe wird als Himmelsleiter beschrieben, die dem König zum Aufstieg in den Himmel dient. Die Hieroglyphe für diese Stufen ist manchmal eine einfache Treppe  (die goldgeschmiedet auch als Amulett getragen wurde), öfter eine Doppeltreppe ähnlich einer Pyramide  . Diese Stufen zum Kosmos wurden von den Göttern der Stadt An – wo Rés Haupttempel stand – errichtet, damit die Götter mit dem Jenseits verbunden waren.

Das Ziel des Königs sind diese Stufen, auf denen er in die Höhe gelangen kann. Doch um zum »Haus des Feuers« zu gelangen, muß er *Amun-Ta* betreten, das »verborgene Land» Sekers, des Gottes der Wildnis. Das Gebiet wird als befestigter Kreis dargestellt. Es ist ein unterirdisches Land der Dunkelheit, in das man durch einen Berg und über »verborgene« Pfade mit Geheimtüren gelangt. Es ist der vierte Teil des *Duats*. Das Bergtor wird von zwei Mauern geschützt, und der Durchgang wird von Göttern bewacht und von Flammen bestrichen.

Als Ré bei diesem Zugang zum »verborgenen Ort« anlangte, folgte er den Anweisungen der Götter, »die drinnen sind, mittels seiner Stimme, ohne sie zu sehen«. Aber konnte der König nur mit der Stimme Zugang finden? Die Texte antworten darauf, daß allein derjenige, »der den Plan der verborgenen Schächte kennt, die im Lande Sekers sind«, imstande ist, die unterirdischen Gänge zu beschreiten und das Brot der Götter zu essen.
Abermals weist sich der König aus. »Ich bin der Stier, ein Sohn der Ahnen des Osiris«, ruft er. Darauf sprechen die Götter, die für ihn bürgen, die entscheidenden Worte aus:

»Nicht abgewiesen wirst du am Tor des Duats,
die Flügeltüren des Berges des Lichts stehen dir offen,
die Riegel öffnen sich dir von selbst.
Du betrittst die Halle der zwei Wahrheiten;
der Gott, der darin ist, grüßt dich.«

Nachdem die Losung solchermaßen gesprochen ist, gibt ein Gott namens Sé einen Befehl. Die Flammen erlöschen, die Wächter ziehen sich zurück, die Türen öffnen sich automatisch, und der Pharao betritt die unterirdische Welt.
»Der Mund der Erde öffnet sich dir, das Osttor des Himmels steht dir offen«, verkünden die Götter des *Duats* dem König. Es wird ihm versichert, daß der »Mund der Erde« in Wirklichkeit das östliche Himmelstor ist.
In der vierten Stunde führt der Weg des Königs durch Höhlen und Tunnels, wo die verschiedenen Funktionen der Götter manchmal zu sehen, manchmal nur zu hören sind. Hier gibt es unterirdische Kanäle, auf denen sich die Götter in Booten geräuschlos bewegen. Gespenstische Lichter, phosphoreszierendes Wasser, Fackeln erhellen den Weg. Verwundert und beklommen geht der König den »Säulen zu, die gen Himmel ragen«.
Die Götter, die er unterwegs sieht, sind größtenteils in Zwölfergruppen geordnet; sie tragen Namen wie »Götter des Berges«, »Götter des Berges im verborgenen Land«, »Halter der Zeit des Lebens im verborgenen Land«. Auf den Zeichnungen, die einige der uralten Texte begleiten, kann man diese Götter an ihren verschiedenen Zeptern, am Kopfschmuck und an den Tierattributen – Falken-, Schakal- oder Löwenkopf – erkennen. Die ebenfalls abgebildeten Schlangen stellen die unterirdischen Wächter oder Diener der Götter im verborgenen Land dar.
Die Inschriften und die Illustrationen deuten an, daß der König ei-

nen kreisförmigen unterirdischen Komplex betreten hat, in dem ein breiter Tunnel in Spiralen zuerst abwärts und dann wieder aufwärts führt. Die Abbildungen zeigen im Querschnitt einen etwa vierzehn Meter hohen Tunnel mit glatter Decke und glattem Boden, beides aus sechzig bis neunzig Zentimeter dickem festem Material. Der Tunnel ist in drei Ebenen eingeteilt; der König geht in der Mitte. Der obere und der untere Gang werden von Göttern, Schlangen und verschiedenen Strukturen eingenommen.
Von vier Göttern gezogen, gleitet der Schlitten des Königs über den Mittelgang, nur ein Buglicht erhellt den Weg. Bald aber versperrt eine steile Wand den Weg, und der König muß zu Fuß weitergehen. Die Wand ist, wie der Querschnitt zeigt, die Mauer eines Schafts, der im Winkel von ungefähr 40° die drei Tunnelgänge (deren Gefälle etwa 15° beträgt) durchschneidet. Er scheint oben zu beginnen, vielleicht in Bodenhöhe oder höher in den Bergen, und unten auf dem dritten Gang zu enden. Er heißt *Re-Stau* (»Weg der verborgenen Türen«); im ersten und zweiten Stock weist er Kammern auf, die wie Luftschächte aussehen. Diese Kammern ermöglichen Seker und anderen »verborgenen Göttern« den Durchgang, obwohl »die Tür keine Flügel hat«. Der König durchdringt auf geheimnisvolle Weise die schräge Wand, einfach dank des Befehls eines Gottes,

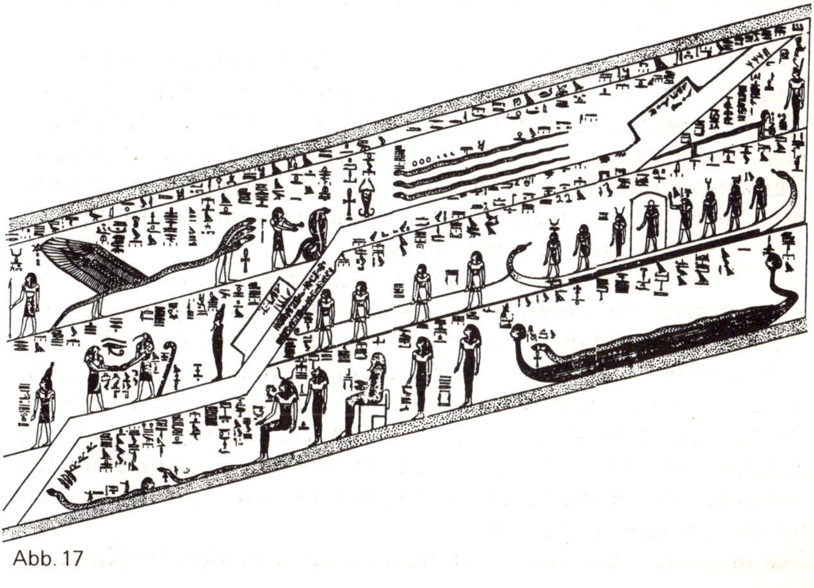

Abb. 17

dessen Stimme die Pneumatik in Bewegung gesetzt hat. Auf der anderen Seite wird er von Vertretern der Götter Horus und Thot begrüßt (Abb. 17).
Im Weitergehen begegnet er Göttern, deren Gesicht nicht zu sehen ist. Gekränkt oder auch nur neugierig, bittet er sie:

»Enthüllt euer Gesicht,
nehmt ab die Kopfbedeckung,
wenn ihr mir begegnet;
denn sehet! auch ich bin ein mächtiger Gott,
der zu euch gekommen ist.«

Aber sie willfahren seiner Bitte nicht, und die Inschriften erklären, daß »diese verborgenen Wesen« nicht einmal auf ihren eigenen Oberen, den Gott Seker, blicken, »wenn er in dieser Gestalt selbst erscheint, wenn er in seiner Wohnung auf Erden ist«.
Durch eine Tür gelangt der König in den dritten Stock, den untersten. Er betritt eine Vorkammer, die das Emblem, der Himmelsscheibe trägt, und wird von einem Gott begrüßt, der sich »Himmelsbote« nennt, und von einer Göttin mit dem gefiederten Emblem,

Abb. 18

das auf Schu (»Er, der den Himmel auf der Himmelsleiter ruhen läßt«) hinweist (Abb. 18). Der König fragt »die beiden Kinder Schus«, ob er zu Osiris aufsteigen dürfe.
Die Antwort muß positiv ausgefallen sein, denn er wird von ihnen durch eine massive Tür in die Schächte durchgelassen, die den »verborgenen Göttern« vorbehalten sind.
In der fünften Stunde erreicht der Pharao die tiefsten unterirdischen Abteilungen, »die Geheimwege Sekers«. Er kann Seker nicht sehen, aber die Querschnittzeichnungen stellen den Gott mit Falkenkopf dar. Er steht in einem geschlossenen ovalen Gehäuse auf einer Schlange und hält große Flügel in den Händen. Das Gehäuse wird rechts und links von einem Sphinx bewacht. Der König kann diese Kammer zwar nicht sehen, hört aber drinnen gewaltigen Lärm »wie in der Himmelshöhe, wenn sie von einem Sturm gestört wird«. Aus der Kammer fließt »Wasser, das wie Feuer ist«, in ein Becken. Kammer und Becken sind von einem bunkerähnlichen Bau umschlossen, der auf der linken Seite eine Schleuse und auf der rechten eine große Tür hat. Zu weiterem Schutz ist auf der versiegelten Kammer ein Erdberg aufgehäuft. Daraus ragt der Kopf einer Göttin hervor. Ein Käfersymbol (es bedeutet »rollen, lebendig werden«) verbindet den Kopf der Göttin mit einer konischen Kammer oder einem Gegenstand im obersten Stock; darauf sitzen zwei Vögel (Abb. 19).
Inschriften und Symbole besagen, daß Seker zwar verborgen war, daß aber seine Gegenwart sogar in der Dunkelheit wahrnehmbar gemacht werden konnte, denn in diesem Fall glühten Kopf und Augen des großen Gottes, »dessen Fleisch Licht ausstrahlt«. Das dreifache Arrangement – Göttin, Käfer *(Kheper)* und konischer Gegenstand – setzten den verborgenen Gott offenbar instand, sich über alles zu unterrichten, was außerhalb seiner hermetisch verschlossenen Kammer vor sich ging. Die Hieroglyphen rechts von dem Käfer besagen: »Siehe, Kheper, wer sich unmittelbar vertäut (am Boot?) oben an diesem Kreis, verbindet sich mit den Wegen des *Duats.* Wenn dieser Gott auf dem Kopf der Göttin steht, spricht er jeden Tag Worte zu Seker.«
Der Weg des Pharaos über Sekers verborgene Kammer und vorbei an dem Apparat, durch den Seker vom Kommen des Königs benachrichtigt worden ist, bildet eine kritische Phase. Die Ägypter waren nicht das einzige alte Volk, das glaubte, daß jeder Verstorbene einem Gericht ausgesetzt war, bei dem die Taten oder »Herzen« ge-

wägt und bewertet wurden. Entweder wurde die Seele, das zweite Ich, zum feurigen Wasser einer Höhle verurteilt oder gesegnet, das kühle, lebenspendende Wasser eines Paradieses zu genießen. Nach alten Berichten war dies nun der Augenblick der Wahrheit für den Pharao.

Stellvertretend für den Herrn des Duats verkündet die Göttin, von der nur der Kopf zu sehen ist, dem Pharao die günstige Entscheidung: »Komm in Frieden zum *Duat*... Fahre in deinem Boot auf der Straße, die in der Erde ist.« Sie bezeichnet sich als Ament (»Die Verborgene«) und fügt hinzu: »Ament ruft dich, auf daß du in den Himmel kommen mögest wie der Große, der im Gesichtskreis ist.«

Nach bestandener Prüfung ist der König wiedergeboren. Er darf an den Göttern vorbeigehen, deren Aufgabe es wäre, den Verurteilten zu bestrafen. Er besteigt wieder seinen Schlitten und wird begleitet von einem Zug der Götter, von denen einer das Emblem des Lebensbaumes in der Hand hält (Abb. 20).

Der König ist des Lebens nach dem Tode für wert befunden worden.

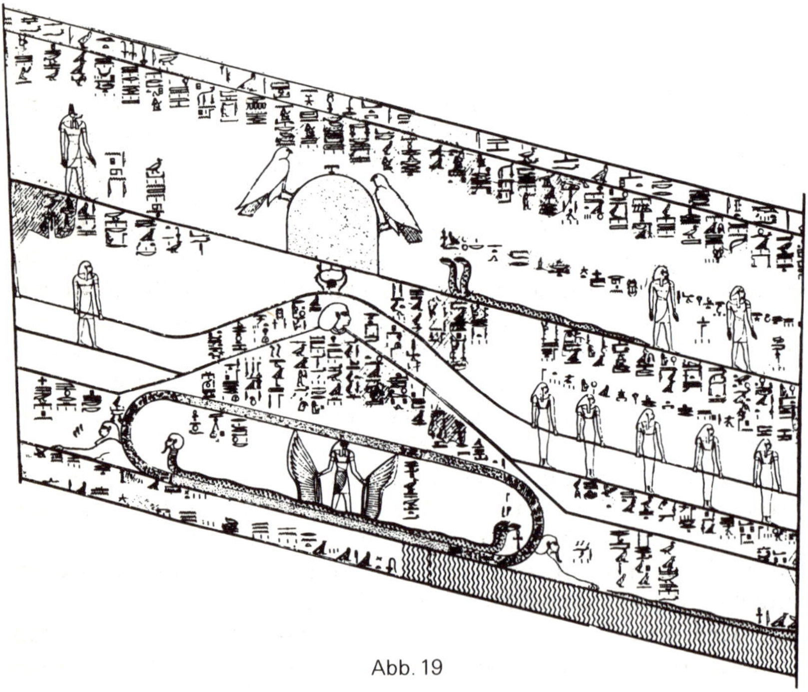

Abb. 19

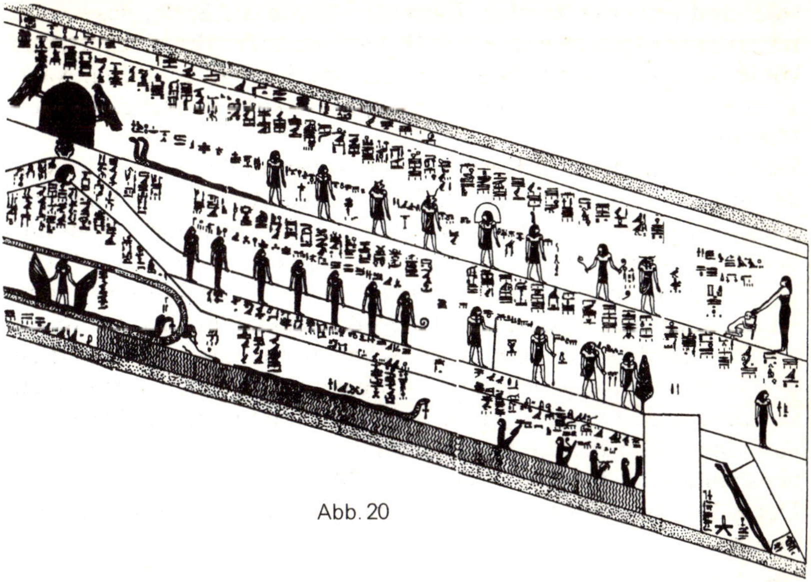

Abb. 20

In der sechsten Stunde betritt er das Gebiet des Osiris. (In manchen Fassungen hält Osiris in der sechsten Stunde Gericht über den Pharao.) Schakalköpfige Götter, die »den Weg öffnen«, fordern ihn auf, sich im unterirdischen »See des Lebens« zu erfrischen, wie einst der Große Gott es auf diesem Wege getan hat. Andere Götter, »wie Bienen summend«, wohnen in Zellen, deren Tür von selbst auffliegt, wenn der König vorbeikommt. Mit der Zeit haben die Abzeichen der Göttin ein technisches Aussehen. Da gibt es zwölf, die »das Seil im *Duat* halten«, und die zwölf, »die das Maßseil halten«. In der sechsten Abteilung sind serienweise zusammenhängende Kammern. Ein gewundener Weg heißt »Geheimweg des verborgenen Ortes«. Die Barke des Königs wird von Göttern getreidelt, die mit einem Leopardenfell bekleidet sind, genau wie die *Schem*-Priester, die das Mundöffnen vornehmen.

Nähert sich der König der Öffnung oder dem Mund des Berges? Im Totenbuch ist von Luftholen und Kraftgewinnung die Rede. Seinem Fahrzeug »wohnen Zauberkräfte inne«. Er fährt, »wo kein Strom ist, und wo niemand ihn zieht, vermag dies durch Worte der Macht«, die aus dem Munde eines Gottes kommen.

Als der König durch ein bewachtes Tor in den siebenten Abschnitt gelangt, verlieren Götter und Umgebung ihren »Unterwelt«-Charakter und nehmen himmlisches Aussehen an. Der König begegnet dem falkenköpfigen Gott *Heru-Her-Khent*, dessen Hieroglyphenname das Zeichen der Treppe enthält, und der auf dem Kopf die Himmelsscheibe trägt. Seine Aufgabe ist es, »den Sterngöttern den Weg zu zeigen und die Sternbildgöttinnen ihren Weg gehen zu lassen«. Sie wurden in Gruppen von zwölf Göttern und zwölf Göttinnen mit Sternenemblemen abgebildet. Die Anrufung der Sterngötter lautete:

> »Die göttlich im Fleisch sind, deren Zauberkräfte entstanden sind... die vereint sind in den Sternen, die für Ré aufgehen... Laßt eure Sterne seine Hände führen, auf daß er in Frieden zum verborgenen Ort gehen möge.«

In dieser Abteilung sind auch zwei Göttergruppen zugegen, die mit dem *Ben-Ben* in Verbindung stehen, dem geheimnisvollen Gegenstand, der, zu Ré gehörig, in seinem Tempel in der Stadt An (Heliopolis) aufbewahrt wurde. Drei Götter sind diejenigen, die »das Geheimnis besitzen« und es im *Het-Ben-Ben* (Ben-Ben-Haus) bewachen; acht bewachen es von außen. Neun Gegenstände sind in einer Reihe aufgestellt, die das Abzeichen *Schem* darstellen, das hieroglyphisch Anhänger oder Jünger bedeutet.
In der neunten Stunde sieht der König den Ruheplatz der zwölf göttlichen Ruderer Rés, die Rés himmlisches »Boot der Jahrmillionen« bedienen. In der zehnten Stunde gelangt der König durch ein Tor an einen Ort, wo rege Betriebsamkeit herrscht. Hier haben die Götter die Aufgabe, Feuer und Flammen für Rés Boot zu bewirken. Die hier Tätigen wurden mit zwei oder drei Sternsymbolen dargestellt, als hätten sie einen Rang gehabt, der mit dem Himmel in Beziehung stand.
In der elften Abteilung nimmt die Verbindung mit dem Himmel zu. Die Götter tragen das Abzeichen der Himmelsscheibe und Sternenattribute. Bei acht Göttinnen besagt das Sternenemblem, daß sie von »Rés Wohnung gekommen« sind. Der König sieht die »Herrin« und den »Herrn des Sterns« sowie Götter, die dafür sorgen, daß »Kraft aus dem *Duat* aufsteigt, die Rés Gefährt zum verborgenen Haus im oberen Himmel trägt«.
Hier wird der König von Göttern und Göttinnen für eine Reise »über den Himmel« ausgerüstet. Er betritt eine »Schlange«, in der er sich häutet, und aus der er »in Gestalt eines verjüngten Rés« hervorgeht. Manche diesbezüglichen Texte vermag man noch immer nicht zu deuten, aber die Prozedur wird verständlich erläutert: Der

König, dessen Gewandung bisher unverändert geblieben ist, hat jetzt in Falkengestalt das Aussehen eines Gottes, ist ein Gott geworden, und er sagt zu seinem göttlichen Begleiter: »Wenn du in den Himmel gehst, wird auch der König in den Himmel gehen.‘

Die dazugehörige Illustration stellt eine Gruppe ungewöhnlich gekleideter Götter dar, die eng anliegende Overalls mit rundem Kragenschmuck tragen (Abb. 21).

Angeführt oder angewiesen werden sie von einem Gott mit dem Abzeichen der Himmelsscheibe über dem Kopf; er steht zwischen den Flügeln einer Schlange mit vier Menschenbeinen. Vor dem gestirnten Hintergrund sehen sich Gott und Schlange einer anderen Schlange gegenüber, die, obwohl ungeflügelt, offensichtlich fliegt und den auf ihr sitzenden Osiris emporträgt (Abb. 22).

Der König wird zu einer Öffnung inmitten einer halbrunden Wand geführt. Er geht durch die »verborgene Tür«. Durch einen 1300 Ellen langen Tunnel, der »Dämmerung am Ende« heißt, gelangt er in eine Halle, wo überall die geflügelte Scheibe zu sehen ist. Er begegnet Göttinnen, »die Licht auf Rés Weg gießen« und einem magischen Zepter, das den Wächter Seth darstellt.

Die Götter erklären dem ehrfürchtigen König:

»Dies ist die große Halle des Osiris,
darein der Wind gebracht wird;
der erfrischende Nordwind wird dich,
o König, als Osiris emporheben.«

Es ist die zwölfte Abteilung, die letzte Stunde der unterirdischen Reise. Es ist die »äußerste Grenze der dichten Dunkelheit«. Der König blickt erschrocken auf: Vor ihm türmt sich Rés Himmelsboot in all seiner Majestät.

Der Gegenstand wird »Aufsteigender zum Himmel« genannt. In manchen Texten heißt es, Ré selbst habe den Aufzug für den König verfertigt; in anderen steht, der Aufzug sei von mehreren anderen Göttern hergestellt worden. Es ist »der Aufzug, der Seth himmelwärts getragen hat«. Osiris konnte das Firmament nur mittels eines solchen Aufzugs erreichen; also braucht der König ihn ebenfalls, um als Osiris ins ewige Leben versetzt zu werden.

Der Aufzug war keine gewöhnliche Leiter. Kupferkabel hielten ihn zusammen: »Sehnen gleich denen des Himmelsstiers«. Die seitlichen Stützen waren wie mit einer festen Haut überzogen, die Sprossen mit *Schescha* zugehauen (Bedeutung unbekannt), und darunter hatte »Er, der bindet, eine große Stütze angebracht«.

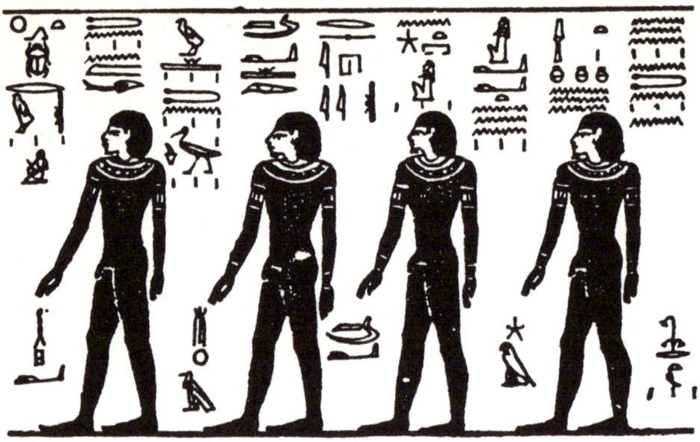

Abb. 21

Abb. 22

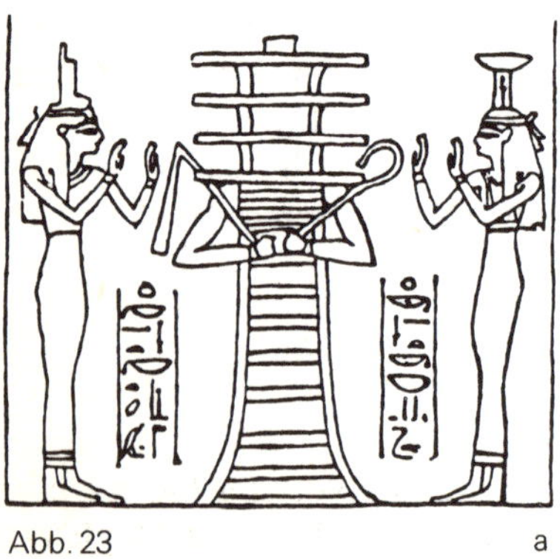

Abb. 23 a b

Die Illustrationen im Totenbuch zeigen eine solche göttliche Leiter – mit dem Lebenszeichen Ankh ☥, das sinnbildlich die Himmelsscheibe emporhebt – in Form eines hohen Turmes mit Unterbau (Abb. 23a, b). Die Hieroglyphe des Turmes 𓊽 (*Ded* geschrieben), bedeutete Ewigkeit. Dieses Symbol war eng verknüpft mit Osiris, denn vor seinem Haupttempel in Abydos sollen zwei solche Säulen 𓊽𓊽 errichtet worden sein zum Gedenken an die beiden Gegenstände, die im Lande Sekers standen und Osiris den Aufstieg zum Himmel ermöglichten.
Eine lange Pyramideninschrift preist den Aufzug, die göttliche Leiter, und ist gleichzeitig ein Gebet für König Pepi:

»Sei gegrüßt, göttlicher Aufsteigender,
sei gegrüßt, Aufsteigender Seths.
Stehe du aufrecht, Aufsteigender des Gottes,
stehe du aufrecht, Aufsteigender Seths,
stehe du aufrecht, des Horus Aufsteigender,
darin Osiris in den Himmel kam...
Herr des Aufsteigenden...
Wem wirst du geben die Leiter des Gottes?
Wem wirst du geben die Leiter Seths,
auf daß Pepi darauf zum Himmel aufsteigen möge,
als Höfling Ré zu dienen?
Möge Pepi die Leiter Gottes gegeben werden,
möge Pepi die Leiter Seths gegeben werden,
auf daß Pepi darauf zum Himmel aufsteige.«

Den Aufzug betrieben vier Falkenmänner, »Kinder des Horus«, des Falkengottes, die die Bemannung von Rés Boot bildeten. Diese vier waren »Kinder des Himmels«. »Sie kommen von der Ostseite des Himmels... sie rüsten die beiden Barken für den König, auf daß der König zum Horizont, zu Ré gehen möge«. Sie fügen den Aufzug für den König zusammen, sie bringen ihn, stellen ihn auf, »auf daß der König damit aufsteige zum Himmel«. Der König betet:

»Möge mir mein ›Name‹ gegeben werden
im großen Doppelhaus.
Möge mein ›Name‹ genannt werden
im Hause des Feuers,
in der Nacht der rechnenden Jahre.«

Auf Abbildungen ist zu sehen, wie dem König von der Göttin Isis *Ded* – Ewigkeit – verbürgt wird. Gesegnet von Isis und Nephtys,

Abb. 24

wird er von einem Falkengott zu einem raketenähnlichen Gegenstand mit Flossen geführt (Abb. 24). Des Königs Bitte um einen »Namen«, eine Himmelsleiter, ist erhört worden. Der Aufstieg kann beginnen.

Obwohl der König für sich selbst nur eine Himmelsleiter braucht, werden zwei Aufzüge errichtet, das »Auge des Ré« und das »Auge des Horus«, der eine auf »Thots Flügel«, der andere auf »Seths Flügel«. Dem verwirrten König erklären die Götter, das zweite Boot sei für den »Sohn Atens« bestimmt, einen Gott, der von der geflügelten Scheibe herabgestiegen ist. Vielleicht ist es der Gott, mit dem der König in der »Rüstkammer« gesprochen hat:

»Das Auge des Horus ist errichtet auf Seths Flügel.
Die Kabel sind gebunden, die Boote verfertigt,
auf daß Atens Sohn nicht ohne Boot sei.
Der König ist beisammen mit dem Sohne Atens;
er ist nicht ohne Boot.«

Dem »wie ein Gott gerüsteten« König helfen zwei Göttinnen, »die seine Kabel ergreifen«, ins »Auge des Horus«. Der Ausdruck »Auge«, der allmählich den Ausdruck Aufsteigender (Aufzug) oder Leiter ersetzt hat, weicht jetzt immer mehr dem Ausdruck »Boot«. Das »Boot«, in das der König steigt, ist 770 Ellen (etwa 350 Meter) lang. Im Bug sitzt der Gott, dem das Boot untersteht. Er wird angewiesen: »Nimm diesen König zu dir in die Kammer deines Bootes.« Beim Einsteigen kann der König das Gesicht dieses Gottes in der Kammer sehen, denn »das Gesicht des Gottes ist offen«. Der Sitz, auf dem der König zwischen zwei Göttern Platz nimmt, heißt »Wahrheit, die lebendig macht«. Zwei »Hörner« ragen am Kopf

(oder Helm) des Königs hervor. »Er verbindet sich mit dem, was aus dem Kopf des Horus herauskommt.« Er ist eingeschaltet.
Die Texte, die von der Reise des Königs Pepi I. zum Leben nach dem Tode handeln, beschreiben diesen Augenblick: »Pepi ist geschmückt wie Horus, gekleidet wie Thot. Isis ist vor ihm, und Nephtys ist hinter ihm; Ap-uat hat ihm einen Weg geöffnet. Schu, der Himmelsträger, hat ihn emporgehoben; Ans Götter lassen ihn die Treppe ersteigen und bringen ihn zum Firmament; die Himmelsgöttin Nut streckt ihm die Hand entgegen.«
Der magische Augenblick ist gekommen; nur noch zwei Türen müssen geöffnet werden, und der König wird – wie vor ihm Ré und Osiris – aus dem *Duat* auftauchen, sein Boot wird auf den Himmelsgewässern schwimmen. Die beiden *Ded*-Säulen stehen aufrecht, reglos.

»Die Tür des Himmels ist geöffnet!
Die Tür der Erde ist geöffnet!
Die Himmelsfenster sind geöffnet!
Die Himmelsleiter ist da;
Die Lichtstufen sind enthüllt...
Die Doppeltüren des Himmels sind geöffnet;
Die Doppeltüren Chebus sind geöffnet
für Horus vom Osten bei Tagesanbruch.«

Affengötter, die den verblassenden Mond und den Tagesanbruch versinnbildlichen, sprechen Zauberworte, die Strahlenglanz vom Auge des Horus bewirken. Der Strahlenglanz – früher als Kennzeichen des zweigipfligen Berges bezeichnet – verstärkt sich:

»Der Himmelsgott hat den Strahlenglanz für den König
verstärkt,
auf daß der König zum Himmel erhoben werde
wie Rés Auge.
Der König ist in diesem Auge des Horus,
wo der Befehl der Götter gehört wird.«

Das »Auge des Horus« verändert die Farbe: Zuerst ist es blau, dann rot. Ringsum herrscht aufgeregte Tätigkeit:

»Das rote Auge des Horus ist zornig,
seiner Macht kann niemand widerstehen.
Seine Boten eilen, sein Läufer hastet.
Sie verkünden ihm, der im Osten den Arm erhebt:
›Laß diesen vorbei.‹
Möge der Gott den Göttern, den Vätern befehlen:

›Sei still, leg die Hände auf deinen Mund,
steh an der Tür des Horizonts,
öffne die Doppeltür (des Himmels).‹«

Die Stille ist gebrochen:

»Der Himmel spricht, die Erde bebt, die Erde zittert;
die beiden Gebiete der Götter rufen,
der Boden bricht auf,
wenn der König aufsteigt zum Himmel,
wenn er über das Gewölbe fährt.
Die Erde lacht, der Himmel lächelt,
wenn der König aufsteigt zum Himmel.
Der Himmel jubelt ihm zu, die Erde bebt für ihn.
Der donnernde Sturm treibt ihn, es donnert wie Seth.
Die Himmelswächter öffnen ihm die Türen.«

Inmitten des Aufruhrs, des Donnerns und Bebens erhebt sich der »Himmelsstier«. Dann verebbt der Tumult, und der König ist in der Luft:

»Sie sehen den König wie einen Falken fliegen, wie einen Gott,
zu leben bei seinen Vätern, zu essen mit seinen Müttern.
Der König ist ein Himmelsstier,
dessen Bauch voller Magie ist von der Flammeninsel.«

Die Inschriften verkünden den Untertanen: »Er fliegt, dieser König Pepi fliegt weg von euch, von euch Sterblichen. Er ist nicht der Erde, er ist des Himmels. Dieser König Pepi fliegt gleich einer Wolke zum Himmel, gleich einem Vogel; dieser König Pepi küßt den Himmel wie ein Falke.« Der König ist jetzt »auf dem Himmelsträger, auf der Sternenstütze«. Aber er fliegt nicht einfach empor, sondern er umkreist die Erde:

»Er umfaßt die Erde wie Ré,
er durchquert den Himmel wie Thot,
er reist über die Gebiete des Horus,
er reist über Seths Gebiete.
Zweimal hat er die Himmel und die beiden Länder umkreist.«

Der Bestimmungsort des Königs ist *Aten*, die geflügelte Scheibe, auch »Unvergänglicher Stern« genannt, wo Ré wohnt. Die Himmelsreise dauert acht Tage:

»Wenn diese Stunde kommt, wenn der König auf dem Stern steht,
der die Unterseite des Himmels ist,
wird er als ein Gott gelten, angehört werden als ein Fürst.

Der König wird rufen, und die vier Götter, die Wache halten,
werden es Ré verkündigen:
›Er ist zu dir gekommen, der König ist zu dir gekommen!‹«

Am Tor des Doppelpalastes wird der König von Ré erwartet:

»Dort siehst du Ré stehen, und er begrüßt dich.
Er führt dich in den himmlischen Doppelpalast
und setzt dich auf den Thron des Osiris.«

In den Texten heißt es: »Ré hat den König zu sich in den Himmel genommen, auf der Ostseite des Himmels. Der König ist auf jenem Stern, der den Himmel erhellt.«

Es bleibt ihm jedoch noch etwas zu tun. Zusammen mit »Horus aus dem *Duat*, dem großen, grünen, göttlichen Falken« macht sich der König auf die Suche nach dem Lebensbaum auf dem Opferplatz. »Dieser König Pepi geht zum Felde des Lebens, Rés Geburtsort im Himmel. Kebehet nähert sich ihm mit vier Krügen, um das Herz des großen Gottes zu erfrischen an dem Tage, an dem er erwacht. Damit erfrischt sie das Herz dieses Königs Pepi zu Leben.«

Dann verkünden die Texte freudig:

»O dieser Pepi!
Du bist fortgegangen!
Du bist der Glorreiche,
mächtig wie ein Gott, auf einem Platz wie Osiris!
Deine Seele ist in dir;
Hinter dir hast du deine Macht,
auf dem Kopf deinen Urrt-Helm,
in der Hand die Misut-Krone...
Aufgestiegen bist zu deiner Mutter, der Himmelsgöttin;
sie nimmt deinen Arm,
sie zeigt dir den Weg zum Horizont,
zu dem Ort, wo Ré ist.
Die Doppeltür des Himmels steht dir offen,
die Doppeltür des Himmels steht dir offen...
Du steigst auf, o Pepi, ausgerüstet wie ein Gott.«

Eine Abbildung im Grab Ramses' IX. zeigt, daß sich die Doppeltür öffnete, indem beide Teile voneinander wegglitten. Mehrere Götter auf jeder Seite bewerkstelligten dies mit Rädern und Flaschenzügen. Dann konnte ein menschenähnlicher Riesenfalke durch die tunnelartige Öffnung auftauchen (Abb. 25).

Höchst befriedigt von der Leistung, verkünden die Texte den Untertanen: »Er fliegt, der da fliegt; König Pepi fliegt von euch weg, ihr

Abb. 25

Sterblichen... Er gehört nicht der Erde an, er gehört dem Himmel an... König Pepi fliegt gleich einer Wolke zum Himmel, gleich einem hoch oben flatternden Vogel. König Pepi küßt den Himmel wie ein Falke; er erreicht den Himmel des Gottes am Horizont.« Der König ist jetzt, wie es heißt, »der Himmelsträger, der Sternenhalter; von den Schatten der Gottesmauern aus durchquert er den Himmel«.

Der König ist nicht nur aufgestiegen, er umkreist die Erde:

»Er umfaßt den Himmel wie Ré,
er durchquert den Himmel wie Thot...
Er fliegt über die Länder des Horus,
er fliegt über die Länder Seths...
Zweimal ist er am Himmel gekreist
und hat die beiden Lande umrundet...
Der König ist ein Falke, der die Falken übertrifft;
er ist ein Großfalke.«

In einem Vers heißt es auch, der König »durchquert den Himmel wie Sunt, der den Himmel in einer Nacht neunmal durchquert«, aber die Bedeutung des Namens Sunt ist noch nicht ergründet, so daß der Vergleich unverständlich bleibt.

Der König, der immer noch zwischen den beiden Gefährten sitzt, »die über den Himmel reisen«, fliegt in großer Höhe gen Osten. Sein Ziel ist der *Aten*, die geflügelte Scheibe, die auch »Unvergänglicher Stern« heißt. Die Gebete gelten jetzt dem Wunsch, der König möge ungefährdet dort ankommen: »Laß ihn zu dir niedersteigen, *Aten*, schließe ihn in deine Arme.« Dort wohnt Ré, der den König liebevoll aufnehmen soll wie ein Vater seinen heimgekehrten Sohn:

»Ré vom *Aten*,
dein Sohn ist zu dir gekommen;
Pepi ist zu dir gekommen;
laß ihn zu dir niedersteigen,
nimm ihn liebevoll in die Arme.«

Nun herrscht Aufruhr im Himmel: »Wir sehen etwas Neues, sagen die Himmelsgötter, einen Horus in Rés Strahlenglanz.« Der König – »auf seinem Weg zum Himmel, mit dem Wind, kommt dem Himmel nahe, spaltet das Firmament« – erhofft an seinem Ziel ein Willkommen.

Die Himmelsreise dauert acht Tage: »Wenn die Stunde des Morgen kommt, die Stunde des achten Tages, wird der König vor Ré gerufen werden.« Ré selbst erwartet ihn.

»Wenn die Stunde des Morgen kommt...
Wenn der König dort steht, auf dem Stern,
der die Unterseite des Himmels ist,
wird er als Gott angesehen werden,
angehört werden wie ein Prinz.
Sie werden zu ihm kommen, die vier Götter,
die auf den Himmelszeptern stehen,
werden Ré den Namen des Königs nennen,
seinen Namen Horus den Horizonten verkünden:
›Er ist zu dir gekommen!
Der König ist zu dir gekommen!‹«

Auf dem See, der des Himmels ist, nähert sich der König der Himmelsküste. Währenddessen verkünden die Götter auf dem »Unvergänglichen Stern«: »Der Erwartete kommt... Ré hat ihm auf der Himmelsleiter seinen Arm gegeben.« Er, »der den Ort kennt«, kommt, sagen die Götter. Am Tor des Doppelpalastes wird er tatsächlich von Ré empfangen:

»Dein ist die Ewigkeit, sagt Ré.
Du vergehst nie, du bist immerdar.«

Der König hat die Stufen zum Kosmos erstiegen und den Unzerstörbaren Stern erreicht. Er hat das ewige Leben erhalten.

5

Die Götter, die zum Planeten Erde kamen

Heute sind Raumflüge für uns etwas Selbstverständliches. Ohne mit der Wimper zu zucken, lesen wir von Plänen für die Errichtung von Raumstationen; die Entwicklung einer Raumfähre wird ohne große Verwunderung verfolgt. All dies natürlich, weil wir mit eigenen Augen gesehen haben, wie Astronauten im Weltraum fliegen und unbemannte Sonden auf anderen Planeten landen. Wir nehmen Raumfahrten und interplanetarische Verbindungen hin, weil wir mit eigenen Ohren gehört haben, wie ein Sterblicher namens Neil Armstrong, Kapitän des Raumschiffes »Apollo 11«, die erste Landung auf einem anderen Himmelskörper, dem Mond, verkündete: »Houston! Hier Basis Tranquillity. Der *Adler* ist gelandet!«

Abb. 26

Adler hieß nicht nur die Operation an sich, sondern auch die Landefähre (Abb. 26). Auch der *Falke* ist auf dem Mond gelandet. Im Luft- und Raumfahrtmuseum der Smithsonian Institution in Washington kann man die Raumfahrzeuge sehen und berühren, die als Fähren benutzt worden sind. In einer besonderen Abteilung, wo die Mondlandungen mit der ursprünglichen Ausrüstung simuliert werden, kann der Besucher immer noch die Bandaufnahme der Mel-

dung vom Mond hören: »O. K., Houston, der *Falke* ist auf der Hadley-Ebene!« Das sagte Dave Scott, Kapitän des Raumschiffes »Apollo 15«.
Noch vor einigen Jahrzehnten wäre es eine ungeheuerliche Vorstellung gewesen, daß ein gewöhnlicher Sterblicher eine besondere Kleidung anlegen, ein Raumschiff besteigen und zum Mond fliegen könnte. Vor einem Jahrhundert hätte man nicht einmal auf diesen Gedanken verfallen können, weil weder Wissen noch Erfahrung eine Handhabe dazu geboten hätte.
Dennoch konnten sich die Ägypter - vor 5000 Jahren - ohne weiteres vorstellen, daß ihr Pharao so etwas erlebt: Er reiste zu einer Abschußbasis östlich von Ägypten, betrat eine unterirdische Anlage, zog sich einen Astronautenanzug an und setzte sich zwischen die Götter in einen »Aufsteigenden«. Mit diesem Raumschiff gelangte er zur Wohnung der Götter auf ihrem millionenjährigen Planeten.
Auf was für TV-Bildschirmen hatten die Ägypter derartiges gesehen, daß sie so fest an die Möglichkeit glaubten?
Da sie keine Fernsehgeräte besaßen, läßt es sich nur damit erklären, daß sie entweder das Kommen und Gehen der Raumschiffe an Ort und Stelle sahen oder in einem »Museum« den Nachvollzug erlebten. Alles deutet darauf hin, daß die Altägypter die Abschußrampe und die Astronauten mit eigenen Augen gesehen haben. Aber die Astronauten waren keine Erdbewohner, die eine Raumfahrt unternahmen, sondern diese Astronauten waren von irgendwoher auf den Planeten Erde herabgekommen.
Kunstvoll verschnörkelt beschrieben die Altägypter in ihren Grabstätten, was sie selbst gesehen und erlebt hatten. Die Darstellungen der baulichen Einzelheiten der Anlagen im *Duat* entstammen dem Grab des Pharaos Seti I. Eine noch verblüffendere Beschreibung hat man im Grab von Huy gefunden, der während Tut-ench-Am'uns Regierungszeit als Vizekönig in Nubien und auf der Halbinsel Sinai eingesetzt war. Das Grab ist nicht nur mit Volksszenen, Ortschaften und Gegenständen aus den beiden Gebieten, die Huy unterstanden, geschmückt, sondern hier ist auch in lebhaften Farben ein Raumschiff abgebildet: Der Flugkörper befindet sich unter der Erde, nur die Kommandokapsel ragt hinaus (Abb. 27). Der Schaft ist wie eine Mehrstufenrakete unterteilt. Im unteren Teil bedienen zwei Personen Schläuche und Hebel, über ihnen sind runde Scheiben. Ringsum sind im Querschnitt Röhren zu sehen, die dem Wärmeaustausch oder einer anderen energiebezogenen Funktion dienen.

Die halbkugelige Basis des Teiles über der Erde ist in flammender Farbe dargestellt, als ob sie beim Eintritt in die Erdatmosphäre glühten. Die Kommandokapsel – groß genug, um drei bis vier Personen zu fassen – hat eine konische Form, und in ihrem unteren Teil sind ringsherum vertikale »Gucklöcher« angebracht. Die Kapsel ist umgeben von Betenden in einer Landschaft mit Dattelpalmen und Giraffen.

Die unterirdische Kammer ist mit Leopardenfellen ausgekleidet, woraus sich eine direkte Verbindung zu bestimmten Phasen der

Abb. 27

Reise des Pharaos zum ewigen Leben ergibt. Das Leopardenfell war die Amtstracht des *Schem*-Priesters bei der Zeremonie des Mundöffnens. Es war auch die Tracht der Götter, die den Pharao auf dem »Geheimweg des verborgenen Ortes« im *Duat* führten. Der wiederholte Symbolismus unterstreicht den Zusammenhang zwischen der Reise des Pharaos und dem unterirdisch verankerten Raumschiff. Wie aus den Pyramideninschriften klar hervorgeht, folgt der Pharao auf dem Weg ins Jenseits den Spuren der Götter. Ré und Seth, Osiris und Horus sowie andere Götter waren auf diese Weise zum Himmel aufgestiegen. Die Ägypter glaubten aber auch, daß die Großen Götter das erstemal auf demselben Himmelsboot herabgestiegen waren. In An (Heliopolis), der ältesten Kultstätte Ägyptens, errichtete Ptah ein besonderes Gebäude – eine »Smithsonian-Institution«, wenn man so will –, in dem die Ägypter eine echte Raumkapsel anbeten konnten!
Der »geheime Gegenstand« – *Ben-Ben* – war in einem Schrein im *Het-Ben-Ben* (»Ben-Ben-Haus«). Die hieroglyphische Darstellung des Ortsnamens läßt erkennen, daß die Struktur wie eine Abschußrampe aussah, aus der eine spitze Rakete aufragte (Abb. 28).

Abb. 28

Der *Ben-Ben* war laut den Altägyptern ein fester Gegenstand, der von der Himmelsscheibe auf die Erde herabgekommen war. Er war die »Himmelskammer«, in der der große Gott Ré auf der Erde landete. Der Ausdruck *Ben* (wörtlich: »Das Hinausfließende«) bedeutet sowohl »glänzen« als auch »in den Himmel aufschießen«.
Eine Inschrift auf der Grabsäule des Pharaos Pi-Ankhi lautet:

»Der König Pi-Ankhi stieg die Treppe zum großen Fenster
hinauf,
um den Gott Ré im *Ben-Ben* zu betrachten.
Der König selbst, ganz allein hier stehend,
entriegelte und öffnete die beiden Torflügel.
Da sah er seinen Vater Ré im glanzvollen Heiligtum des
Het-Ben-Ben.

Er sah den *Maad*, Rés Barke, und er sah *Sektet*, Atens Barke.«
Der Schrein wurde, wie den alten Texten zu entnehmen ist, von zwei Göttergruppen bewacht und bedient. Da waren diejenigen »außerhalb des *Het-Ben-Ben*«, die aber die heiligsten Teile des Schreines betreten durften, weil sie die Aufgabe hatten, die Opfergaben der Pilger entgegenzunehmen und in den Tempel zu bringen. Die anderen waren in erster Linie Wächter; sie bewachten nicht nur den *Ben-Ben* an sich, sondern auch alle »die geheimen Dinge Rés, die im *Het-Ben-Ben* sind«. Wie heute die Touristen in der Smithsonian Institution die Raumschiffe bewundern und sogar berühren, so unternahmen die Ägypter, allerdings in frommem Eifer, Pilgerfahrten nach Heliopolis, um den *Ben-Ben* anzubeten, ähnlich wie die Mohammedaner nach Mekka pilgern, um den »schwarzen Stein« der Kaaba zu küssen, der schon im altarabischen Steinkult verehrt wurde.
Bei dem Schrein gab es einen Brunnen, dessen Wasser als heilkräftig galt und besonders auf Manneskraft und Fruchtbarkeit wirken sollte. Tatsächlich nahmen der Ausdruck *Ben* und seine Hieroglyphe  im Verlauf der Zeit die Bedeutung »Manneskraft« und »Fortpflanzung« an. Möglich, daß darin der Ursprung des hebräischen Wortes *Ben* (männlicher Nachkomme, Sohn) zu suchen ist. Außerdem erhielt der Schrein den Beinamen »Verjüngung«, wodurch die Legende vom *Ben*-Vogel entstand, den die Griechen, die nach Ägypten kamen, Phönix nannten. Nach der Legende war der Phönix ein Adler mit teils rotem, teils goldenem Gefieder; alle 500 Jahre, wenn er dem Sterben nahe war, begab er sich nach Heliopolis und erstand neu aus seiner Asche (oder der seines Vaters).
Heliopolis und sein Heilwasser waren bis zu frühchristlicher Zeit geheiligt. Nach dortiger Überlieferung sollen Joseph und Maria auf der Flucht nach Ägypten mit dem Jesuskind beim Brunnen des Schreins gerastet haben.
Der Schrein in Heliopolis wurde, wie ägyptische Geschichten besagen, mehrmals von feindlichen Eindringlingen zerstört. Heute sind von der Stadt nur noch Reste geblieben, der *Ben-Ben* ist verschwunden. Aber er wurde auf Monumenten abgebildet, sie zeigen den Gott in einer konisch-pyramidalen Kammer. Die Archäologen haben auch ein steinernes Maßmodell des *Ben-Ben* gefunden. Darauf steht Ré mit einer Gebärde des Willkommens in der geöffneten Tür (Abb. 29). Die richtige Form der Himmelskammer zeigt wahr-

Abb. 29

Abb. 30

scheinlich die Abbildung in Huys Grab, die einer modernen Raumfahrtkapsel ähnelt (Abb. 30). Für die Gleichheit des Zwecks und der Funktion spricht unbedingt die Tatsache, daß sich die modernen Kapseln, die die Astronauten beherbergen, vom uralten *Ben-Ben* kaum unterscheiden.

Da es den *Ben-Ben* nicht mehr gibt, erhebt sich die Frage, ob noch irgend etwas Faßbares – abgesehen von Abbildungen und Modellen – Zeugnis von dem Schrein in Heliopolis ablegt. Es wurde bereits erwähnt, daß in den ägyptischen Texten von anderen »geheimen Dingen Rés« die Rede ist. Im Totenbuch werden neun Gegenstände, die mit dem Schrein in Heliopolis in Zusammenhang stehen, mit der Hieroglyphe *Schem* bezeichnet. Es kann also gut sein, daß es dort noch neun Raumschiffteile oder Gegenstände, die mit der Raumfahrt in Beziehung standen, gegeben hat.

Möglicherweise haben Archäologen einen dieser kleineren Gegenstände gefunden, und zwar einen merkwürdigen runden Gegenstand mit Ausschnitten, der den Gelehrten seit der Entdeckung im Jahr 1936 Rätsel aufgegeben hat (Abb. 31a). Es ist wichtig, sich zu vergegenwärtigen, daß dieses Objekt – unter »ungewöhnlichen Kupfergegenständen« – im Grab des Kronprinzen Sabu gefunden wurde, des Sohnes von König Adschib der 1. Dynastie. Daraus nämlich folgt, daß es etwa im Jahr 3100 v. Chr. in das Grab gelegt wurde. Es könnte noch älter sein, aber bestimmt nicht jüngeren Datums.

In seinem Bericht über die Entdeckungen in Saqqara (südlich der großen Pyramiden von Giseh), wo die Gräber der 1. Dynastie liegen, schreibt Walter B. Emery, man habe noch keine befriedigende Erklärung über die Bedeutung dieses Gegenstands gefunden. Er sei aus einem einzigen Stück Schiefer gearbeitet. Wenn er irgendwie benutzt worden wäre, hätte er bald zerbrechen müssen; folglich habe er wohl eher zu Aufbewahrungszwecken gedient. Das hat andere Forscher zu der Annahme geführt, daß der steinerne Gegenstand die Imitation einer ursprünglichen Form aus Metall sei.

Aber welches Metall kann man im vierten Jahrtausend v. Chr. benutzt haben, um diesen Gegenstand herzustellen? War derartige Präzisionsarbeit damals möglich? Gab es geschulte Mechaniker, die imstande gewesen wären, einen so komplizierten Gegenstand zu schaffen? Und vor allem: Zu welchem Zweck?

Eine technische Untersuchung der eigenartigen Form des Objekts gab wenig Aufschlüsse über ihren Ursprung oder Verwendungszweck (Abb. 31b). Der runde Gegenstand, dessen Durchmesser ungefähr 60 Zentimeter beträgt, war offenbar dazu bestimmt, auf einem Schaft zu sitzen und sich um seine Achse zu drehen. Die drei merkwürdigen gebogenen Ausschnitte lassen vermuten, daß er während der Rotation in eine Flüssigkeit eingetaucht wurde.

Nach 1936 wurden keine Anstrengungen mehr gemacht, das Rätsel zu lösen. Mir aber kam eine mögliche Funktion plötzlich in den Sinn, als ich 1976 in einer technischen Zeitschrift von einer umwälzenden Entwicklung des Schwungrades las, und zwar im Zusammenhang mit dem amerikanischen Raumfahrtprogramm. Das Schwungrad, ein auf einer Kurbelwelle befestigtes und mit ihr rotierendes Rad gleicht infolge seines Beharrungsvermögens Unregelmäßigkeiten im Gang einer Maschine aus, kann überschüssige Arbeit aufnehmen und im Bedarfsfall abgeben, also ausgleichend wirken. Man kennt es seit knapp zwei Jahrhunderten und verwendet es neuerdings auch im Flugwesen.

In der Regel sind Schwungräder so konstruiert, daß sie nach außen hin schwerer werden. Aber in den siebziger Jahren wurde eine gegensätzliche Konstruktion entwickelt, bei der die Masse in der Nähe der Achse konzentriert ist. Diese Ausführung sollte angeblich am besten dazu geeignet sein, in elektrisch angetriebenen Nahverkehrsmitteln durch Speicherung Energie einzusparen. Das Modell

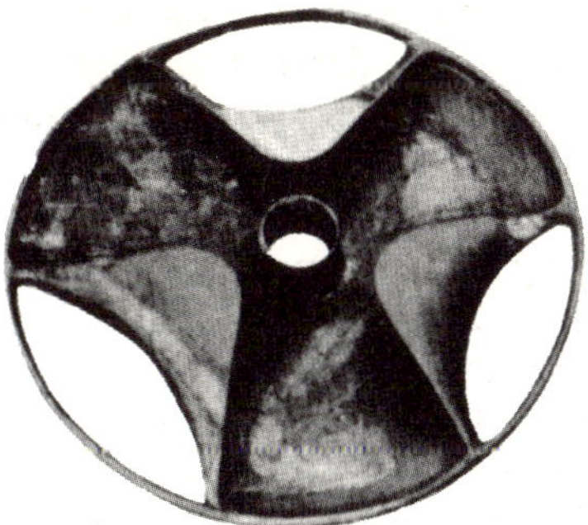

a

Abb. 31

b

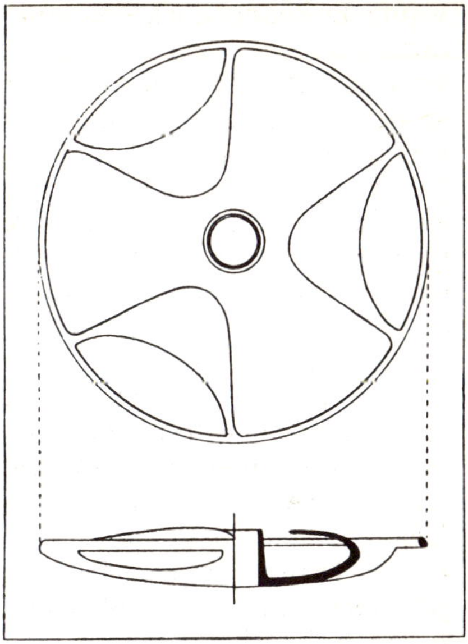

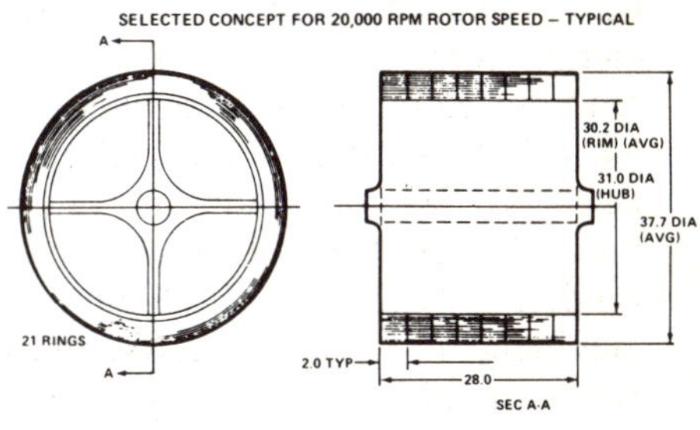

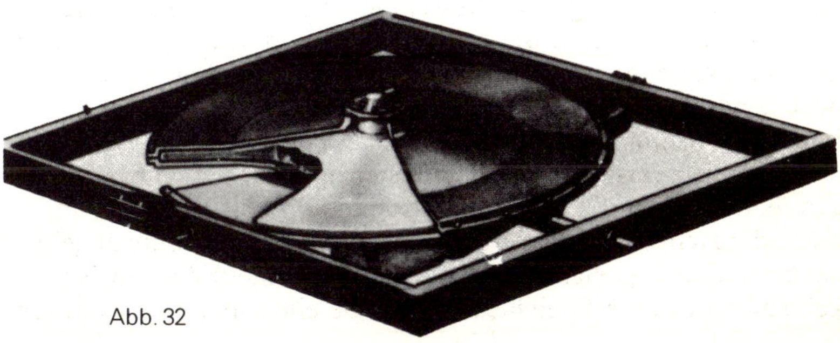

Abb. 32

wurde weiterentwickelt, aber bis heute noch nicht perfektioniert. Daß dieses neu konstruierte Schwungrad (Abb. 32) aussieht wie der 5000 Jahre alte in Ägypten gefundene Gegenstand ist weniger erstaunlich als die Tatsache, daß das vervollkommnete Schwungrad von 3100 v. Chr. einem Maschinenteil gleicht, das sich heute immer noch im Entwicklungsstadium befindet!
Wo ist das Original aus Metall dieses uralten Schwungrads? Wo sind die anderen Gegenstände, die anscheinend im Schrein von Heliopolis ausgestellt wurden? Und nicht zuletzt, wo ist der *Ben-Ben*?
Wie so viele Gebrauchsgegenstände, deren Vorhandensein in uralter Zeit zweifellos belegt ist, sind sie nicht mehr auffindbar, vielleicht zerstört oder geraubt, vielleicht irgendwo versteckt und vergessen. Vielleicht wurden sie zu einem anderen Planeten zurückgebracht; vielleicht sind sie noch bei uns, unerkannt im Keller eines Museums. Oder – wie es in der Sage vom Vogel Phönix anklingt, die Heliopolis und Arabien miteinander verknüpft – verborgen in der versiegelten Kammer der Kaaba in Mekka.
Höchstwahrscheinlich wurden die heiligen Gegenstände im Schrein von Heliopolis in der Zeit zerstört oder entfernt, die man als erste Zwischenzeit bezeichnet. In dieser Zeit war die Einheit Ägyptens zerstört, und es herrschten anarchische Zustände. Es ist bekannt, daß Heliopolis während der Kriegswirren in Trümmer ging. Vielleicht verließ Ré damals seinen dortigen Tempel und wurde Amun, der »verborgene Gott«.
Als unter der 11. Dynastie die Ordnung wiederhergestellt war, wurde Theben, dessen Fürsten siegreich aus den Kämpfen hervorgegangen waren, die Hauptstadt des wiedervereinigten Ober- und Unterägyptens, und ihr Gott wurde Amun genannt. Der Pharao Mentuhoteb I. erbaute in der Nähe von Theben einen Ré geweihten Tempel, den ein »Pyramidion« krönte, zum Gedenken an Rés Himmelskammer (Abb. 33).
Kurz nach 2000 v. Chr., als die 12. Dynastie die Herrschaft antrat, war Ägypten geeinigt, die Ordnung wiederhergestellt und Heliopolis zugänglich. Der erste Pharao dieser Dynastie, Amen-Em-Hat I., machte sich sogleich daran, die Tempel und Schreine von Heliopolis wiederaufzubauen; aber ob er die hier aufbewahrten ursprünglichen Archefakten wieder einsetzen konnte oder sich mit Nachahmungen begnügen mußte, vermag niemand zu sagen. Sein Sohn, Pharao Sen-Usert (Kheper-Ké-Ré) – Sesostris oder Sesonkhusis bei den griechischen Historikern –, errichtete vor dem Tempel zwei

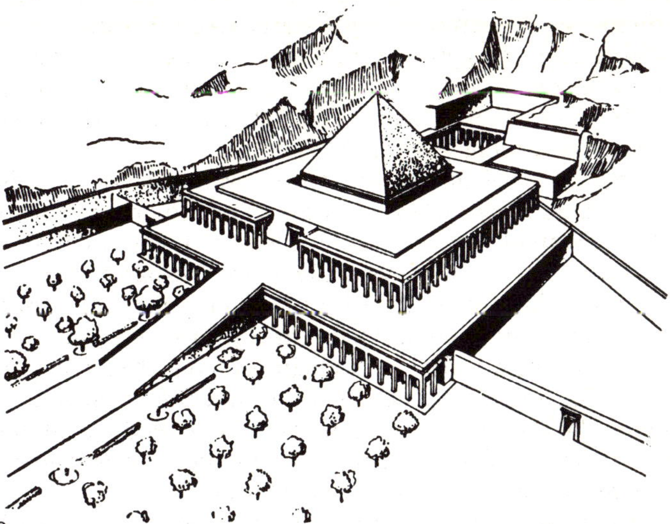

Abb. 33

über 20 Meter hohe Granitsäulen, die ebenfalls ein Pyramidion trugen, eine Nachbildung von Rés Himmelskammer aus Gold oder »weißem Kupfer« (Elektrum). Einer dieser Obelisken steht immer noch an der Stelle, wo er vor rund 4000 Jahren errichtet worden ist; der andere wurde im 12. Jahrhundert v. Chr. zerstört.
Die Griechen nannten diese freistehenden Spitzpfeiler *Obelisken*, die Ägypter nannten sie »Strahlen der Götter«. Während der 18. und 19. Dynastie wurden noch mehr errichtet, immer paarweise vor den Tempelpforten (Abb. 34); einige sind später nach New York, London, Paris und Rom geschafft worden. Die Pharaonen schufen sie, damit die Götter ihnen ewiges Leben schenkten; denn die Obelisken stellten in Stein das dar, was die früheren Pharaonen im *Duat* gesehen und hatten erreichen wollen: die Raketenschiffe der Götter (Abb. 35).
Die heutigen Grabsteine, auf denen zum ewigen Gedenken der Name des Verstorbenen steht, sind verkleinerte Obelisken – eine Sitte, die in der Zeit wurzelt, wo die Götter und ihre Raumfahrzeuge Wirklichkeit waren.

Das ägyptische Wort für diese göttlichen Wesen war *Neter*, das heißt »Einer, der wacht«. Die Hieroglyphe für Neter ⌉ muß wie

Abb. 35

Abb. 34

alle Hieroglyphen ursprünglich einen wirklichen, sichtbaren Gegenstand bezeichnet haben. Die Forscher deuteten sie auf alle mögliche Weise, von einer langstieligen Axt bis zu einem Emblem. Die Ägyptologin Margaret A. Murray hat in ihrem Buch »The Splendour that was Egypt« eine einleuchtendere Erklärung vorgebracht. Mit dem Hinweis darauf, daß die Tonwaren aus der frühesten, vordynastischen Zeit mit Abbildungen von Booten geschmückt waren, die eine Stange mit zwei Bändern trugen (Abb. 36), gelangte sie zu dem Schluß, daß die Stange mit den zwei Wimpeln das Schriftzeichen für Gott wurde.

Interessant an diesen frühesten Abbildungen ist die Tatsache, daß sie Boote zeigten, die aus einem fremden Land kamen. Die dargestellten Menschen waren sitzende Ruderer unter dem Kommando eines großen »Kapitäns«, an dessen Helm Hörner hervorragten – das Kennzeichen eines *Neter.*

Die Ägypter versicherten also von Anfang an bildlich, daß ihre Götter von anderswoher nach Ägypten gekommen waren. Das bestätigt die Sage von der Entstehung Ägyptens: Der Gott Ptah kam aus dem Süden, fand Ägypten überschwemmt vor, vollbrachte Wunderwerke an Landgewinnung und machte das Land bewohnbar. Es gab auf der ägyptischen Landkarte eine Stelle, die *Ta Neter* (»Ort/Land der Götter«) genannt wurde. Es war die schmale Wasserstraße am Südende des Roten Meers, die heute Bab-el-Mandeb heißt, und durch diese Straße trugen die Schiffe mit der Flagge die gehörnten Götter nach Ägypten.

Der ägyptische Name für das Rote Meer war »Meer von Ur«. *Ta Ur* bedeutete »Fremdes Land im Osten«. Henri Gauthier, der alle Ortsnamen in den Hieroglyphentexten in einem französischen Wörterbuch (Kairo 1931, Neudruck 1975) zusammengetragen hat, weist darauf hin, daß die Hieroglyphe für *Ta Ur* ein nautisches Element bezeichnete. »Das Zeichen bedeutet: ›Du mußt mit dem Schiff fahren, nach links.‹« Wenn man die Landkarte der Länder des Altertums betrachtet (Abb. 2), sieht man, daß der von Ägypten kommende Seefahrer, der nach der Straße von Bab-el-Mandeb Kurs nach links nahm, an der Arabischen Halbinsel entlang durch den Persischen Golf nach Indien und noch weiter östlich gelangte.

Es gibt noch mehr Hinweise. *Ta Ur* bedeutete wörtlich »Land von Ur«, und der Name Ur war nicht unbekannt. Er war das Geburtsland des hebräischen Urvaters Abraham. Als ein Abkömmling von Sem, dem ältesten Sohn Noahs, wurde er als ältester Sohn Tharahs

Abb. 36

geboren. Im Alten Testament heißt es: »Da nahm Tharah seinen Sohn Abram und seinen Enkel Lot, den Sohn Harans, und seine Schwiegertocher Sarah, die Frau seines Sohnes Abram, und zog mit ihnen aus Ur in Chaldäa weg, um sich ins Land Kanaan zu begeben.«

Als die Archäologen und Linguisten zu Anfang des 19. Jahrhunderts die Hieroglyphen zu entziffern begannen, kannte man Ur lediglich aus dem Alten Testament. Chaldäa hingegen war bekannt: Diesen Namen hatten die Griechen dem alten mesopotamischen Königreich Babylonien gegeben.

Herodot, der sich im fünften Jahrhundert v. Chr. in Ägypten und Babylonien aufhielt, stellte bei den Sitten der Ägypter und der Chaldäer viele Ähnlichkeiten fest. Bei der Beschreibung der heiligen Stätte des obersten Gottes *Bel* (Herodot nennt ihn Jupiter Belus) in der Stadt Babylon und des großen abgestuften Turmes sagt er: »Zuoberst auf dem Turm ist ein geräumiger Tempel, und in dem Tempel steht ein reichgeschmücktes Ruhelager von ungewöhnlicher Größe, daneben ein goldener Tisch. Es ist hier keine Statue aufgestellt, noch wird die Kammer nachts von irgendeinem benutzt außer von einer Eingeborenen, die, wie die Chaldäer, die Priester dieses Gottes, versichern, von der Gottheit für sich auserwählt worden ist. Sie erklären auch ... daß der Gott persönlich in diese Kammer kommt und auf dem Ruhelager schläft. Das ist die gleiche Geschichte, die die Ägypter darüber erzählen, was sich in ihrer Stadt Theben begibt, wo die Frau immer die Nacht im Tempel des thebanischen Jupiter (Amun) verbringt.«

Je mehr die Gelehrten des 19. Jahrhunderts über Ägypten erfuhren und das Material mit den Schriften der griechischen und römischen Historiker verglichen, desto deutlicher schälten sich zwei Tatsachen heraus: Erstens war die ägyptische Zivilisation keine einsame Blüte inmitten einer kulturellen Wüste, sondern Teil einer Entwicklung, die sich überall in den Ländern des Altertums vollzog. Zweitens entsprachen die biblischen Geschichten von anderen Ländern und Königreichen, von befestigten Städten und Handelswegen, von Kriegen und Bündnissen, von Auswanderungen und Niederlassungen der Wahrheit.

Darüber hinaus wurde festgestellt, daß die in der Bibel nur flüchtig erwähnten Hethiter mächtige Gegner der ägyptischen Pharaonen waren. Ein ganz unbekanntes Blatt der Geschichte – eine entscheidende Schlacht zwischen ägyptischen Heeren und aus Kleinasien eingefallenen hethitischen Legionen in Kadesch in Nordkanaan – wurde nicht nur in einem Text entdeckt, sondern auch in bildlicher Darstellung an Tempelwänden. (Den Frieden untermauerte der Pharao dann damit, daß er die Tochter des hethitischen Königs heiratete.)

Philister – »Menschen des Meeres« –, Phönizier, Horiter, Amoriter, lauter Völker und Königreiche, die bisher nur im Alten Testament genannt worden waren, tauchten als geschichtliche Wirklichkeit auf und nahmen Gestalt an, als die archäologische Arbeit in Ägypten fortschritt. Am größten schienen die Reiche Assyrien und Babylonien gewesen zu sein, aber wo waren ihre prächtigen Tempel und andere Zeichen ihrer Größe und Herrlichkeit jetzt? Wo waren ihre schriftlichen Zeugnisse?

Alles, was die Reisenden vom »Land zwischen den zwei Flüssen«, von der weiten Ebene zwischen Euphrat und Tigris, erzählt hatten, bezog sich auf gewisse Hügel, im Arabischen und Hebräischen *Tells* genannt. Da es hier keine Steine gab, hatten die Mesopotamier sogar ihre größten Gebäude aus Lehmziegeln gebaut; durch Krieg,

durch das Wetter und durch den Lauf der Zeit waren sie zerfallen und zerbröckelt. Statt monumentaler Gebäude fand man nur gelegentlich kleine Gebrauchsgegenstände, darunter öfters Lehmtafeln mit keilschriftartigen Inschriften. Im Jahr 1686 kam der deutsche Reisende Engelbert Kämpfer, seines Zeichens Arzt und einer der gelehrtesten Männer seiner Zeit (seine Vaterstadt Lemgo hat ihm ein Denkmal gesetzt), nach Persepolis, der alten Hauptstadt der persischen Könige, die Alexander der Große bekämpft hat. Er kopierte die keilschriftartigen Zeichen, die auch auf dem Königssiegel des Darius zu sehen sind (Abb. 37), sowie die Symbole auf den dortigen Monumenten, hielt sie aber nur für Ornamente. Als sie schließlich als Inschriften erkannt wurden, wußte niemand, in welcher Sprache sie abgefaßt waren, und wie man sie entziffern könnte. Wie bei den ägyptischen Hieroglyphen handelte es sich bei dieser Keilschrift um ein Rätsel, das man schließlich durch eine dreisprachige Inschrift lösen konnte. Sie wurde in dem persischen Dorf Behistun (Bisitun) gefunden, wo Darius I. eine Inschrift an einer hohen Felswand eingemeißelt hatte. Der englische Offizier und Orientalist Henry Rawlinson kopierte 1835 die Inschrift und entzifferte sie in zweijähriger Arbeit. Wie sich herausstellte, war sie in altpersischer, elamitischer und akkadischer Sprache abgefaßt. Akkadisch war die Wurzel aller semitischen Sprachen, und dank der Kenntnis des Hebräischen konnten die Forscher die mesopotamische Inschriften der Assyrier und Babylonier lesen und verstehen.
Angespornt von diesen Entdeckungen, begab sich der in Paris geborene englische Altertumsforscher Henry Austen Layard 1840 nach Mosul am rechten Ufer des Tigris (damals zum osmanisch-türkischen Reich gehörig). Hier war er bei William F. Ainsworth zu Gast, einem englischen Arzt, Geologen und Reisenden, der 1838 über seine Forschungen in Assyrien, Babylonien und Chaldäa berichtet hatte. Layard konnte seine Ausgrabungen auf Kosten des Britischen Museums und der Geographischen Gesellschaft vornehmen. Er kannte die biblischen Hinweise und die Schriften der griechischen Historiker, und er hielt sich vor Augen, daß ein Soldat Alexanders des Großen in dieser Gegend »Pyramiden und Trümmer einer alten Stadt« gesehen hatte – einer Stadt, deren Trümmer zu Alexanders Zeiten als alt betrachtet worden waren.
Tatsächlich deuteten die Einheimischen an, unter den Erdhügeln lägen alte Städte begraben. Seine Aufregung nahm zu, als er zu einer Ortschaft gelangte, die Birs Nimrud hieß. »Zum erstenmal sah

Abb. 37

ich den großen konischen Erdhügel von Nimrud, der sich vom klaren Abendhimmel abhob«, schrieb er später in seiner Autobiographie. »Der Eindruck ist mir unvergeßlich geblieben.« War dies der Ort, an dem Alexanders Soldat Pyramiden gesehen hatte? Sicher war es der Ort, der mit dem biblischen Nimrod zusammenhing – »einem gewaltigen Jäger vor dem Herrn« –, dem Begründer des Königreichs Mesopotamien, von dem im zehnten Kapitel der Schöpfungsgeschichte gesagt wird:

»Und der Anfang seines Reiches:
Babel und Erech und Akkad, alle im Land Schinear.
Von dem Land ist darnach kommen Assur,
wo Ninive erbaut ward, eine Stadt mit breiten Straßen,
und Calah und Ressen.«

Mit der Unterstützung Rawlinsons, der inzwischen Konsul von Bagdad geworden war, kehrte Layard 1845 nach Mosul zurück und begann mit der Ausgrabung seines geliebten Nimrud. Doch was er auch fand – und er fand durchaus etwas –, er konnte nicht von sich behaupten, der erste moderne Archäologe in Mesopotamien gewesen zu sein. Zwei Jahre zuvor hatte Paul Emile Botta, der französische Konsul von Mosul (mit dem Layard befreundet war), durch Nachgrabungen in Khorsabad auf der anderen Seite des Tigris den ersten assyrischen Königspalast entdeckt. Aus den Keilschrift-Inschriften ergab sich, daß an dieser Stelle die Hauptstadt des assyrischen Königs Sargon gelegen hatte. Die große Stadt mit ihren Palästen und Tempeln wurde in der Tat beherrscht von einer siebenstufigen Pyramide, einer sogenannten Zikkurat (Abb. 38).

Als Layard mit seinen Ausgrabungen begann, glaubte er, Ninive auf der Spur zu sein, der aus der Bibel bekannten assyrischen Hauptstadt. Zwar stellte sich der Ort als das assyrische Militärzentrum Kalhu (das biblische Calah) heraus, aber die gefundenen Schätze lohnten die Mühe. Dazu gehört ein Obelisk, den König Schalmaneser II. errichtet hat. Unter den Aufgeführten, die ihm tributpflichtig waren, ist vermerkt: »Jehu, Sohn des Omri, König von Israel« (Abb. 39).

Assyrische Fundgegenstände bestätigten also die Aussagen des Alten Testaments.

Ermutigt machte sich Layard 1849 an die Ausgrabung eines Erdhügels am Ostufer des Tigris, gegenüber von Mosul, an einem Ort, den die Einheimischen Kujundschik nannten. Das war in der Tat Ninive, die Hauptstadt des assyrischen Reiches, die ihren Glanz dem König Sanherib verdankte, der bei der Belagerung von Jerusalem vom Engel des Herrn zur Rückkehr nach Ninive gezwungen wurde. Die Kunstschätze, die man von hier zum Britischen Museum geschafft hat, bilden immer noch die eindrucksvollsten Stücke der assyrischen Abteilung.

Die Ausgrabungen schritten voran, da Archäologen aus anderen Ländern an dem Wettrennen teilnahmen, und alle in der Bibel genannten Städte (mit einer unwichtigen Ausnahme) kamen ans Tageslicht. Zwar füllten sich die Museen in aller Welt mit Schätzen des Altertums, aber die bedeutsamsten Funde waren die schlichten Tontafeln – manche nur in Größe einer Handfläche –, auf denen die Assyrier, die Babylonier und andere Völker Westasiens alles Wichtige verzeichnet haben: Handelsverträge, höfische Anordnungen, Gesetze, Heirats- und Erbschaftsprotokolle, geographische Angaben, medizinische Verordnungen, die Geschichte der Königshäuser – kurz, jeden Lebensbereich einer fortgeschrittenen und hochzivilisierten Gesellschaft. Epische Erzählungen, Schöpfungsgeschichten, Sprichwörter, philosophische Schriften, Liebeslieder und dergleichen bilden ein umfassendes literarisches Erbe. Außerdem befinden sich darunter Aufzeichnungen über Sterne und Sternbilder, astronomische Darstellungen und Aufzählungen der Götter, ihrer familiären Beziehungen, ihrer Abzeichen, Aufgaben und Funktionen – Götter, an deren Spitze die Zwölf Großen Götter gestanden haben, die »Götter des Himmels und der Erde«, mit denen die zwölf Monate, die zwölf Tierkreiszeichen und die zwölf Planeten unseres Sonnensystems verknüpft waren.

Wie die Inschriften selbst besagen, entstammen sie sprachlich dem Akkadischen. Diese Tatsache und andere Hinweise bekräftigen die

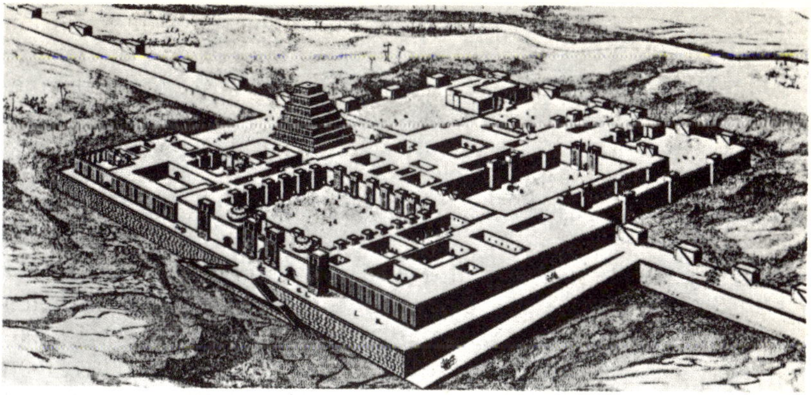

Abb. 38

Abb. 39

biblische Erzählung, nach der den Reichen Assyrien und Babylonien (die ab etwa 1900 v. Chr. in historischen Aufzeichnungen erschienen) ein Königreich namens Akkad voranging. Es wurde ungefähr 2400 v. Chr. gegründet von Scharru-Kin (»gerechter Herrscher«), den wir Sargon I. nennen. Von ihm wurden Inschriften gefunden, in denen er sich brüstet, daß sich sein Reich dank der Gnade seines Gottes Enlil vom Persischen Golf bis zum Mittelmeer erstreckt hat. Er nannte sich »König von Akkad, König von Kisch« und behauptete, »Uruk geschlagen und seine Mauern niedergerissen« zu haben und »aus dem Kampf mit den Bewohnern von Ur siegreich hervorgegangen« zu sein.
Viele Gelehrte halten Sargon I. für den biblischen Nimrod und verknüpfen den folgenden biblischen Vers mit ihm und einer Hauptstadt namens Kisch (in der Bibel Kusch), wo es demnach sogar vor Akkad ein noch früheres Königreich gegeben hat:

»Und Kusch zeugte Nimrod;
er wurde der erste Held im Lande...
Und der Anfang seines Reiches:
Babel und Erech und Akkad
und alles im Land von Schin'ar.«

Die Königsstadt von Akkad wurde südöstlich von Babylon entdeckt, die uralte Stadt Kisch südöstlich von Akkad. Ja, je weiter die Archäologen in südöstlicher Richtung auf der Ebene zwischen den beiden Flüssen vordrangen, desto älter waren die ausgegrabenen Städte. In Warka fand man Uruk, die Stadt, deren Mauern Sargon I. niedergerissen haben soll, und die das biblische Erech ist. Sie führte die Archäologen vom dritten Jahrtausend ins vierte Jahrtausend v. Chr.! Hier fanden sie die allerersten gebrannten Tonwaren, Beweise für die erste Benutzung der Töpferscheibe, ein Pflaster aus Kalksteinblöcken, das älteste seiner Art, die erste Zikkurat (Stufenpyramide) und die ersten schriftlichen Berichte der Welt: Inschriften (Abb. 40) und Rollsiegel, die beim Abrollen auf einer feuchten Lehmscheibe einen dauernden Abdruck hinterließen (Abb. 41).
Auch Ur – Abrahams Geburtsort – wurde weiter südlich gefunden, wo im Altertum die Küste des Persischen Golfs verlief. Es war eine große Handelsstadt mit einer Zikkurat gewesen, Sitz vieler Dynastien. War also der südliche, der ältere Teil von Mesopotamien das biblische Land Schin'ar, wo der sogenannte Turmbau von Babel stattgefunden hatte?
Zu den bedeutendsten Entdeckungen in Mesopotamien gehört die

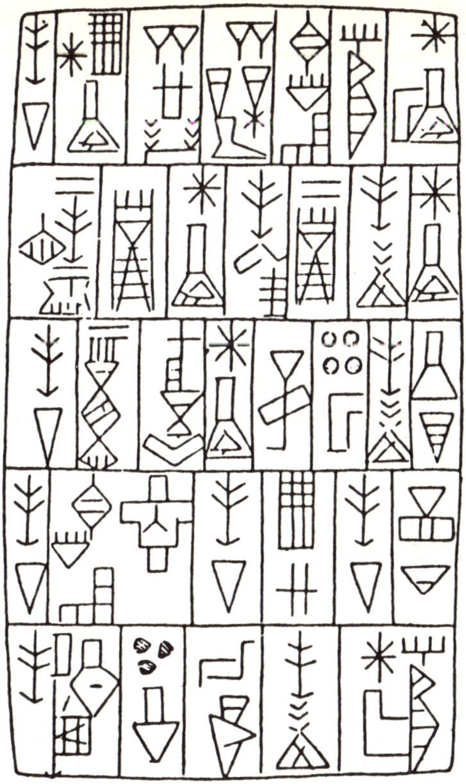

Abb. 40

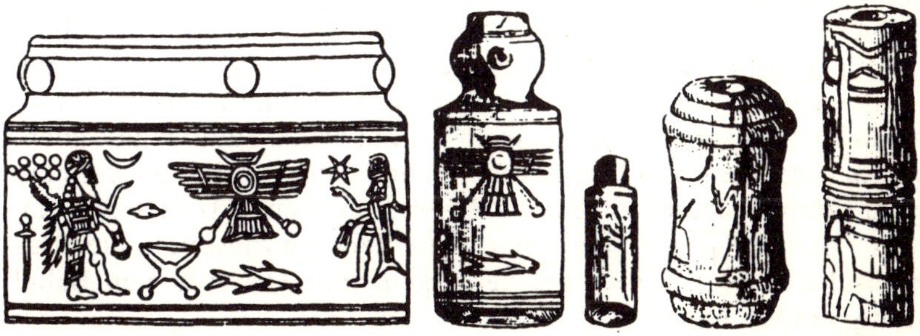

Abb. 41

Bibliothek, die Assurbanipal in Ninive gegründet hat. In den Ruinen fand man über 25 000 nach dem Inhalt geordnete Tafeln. Assurbanipal, ein hochgebildeter König, hat nicht nur alle Texte zusammengetragen, deren er habhaft werden konnte, sondern auch seine Schriftgelehrten beauftragt, sie zu kopieren und zu übersetzen. Bei vielen Inschriften machten die Schreiber die Anmerkung, es seien »Kopien alter Texte«. Zum Beispiel trägt eine Gruppe von dreiundzwanzig Tafeln zum Schluß den Vermerk: »23. Tafel: Sprache von Schumer nicht geändert.« Eine Inschrift von Assurbanipal selbst lautet:

»Der Gott der Schriftgelehrten hat mir die Gabe verliehen,
mich auf meine Kunst zu verstehen.
Ich bin in die Geheimnisse des Schreibens eingeweiht worden.
Ich kann sogar die schwierigen Tafeln auf schumerisch lesen.
Ich verstehe die rätselhaften, in Stein gemeißelten Wörter
aus den Tagen vor der Flut.«

Im Jahr 1853 erstattete Henry Rawlinson der Asiatischen Gesellschaft Bericht, der akkadischen Sprache müsse eine noch ältere Sprache vorangegangen sein. Als Beweis führte er an, daß die assyrischen und babylonischen Texte oft Lehnwörter einer unbekannten Sprache enthielten, insbesondere die wissenschaftlichen und religiösen Texte. Im Januar 1869 verkündete der Orientalist Julius Oppert vor der Französischen Gesellschaft der Numismatiker und Archäologen das Ergebnis seiner Studien: Er hatte die assyrischen Keilinschriften nicht nur entziffert, sondern sogar zwei Hauptsprachen festgestellt. Er bewies, daß die Akkader ihre Vorläufer Schumerer nannten und von einem Land namens Schumer sprachen (Abb. 42).

Das war in der Tat das biblische Land Schin'ar. Der Name Schumer bedeutete »Land der Beobachter« oder »Wächter«. Es war zudem das ägyptische Ta Neter – das »Land der Beobachter«, aus dem die Götter nach Ägypten gekommen waren.

Nachdem der Glanz und die Größe Altägyptens aufgrund der Ausgrabungen erkannt worden war, mußten die Forscher wohl oder übel zugeben, daß die Zivilisation (die man damals auf den Westen beschränkt sah) nicht in Griechenland und Rom begonnen hat. Konnte es nun sein, daß die Zivilisation auch nicht in Ägypten begonnen hatte, sondern in Südmesopotamien?

In dem Jahrhundert nach den ersten Entdeckungen in Mesopota-

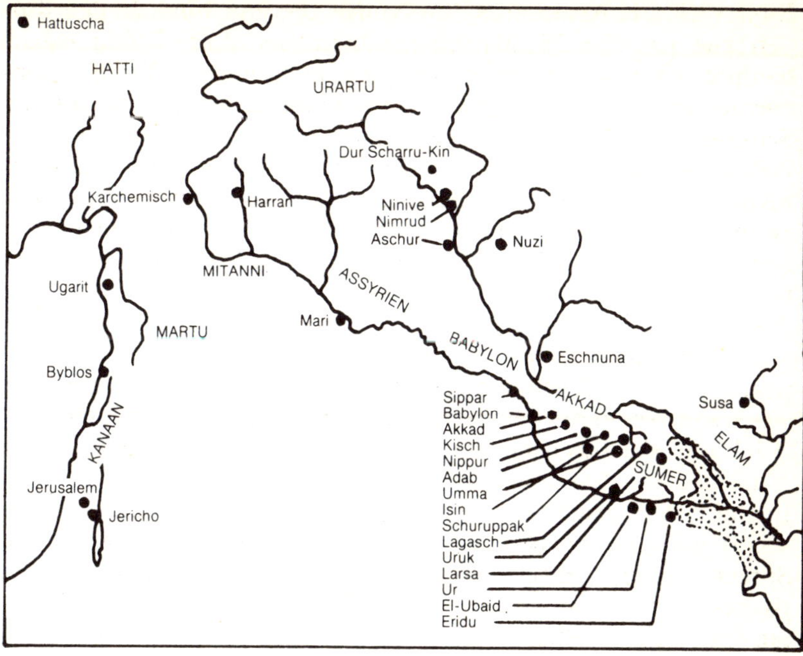

Abb. 42

mien erwies es sich ohne jeden Zweifel, daß die moderne Zivilisation von Sumer (diese falsche Aussprache hat sich eingebürgert) herstammt. Dort entwickelten sich kurz nach dem Jahr 4000 v. Chr. – vor fast 6000 Jahren – überraschend schnell alle Elemente einer hohen Kultur, wie aus dem Nichts, ohne ersichtlichen Grund. Es gibt kaum einen Bereich unserer gegenwärtigen Kultur und Zivilisation, dessen Wurzeln und Vorläufer nicht in Sumer zu finden wären: Städte, hohe Gebäude, Straßen, Marktplätze, Kornkammern, Lande- und Ladeplätze, Schulen, Tempel; Metallurgie, Medizin, Chirurgie, Textilherstellung, Landwirtschaft, Herstellung feinster Delikatessen, Bewässerung; Gebrauch von Ziegelsteinen und Brennöfen; das erste Rad, Wagen, Schiffe; Seefahrt und internationaler Handel; Gewichte und Maße; Königtum, Höfe, Gesetze und Rechtsprechung; Schriftgelehrsamkeit und Protokollierung; Musik, Musiknoten, Musikinstrumente; Tanz und Akrobatik; Haustiere und Tiergärten; Kriegskunst, Kunstgewerbe, Prostitution. Und

vor allem: Wissenschaft und Studium des Himmels und der Götter, »die vom Himmel auf die Erde gekommen sind«.
Es sei hier klargestellt, daß weder die Akkader noch die Sumerer diese Erdenbesucher »Götter« genannt haben. Erst durch das spätere Heidentum ist der Begriff »göttliche Wesen« oder »Götter« in unser Denken und in unsere Sprache eingedrungen. Wenn der Ausdruck hier benutzt wird, so geschieht es nur, weil er allgemein gültig ist und im Sprachgebrauch üblich.
Die Akkader nannten sie *Ilu* (»Luftige«), wovon das hebräische (biblische) *El* abgeleitet ist. Die Kanaaniter und Phönizier nannten sie *Ba'al* (»Herr«). Doch zu Beginn all dieser Religionen wurden sie von den Sumerern DIN.GIR (»Die Gerechten der Raketenschiffe«) genannt. In der frühen Bilderschrift der Sumerer (die später zu Keilschrift stilisiert wurde) stellte man DIN und GIR so dar: 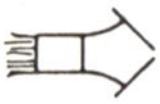 . Fügt man die beiden Piktogramme zusammen, so

b

Abb. 43 a

paßt das Schwanzende des *GIR* genau in die vordere Öffnung des *DIN* und zeigt ein raketengetriebenes Raumschiff mit einer Landefähre (Abb. 43b). Es hat erstaunliche Ähnlichkeit mit der Zeichnung in Huys ägyptischem Grab (Abb. 43a).

Aus den sumerischen kosmologischen Sagen und Epen, aus Texten, die als Autobiographien der Götter dienten, aus Listen ihrer Funktionen, verwandtschaftlichen Beziehungen und Städte, aus chronologischen, historischen Stammbäumen und aus unzähligen anderen Texten, Zeichnungen und Inschriften ergibt sich ein zusammenhängendes Bild der Ereignisse in vorgeschichtlicher Zeit und des Uranfangs.

Die Geschichte der Götter beginnt in der Urzeit, als unser Sonnensystem noch jung war. Damals erschien ein großer Planet aus dem Weltraum und wurde ins Sonnensystem gezogen. Die Sumerer nannten den Eindringling NIBURU (»Planet der Durchquerung«), die Babylonier gaben ihm den Namen *Marduk*. Beim Vorbeizug an den Außenplaneten bog Marduks Lauf ab, und es kam zum Zusammenstoß mit dem Planeten Tiamat, der von altersher dem Sonnensystem angehörte. Die Satelliten Marduks spalteten Tiamat in Hälften. Der untere Teil wurde zersplittert, und es entstanden die Kometen sowie der Asteroiden-Gürtel - der »gehämmerte Armreif« aus kleinen Planeten, die zwischen Jupiter und Mars kreisen. Tiamats oberer Teil und ihr Hauptsatellit wurden als die Erde und ihr Mond in eine neue Umlaufbahn geworfen.

Marduk selbst geriet unverletzt in eine weite elliptische Umlaufbahn um die Sonne. Er kehrt seither alle 3600 Erdenjahre zum Schauplatz der »Himmelsschlacht« zurück, der zwischen Jupiter und Mars liegt (Abb. 44). So bestand nun das Sonnensystem aus

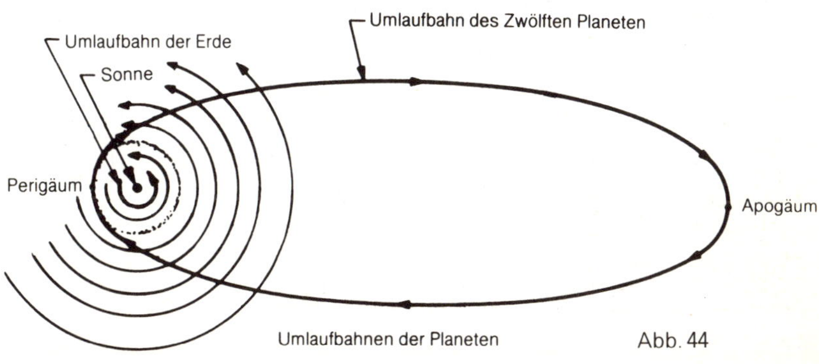

Abb. 44

zwölf Himmelskörpern: Sonne und Mond, den neun Planeten, die wir kennen, und dem Zwölften Planet: Marduk.
Als Marduk in unser Sonnensystem eindrang, brachte er die »Saat des Lebens« mit. Beim Zusammenstoß mit Tiamat wurde etwas von der Lebenssaat auf den erhaltengebliebenen Teil, die Erde, übertragen. Das Leben, das sich auf der Erde entwickelte, folgte der Lebensentwicklung auf dem Planeten Marduk. So erklärte es sich, daß zu der Zeit, als sich das Menschengeschlecht auf der Erde gerade erst zu regen begann, auf dem Planeten Marduk vernunftbegabte Wesen bereits eine hohe Stufe der Zivilisation und Technologie erreicht hatten.
Vom Zwölften Planeten, sagten die Sumerer, waren Astronauten – die »Götter des Himmels und der Erde« – auf die Erde gekommen. Von diesem sumerischen Glauben übernahmen alle anderen Völker des Altertums ihre Religion und ihre Götter. Diese Götter, sagten die Sumerer, haben die Menschheit erschaffen und ihr dann die Zivilisation und alles Wissen und Können gegeben.
Zum astronomischen Wissen gehörte die Erkenntnis, daß die Sonne der Zentralhimmelskörper unseres Sonnensystems ist, und die Kenntnis aller Planeten, auch der äußeren: Uranus, Neptun und Pluto, die von der modernen Astronomie erst vor verhältnismäßig kurzer Zeit »entdeckt« worden sind, und die man mit bloßem Auge nicht sehen kann. Wie Inschriften, Listen, Darstellungen und Bilder

Abb. 45

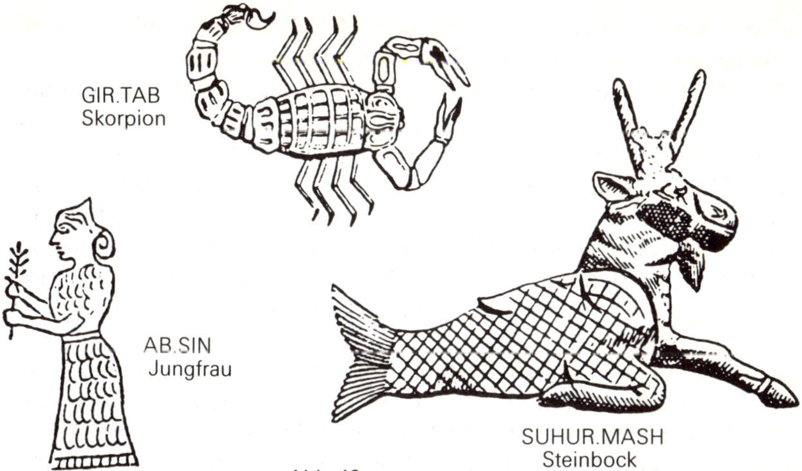

Abb. 46

beweisen, glaubten die Sumerer fest an das Vorhandensein des zwölften Planeten *NIBIRU* oder *Marduk*, der, wenn er der Erde am nächsten ist, sich zwischen Jupiter und Mars hindurchbewegt. Auf einem 4500 Jahre alten Rollsiegel sind denn auch elf Kugeln rings um einen großen Himmelskörper, die Sonne, abgebildet (Abb. 45).
Das astronomische Wissen – von den Sumerern den Astronauten zugeschrieben, die von *Marduk* herabgekommen waren – beschränkte sich aber nicht auf die Kenntnis des Sonnensystems. Da gab es noch das endlose All voller Gestirne. Zuallererst wurden die Sterne in Sumer – nicht Jahrhunderte später in Griechenland, wie gelehrt worden ist – benannt, in Sternbilder gruppiert und am Himmel bestimmt. Alle die Sternbilder, die wir jetzt am nördlichen Himmel kennen und die meisten der am südlichen Himmel bekannten, sind in den sumerischen astronomischen Tabellen aufgeführt, in richtiger Folge und mit Namen, die wir noch heute benutzen!
Von größter Bedeutung waren die Sternbilder, die anscheinend die Umlaufbahn der Planeten umgeben. Sie wurden von den Sumerern UL. ME (»glänzende Herde«) genannt, woraus die Griechen *zodiakos kyklos* (»Tierkreis«) machten. Sie wurden in zwölf Gruppen eingeteilt. Nicht nur die Namen, die die Sumerer diesen Sternengruppen gegeben haben – Stier, Zwillinge, Krebs, Löwe und so weiter –, sondern auch ihre bildliche Darstellung sind jahrtausendelang unverändert geblieben (Abb. 46). Die spätere ägyptische

Darstellung des Tierkreises ist fast identisch mit der sumerischen (Abb. 47).
Ebenso geläufig waren den Sumerern Himmelsachse, Himmelspole, Eklipse, Tag- und Nachtgleichen und ähnliches; am erstaunlichsten aber muß es uns anmuten, daß sie mit dem Phänomen der Präzession vertraut waren. Darunter ist die Verlagerung der Tagundnachtgleichenpunkte auf der Ekliptik zu verstehen, die dadurch verursacht wird, daß die Achse der als Kreisel aufzufassenden Erde in 25 800 Jahren um die Achse der Ekliptik einen Kegel vom halben Öffnungswinkel 23,5° beschreibt. Die Verlagerung ist minimal, gemessen an der Lebensspanne des Menschen: Sie beträgt alle 72 Jahre nur 1° von den 360° des Tierkreises.
Da der Tierkreis, in dem die Erde (und andere Planeten) um die Sonne kreist, in zwölf Felder oder Häuser eingeteilt ist, nimmt jedes Feld 1/12 des Kreises ein, also 30°. Infolgedessen dauert es 2160 Jahre (72 × 30), bis die Erde ein Feld hinter sich gelassen hat. Mit anderen Worten, wenn ein Astronom auf der Erde am Tag des Frühlingsäquinoktiums die Sonne vor dem Tierkreiszeichen Fische hat aufgehen sehen, werden seine Nachkommen sie 2160 Jahre später vor dem nächstfolgenden Feld, dem Tierkreiszeichen Wassermann, aufgehen sehen.
Kein einziger Mensch, nicht einmal ein ganzes Volk, hätte dieses Phänomen im Altertum beobachten, bemerken und verstehen können. Doch der Beweis ist unwiderlegbar: Die Sumerer, die ihre Zeitrechnung (oder ihren Kalender) im Zeitalter des Stiers, etwa 4400 v. Chr., begannen, wußten davon und verzeichneten auf ihren Tabellen die vorherigen Präzessionsverschiebungen zu den Fischen (etwa 6500 v. Chr.), zum Krebs (etwa 8700 v. Chr.) und zum Löwen (etwa 10 900 v. Chr.)! Unnötig zu sagen, daß die Sumerer auch wußten, daß ums Jahr 2200 v. Chr. am Tag des Frühlingsäquinoktiums – für die mesopotamischen Völker der Neujahrstag – das Widderzeitalter (KU.MAL auf sumerisch) beginnen würde.
Schon einige frühere Gelehrte, die ägyptologisches und assyriologisches Wissen mit astronomischen Kenntnissen verbanden, erkannten, daß die textlichen und bildlichen Darstellungen das Tierkreiszeitalter als einen großen Himmelskalender benutzten, wobei Ereignisse auf der Erde mit den größeren Maßstäben der Astronomie in Beziehung gebracht wurden. In neuerer Zeit wurde diese Erkenntnis als Hilfsmittel bei prähistorischen und geschichtlichen chronologischen Studien benutzt. Zum Beispiel besteht kein Zweifel, daß

Widder
Stier
Zwilling
Krebs
Löwe
Jungfrau
Waage
Skorpion
Schütze
Steinbock
Wassermann
Fische

Abb. 47

der löwenähnliche Sphinx südlich von Heliopolis und die widderähnlichen Sphingen, die den Tempel in Karnak bewachen, das Tierkreiszeitalter bezeichnen, in dem sich die Begebenheiten zutrugen, mit denen sie in Beziehung standen, oder in dem die von ihnen dargestellten Könige oder Götter herrschten.
Den Mittelpunkt der astronomischen Wissenschaft und in der Folge aller Religionen, Glaubensrichtungen, Ereignisse und Beschreibungen des Altertums bildete also die Überzeugung, daß es noch einen Planeten in unserem Sonnensystem gab, einen Planeten mit der weitesten Umlaufbahn, einen obersten Planeten oder »Himmelsherrn« – das Gestirn, das die Ägypter den »Unzerstörbaren Stern« oder den »Millionenjährigen Stern« nannten – die Wohnung der Götter. Diesem Planeten huldigten die Völker der Antike ohne Ausnahme, dem Planeten mit der weitesten, majestätischsten Umlaufbahn. In Ägypten, in Mesopotamien und anderen Gebieten war sein Emblem die geflügelte Kugel (Abb. 48).
In der Annahme, daß die Himmelsscheibe auf den ägyptischen Abbildungen Rés Himmelswohnung darstelle, bezeichneten die Gelehrten Ré hartnäckig als »Sonnengott« und die geflügelte Scheibe als »Sonnenscheibe«. Es dürfte jetzt klar sein, daß nicht die Sonne, sondern der Zwölfte Planet so dargestellt wurde. Ja, die ägyptischen Zeichnungen unterscheiden deutlich zwischen der Himmelsscheibe, die diesen Planeten darstellt, und der Sonne. Wie aus Abb. 49 zu ersehen ist, wurden *beide* am Himmel gezeigt (dargestellt durch die bogenförmige Gestalt der Göttin *Nut*), denn es sind zwei Himmelskörper abgebildet. Deutlich ist auch der Zwölfte Planet als Himmelskugel oder Scheibe erkennbar, wohingegen die Sonne ihre begünstigenden Strahlen aussendet (in diesem Fall auf die Göttin Hat-Hor, Herrin der Bergwerke auf der Halbinsel Sinai).
Wußten also die Ägypter wie die Sumerer schon vor Jahrtausenden, daß die Sonne im Mittelpunkt des Sonnensystems steht, dem zwölf Planeten angehören? Daß dies zutrifft, ist aus den Himmelskarten zu ersehen, die man auf Mumiensärgen gefunden hat.
Eine guterhaltene Himmelskarte, die Heinrich Karl Brugsch, ein namhafter Forscher auf dem Gebiet der ägyptischen Altertumskunde, 1857 in einem Grab in Theben entdeckt hat, zeigt auf dem Sargdeckel die Göttin Nut, umgeben von den zwölf Tierkreiszeichen (Abb. 50).
An den Seiten des Sarges sind unten die zwölf Stunden der Nacht und des Tages dargestellt. Man sieht außerdem die Planeten – die

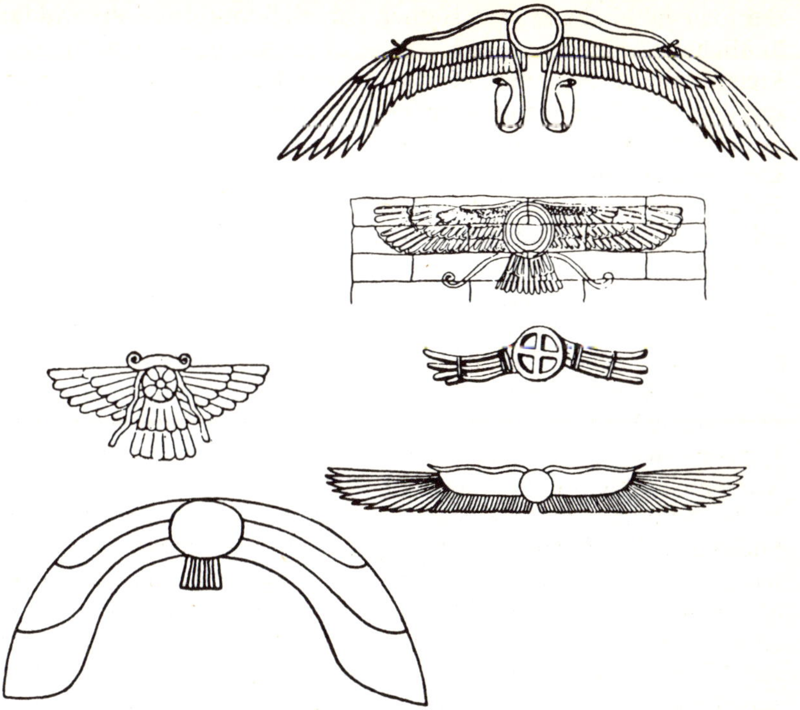

Abb. 48

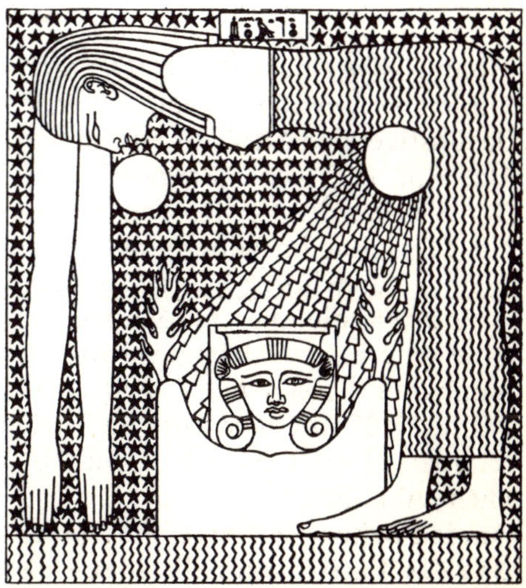

Abb. 49

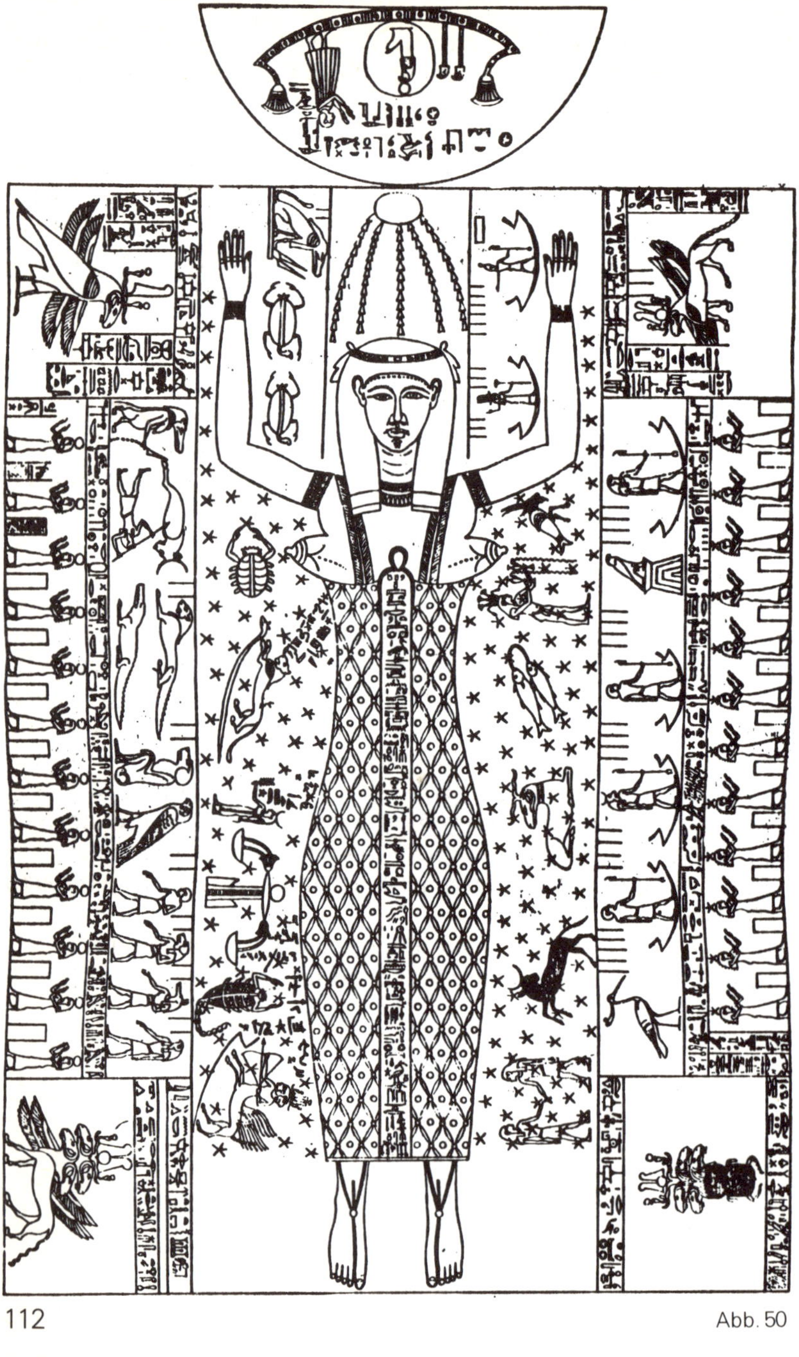

Abb. 50

Himmelsgötter – und die Himmelsbarken ihrer vorgeschriebenen Bahn folgen (die Sumerer nannten diese Umlaufbahnen die »Geschicke« der Planeten).
Oben ist die Sonne, die Strahlen aussendet. Zunächst der Sonne, neben Nuts erhobener linker Hand, sind zwei Planeten: Merkur und Venus. (Venus ist richtigerweise eine Frauengestalt – der einzige Planet, den die Völker des Altertums als weiblich ansahen.) Auf der linken Seitenwand sind Erde (mit dem Abzeichen des Horus), Mond, Mars und Jupiter als Himmelsgötter in ihren Himmelsbooten abgebildet.
Auf der anderen Seite sind die Planeten hinter Jupiter dargestellt: Saturn, Uranus, Neptun und Pluto. Da die Ägypter ihre Umlaufbahn nicht kannten, stehen sie nicht in einer Barke. Die Zeit der Mumifizierung gibt der Speer an, der auf einen Stier weist.
Man sieht also alle Planeten in richtiger Reihenfolge, auch die äußeren, die moderne Astronomen erst kürzlich wiederentdeckt haben. (Brugsch wußte wie andere seiner Zeit nichts von Plutos Vorhandensein.)
Die Gelehrten, die sich mit den planetarischen Kenntnissen der Völker des Altertums befaßten, gingen von der falschen Voraussetzung aus, die Alten hätten geglaubt, daß fünf Planeten, darunter die Sonne, die Erde umkreisten. Abbildungen und Aufstellungen weiterer Planeten wurden von ihnen als »verwirrend« abgetan. Aber von Verwirrung kann keine Rede sein, eher von verblüffender Genauigkeit: Die Sonne steht im Mittelpunkt des Systems, die Erde ist ein Planet, und außer den heute bekannten elf Planeten gibt es noch einen großen. Er ist auf dem Sarg zuoberst abgebildet, über Nuts Kopf, als ein großer Himmelsherr mit riesiger Umlaufbahn (»Barke«).
Vor 450 000 Jahren – nach den sumerischen Quellen – kamen Astronauten von diesem Himmelsherrn und landeten auf der Erde.

6

In den Tagen vor der Sintflut

»Ich verstehe die rätselhaften, in Stein gemeißelten Wörter aus den Tagen vor der Flut.«

Das hatte in einer selbstpreisenden Inschrift der assyrische König Assurbanipal erklärt. Ja, überall in der mannigfaltigen Literatur Altmesopotamiens finden sich verstreute Hinweise auf eine Sintflut, die die Erde überschwemmt hat. Könnte es also sein, fragten sich die Forscher, als sie auf diese Hinweise stießen, daß die ausführliche biblische Geschichte von der Sintflut kein Mythos, keine Allegorie war, sondern ein tatsächliches Ereignis, an das sich nicht nur die Hebräer erinnerten?

Jedenfalls enthielt schon dieser eine Satz in Assurbanipals Inschrift Zündstoff für wissenschaftliche Diskussionen. Er bestätigte nicht nur, daß es eine Sintflut gegeben hat, sondern er sagt auch aus, der Gott der Schriftgelehrten habe Assubanipal gelehrt, vorsintflutliche Inschriften zu verstehen, »die in Stein gemeißelten Wörter aus den Tagen vor der Flut«. Demnach hat es schon vor der Sintflut Schriftgelehrte und Steinmetzen gegeben – eine Zivilisation in der urfernen Zeit vor den Sintflut!

Es war umwälzend genug, daß die Wurzeln unserer neuzeitlichen westlichen Zivilisation nicht in Griechenland und Judäa im ersten Jahrtausend v.Chr. zu suchen sind, auch nicht in Assyrien und Babylonien im zweiten Jahrtausend v.Chr., nicht einmal in Ägypten im dritten Jahrtausend v.Chr., sondern in Sumer im vierten Jahrtausend v.Chr. Jetzt mußte die wissenschaftliche Erkenntnis sich mit noch älteren Vorgängen beschäftigen, aus einem rätselhaften Zeitalter vor der Sintflut, das für die Sumerer »die alte Zeit« war.

Doch alle diese erschütternden Offenbarungen wären nichts Neues gewesen, wenn man die Schöpfungsgeschichte im Alten Testament wörtlich genommen hätte: Daß nach der Erschaffung der Erde und des Asteroiden-Gürtels (von Luther als »Feste«, von modernen Übersetzern als »festes Gewölbe« bezeichnet, nach der Entwicklung des Lebens und nach der Erschaffung »des Adams« der Mensch in den Garten Eden gesetzt worden ist. Und weiter: Durch die Machenschaften einer klugen »Schlange«, die es wagte, Gottes Warnung zu mißachten, erlangten Adam und seine Gefährtin Eva eine gewisse Erkenntnis, die ihnen hätte vorbehalten bleiben sollen. Daraufhin sorgte sich der Herr – der in der Bibel zu ungenannten Gottheiten spricht –, der Mensch, der »einer von uns geworden ist«, könnte nun »teilhaben am Baume des Lebens und essen und ewig leben«.

> »Und die Gottheit Jahwe verstieß den Adam aus dem Garten Eden... Östlich vom Garten Eden ließ er Cherub sich lagern mit einem funkelnden Schwert, zu bewachen den Weg zum Baum des Lebens.«

So wurde Adam aus dem herrlichen Garten verstoßen, den der Herr in Eden gepflanzt hatte, von nun an sich im Schweiße seines Angesichts und mit Kummer auf dem Acker zu nähren. »Und Adam erkannte sein Weib Eva, und sie ward schwanger und gebar Kain... und sie gebar seinen Bruder Abel. Und Abel ward ein Schäfer, Kain aber ward ein Ackermann.«

Die biblische Geschichte einer vorsintflutlichen Zivilisation setzt sich dann in zwei Menschheitslinien fort, beginnend mit Kains Nachkommen. Nachdem Kain Abel ermordet hat – als Ursache wird Homosexualität angedeutet –, wird er weiter ostwärts vertrieben, zu unsteter Flucht. Sein Weib gebar ihm Enoch (der Name bedeutet »Anfänger«), und in der Bibel steht, daß Kain eine Stadt baute, die er nach seinem Sohn Enoch nannte. (In der Geschichte des alten Nahen Ostens war es damals üblich, einer Person und der mit ihr zusammenhängenden Ortschaft denselben Namen zu geben.)

Die Kainiten setzten sich mit Irad, Mehujael, Methusalah und Lamech fort. Lamechs Erstgeborener war Jubal (der Name bedeutet im Hebräischen »Lautenspieler«). Wie es in der Bibel heißt: »Jubal wurde der Stammvater aller Saiten- und Flötenspieler«. Kains Sohn von seiner zweiten Frau Zilla, Thubalkain, wurde der Stammvater aller, »die Geräte aus Kupfer und Eisen herstellten«. Was aus diesen begabten Menschen im Morgenland der Verbannung weiterhin wurde, wird nicht gesagt; denn in Anbetracht der Annahme, daß die Nachkommen Kains verflucht seien, verlor das Alte Testament das Interesse daran, den weiteren Stammbaum und die Schicksalsentwicklung zu verfolgen.

Statt dessen kehrt das fünfte Kapitel der Schöpfungsgeschichte zu Adam und seinem dritten Sohn Seth zurück, zur »besseren Menschheitslinie«, wie die Bibelforscher sagen. Adam war, so werden wir belehrt, 130 Jahre alt, als im Seth geboren wurde. Danach lebte er noch 800 Jahre, somit betrug seine ganze Lebenszeit 930 Jahre. Seth, der im Alter von 105 Jahren Enos zeugte, wurde 912 Jahre alt. Enos zeugte Kenan mit 90 und starb mit 905 Jahren. Kenan starb mit 910 Jahren, sein Sohn Mahalalel mit 895 und dessen Sohn Jered mit 962 Jahren. Über alle diese vorsintflutlichen Stammväter gibt die Schöpfungsgeschichte nur ein paar biographische Auskünfte: Wer ihr Vater war, wann ihr männlicher Erbe geboren wurde, und wann sie (nachdem sie noch mehr Söhne und Töchter gezeugt hatten) das Zeitliche segneten. Dem nächsten Stammvater aber wird eine Sonderbehandlung zuteil:

»Als Jered 162 Jahre alt war, wurde ihm Enoch geboren...
Als Enoch 65 Jahre alt war, wurde ihm Methusalah geboren.
Enoch wandelte mit Gott, nachdem er Methusalah gezeugt hatte.
Er lebte noch 300 Jahre und hatte Söhne und Töchter.
Demnach betrug die ganze Lebenszeit Enochs 365 Jahre.«

Nun kommt die Erklärung – eine erstaunliche Erklärung –, warum Enoch in bezug auf die Biographien eine Ausnahme bildet: Enoch starb nicht!

»Enoch wandelte mit Gott und war plötzlich nicht mehr da,
denn Gott hatte ihn hinweggenommen.«

Methusalah lebte am längsten – 969 Jahre –, und sein Nachfolger war Lamech. Lamech, dessen Lebenszeit 777 Jahre betrug, zeugte Noah, den Helden, der die Sintflut überstand. Auch hier gibt es eine kurze biographische Anmerkung. Wir werden unterrichtet:

»Er nannte ihn Noah (›Trost‹) und sprach:
›Dieser wird uns trösten bei unserer Mühe und Arbeit auf Erden,
die der Herr verflucht hat.‹«

So gelangt die biblische Geschichte durch zehn Generationen von Stammvätern, die nach Aussage der Gelehrten mit einer »legendären Lebensspanne« gesegnet waren, zu den dramatischen Ereignissen der Sintflut.

Im 1. Buch Mose wird die Sintflut so dargestellt, als habe der Herr sie dazu benutzt, »die Menschen, die ich geschaffen habe, von der Erde zu vertilgen«. Die Verfasser fanden es notwendig, für einen so tiefgreifenden Entschluß eine Erklärung zu geben. Wie uns gesagt wird, hing er mit der Schlechtigkeit des Menschen zusammen, be-

sonders mit den geschlechtlichen Beziehungen zwischen »den Töchtern des Menschen und den Söhnen der Götter«.
Obwohl sich die Verfasser und Bearbeiter der Genesis des Monotheismus befleißigten und sich bemühten, den Glauben an einen einzigen Gott in einer Welt zu verbreiten, die in jener Zeit an viele Götter glaubte, sprechen sie an verschiedenen Stellen von Göttern im Plural. Sogar der Ausdruck für »Gottheit« (sofern der Herr nicht Jahwe genannt wird), ist nicht die Einzahl *El*, sondern die Mehrzahl *Elohim*. Bei der Erschaffung Adams spricht beispielsweise der Erzähler im Plural:

> »Und *Elohim* sprach:
> Lasset *uns* Menschen machen nach *unserem* Bild
> und *uns* ähnlich.«

Aus rätselhaft anmutenden Versen im sechsten Kapitel der Genesis, die die Beschreibung der Sintflut vorbereiten, geht hervor, daß es nicht nur mehrere Götter gab, sondern daß sie auch Söhne (im Plural) hatten. Diese Söhne brachten den Herrn auf, weil sie mit den Töchtern der Menschen geschlechtlichen Verkehr pflegten und weil aus diesem ungesetzlichen Umgang Kinder der Sünde oder Halbgötter hervorgingen:

> »Und es geschah, daß die Söhne der Götter, als die Irdischen auf dem Antlitz der Erde an Zahl zuzunehmen begannen und ihnen Töchter geboren wurden, die Erdentöchter sahen und sie gut befanden; und sie machten alle Erwählten zu ihrer Frau.«

Eine andere Stelle im Alten Testament lautet:

> »Die *Nefilim* waren auf der Erde in jener Zeit und auch später, als die Söhne der Götter den Töchtern Adams beiwohnten, und sie gebaren ihnen Kinder. Sie waren die Mächtigen der Ewigkeit, das Volk des *schem*.«

Nefilim – von Luther und anderen irrigerweise mit »Tyrannen« oder »Riesen« übersetzt – bedeutet wörtlich »Die auf die Erde Hinabgeworfenen«. Sie waren die »Söhne der Götter«, das »Volk des *schem*«, das heißt *Volk der Raketenschiffe*.
Damit sind wir wieder bei den Sumerern und den DIN.GIR, den »Gerechten mit den Raketenschiffen«.
Nehmen wir also die sumerischen Berichte dort wieder auf, wo wir abgeschweift sind – vor 450000 Jahren.

Vor 450000 Jahren, schrieben die Sumerer, sind Astronauten vom Marduk auf die Erde gekommen, um Gold zu suchen. Nicht etwa

um Schmuck herzustellen, sondern weil sie es für ihren Fortbestand auf dem Zwölften Planeten benötigten.
Die erste Gruppe, die auf der Erde landete, bestand aus fünfzig Astronauten. Sie wurden *Anunnaki* genannt (»Die vom Himmel, die auf Erden sind«). Sie gingen auf dem Arabischen Meer nieder und machten sich auf den Weg nach Mesopotamien. Am Rande der Sümpfe errichteten sie die erste Siedlung auf unserem Planeten: E.RI.DU (»fern erbautes Haus«). Ihr Anführer war ein ausgezeichneter Naturwissenschaftler und Ingenieur, der gern die See befuhr und fischte. Sein Name war E.A (»Dessen Haus Wasser ist«), und er wurde abgebildet als Prototyp des Wassermanns; doch da er die Erdlandung geleitet hatte, erhielt er den Titel EN.KI (»Herr des festen Bodens«). Wie alle sumerischen Götter zeichnete er sich durch den gehörnten Kopfschmuck aus (Abb. 51).
Anscheinend bestand der ursprüngliche Plan darin, Gold aus Meerwasser zu gewinnen, aber das Ergebnis erwies sich als unbefriedigend. Es blieb nur eine zweite Möglichkeit, die mit großer Anstrengung verbunden war: Bergwerksarbeit in Südafrika und Verschiffung der Ausbeute nach Mesopotamien, wo das Erz verhüttet werden konnte. Die Goldbarren wurden dann mit einer Fähre zu einem die Erde umkreisenden Raumschiff gebracht. Hier warteten sie die periodische Wiederkehr des Mutterschiffs ab, das die kostbare Fracht heimbeförderte.
Um dies zu ermöglichen, wurden immer mehr *Anunnaki* zur Erde entsendet, bis ihre Zahl 600 erreichte; weitere 300 bedienten die Fähre und die Raumstation. In *Sippar* (»Vogel-Stadt«) in Mesopotamien wurde ein Raumflughafen erbaut, in einer Gegend, wo die Ararat-Gipfel ein auffälliges Kennzeichen bildeten. Es entstanden weitere Siedlungen für verschiedene Zwecke, so *Bad-Tibira*, das Industriezentrum der Erzverarbeitung, und das medizinische Zentrum *Schuruppak*, deren Lage einen Korridor für den Flugweg bezeichnete. Genau in der Mitte, in NIBRU.KI (»Schnittpunkt auf Erden«) war das Missionskontrollzentrum.
Befehlshaber dieses ausgedehnten Unternehmens auf dem Planeten Erde war EN.LIL (»Herr über das Wort«). In der frühen sumerischen Bilderschrift sind Enlils Name und sein Kontrollzentrum als ein Strukturkomplex mit hohen Antennen und großen Radarschirmen dargestellt (Abb. 52).
Sowohl Ea/Enki als auch Enlil waren Söhne des damaligen Herrschers auf dem Zwölften Planeten *AN* (akkadisch *Anu*), dessen

EN LIL

Abb. 52

Abb. 51

Name (»Der des Himmels«) als Stern  geschrieben wurde. Ea war der Erstgeborene, aber weil Enlil dem Herrscher von einer anderen Frau geboren wurde, die seine Halbschwester war, galt Enlil, nicht Ea, als Thronerbe. Nun wurde Enlil zur Erde geschickt, wo er als sogenannter »Herr der Erde« die Befehlsgewalt von Ea übernahm. Dem medizinischen Zentrum stand NIN.HUR.SAG (»Herrin des Berggipfels«) vor, eine Halbschwester von Ea und Enlil, um deren Gunst die Brüder wetteiferten, denn ein Sohn von ihr hätte den Thron geerbt. Eas schwelender Groll wurde zur Ursache vieler Ereignisse.

Während die Jahrtausende auf der Erde vergingen – allerdings entsprachen 3600 Erdenjahre nur einem Jahr der Lebensspanne der Astronauten vom Marduk –, machte sich bei den Anunnaki Unzufriedenheit breit. War es denn ihre Aufgabe, tief im dunklen, staubigen Innern der Berge nach Gold zu schürfen? Ea verbrachte – vielleicht um den Reibereien mit seinem Bruder zu entgehen – immer

mehr Zeit in Südostafrika, fern von Mesopotamien. Die Anunnaki, die sich in den Minen abplagen mußten, trugen ihm ihre Beschwerden vor.
Als Enlil auf einer Inspektionsrunde wieder einmal ins Bergbaugebiet kam, wurde ein Aufstand erklärt. Die Anunnaki verließen die Minen, warfen ihr Werkzeug ins Feuer, zogen zu Enlils Haus, umzingelten es und riefen: »Schluß damit!«
Enlil setzte sich mit Anu in Verbindung und bot seinen Rücktritt an. Anu kam auf die Erde. Es wurde Gericht gehalten. Enlil forderte für den Anstifter des Aufstands die Todesstrafe. Die Anunnaki jedoch gaben seinen Namen nicht preis. Als Anu ihre Beschwerden hörte, mußte er zugeben, daß die Arbeit tatsächlich zu anstrengend war. Mußte die Goldgewinnung aufgegeben werden?
Da fand Ea eine Lösung. In Südostafrika, sagte er, gebe es ein Geschöpf, das die Bergwerksarbeit übernehmen könne, wenn ihm nur das »Zeichen der Anunnaki« eingepflanzt würde. Seine Worte bezogen sich auf den Affenmenschen, den *Pithecanthropus erectus*, der sich auf der Erde entwickelt hatte. Nach langen Überlegungen erhielt Ea den Auftrag, einen *Lulu* zu erschaffen, einen primitiven Arbeiter, der das Joch der Anunnaki tragen sollte.
Die Pflegerin Ninhursag half ihm dabei. Viele Versuche und Irrtümer mußten überstanden werden, bis das richtige Verfahren gefunden war. Ea und Ninhursag befruchteten das Ei einer Affenfrau mit dem Sperma eines jungen Astronauten. Das befruchtete Ei wurde jedoch nicht in die Gebärmutter einer Affenfrau verpflanzt, sondern in die einer Astronautin. Endlich war das Musterexemplar entstanden, und Ninhursag rief freudig: »Ich habe erschaffen – meine Hände haben es gemacht!« Sie hielt, allen sichtbar, den ersten *Homo sapiens* in die Höhe (Abb. 53) – das erste Retortenkind der Erde.
Aber wie jeder Hybrid konnte sich der Irdische nicht fortpflanzen. Um mehr »primitive Arbeiter« zu erhalten, pflanzte man den »Geburtsgöttinnen«, vierzehn an der Zahl, befruchtete Eier von Affenfrauen ein; sieben gebaren Knaben, die anderen sieben Mädchen. Als dann die Irdischen die Bergbauarbeit in Südostafrika übernahmen, wurden die in Mesopotamien arbeitenden Anunnaki neidisch: Auch sie verlangten primitive Arbeiter. Enlil setzte sich über Eas Einwände hinweg, entführte gewaltsam einige Irdische und brachte sie nach E.DIN (»Wohnung des Gerechten«) in Mesopotamien. In der Bibel wird das Ereignis folgendermaßen beschrieben: »Und

Abb. 53

Gott nahm den Adam und setzte ihn in den Garten von Eden, ihn zu bebauen und zu hegen.«

Von Anfang an, seit die Astronauten auf die Erde gekommen waren, befaßten sie sich mit der Frage der Langlebigkeit. Ihre »biologische Uhr« war auf ihren eigenen Planeten eingestellt: Die Zeit, die er brauchte, um die Sonne einmal zu umkreisen, war für sie ein Jahr ihrer Lebensspanne. Während dieses einen Jahres umkreiste die Erde die Sonne 3600 mal – das entspricht 3600 Jahren irdischen Lebens. Um sich dem rascheren Lebenszyklus auf Erden anzupassen, wurden die Astronauten von ihrem Heimatplaneten mit »Lebensnahrung« und »Lebenswasser« versorgt. In seinem biologischen Laboratorium in Eridu, dessen Emblem zwei miteinander verschlungene Schlangen waren (Abb. 54), versuchte Ea die Ge-

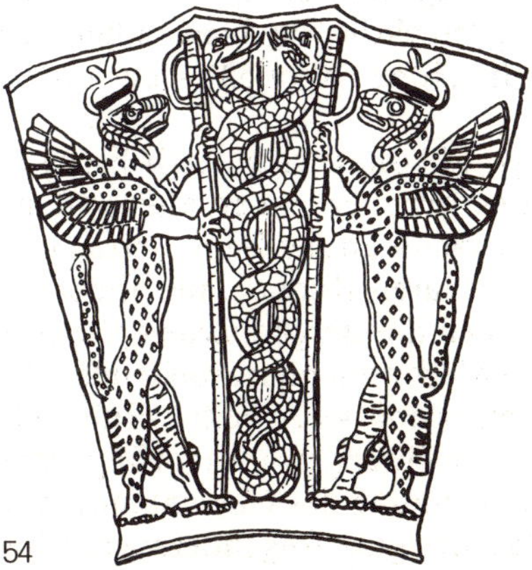

Abb. 54

heimnisse von Leben, Fortpflanzung und Tod zu ergründen. Warum starben die Kinder, die den Astronauten auf der Erde geboren wurden, so viel früher als ihre Eltern? Warum hatten die Affenmenschen ein so viel kürzeres Leben? Warum lebte der hybride Homo sapiens viel länger als der Affenmensch, aber nur kurze Zeit im Vergleich zu den Erdbesuchern? Lag es an der Umwelt oder an angeborenen genetischen Eigenschaften?

Ea setzte die genetischen Manipulationen an den Hybriden fort, benutzte sein eigenes Sperma und gewann einen neuen »Mustermenschen«. *Adapa*, wie Ea ihn nannte, zeichnete sich durch größere Intelligenz aus und erlangte die wichtige Fortpflanzungsfähigkeit, aber nicht die Langlebigkeit der Astronauten:

»Mit großem Verständnis vervollkommnete er ihn,
Weisheit (hatte er ihm verliehen)...
Ihm hatte er Wissen gegeben,
ewiges Leben hatte er ihm nicht gegeben.«

So erhielten »Adam« und »Eva« nicht nur das Geschenk oder die »Frucht« des Verstehens und Wissens, sondern auch der Erkenntnis. Das Wort Erkenntnis bedeutet im biblischen Hebräisch außerdem Geschlechtsverkehr zwecks Fortpflanzung. Diese biblische Erzählung illustriert eine archaische sumerische Zeichnung (Abb. 55).

Enlil geriet außer sich, als er entdeckte, was Ea getan hatte. Es war niemals beabsichtigt worden, daß sich die Menschen gleich den Göttern fortpflanzen könnten. Wird es Ea als nächstes gelingen, so fragte sich Enlil, dem Menschen ewiges Leben zu verleihen? Auch

Abb. 55

Anu auf dem Heimatplaneten machte sich Sorgen. Er befahl, Adapa vor seinen Thron zu bringen.
Ea befürchtete, daß sein vollkommener Mensch im Himmel vernichtet werden würde, und gab ihm den folgenden Rat:

»Adapa, du wirst vor Anu, den Herrscher treten...
Wenn du vor Anu stehst,
wenn sie dir das Todesbrot anbieten,
darfst du es nicht essen.
Wenn sie dir das Todeswasser anbieten,
darfst du es nicht trinken.«

Hierauf ließ er Adapa den Weg zum Himmel nehmen. Anu war beeindruckt von Adapas Intelligenz und von seinem Wissen über den »Plan des Himmels und der Erde«, das Ea ihm verliehen hatte. »Was sollen wir mit ihm tun?« fragte er seine Berater. Denn Ea hatte Adapa ausgezeichnet, indem er ihm einen *Schem* gemacht hatte – ein Raumschiff, mit dem er von der Erde zum Planeten Marduk gelangt war.
Der Beschluß wurde gefaßt, Adapa für immer auf dem Marduk zu lassen. Um ihn am Leben zu erhalten, »brachten sie ihm das Lebensbrot und auch das Lebenswasser«. Aber eingedenk der Warnung Eas verweigerte Adapa die Nahrungsaufnahme. Als er seinen Irrtum erkannte, war es zu spät. Er hatte die Möglichkeit, ewiges Leben zu erlangen, versäumt.
Adapa wurde auf die Erde zurückgebracht. Er wurde zum Hohenpriester von Eridu ernannt, und Anu versprach ihm, daß sich die Göttin der Heilkunst von nun an auch der körperlichen Leiden der Menschheit annehmen werde. Aber das ewige Leben blieb ihm versagt.
Von da an vermehrte sich das Menschengeschlecht. Die Menschen waren keine Sklaven mehr, die nur in den Bergwerken und auf den Feldern arbeiteten. Sie verrichteten verschiedene Arbeiten, bauten den Göttern »Häuser« – wir nennen sie »Tempel« – und lernten für sie kochen, tanzen und musizieren. Es dauerte nicht lange, bis die jungen Anunnaki, denen es an weiblicher Gesellschaft ihresgleichen fehlte, mit den Töchtern der Menschen geschlechtlich verkehrten. Da sie alle demselben ersten Lebenssamen entstammten und der Mensch ein aus der genetischen Wesensart der Anunnaki erschaffener Hybrid war, bestand zwischen den männlichen Astronauten und den irdischen Frauen biologische Vereinbarkeit, »und Kinder wurden ihnen geboren«.

Enlil sah diese Entwicklung mit zunehmendem Bangen. Der ursprüngliche Zweck des Abstiegs auf die Erde, die Bereitschaft für eine Mission, die Hingabe an die Aufgabe – all das war dahin. Die Anunnaki schien nur noch das gute Leben zu kümmern.
Die Natur gab Enlil ein Mittel, dem Sittenverfall der Anunnaki einen Riegel vorzuschieben. Ein neues Eiszeitalter setzte ein, und das angenehme Klima änderte sich. Mit der Kälte kam auch Trockenheit. Es regnete weniger häufig, die Flüsse führten weniger Wasser. Es gab Mißernten, Hungersnot breitete sich aus. Die Menschen waren großen Leiden unterworfen. Auf Enlils Drängen hin verweigerten ihnen die Götter jegliche Hilfe. »Laßt sie verhungern, laßt sie weniger werden«, lautete Enlils Anordnung.
Auch im »großen Unten« – in der Antarktis – bewirkte das Eiszeitalter Veränderungen. Von Jahr zu Jahr wurde die Eisdecke am Südpol dicker und dicker. Darunter nahmen durch den Druck des Gewichts Reibung und Wärme zu. Bald schwamm die riesige Eisdecke auf einer schlüpfrigen Schicht. Von der Raumfähre ergingen Alarmrufe: Die Eisdecke wurde unstabil; wenn sie ins Meer rutschte, mußte eine ungeheure Flut die ganze Erde verschlingen!
Es war keine unbedeutende Gefahr. Am Himmel kehrte der Zwölfte Planet auf seinem Umlauf zum Ort der Durchquerung zwischen Jupiter und Mars zurück. Wie bei früheren Gelegenheiten, wenn er sich der Erde näherte, rief seine Anziehung Erdbeben und andere Störungen auf der Erde hervor. Jetzt rechnete man sich aus, daß seine Anziehungskraft das Abrutschen der Eisdecke und eine Sintflut bewirken könnte. Gegen diese Katastrophe waren nicht einmal die Astronauten immun.
Während die Vorbereitungen zum Verlassen der Erde getroffen wurden – Anunnaki versammelten sich in der Nähe des Raumflughafens und machten alle Fähren bereit – hielt man die bevorstehende Katastrophe vor den Menschen mit List und Tücke geheim. Um eine Erstürmung des Flughafens zu verhindern, mußten alle Götter Geheimhaltung schwören. Wie Enlil sagte, sollte die Saat der Irdischen vom Antlitz der Erde vertilgt werden.
In Schuruppak, der Stadt, die Ninhursag unterstand, waren die Beziehungen zwischen Menschen und Göttern am weitesten gediehen. Hier war zum erstenmal ein Mensch in den Rang eines Königs aufgestiegen. Als die Leiden der Menschen zunahmen, bat ZI.U.SUD.RA, wie die Sumerer ihn nannten, Ea um Hilfe. Ab und zu hatten Ea und seine Seefahrer der Königsfamilie eine Ladung Fi-

sche gebracht, doch sollten sie ihnen auch jetzt helfen, wo es um das Schicksal der ganzen Menschheit ging? Sollte Eas und Ninhursags gesamtes Werk zugrunde gehen und »zu Lehm werden«, wie Enlil es wünschte, oder sollte der Same des Menschengeschlechts erhalten bleiben?

In eigener Verantwortung, und obwohl er sich des geleisteten Schwurs bewußt war, sah Ea doch eine Möglichkeit, durch die Rettung Ziusudras den Fortbestand der Menschheit zu sichern. Als Ziusudra das nächste Mal zum Bittgebet in den Tempel kam, flüsterte Ea ihm hinter einem Schilfschirm Anweisungen zu:

»Reiß das Haus nieder, bau ein Schiff!
Gib Besitztümer auf, rette dein Leben.
Schwör dem Hab und Gut ab, erhalte die Seele lebendig!
Aufs Schiff nimm den Samen alles Lebendigen.
Das Schiff, das du bauen sollst –
seine Ausmaße sollen zu messen sein.«

Es sollte ein versenkbares Schiff sein, ein »Unterseeboot«, das der Wasserlawine widerstehen konnte. Die sumerischen Texte enthalten die Maße und andere so genaue Beschreibungen, daß es sich sogar nachzeichnen läßt (Abb. 56, Zeichnung von Paul Haupt). Ea versorgte Ziusudra auch mit einem Navigator, der Anweisung erhielt, den »Berg der Rettung«, den Ararat, anzusteuern, da diese höchsten Gipfel des Nahen Ostens als erste aus dem Wasser auftauchen würden.

Die Sintflut kam wie erwartet. »Immer stärker und schneller blies der Südsturm, daß die Berge untertauchten und die Menschen wie in der Schlacht eingeholt wurden.« Als die Anunnaki und ihre Führer in ihren Raumschiffen die Erde umkreisten und die Katastrophe

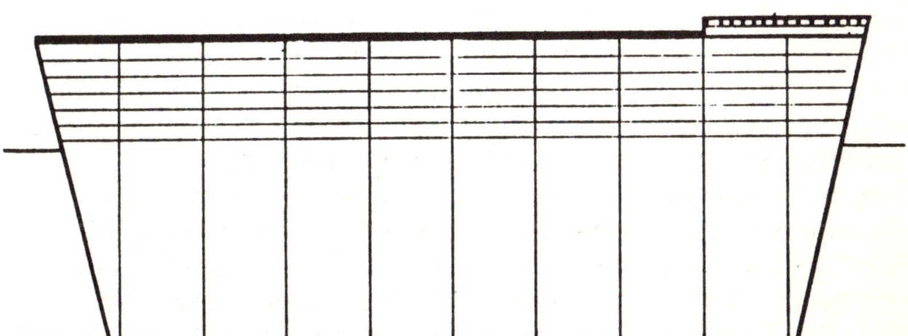

Abb. 56

von oben sahen, wurde ihnen klar, wie sehr sie die Erde und die Menschen liebten. »Ninhursag weinte... Die Götter weinten mit ihr um das Land.« Alle Anunnaki weinten, während sie hungernd und frierend in ihren Raumfähren saßen.
Als sich die Gewässer verlaufen hatten und die Anunnaki auf dem Ararat landeten, sahen sie zu ihrer Freude, daß der Menschheitssame gerettet war. Enlil aber ergrimmte darüber. Es bedurfte des Flehens aller Anunnaki und der Überredungskunst Eas, ihn zu ihrer Meinung zu bekehren – daß die Erde, wenn sie wiederaufgebaut werden sollte, die Dienste des Menschen benötigte.
So geschah es, daß Ziusudras Söhne und ihre Angehörigen in die Berge bei der Ebene zwischen den zwei Flüssen geschickt wurden; dort sollten sie abwarten, bis das Land trocken genug war, daß man es besiedeln konnte. Ziusudra wurde von den Göttern in weite Ferne versetzt, »und ewigen Atem wie einem Gott versprachen sie ihm.«
Das bewerkstelligten sie, indem die den »Atem der Erde« mit dem »Atem des Himmels« austauschten. Dann nahmen sie Ziusudra, den »Bewahrer des Menschheitssamen«, und seine Frau weit fort:

»Ins Land der Durchquerung,
ins Land *Tilmun*
wo Utu aufsteigt,
dort zu wohnen.«

Es ist offensichtlich, daß die sumerischen Sagen von den Göttern des Himmels und der Erde, von der Erschaffung des Menschen und von der Sintflut die Quelle waren, aus der andere alte Völker im Nahen Osten ihre Kenntnisse, ihren Glauben und ihre »Mythen« schöpften. Wir haben ja gesehen, wie der Glaube der alten Ägypter mit dem der Sumerer übereinstimmte, wie sie ihre erste Stadt nach *An* benannten, wie der *Ben-Ben* dem sumerischen GIR ähnelte und so weiter.
Heute wird auch allgemein anerkannt, daß die biblischen Geschichten von der Schöpfung und von den Ereignissen, die zur Sintflut führten, verkürzte hebräische Fassungen der sumerischen Überlieferungen sind. Der biblische Held der Sintflut, Noah, entspricht dem sumerischen Ziusudra (in der akkadischen Fassung *Utnapischtim* genannt). Aber im Gegensatz zur Beschreibung der Sumerer, die den Helden der Sintflut unsterblich werden lassen, wird in der Bibel für Noah keine solche Aussage gemacht. Enochs Himmelfahrt wird

im Alten Testament auch nur kurz erwähnt, wohingegen die sumerische Sage von Adapa und andere Texte, die von Himmelfahrten handeln, ausführlich ins einzelne gehen. Aber diese knappen biblischen Darstellungen konnten nicht verhindern, daß sich die Legenden von den biblischen Helden, die sich im Paradies aufhielten oder dorthin zurückkehrten, jahrtausendelang verbreiteten.

Laut einer Legende, die dem fast 2000 Jahre alten »Buch von Adam und Eva« entstammt und sich in zahlreichen Fassungen erhalten hat, erkrankte Adam im Alter von 930 Jahren. Als sein Sohn Seth ihn »krank und in Schmerzen« sah, erbot er sich, »zum nächsten Tor des Paradieses zu gehen... zu klagen und vor Gott Fürbitte vorzutragen; vielleicht wird Er mich erhören und mir seinen Engel mit der Frucht bringen, nach du verlangst« – die Frucht vom Baum des Lebens.

Aber Adam, das Los des Sterblichen hinnehmend, wollte nur von den quälenden Schmerzen erlöst werden. Deshalb bat er seine Frau Eva, mit Seth zusammen »in die Nähe des Paradieses« zu gehen, dort aber nicht um die Frucht des Lebens zu bitten, sondern nur um einen Tropfen des »Lebensöles«, das aus dem Baum fließt, »mich damit zu salben, auf daß ich von diesen Schmerzen befreit sein möge«.

Nachdem Eva und Seth getan hatten wie geheißen, gelangten sie zu den Toren des Paradieses und beteten zum Herrn. Endlich erschien ihnen der Engel Michael – nur um ihnen zu verkünden, daß ihrer Bitte nicht stattgegeben würde. »Adams Lebenszeit ist beendet«, sagte der Engel, sein Tod könne nicht abgewendet oder hinausgeschoben werden. Sechs Tage später starb Adam.

Schon Alexanders Geschichtsschreiber stellten eine Verbindung zwischen seinen wundersamen Abenteuern und Adam her, dem ersten Menschen, der im Paradies geweilt und den Beweis für das Vorhandensein des Paradieses und seiner lebenspendenden Kräfte erbracht hatte. Das Verbindungsglied war der einzigartige Stein, der Licht ausstrahlte: Es hieß, Adam habe ihn aus dem Paradies mitgenommen, der Stein sei weitergegangen von Generation zu Generation, bis er in die Hände eines unsterblichen Pharaos gelangte, der ihn Alexander schenkte.

Das Netz der Entsprechungen verdichtet sich, wenn man eine jüdische Legende betrachtet, nach der der Stab, mit dem Moses viele Wunder vollbrachte, darunter die Teilung des Schilfmeers, von Adam aus dem Garten Eden mitgenommen worden sein soll. Adam gab ihn Enoch, Enoch gab ihn seinem Enkelsohn Noah. Dann wurde er weitergereicht durch Sem, den ältesten Sohn Noahs, von Generation zu Generation, bis er zu Abraham gelangte, dem ersten hebräischen Stammvater. Abrahams Urenkel Joseph nahm ihn nach Ägypten mit, wo er am Hofe des Pharaos zu höchstem Rang aufstieg. Hier blieb der Stab unter den Schätzen der ägyptischen Könige, und so fiel er Moses in die Hände, der als ägyptischer Prinz aufwuchs, bevor er zur Halbinsel Sinai floh. In einer Fassung ist der Stab aus einem einzigen Stein geschnitzt, in einer anderen ist er ein Ast von dem Lebensbaum im Garten Eden.

Unter diesen miteinander verwobenen Geschichten, die in früheste Zeiten zurückreichen, gibt es auch eine, die Moses mit Enoch verbindet, eine jüdische Legende. Als der Herr Moses zum Berg Sinai rief und ihn beauftragte, die Israeliten aus Ägypten zu führen, wollte Moses den Auftrag aus verschiedenen Gründen nicht übernehmen, unter anderm schützte er sein sprachliches Unvermögen, seine langsame Sprechweise vor. Um dieser Schwäche abzuhelfen, beschloß der Herr, ihm seinen eigenen Thron, »die Engel des Himmels« und das geheimnisvolle Jenseits zu zeigen. So befahl er Metatron, dem Engel der Ermutigung, Moses zu den himmlischen Gefilden zu führen. Erschrocken fragte Moses den Engel (wörtlich: Gesandter): »Wer bist du?« Und der Engel des Herrn antwortete: »Ich bin Enoch, Jareds Sohn, dein Ahne.« (Nachdem Moses, begleitet von Enoch, durch die sieben Himmel gefahren war und Hölle und Paradies gesehen hatte, kehrte er zum Berg Sinai zurück und übernahm die Mission.)

Auch das alte »Buch der Jubeljahre« wirft Licht auf die Verbindung zwischen Enoch und seinem Urenkel Noah. In frühester Zeit war es bekannt als »Offenbarung Mose«, denn er soll es auf dem Berg Sinai geschrieben haben. (Nach Ansicht einiger Forscher entstand das Werk erst im zweiten Jahrhundert v. Chr.)

Das Buch hält sich nahe an die biblische Schöpfungsgeschichte, liefert aber mehr Einzelheiten wie zum Beispiel die Namen der Frauen und Töchter der vorsintflutlichen Patriarchen. Aus der Bibel erfahren wir, daß Enochs Vater *Jared* (»der herabstieg«) war, aber nicht, warum er so genannt wurde. Das »Buch der Jubeljahre« liefert die fehlende Erklärung:

> »Denn in seinen Tagen stiegen die Engel des Herrn auf die Erde herab
> – jene, die *Wächter* genannt wurden –,

auf daß sie die Kinder der Menschen lehrten,
Gerechtigkeit und Rechtschaffenheit auf Erden walten zu lassen.«

Aufgrund der zeitlichen Einteilung in »Jubeljahre« (in Luthers Übersetzung »Halljahre« – das hebräische Wort *jobel* bedeutet eine Art Horn oder Posaune) wird weiter erzählt, daß Jared im elften Jubeljahr eine Frau nahm. »Ihr Name war Baraka (›Hellglänzend‹), die Tochter Rasujals, eine Tochter des Bruders seines Vaters... und sie gebar ihm einen Sohn, den er Enoch nannte. Und er (Enoch) war der erste unter den auf Erden geborenen Menschen, der schreiben lernte und Wissen und Weisheit, und der die Himmelszeichen nach der Ordnung ihrer Monate in ein Buch schrieb, auf daß die Menschen die Jahreszeit nach der Ordnung ihrer einzelnen Monate kennenlernten.«

Im zwölften Jubeljahr nahm Enoch Edni (»mein Eden«), die Tochter Dan-els, zur Frau. Sie gebar ihm einen Sohn mit Namen Methusalah. Danach »war Enoch sechs Jubeljahre bei den Engeln Gottes, und sie zeigten ihm alles, was auf Erden und im Himmel ist... und er schrieb alles auf«.

Doch inzwischen braute sich Unheil zusammen. Laut dem Alten Testament geschah es vor der Sintflut, daß »die Söhne der Götter die Erdentöchter sahen und gut befanden und alle Erwählten zu ihrer Frau nahmen...« und daß »es die Gottheit reute, den Menschen gemacht zu haben, und sprach: ›Ich will den Irdischen, den ich geschaffen habe, vertilgen vom ganzen Antlitz der Erde‹.«

Nach dem »Buch der Jubeljahre« spielte Enoch eine Rolle bei diesem Sinneswandel des Herrn: »Er legte Zeugnis ab gegen die Wächter, die gesündigt hatten mit den Töchtern der Menschen, und wurde in den Garten Eden geführt.« Von den vier namentlich aufgeführten vier Stätten Gottes auf Erden wurde Enoch im Garten Eden versteckt, wo er sein Testament schrieb.

Danach erst wurde Noah geboren, der Rechtschaffene, der auserlesen war, die Sintflut zu überleben. Seine Geburt in den wirren Zeiten, wo sich die Söhne der Götter mit sterblichen Frauen einließen, rief in der Patriarchenfamilie eine Ehekrise hervor. Im »Buch Enoch« wird erzählt, daß Methusalah seinem Sohn Lamech eine Frau aussuchte, »sie wurde schwanger von ihm und gebar einen Sohn«. Aber der Neugeborene – Noah – war ungewöhnlich:

»Sein Leib war weiß wie Schnee und rot wie die Blüte einer Rose,
und die Haare auf seinem Kopf und die langen Locken waren
weiß wie Wolle,
und seine Augen waren schön.
Und als er die Augen aufschlug, erhellte er das ganze Haus
wie die Sonne, und das ganze Haus erstrahlte.
Darauf erhob er sich in den Händen der Hebamme,
öffnete den Mund und sprach mit dem Herrn der Gerechtigkeit.«

Entsetzt lief Lamech zu seinem Vater Methusalah und sagte:

»Ich habe einen seltsamen Sohn gezeugt, ungleich dem
Menschen,
ähnlich den Söhnen des Himmelsgottes;
und sein Wesen ist anders, und er ist nicht wie wir...
Und es scheint mir, daß er nicht mir entsprungen ist,
sondern den Engeln.«

Mit anderen Worten, Lamech argwöhnte, daß nicht er die Schwangerschaft seiner Frau bewirkt hatte. Da er vermutete, einer der Engel habe sie geschwängert, kam ihm der Gedanke, der Sache auf den Grund zu gehen und Enoch zu fragen, der ja unter den Söhnen der Götter weilte. »Und jetzt, mein Vater«, sagte er zu Methusalah, »bitte ich dich, zu deinem Vater Enoch zu gehen und von ihm die Wahrheit zu erfahren, denn er wohnt unter den Engeln.«

Methusalah ging zur göttlichen Wohnung, rief Enoch und berichtete ihm von dem ungewöhnlichen Knaben. Enoch versicherte Methusalah aufgrund von Nachforschungen, daß Noah wahrhaftig ein Sohn Lamechs sei, und sein ungewöhnliches Aussehen zeige kommende Dinge an: »Es wird ein Jahr lang eine Sintflut und schlimme Verwüstungen geben, und nur dieser Knabe, der Noah (›Trost‹) heißt und seine Familie werden gerettet werden.« Diese kommenden Dinge, sagte Enoch zu seinem Sohn, »habe ich in den Himmelstafeln gelesen«.

Der Ausdruck für die »Söhne der Götter«, die in die vorsintflutlichen Geschehnisse verwickelt sind, lautet in diesen alten Schriften »Wächter« (oder »Beobachter«). Genauso, nämlich *Neter*, was dasselbe bedeutet, nannten die Ägypter die Götter, und auch *Schumer*, ihr Landeplatz auf der Erde, hat diese Bedeutung.

Alle die verschiedenen alten Bücher, die von den dramatischen Ereignissen in den Tagen vor der Sintflut handeln, sind nur Übersetzungen (direkte oder indirekte) verlorengegangener hebräischer Originale. Ihre Authentizität wurde jedoch durch die Handschrif-

1 הא באדין חשבת בלבי די מן עירין הריאנתא ומן קדישין הנ[יז]א ולנפילנין

2 ולבי עלי משתני על עולימא דנא

3 באדין אנה למך אתבהלת ועלת על בתאנוש אנתתי ואמרת

4] [ואנא ועד בעליא במרה רבותא במלך כול עןלמים

Abb. 57

ten bestätigt, die man 1947 in Wadi Qumran am Nordwestende des Toten Meeres gefunden hat. Darunter sind nämlich Bruchstücke von Handschriften, die zweifellos hebräische Originale derartiger »Erinnerungen von Patriarchen« sind.

Von besonderem Interesse ist für uns ein Teil einer Handschrift, der sich mit der ungewöhnlichen Geburt Noahs befaßt, und aus dem zu ersehen ist, daß nicht nur den Übersetzern des Altertums, sondern auch den modernen Gelehrten ein schwerwiegender Fehler unterlaufen ist. In den Übersetzungen heißt es:

> »Siehe, ich dachte in meinem Herzen, die Empfängnis sei von einem der *Wächter*, einem der Heiligen erfolgt, und das Kind gehöre in Wirklichkeit den *Riesen*.«

Wer jedoch das hebräische Original zu lesen vermag (Abb. 57), stellt fest, daß nicht von »Wächtern« (auch nicht von »Riesen«) die Rede ist, sondern – wie im Alten Testament – von *Nefilim*.

So bestätigen alle die alten Texte und die alten Sagen ein und dasselbe:

Die Tage vor der Sintflut waren die Tage, wo »die *Nefilim* auf der Erde waren... die Mächtigen, das Volk der Raketenschiffe«.

In den sumerischen Stammbäumen ist verzeichnet, die Sintflut habe 120 *schars* – das sind 120 Umkreisungen zu je 3600 Jahre – nach der ersten Landung auf der Erde geherrscht. Demnach fand die Sintflut vor 13 000 Jahren statt. Das ist genau die Zeit, wo das letzte Eiszeitalter plötzlich endete und der Ackerbau seine Anfänge hat. 3600 Jahre später kam die sogenannte Jüngere Steinzeit mit der Tonbildekunst. Wieder 3600 Jahre später blühte in Sumer ganz plötzlich die Zivilisation auf.

»Und es hatte alle Welt einerlei Zunge und Sprache«, heißt es in der Genesis; doch kurz nachdem sich die Nachkommen Noahs im Land Schin'ar (Sumer) niedergelassen und Wohnstätten aus gebrannten Lehmziegeln gebaut hatten, beschlossen sie, »eine Stadt

zu bauen und einen Turm, dessen Spitze bis an den Himmel reiche«.
Die sumerischen Texte, denen diese biblische Geschichte entnommen ist, sind noch nicht gefunden worden, aber in verschiedenen sumerischen Sagen wird auf das Ereignis angespielt. Daraus ergibt sich, daß sich Ea bemühte, die Menschen aufzubieten, um sich die Herrschaft über das Raumfahrtwesen der Nefilim anzueignen – ein weiterer Vorfall in der fortgesetzten Fehde zwishen Ea und Enlil, die mittlerweise auf ihre Nachkommen übergegangen war. Weil sich die Menschen anmaßten, »einen Turm« zu bauen – so erzählt uns die Bibel –, fuhren der Herr und seine ungenannten Gehilfen hernieder, entschlossen, »ihre Sprache zu verwirren... und sie in alle Länder zu zerstreuen«, wodurch sich die Zivilisation unterschiedlich entwickelte.
Die Beratungen der Götter im Zeitalter nach der Sintflut werden in manchen sumerischen Texten erwähnt. Im sogenannten »Epos von Etana« steht:

»Der große Anunnaki, der das Schicksal bestimmt,
beriet sich mit ihnen über das Land.
Sie, welche die vier Bereiche geschaffen,
die Niederlassungen errichet hatten und das Land überblickten,
sie waren zu hoch oben für das Menschengeschlecht.«

Der Beschluß, die Erde in vier Gebiete einzuteilen, hatte zur Folge, daß Vermittler (Priester-Könige) zwischen den Göttern und den Menschen eingesetzt wurden, so daß es auf der Erde wieder das »Königtum« gab.
Um der Familienfehde zwischen Ea und Enlil ein Ende zu machen – was allerdings nicht gelang –, entschied das Los über die Zuteilung der Oberherrschaft. So fielen Asien und Europa Enlil und seinen Söhnen zu, und Ea erhielt Afrika.
Das erste Gebiet der Zivilisation war Mesopotamien und die angrenzenden Länder. Die Gebirgsländer, wo Besiedlung und Landwirtschaft begannen – später als Elam, Persien und Assyrien bekannt –, wurden Enlils Sohn NIN.UR.TA unterstellt, seinem rechtmäßigen Erben und »obersten Krieger«. Einige sumerische Texte beschreiben Ninurtas heldenhafte Bemühungen, die Bergpässe einzudämmen und seinen menschlichen Untertanen im Kampf ums Überleben in den harten Zeiten nach der Sintflut beizustehen.
Als die Lehmschichten, die die Ebene zwischen den beiden Flüssen bedeckten, genügend getrocknet waren, so daß man das Land wie-

der bewohnen konnte, wurden Sumer und die Länder, die sich westwärts zum Mittelmeer erstreckten, Enlils Sohn NAN.NAR (*Sin* im Akkadischen) übergeben. Als wohlwollender Gott überwachte er den Wiederaufbau von Sumer, wo die vorsintflutlichen Städte wieder errichtet und neue gegründet wurden. Zu den neuen gehörte seine Lieblingsstadt *Ur*, der Geburtsort Abrahams. Nannars Symbol war die Mondsichel, sein himmlisches »Gegenstück« (Abb. 58). Enlils jüngster Sohn ISCH.KUR (den die Akkader *Adad* nannten) herrschte über die nordwestlichen Länder, das heißt über Kleinasien und die Mittelmeerinseln, von wo sich die Zivilisation – das »Königtum« – nach Griechenland ausbreitete. Wie Zeus im späteren Griechenland wurde Ischkur/Adad mit gegabeltem Blitz auf einem Stier dargestellt.
Ea teilte das zweite Gebiet, Afrika, ebenfalls unter seinen Söhnen auf. Es ist bekannt, daß ein Sohn namens NER.GAL über den südlichsten Teil von Afrika herrschte. Ein anderer namens GI.BIL erlernte von seinem Vater die Kunst des Bergbaus und der Metallurgie und übernahm die afrikanischen Goldminen. Seinem Lieblingssohn, der nach dem Heimatplaneten *Marduk* hieß, brachte Ea sein naturwissenschaftliches und astronomisches Wissen bei. (Um das Jahr 2000 v. Chr. eignete sich Marduk die Herrschaft über die Erde an und wurde zum Oberherrscher von Babylon und den »vier Weltgegenden« erklärt.) Wie bereits gesagt wurde, unterstand einem Sohn, den die Ägypter *Ré* nannten, die Kernzivilisation dieses Gebiets, nämlich die Zivilisation des Niltals.
Wie man erst vor ungefähr fünfzig Jahren festgestellt hat, lag das dritte Gebiet im Subkontinent Indien. Auch hier entstand in urferner Zeit eine großartige Zivilisation, etwa 1000 Jahre nach der sumerischen, die sogenannte Induskultur. Ihr Hauptzentrum war Harappa (Pandschab). Die Bevölkerung huldigte keinem Gott, sondern einer Göttin, die in Tonfigurinen mit Halsbändern und gekreuzten Brustriemen dargestellt wurde.
Da die Schrift der Induskultur noch nicht entziffert worden ist, weiß man nicht, wie die Harappaner ihre Göttin nannten, und wer sie eigentlich war. Meines Erachtens war sie Sins Tochter, die die Sumerer IR.NI.NI (»Starke, süßduftende Herrin«) und die Akkadier *Ischtar* nannten. Sumerische Texte sprechen von ihrer Herrschaft über ein fernes Land namens *Aratta* – ein Land, wo Getreide geerntet wurde, und wo es wie in Harappa Getreidespeicher gab –, wohin sie in Pilotentracht Flugreisen machte.

Abb. 58
Die Götter des Himmels und der Erde
1. Enlil 2. Ninurta 3. Nannar/Sin 4. Ischkur/Adad 5. Nergal 6. Gibil 7. Marduk 8.–11. Irnini/Ischtar als Große Herrin (8), Zauberin (9), Krieger (10) und Pilot (11)

Da ein Raumflughafen benötigt wurde, behielten sich die Anunnaki das vierte Gebiet für den Eigengebrauch vor, von dem die Menschen ausgeschlossen waren. Alle Raumfahrteinrichtungen – der Flughafen in Sippar, das Kontrollzentrum in Nippur – waren von der Sintflut vertilgt worden. Die tiefliegende mesopotamische Ebene wäre jahrtausendelang für den Wiederaufbau dieser wichtigen Anlage nicht in Frage gekommen. Man mußte also einen anderen Ort suchen, höher gelegen, doch geeignet, abgeschlossen, aber zugänglich. Es sollte ein »geheiligtes Gebiet« sein, zu dem nur Befugte Zutritt hatten. Im Sumerischen hieß es TIL.MUN (»Ort der Raketen«).
Dieser nachsintflutliche Raumflughafen wurde Sins Sohn, also einem Enkel Enlils, unterstellt, dem Zwillingsbruder von Irnini/Ischtar. Er hieß UTU (»Glänzender«), im Akkadischen *Schamasch.* Er hatte seinerzeit die Räumung von Sippur geleitet. Er war der Oberbefehlshaber der auf Erden stationierten Raumfahrer, der »Adler«, und bei förmlichen Anlässen trug er stolz seine Adler-Uniform (Abb. 59).
In den Tagen vor der Sintflut sind nach der Überlieferung einige auserwählte Sterbliche vom Raumflughafen aus in die Lüfte mitgenommen worden: *Adapa,* der dem Schicksal des Sterblichen hätte entgehen können, aber die Gelegenheit nicht wahrnahm, und Enmeduranki, den die Götter Schamasch und Adad in die Himmelswohnung versetzten, um ihn in die priesterlichen Geheimnisse einzuweihen (der jedoch zur Erde zurückkehrte). Da war außerdem Ziusudra (»Dessen Lebenszeit verlängert ist«), der Held der Sintflut, der mit seiner Frau in Tilmun leben durfte.
Nach der Sintflut – so heißt es in den sumerischen Schriften – sollte ein früher Herrscher von Kisch in einem *Schem* zur Wohnung der Götter hinaufgebracht werden und dort die Pflanze der Verjüngung erhalten (aber er fürchtete sich so sehr, daß er die Fahrt nicht beendete). Pharao Thutmosis III. erklärt in seinen Inschriften, der Gott Ré habe ihn mitgenommen, mit ihm eine Himmelsreise gemacht und ihn zur Erde zurückgebracht:

»Er öffnete mir die Türen des Himmels,
er erschloss mir die Tore seines Horizonts.
Ich flog zum Himmel empor wie ein göttlicher Falke…
auf daß ich sähe seine geheimnisvollen Wege im Himmel…
Ich wurde erfüllt vom Verständnis für die Götter.«

Der *Schem* blieb den Menschen in Erinnerung; sie stellten ihn als

Abb. 59

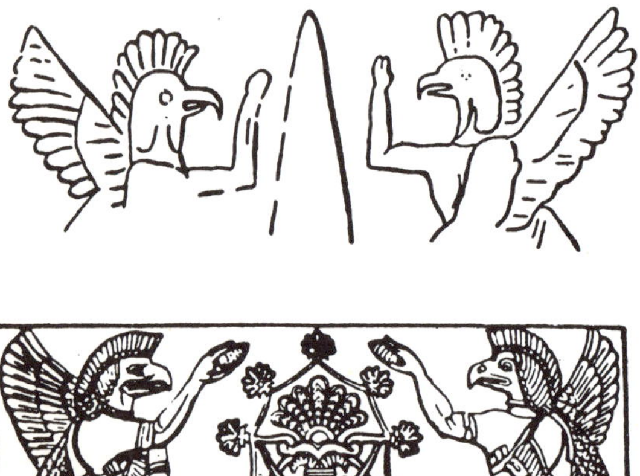

Abb. 60

einen Obelisk dar, und das von »Adlern« begrüßte Raumschiff wich in den Darstellungen dem geheiligten Lebensbaum (Abb. 60). In Sumer aber, wo die Götter gegenwärtige Wirklichkeit waren – wie auch in Ägypten, als die ersten Pharaonen herrschten –, war *Tilmun*, »der Ort der Raketen«, ein wirklicher Ort, wo der Mensch Unsterblichkeit erlangen konnte.
Und hier in Sumer wurde die Geschichte eines Mannes verzeichnet, der, ohne von den Göttern dazu erlesen zu sein, sein menschliches Los ändern wollte.

7

Gilgamesch, der König, der sich weigerte zu sterben

Die sumerische Sage vom ersten Menschen, der nach Unsterblichkeit strebte, handelt von einem Herrscher, der vor langer, langer Zeit seinen göttlichen Vater bat, ihm Zugang zum »Land des Lebens« zu gewähren. Über diesen ungewöhnlichen Herrscher wurden in grauer Vorzeit Epen verfaßt, in denen es hieß:

»Geheime Dinge hat er gesehen,
was verborgen dem Menschen ist, kennt er.
Er hat sogar Nachrichten gebracht
von Zeiten der Sintflut.
Er unternahm auch die Reise ins Ferne,
beschwerlich und unter Schwierigkeiten.
Er kehrte zurück und schrieb alle seine Mühsal
auf eine steinerne Säule.«

Von dieser alten sumerischen Sage sind knapp zweihundert Zeilen erhalten geblieben. Wir kennen sie jedoch aus Übersetzungen in die Sprachen der Völker, die im Nahen Osten den Sumerern folgten: Assyrier, Babylonier, Hethiter, Horiter. Sie alle erzählten die Sage, und die Tontafeln, auf der die späteren Fassungen verzeichnet sind, haben es den Forschern ermöglicht, die Geschichte zu rekonstruieren, obwohl manche Tafeln beschädigt sind.

Die Grundlage unseres Wissens bilden zwölf Tafeln in akkadischer Sprache, die aus Assurbanipals Bibliothek in Ninive stammen. Als erster berichtet darüber George Smith, dem die Aufgabe oblag, die Zehntausende von Tafeln und Bruchstücken zu sortieren und zu katalogisieren, die aus Mesopotamien zum Britischen Museum in London gelangt waren. Eines Tages fiel ihm ein fragmentarischer Text ins Auge, der von der Sintflut zu handeln schien. Es war kein Irrtum: Der Keilschrifttext aus Assyrien erzählt von einem König, der den Überlebenden der Sintflut aufsuchte und von ihm selbst eine Schilderung des Ereignisses vernahm!

Mit verständlicher Aufregung schickten die Museumsdirektoren

George Smith zum archäologischen Ausgrabungsfeld, wo er tatsächlich genügend Bruchstücke fand, um den Text zu rekonstruieren und die Nummernfolge der Tafeln festzustellen. Im Jahr 1876 bewies er schlüssig, daß dies die »Chaldäische Darstellung der Sintflut« war, wie er sein Werk benannte. Nach Sprache und Stil folgerte er, daß sie ca. 2000 v. Chr. in Babylon verfaßt worden war.
George Smith las den Namen des Königs, der Noah aufsuchte, zuerst als »Izdubur«, den er für den biblischen Nimrod hielt, den ersten Weltherrscher. Eine Zeitlang wurden die zwölf Tafeln deshalb als »Nimrod-Epos« bezeichnet. Weitere Funde und Forschungen bestätigten den sumerischen Ursprung der Erzählung, aber es stellte sich heraus, daß der wahre Name des Helden GIL.GA.MESCH lautete. Aus anderen historischen Texten, unter anderem aus der sumerischen Königsliste, ersah man, daß er 2900 v.Chr. über Uruk, in der Bibel Erech genannt, herrschte. Das »Gilgamesch-Epos«, wie dieses uralte literarische Werk heute heißt, führt uns also fast 5000 Jahre zurück.
Man muß die Geschichte von Uruk kennen, um das dramatische Ausmaß des Epos zu erfassen. In Übereinstimmung mit der biblischen Darstellung ist aus den sumerischen geschichtlichen Berichten zu ersehen, daß das Königtum nach der Sintflut tatsächlich in Kisch begann. Durch die ehrgeizige Irnini/Ischtar, die ihr Gebiet fern von Sumer keineswegs schätzte, wurde es dann nach Uruk verlegt.
Uruk war anfänglich nur ein heiliger Bezirk, wo man An, dem Herrn des Himmels, eine Wohnung, d.h. einen Tempel, errichtet hatte, zuoberst auf einer großen Zikkurat, genannt E.AN.NA (»Ans Haus«). Bei einem seiner seltenen Besuche auf Erden faßte An eine Zuneigung zu Irnini. Er verlieh ihr den Titel IN.AN.NA (»Ans Geliebte«) – vermutlich liebte er sie nicht nur platonisch – und brachte sie im Tempel Eanna unter, der sonst unbewohnt war.
Was aber nützte ein Ort ohne Menschen, ein Herrschaftsgebiet ohne Herrscher? Nicht sehr weit entfernt südlich, am Persischen Golf, wohnte Ea zurückgezogen in Eridu. Hier verfolgte er die menschlichen Angelegenheiten, vermittelte der Menschheit Wissen und Zivilisation. In verführererischer Aufmachung und wohlriechend besuchte Inanna ihren Großonkel Ea. In verliebtem und trunkenem Zustand willfahrte Ea ihrem Wunsch: Uruk zum neuen Zentrum der sumerischen Zivilisation zu machen und den Sitz des Königtums von Kisch dorthin zu verlegen.

Um ihren grandiosen Plan durchzuführen, dessen letztliches Ziel darin bestand, in den Innenkreis der Zwölf Großen Götter einzudringen, bot Inanna/Ischtar die Hilfe ihres Bruders Utu/Schamasch auf. Vor der Sintflut hatten die ehelichen Verbindungen zwischen den Nefilim und den Töchtern der Menschen zwar den Zorn der Götter erregt, doch nach der Sintflut wurden sie nicht mehr mißbilligt. So kam es, daß der Hohepriester von Ans Tempel ein Sohn Schamaschs von einer Menschenfrau war. Ihn salbten Ischtar und Schamasch zum König von Uruk, womit die erste Dynastie der Priesterkönige ihren Anfang nahm. Nach den sumerischen Königslisten regierte er 324 Jahre. Sein Sohn, »der Uruk erbaute«, regierte 420 Jahre. Als Gilgamesch, der fünfte Herrscher dieser Dynastie, den Thron bestieg, war Uruk bereits ein blühendes sumerisches Zentrum, das über die Nachbarländer herrschte und mit fernen Ländern Handel betrieb (Abb. 61).
Als Nachfahre des großen Gottes Schamasch galt Gilgamesch zu zwei Dritteln als Gott, zu einem Drittel als Mensch, weil seine Mutter die Götting NIN.SUN war (Abb. 62). Darum wurde ihm das Vorrecht zugebilligt, sich »Göttlicher« zu nennen. Stolz und selbstsicher begann Gilgamesch als gütiger und gewissenhafter König, der sich üblicherweise damit befaßte, die Stadt befestigen zu lassen und den Tempel zu verschönern. Doch je mehr Wissen er sich über

Abb. 61

Abb. 62

die Geschichte der Götter und der Menschen erwarb, desto tiefsinniger und ruheloser wurde er. Inmitten einer Lustbarkeit beschäftigten sich seine Gedanken mit dem Tod. Würde er dank seiner göttlichen Abstammung ewig leben wie die Götter, oder war ihm die Lebensspanne des sterblichen Menschen bestimmt? Er vertraute seine Besorgnis Schamasch an:

»In meiner Stadt stirbt der Mensch; bedrückt ist mein Herz.
Der Mensch vergeht; schwer ist mein Herz...
Der größte Mensch kann sich nicht zum Himmel emporrecken,
Der breiteste Mensch kann die Erde nicht bedecken.«

»Bin auch ich dazu verurteilt?« fragte er Schamasch.
Schamasch wich einer direkten Antwort aus – vielleicht wußte er sie selbst nicht – und riet Gilgamesch, sein Schicksal hinzunehmen, welcher Art es auch sein mochte, und das Leben zu genießen, solange er konnte:

»Als die Götter den Menschen schufen,
teilten sie ihm den Tod zu;
ewiges Leben behielten sie sich selbst vor.
Laß deinen Bauch voll sein, Gilgamesch!
Sei fröhlich Tag und Nacht!
Aus jedem Tag mach ein Freudenfest;
singe und tanze Tag und Nacht!
Laß deine Kleider leuchten und funkeln,
deine Haare gewaschen sein; bade in Wasser.
Beachte das Kind, das du an der Hand hältst,
laß deine Gattin Lust an dir fühlen;
denn das ist das Los der Menschheit.«

Aber Gilgamesch wollte dieses Los nicht annehmen. War er nicht zu zwei Dritteln göttlich, nur zu einem Drittel ein Mensch? Warum sollte der geringere sterbliche Anteil sein Schicksal bestimmen, warum nicht sein größeres göttliches Element? Getrieben von Unrast, suchte Gilgamesch jung zu bleiben, indem er bei Neuvermählten eindrang und von seinem Recht Gebrauch machte, die Braut vor dem Bräutigam zu besitzen. Dann hatte er eines Nachts eine Vision, die er für ein Omen hielt. Er eilte zu seiner Mutter, damit sie ihm das Omen deutete:

»Meine Mutter,
während der Nacht fühlte ich Freude,
und ich lustwandelte mit meinen Edlen.
Die Sterne versammelten sich im Himmel.

Anus eigenes Werk kam zu mir herab.
Ich wollte es aufheben; es war zu schwer.
Das Volk von Uruk scharte sich darum.«

Während er versuchte, den Gegenstand zu lockern, der sich tief in den Boden eingebettet haben mußte, halfen ihm seine Edlen. Der Gegenstand wird zwar im Text nicht richtig beschrieben, aber es kann kein formloser Meteor gewesen, sondern es muß sich um ein kunstvoll hergestelltes Objekt gehandelt haben, da es als Anus Werk bezeichnet wird. Die Leser in vorgeschichtlicher Zeit bedurften keiner näheren Erläuterung, sie kannen den Ausdruck und das Aussehen von »Anus eigenem Werk«, das möglicherweise auf einem alten Rollsiegel abgebildet ist (Abb. 63). Der Gilgamesch-Text beschreibt den unteren Teil, den »die Edlen küßten«, mit einem Wort, das als »Beine« übersetzt werden kann. Man konnte in das Gebilde sogar eintreten, wie Gilgamesch seiner Mutter berichtete:

»Ich drückte stark auf den oberen Teil;
ich konnte die Decke nicht bewegen,
konnte den Aufsteigenden nicht erheben.
Mit einem zerstörenden Feuer barst ich die Decke auf,
und ich ging in seine Tiefe.
Ich habe dieses bewegliche Ding,
das vorwärts zieht, zu Dir gebracht.«

Nach Gilgameschs Überzeugung war das Erscheinen des Gebildes ein Omen, das sein Schicksal betraf. Aber seine Mutter, die Göttin Ninsun, mußte ihn enttäuschen. Was wie ein Stern vom Himmel fällt, erklärte sie, das sagt das Kommen eines Retters voraus:

»Ein starker Freund wird zu dir kommen,
er ist der Mächtigste im Lande,
er wird dich nie im Stich lassen.
Das ist die Bedeutung deiner Vision.«

Sie sprach absichtlich so, um dem Volk von Uruk gefällig zu sein, das murrte, der ruhelose Gilgamesch müsse abgelenkt werden. Die Götter hatten deshalb beschlossen, einen starken Mann nach Uruk kommen zu lassen, der Gilgamesch zu einem Ringkampf herausfordern sollte. Er hieß ENKI.DU. (»Enkis Geschöpf«) und war sozusagen eine Art »Steinzeitmensch«, der in der Wildnis unter Tieren lebte. Er wurde nackt, bärtig mit struppigem Haar dargestellt, oft in Gesellschaft seiner Freunde, der Tiere (Abb. 64).

Um seine Wildheit zu zähmen, beriefen die Edlen von Uruk eine Dirne. Enkidu, der bisher nur Tiere zu Gefährten gehabt hatte,

Abb. 63

Abb. 64

wurde ganz zum Menschen, als er sich mit der Frau vereinte. Dann wurde er in ein Lager außerhalb der Stadt gebracht, wo man ihn die Sprechweise, das Benehmen der Leute in Uruk lehrte und ihn über Gilgameschs Gewohnheiten aufklärte. »Halte Gilgamesch in Schranken, zeig dich ihm gewachsen!« sagten die Edlen zu Enkidu. Die erste Begegnung fand nachts statt, als Gilgamesch seinen Palast verließ, um auf der Suche nach einem Liebesabenteuer die Straßen zu durchstreifen. Enkidu stellte sich ihm in den Weg. »Sie packten einander, verbohrten sich wie Stiere.« Mauern erzitterten, Türpfosten gingen in Trümmer, während sie miteinander rangen. Schließlich »beugte Gilgamesch das Knie«; der Kampf war beendet. »Seine Wut verebbte, er wandte sich ab.« Doch da sprach Enkidu ihn an, und Gilgamesch erinnerte sich der Worte seiner Mutter. Dies also war der »starke Freund«, von dem sie gesprochen hatte. »Sie küßten einander und wurden Freunde.«

Als die beiden unzertrennliche Freunde geworden waren, offenbarte Gilgamesch Enkidu seine Furcht vor dem Tod. Als Enkidu das hörte, »füllten sich seine Augen mit Tränen, krank war sein Herz, bitterlich seufzte er«. Dann sagte er, es gebe eine Möglichkeit, das Schicksal zu überlisten und sich in die geheime Wohnung der Götter einzuschleichen. Dort könnten die Götter ihm, wenn Schamasch und Adad ihm beistünden, den ihm zukommenden göttlichen Rang verleihen.

Die Wohnung der Götter sei im »Zederngebirge«, sagte Enkidu. Das habe er auf seinen Streifzügen mit den wilden Tieren zufällig entdeckt. Bewacht werde sie von einem furchtbaren Ungeheuer namens Huwawa:

»Ich fand sie, mein Freund, in den Bergen,
als ich mit den wilden Tieren umherstreifte.
Meilenweit erstreckt sich der Wald;
ich ging mitten hinein.
Dort ist Huwawa; sein Gebrüll ist wie eine Flut,
sein Mund ist Feuer,
sein Atem ist Tod...
Der Wächter des Zedernwaldes, der feurige Krieger,
ist mächtig, schläft nie...
Den Zedernwald zu bewachen,
als ein Schrecken für die Sterblichen,
hat der Gott Enlil ihn ernannt.«

Gerade die Tatsache, daß Huwawas Hauptaufgabe darin bestand, Sterbliche abzuschrecken, reizte Gilgamesch und bestärkte ihn in seinem Entschluß, zu dem Ort zu gelangen, wo er sich zu den Göttern gesellen und so dem Los des Sterblichen entgehen konnte:

»Wer, mein Freund, vermag den Himmel zu erreichen?
Nur die Götter, indem sie zu Schamaschs unterirdischem Ort gehen.
Die Tage der Menschen sind gezählt,
was immer sie leisten, wird vom Winde verweht.
Auch du fürchtest den Tod trotz deiner Kraft.
Darum laß mich dir vorangehen,
und rufe du mir zu:
Vorwärts, fürchte dich nicht!«

Der folgende Plan wurde gefaßt: Sie wollen zu »Schamaschs unterirdischem Ort« gehen, um wie die Götter zum Himmel aufsteigen zu können. Sogar der größte Mensch vermochte sich nicht zum Himmel emporzustrecken, wie Gilgamesch selbst gesagt hatte. Jetzt aber wußte er, von welchem Ort aus der Himmel zu erreichen war. Er fiel auf die Knie und betete:

»Laß mich gehen, o Schamasch!
Meine Hände sind im Gebet erhoben...
Zum Landeplatz, gib den Befehl
und nimm mich unter deinen Schutz!«

Die Zeilen, die Schamaschs Antwort enthalten, sind leider von der Tafel abgebrochen. Anscheinend erhielt Gilgamesch die Erlaubnis, aber auf eigene Gefahr. Gilgamesch beschloß, Huwawa ohne den

Beistand des Gottes zu bekämpfen. »Mißlingt es mir«, sagte er, »wird man sich meiner erinnern: Gilgamesch, wird es heißen, der im Kampf gegen den grimmigen Huwawa gefallen ist. Gelingt es mir, so werde ich einen *Schem* erhalten.« Damit meinte er das Fahrzeug, »wodurch man Ewigkeit erlangt«, einen realen Gegenstand: ein Fahrzeug, mit dem man fliegen konnte.

Als Gilgamesch besondere Waffen für den Kampf mit Huwawa anforderte, versuchten die Edlen von Uruk, ihn von seinem Vorhaben abzubringen. Er sei noch jung, hielten sie ihm vor, wozu das Leben aufs Spiel setzen, wenn er noch so viele Jahre vor sich habe und der Erfolg ungewiß sei: »Was du erreichen wirst, weißt du nicht.« Sie beschafften sich Auskünfte über den Zedernwald und seinen Wächter und warnten Gilgamesch:

»Wir hören, Huwawa sei von wunderlicher Gestalt;
wer kann seinen Waffen entgegentreten?
Ein ungleicher Kampf ist es
mit der Abwehrmaschine Huwawa.«

Aber Gilgamesch lächelte nur. Die Beschreibung Huwawas als eines mechanischen Ungeheuers von wunderlicher Gestalt bestärkte ihn in seiner Annahme, daß der Wächter durch Befehle von den Göttern Schamasch und Adad gelenkt würde. Da Schamasch ihm keine Hilfe zugesichert hatte, bat Gilgamesch seine Mutter, sich für ihn zu verwenden. Sie hob die Hände im Gebet und machte Schamasch für das Unternehmen verantwortlich:

»Warum hast du mir Gilgamesch zum Sohn gegeben,
warum ihm ein ruheloses Herz verliehen?
Du hast ihm die weite Reise zu Huwawa nicht verwehrt!
Ich bitte dich, beschütze Gilgamesch,
bis er den Zedernwald erreicht,
bis er den grimmigen Huwawa besiegt hat,
bis zu dem Tage seiner Rückkehr.«

Als das Volk erfuhr, daß Gilgamesch sich nicht abhalten ließ, wünschte es ihm Erfolg und betete für ihn. Die Ältesten rieten ihm, Enkidu vorangehen zu lassen: »Wer zuvorderst geht, rettet den Gefährten.«

Ninsun legte beim Abschied Enkidu ans Herz, Gilgamesch zu beschützen:

»Obwohl du nicht meinem Schoß entstammst,
erkläre ich dich hiermit zu meinem Sohn.
Beschütze den König wie deinen Bruder!«

Dann band sie Enkidu ihr Emblem um den Hals, und die beiden machten sich auf den Weg zu ihrem gefährlichen Unterfangen.

Die vierte Tafel des Gilgamesch-Epos handelt von der Reise zum Zedernwald, einer weiten Reise in westlicher Richtung. Immer wieder machte Enkidu den Versuch, den König zur Umkehr zu bewegen. Huwawa könne, sagte er, das Muhen einer Kuh aus sechzig Meilen Entfernung hören, mit seinem »Netz« weit greifen, und sein Ruf widerhalle vom »Ort, wo der Aufstieg erfolgt« bis nach Nippur. Schwäche überkomme denjenigen, der sich dem Tor des Waldes nähere. Aber er beschwor den König vergeblich. Sie zogen weiter.

»Beim grünen Berg kamen die beiden an.
Ihre Worte verstummten, und sie selbst standen still.
Sie standen still und betrachteten den Wald.
Sie betrachteten die hohen Zedern.
Sie betrachteten den Eingang zum Wald.
Wo Huwawa umherzugehen pflegte, war ein Pfad,
ganz gerade verliefen die Spuren, ein Feuerkanal.
Sie betrachteten den Zedernberg,
den Wohnsitz der Götter, die Schneisen Ischtars.«

Von Scheu ergriffen und von Müdigkeit übermannt, legten sie sich zum Schlafen nieder. Mitten in der Nacht erwachten sie. »Hast du mich geweckt?« fragte Gilgamesch, und Enkidu antwortete: »Nein.« Er habe etwas Seltsames erlebt, sagte Gilgamesch, aber er wußte nicht, ob er wach gewesen sei oder nur geträumt hatte:

»In meinem Traum, Freund, kippte der erhöhte Boden um.
Er ließ mich sinken, fing meine Füße in der Falle.
Die Helligkeit war überwältigend!
Ein Mann erschien,
der hellste im Lande war er...
Unter dem umgekippten Boden zog er mich hervor.
Er gab mir Wasser zu trinken, beruhigte mein Herz,
auf den Boden stellte er meine Füße.«

Wer war der Mann, der Gilgamesch unter dem umgekippten Boden hervorzog? Was war die »überwältigende Helligkeit«, die den Erdrutsch begleitete? Enkidu wußte darauf keine Antwort, und sie schliefen weiter. Doch abermals wurde die Nachtruhe gestört:

»Mitten in der Nacht war sein Schlaf beendet.
Er fuhr auf und sagte zu seinem Freund:

›Mein Freund, hast du mich gerufen?
Warum bin ich wach?
Hast du mich berührt?
Warum bin ich erschrocken?
Ist nicht ein Gott vorbeigegangen?
Warum ist mein Fleisch empfindungslos?‹«

Enkidu versicherte ihm, ihn nicht geweckt zu haben, und überließ ihn seinen Gedanken. Sie schliefen wieder ein und wurden zum drittenmal geweckt. Gilgamesch beschrieb sein Erlebnis dem Freund:

»Was ich sah, war ganz erschreckend!
Der Himmel kreischte, die Erde zitterte.
Tageslicht verging, Dunkelheit kam.
Es blitzte, Flammen schossen auf.
Die Wolken schwollen, es regnete den Tod!
Dann verschwand die Glut, das Feuer erlosch.
Und alles Niedergefallene wurde zu Asche.«

Gilgamesch begriff wohl, daß er den Aufstieg einer »Himmelskammer« gesehen hatte, ein erschreckendes Erlebnis, gewiß, aber ermutigend, denn er fühlte sich in der Annahme bestätigt, daß er den Landeplatz erreicht hatte.

Am Morgen drangen die Gefährten in den Wald ein, wobei sie »tödlichen Waffenbäumen« auswichen. Enkidu fand das Tor wieder, von dem er gesprochen hatte. Doch als er es öffnen wollte, wurde er von einer unsichtbaren Kraft zurückgeschleudert. Zwölf Tage lang lag er gelähmt.

Als er sich wieder bewegen und sprechen konnte, bat er Gilgamesch: »Laß uns nicht ins Herz des Waldes hinuntergehen.« Doch Gilgamesch hatte eine gute Nachricht für ihn: Er hatte einen Tunnel entdeckt, während Enkidu im Schockzustand gewesen war. Nach den Geräuschen dort drinnen zu urteilen, mußte er zu dem Ort führen, »wo die Befehle gegeben werden«. Er drang in Enkidu, mit ihm hinabzusteigen.

Im sumerischen Text heißt es, er habe die Geheimwohnung der Anunnaki gefunden. Als sie den Eingang zum Tunnel freilegten, wurden sie von Schrecken erfaßt: »Huwawa hörte sie und ergrimmte.« Er kam herbei, um die Eindringlinge zu suchen. Er sah ungeheuerlich aus: »Seine Zähne wie die Zähne eines Löwen, sein Gesicht wie das Gesicht eines Löwen.« Am furchterregendsten waren seine »Strahlen«. Sie schossen aus seiner Stirn hervor, »verzehrten

Bäume und Sträucher«. Der tödlichen Gewalt konnte niemand entrinnen. Auf einem sumerischen Rollsiegel ist ein Gott abgebildet; zwischen Gilgamesch und Enkidu steht ein Roboter, zweifellos das im Epos erwähnte »Ungeheuer mit den tödlichen Strahlen« (Abb. 65).
Aus dem fragmentarischen Text geht hervor, daß Huwawa sich mit »sieben Mänteln« wappnen konnte, jedoch bei seinem Erscheinen nur einen trug, »sechs fehlten noch«. Die beiden Gefährten sahen darin eine günstige Gelegenheit, Huwawa aus einem Hinterhalt anzugreifen. Als sich das Ungeheuer nach den Angreifern umdrehte, schlugen die Strahlen von seiner Stirn einen Pfad der Zerstörung. In letzter Sekunde kam Rettung vom Himmel. Ihre Notlage erkennend, »sprach vom Himmel herab Schamasch zu ihnen« und riet ihnen, nicht zu fliehen, sondern sich Huwawa zu nähern. Dann ließ er einen Wirbelwind auf Huwawas Augen los, der die Strahlen unwirksam machte. Wie Schamasch beabsichtigt hatte, »verschwanden die Strahlen, und die Helligkeit verdunkelte sich«. Huwawa vermochte sich nicht mehr vom Fleck zu rühren. Nun gingen die beiden Männer zum Angriff über.

»Enkidu schlug den Wächter Huwawa zu Boden.
Huwawa wurde getötet.«

Meilenweit widerhallte es zwischen den Zedern, als das Ungeheuer wuchtig zu Boden fiel. Voller Freude über ihren Sieg, doch körperlich erschöpft, rasteten die Gefährten an einem Bach. Gilgamesch entkleidete sich, um sich zu waschen. Danach zog er sich ein sauberes Gewand mit Schärpe an. Eile tat nicht not, denn der Weg zur geheimen Wohnung der Anunnaki war nicht mehr versperrt.
Er ahnte nicht, daß die Sinneslust einer Frau seinen Sieg zunichte machen sollte.
An diesem Ort verliefen die »Schneisen Ischtars«. Die Göttin pflegte beim Kommen und Gehen den Landeplatz zu benutzen.

Abb. 65

Abb. 66

Wie Schamasch hatte sie den Kampf mit angesehen, vielleicht von ihrem Fahrzeug aus, einer geflügelten Himmelskammer, die auf einem hethitischen Rollsiegel abgebildet ist (Abb. 66). Als sie nun Gilgamesch unbekleidet baden sah, »warf die glorreiche Ischtar ein Auge auf Gilgameschs Schönheit«. Sie näherte sich dem König und verhehlte ihm nicht, was sie im Sinne hatte:

»Komm, Gilgamesch, sei du mein Geliebter!
Komm, schenk mir deine Frucht.
Du sollst mein Gatte sein, ich dein Weib.«

Sie versprach ihm goldene Wagen, einen prächtigen Palast, Herrschaft über andere Könige und Fürsten und war sicher, ihn betört zu haben. Aber er wies darauf hin, daß er ihr, einer Göttin, nichts zurückgeben könne. Außerdem, wie lange würde ihre Liebe andauern? Früher oder später werde sie ihn fortwerfenn »wie einen Schuh, der drückt«. Er erwähnte ihre zahlreichen Liebesgeschichten und wies sie ab. Ergrimmt über diese beleidigende Zurückweisung, wandte Ischtar sich an Anu und bat ihn, Gilgamesch vom »Himmelsstier« zerschmettern zu lassen.

Als Gilgamesch und Enkidu von dem Himmelsungeheuer angegriffen wurden, vergaßen sie ihr Vorhaben und rannten um ihr Leben. Schamasch half ihnen bei der Flucht nach Uruk und befähigte sie, »die Entfernung von einem Monat und fünfzehn Tagen in drei Tagen zurückzulegen«. Aber kurz vor Uruk, am Euphrat, holte der Himmelsstier sie ein. Es glückte Gilgamesch, die Stadt zu erreichen und seine Krieger aufzubieten. Vor den Stadtmauern blieb Enkidu allein zurück, um das Himmelsungeheuer abzuhalten. Als der Himmelsstier schnaubte, öffneten sich Krater in der Erde, jeder so groß, daß er zweihundert Mann zu fassen vermochte. Enkidu fiel in einen Krater, und der Stier machte kehrt. Schnell kletterte Enkidu wieder heraus und tötete das Ungeheuer.

Was unter dem »Himmelsstier« zu verstehen ist, läßt sich nicht genau sagen. Das sumerische Wort – GUD.AN.NA – könnte auch »Anus Angreifer« bedeuten, das heißt sein Fernlenkgeschoß. Künstler des Altertums, die von dieser Episode fasziniert waren, stellten Gilgamesch oder Enkidu häufig im Kampf mit einem richtigen Stier dar, daneben die nackte Ischtar und manchmal auch Adad als Zuschauer (Abb. 67a); aber aus dem Text des Epos geht eindeutig hervor, daß Anus Waffe ein mechanisches Gebilde aus Metall war, ausgerüstet mit zwei Stacheln (Hörnern). Einige Abbildungen zeigen einen derartigen »Stier« (Abb. 67b), der vom Himmel fällt.

Abb. 67 a b

Nach der Vernichtung des Himmelsstiers rief Gilgamesch die Handwerker und Waffenmeister auf, das mechanische Ungeheuer zu besichtigen und auseinanderzunehmen. Dann huldigten er und Enkidu dem Gott Schamasch.
Ischtar aber wehklagte.

Im Palast ruhten sich Gilgamesch und Enkidu nach einer nächtlichen Siegesfeier aus. Währenddessen hielten die höchsten Götter an ihrem Wohnsitz über Ischtars Beschwerde Rat.

»Und Anu sagte zu Enlil:
›Weil der Himmelsstier und Huwawa geschlagen worden sind,
müssen die beiden sterben.‹
Aber Enlil sagte: ›Enkidu soll sterben,
verschone Gilgamesch.‹
Da legte Schamasch Fürsprache ein:
›Es geschah auf Gilgameschs Geheiß,
warum soll der unschuldige Enkidu sterben?‹«

Zur selben Zeit verlor Enkidu das Bewußtsein. Kummervoll und besorgt ging Gilgamesch vor dem Lager hin und her, auf dem Enkidu regungslos ruhte. Er weinte bitterlich. Sosehr er sich auch um seinen Freund sorgte, seine Gedanken kreisten wieder um die alte Furcht: Würde auch er eines Tages wie Enkidu im Sterben liegen? Mußte er trotz allen Bestrebungen als Sterblicher enden?
Die beratenden Götter einigten sich auf einen Vergleich. Das Todesurteil wurde zu harter Bergwerksarbeit gemildert; Enkidu sollte den Rest seines Lebens in der Tiefe der Gruben verbringen. Enkidu erhielt den Bescheid, daß ihm zwei Abgesandte erscheinen würden, um ihn zum Land der Bergwerke zu bringen:

»Der eine, der aussieht wie ein Adler,
wird dich an der Hand nehmen
und zum Haus der Dunkelheit führen,

zu der unterirdischen Wohnung,
die noch niemand verlassen hat, der sie betreten.
Die Bewohner des Hauses sind des Lichtes beraubt,
Staub ist in ihrem Mund, Lehm ist ihre Nahrung.«

Eine alte Abbildung zeigt einen geflügelten Gesandten (einen »Engel«), der Enkidu an der Hand führt (Abb. 68).

Abb. 68

Als Gilgamesch dieses Urteil vernahm, kam ihm ein Gedanke. Unweit des Landes der Berwerke lag, wie er erfahren hatte, »das Land des Lebens«, der Ort, wohin die Götter diejenigen Menschen brachten, denen ewige Jugend zugesichert worden war!

Es war die Stätte der Vorfahren, die von den Göttern das reinigende Wasser erhalten hatten und nun an Speise und Trank der Götter teilhatten.

So beschloß Gilgamesch, dorthin zu ziehen. Er teilte dem genesenen Enkidu mit, er werde ihn wenigstens ein Stück weit begleiten und erklärte ihm:

»In dem Land, das ich betreten will,
werde ich meinen *Schem* errichten.
An dem Ort, wo die *Schems* errichtet worden sind,
werde ich einen *Schem* errichten.«

Doch es war nicht der Entscheidung eines Sterblichen überlassen, vom Land der Bergwerke zum Land der Lebenden zu gehen. Eindringlich rieten die Ältesten von Uruk und seine göttliche Mutter ihm, erst eine Erlaubnis von Utu/Schamasch einzuholen:

»Wenn du dieses Land betreten willst,
sage es Utu, sage es Utu!
Das Land, das mit Zedern bestanden ist,
wird von Utu beherrscht.
Sage es Utu, sage es Utu!«

Gilgamesch befolgte den Rat, brachte Utu/Schamasch ein Opfer dar und betete:

»Laß mich betreten das Land, laß mich meinen *Schem*
errichten...
Lenke meine Schritte zu dem Land!«

Zuerst zweifelte Utu/Schamasch an Gilgameschs Ermächtigung. Er warnte ihn und schilderte ihm die Mühsal der Reise, die Gefahren, die einem Eindringling drohten; das Land sei von sieben Bergen umgeben, bewacht von »Mächtigen, die versengendes Feuer und Blitze sprühen«. Schließlich aber ließ sich Utu/Schamasch von Gilgameschs Tränen erweichen und zeigte sich gnädig.
Aber Gilgamesch handelte leichtsinnig. Anstatt den rauhen Landweg zu benutzen, zog er eine bequeme Schiffsreise vor. Nach der Landung des Schiffs sollte Enkidu zum Gebiet der Bergwerke gehen, er, Gilgamesch, wollte weiterziehen zum Land des Lebens. Er wählte fünfzig junge Männer als Ruderer aus, die zuerst das Schiff MA.GAN (»Schiff von Ägypten«) bauen mußten. Die Schmiede von Uruk verfertigten starke Waffen.
Laut sämtlicher Berichte fuhren sie über den Persischen Golf, zweifellos mit der Absicht, die arabische Halbinsel zu umschiffen und dann über das Rote Meer nach Ägypten zu gelangen. Doch Enlils Zorn ließ nicht auf sich warten. War Enkidu nicht gesagt worden, ein »Engel« werde ihn zum Land der Bergwerke bringen? Wieso fuhr er dann mit dem freudigen Gilgamesch und fünfzig bewaffneten Mannen auf einem Königsschiff?
Im Morgengrauen verließ der Unheil ahnende Utu sie. Die Berge entlang der fernen Küste lagen im Dunkel als jemand, »vor den Bergen stand«, der – wie Huwawa – Strahlen aussandte, »denen niemand entkommen konnte«. Enkidu bekam Angst vor diesem furchteinflößenden Wächter und schlug vor, nach Uruk zurückzukehren. Aber Gilgamesch lenkte das Schiff zur Küste, um mit dem Wächter, »sei es ein Mensch oder ein Gott«, zu kämpfen.
Das Segel zerriß; wie von unsichtbarer Hand gestoßen, kenterte das Schiff, und alle ertranken, außer Gilgamesch und Enkidu, die sich schwimmend ans Ufer zu retten vermochten.
Sie verbrachten die Nacht an einer unbekannten Küste und beratschlagten, wohin sie sich nun wenden sollten. Gilgamesch ließ sich von seinem Entschluß, Enkidu zu den Bergwerken zu begleiten und dann allein weiterzuziehen, nicht abbringen, obwohl Enkidu ihn bat, nach Uruk zurückzukehren. Doch schon bald wurde Enkidu von Schwäche überwältigt. Gilgamesch beschwor ihn, sich zu ermannen, und versprach ihm, ihn zum Land der Lebenden mitzunehmen. »Der Tod, der um die Bestimmung weiß«, ließ sich jedoch nicht abwehren.
Sieben Tage und sieben Nächte trauerte Gilgamesch um Enkidu,

während er ziellos durch die Wildnis streifte. Dann überfiel ihn wieder die alte Todesfurcht, und sein Verlangen, dem Los des Sterblichen zu entgehen, wurde übermächtig. Er richtete sich nach der auf- und untergehenden Sonne, während er seines Weges zog. Er traf keinen Menschen, ernährte sich von Jagdbeute. »Welche Berge er erstieg, welche Flüsse er überquerte – niemand weiß es«, vermerken die alten Schreiber.

Endlich näherte er sich einer bewohnten Gegend, die Sin unterstand, dem Vater Schamaschs. Als er abends zu einem Bergpaß gelangte, sah er Löwen und fürchtete sich:

»Er hob den Kopf und betete zu Sin:
Zu dem Ort, wo die Götter sich verjüngen,
sind meine Schritte gerichtet...
Steh mir bei!«

In der Nacht hatte er einen Traum, den er als ein Omen von Sin deutete, daß er sich des Lebens erfreuen werde. Ermutigt stürzte er sich wie ein Pfeil auf die Löwen. Sein Kampf mit den Löwen ist nicht nur in Mesopotamien, sondern in allen Ländern des Altertums, auch in Ägypten, bildlich verewigt worden (Abb. 69a, b und c). Danach überquerte Gilgamesch den Bergpaß. Unten in der Ferne

a

b

Abb. 69

c

gewahrte er Wasser gleich einem See. In der Ebene neben dem See lag eine ummauerte Stadt. Dort stand Sins Tempel.
Vor der Stadtmauer, nahe beim See, fand Gilgamesch ein Wirtshaus. Die Wirtin – »die Bierfrau Siduri« – wollte ihn nicht einlassen, weil sie ihn wegen seines wilden Aussehens für einen Wegelagerer hielt. Gilgamesch hatte Mühe, sie von seinen guten Absichten zu überzeugen, indem er ihr sein Vorhaben erklärte.
Nachdem er sich ausgeruht, gegessen und getrunken hatte, erkundigte er sich bei Siduri nach dem Weg zum Land des Lebens. Mußte er sich durch die verlassenen Berge ziehen, oder konnte er die Abkürzung über das Wasser nehmen?
Es war, wie sich herausstellte, kein See, sondern das »Meer des Todes«, und es gab nur eine Möglichkeit, es zu überqueren, nämlich mit Urschanabi, dem Bootsmann Utnapischtims (des biblischen Noahs).
Gilgamesch befolgte Siduris Anweisungen und fand den Bootsmann Urschanabi, der den König des langen und breiten ausfragte, wer er sei, woher er komme, wohin er wolle. Schließlich wurde Gilgamesch der Dienste des Bootsmanns für würdig befunden. In drei Tagen überquerten sie das Binnenmeer – der Weg durch die Berge hätte fünfundvierzig Tage in Anspruch genommen.
Gilgamesch kam in TIL.MUN an, im »Land des Lebens«.
Auf seine Frage, wohin er nun gehen müsse, antwortete Urschanabi: »Zu einem Berg, der Maschu heißt.«
Man kennt die Anweisungen, die Uschanabi dem König gegeben hat, aus der hethitischen Fassung des Gilgamesch-Epos, von der Fragmente gefunden worden sind. Danach sollte Gilgamesch einem geraden Weg zum fernen »Großen Meer« folgen und bei zwei Steinsäulen abbiegen und sich nach der Stadt Itla begeben. Diese Stadt war einem Gott geweiht, der in den hethitischen Schriften

Abb. 70

Ullu-Jah genannt wird. Bevor er weiterziehen könne, müsse ihm dieser Gott erst seinen Segen geben.
In der Ferne konnte Gilgamesch das Große Meer sehen, als er in Itla anlangte. Hier aß und trank er, wusch sich und kleidete sich wie es einem König geziemte. Wieder einmal kam ihm Schamasch zu Hilfe und riet ihm, Ullujah Opfer darzubringen. Er führte Gilgamesch vor Ullujah und drang in ihn, das Opfer anzunehmen und Gilgamesch ewiges Leben zuzusichern (Abb. 70). Aber Kumarbi, ein anderer aus hethitischen Sagen bekannter Gott, erhob heftig Einspruch: Unsterblichkeit könne Gilgamesch nicht zugesichert werden.
Daraufhin bat Gilgamesch um die Erlaubnis, wenigstens mit seinem Vorfahr Utnapischtim sprechen zu dürfen. Da die Götter ihre Entscheidung hinauszögerten, verließ er die Stadt und machte sich auf den Weg zum Berg Maschu. Nach sechs Tagen hatte er den Berg vor sich – es war in der Tat der Ort der *Schems*:

»Der Name des Berges ist Maschu.
Am Berg Maschu kam er an,
wo er täglich die *Schems* kommen und gehen sah.«

Der Berg diente als Verbindung zwischen dem fernen Himmel und der Tiefe der Erde:

»Hoch oben ist er verknüpft mit dem Himmelsband,
tief unten an die Unterwelt gebunden.«

Der Eingang zu dem Berg, das »Tor«, wurde streng bewacht:

a
b
c
Abb. 71

»Raketenmänner bewachen sein Tor.
Sie üben eine Schreckensherrschaft aus,
und ihr Blick bedeutet den Tod.
Ihr gefürchtetes Licht schweift über die Berge.
Sie wachen über Schamasch, wenn er auf- und niedersteigt.«

Abbildungen zeigen geflügelte Wesen und göttliche Stiermenschen, die einen aufmontierten runden Projektor in Bewegung setzen. Möglich, daß sie Scheinwerferlicht über die Berge schweifen lassen (Abb. 71a, b und c).

Als Gilgamesch von dem Feuerschein getroffen wurde, schützte er sein Gesicht. Nachdem er sich gefaßt hatte, trat er näher. Als der Raketenmann sah, daß der furchtbare Strahl Gilgamesch nur vorübergehend aus dem Gleichgewicht gebracht hatte, rief er dem andern zu: »Der da kommt, hat das Fleisch der Götter!« Die Strahlen konnten Menschen töten oder lähmen, ließen aber die Götter unversehrt.

Gilgamesch mußte sich ausweisen und den Grund angeben, warum er in das verbotene Gebiet eingedrungen war. Er wies auf seine teilweise göttliche Abstammung hin und erklärte, er sei auf der Suche nach dem ewigen Leben. Er wünsche seinen Ahnen Utnapischtim zu sprechen.

»Ihn, der in den Kreis der Götter aufgenommen wurde,
möchte ich befragen über Leben und Tod.«

Doch da er nur zu zwei Dritteln göttlich war, konnte seinem

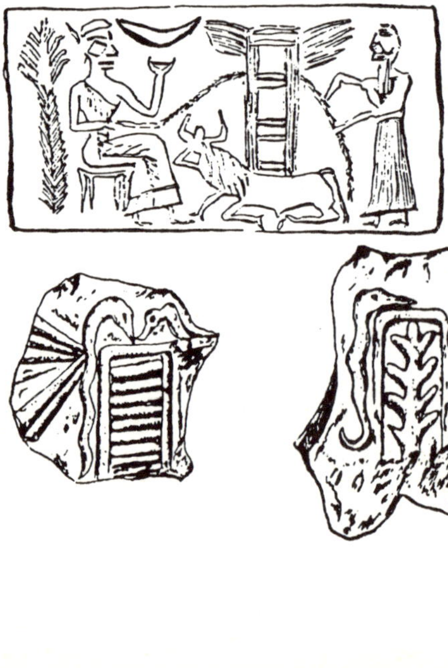

Abb. 72

Wunsch nicht stattgegeben werden. »Nie wurde das einem Sterblichen gewährt«, sagten die Wächter. Abermals rief Gilgamesch Schamasch an. Was daraufhin geschah, ist unbekannt, da die Schrifttafel an dieser Stelle abgebrochen ist. Doch schließlich verkündeten die Wächter, Gilgamesch dürfe eintreten: »Das Tor des Berges steht dir offen!«

Das »Tor zum Himmel« ist ein häufiges Motiv auf nahöstlichen Rollsiegeln, dargestellt als ein leiterähnliches Tor, manchmal geflügelt, manchmal von Schlangen bewacht (Abb. 72).

Gilgamesch trat ein und folgte dem Weg, »den Schamasch immer nahm«. Zwölf *beru* (Doppelstunden) dauerte die Wanderung, während der er »weder vor noch hinter sich etwas sehen konnte«. Vielleicht waren ihm die Augen verbunden, denn in der Schilderung wird betont, daß es »*für ihn* kein Licht gab«.

Als er endlich wieder sehen konnte, bot sich ihm ein erstaunlicher Anblick. Er befand sich in einem Garten aus kostbaren Edelsteinen! Die Tafel, die diesen Garten beschreibt, ist stark beschädigt, aber sie besagt immerhin, daß die Früchte aus Karneolen bestanden, das Laub aus Lapislazuli. Staunend und entzückt erging sich Gilgamesch in dem Garten.

Was dann geschah, ist bisher unbekannt, denn ein Teil der neunten Tafel fehlt. Die Fortsetzung handelt von der Begegnung mit Utnapischtim, mit dem Gilgamesch entweder in dem künstlichen Garten oder sonstwo zusammentraf. Seine erste Reaktion war Verwunderung über ihrer beider Ähnlichkeit:

»Gilgamesch sagt zu ihm, zu Utnapischtim, dem Fernen:
›Wenn ich dich ansehe, Utnapischtim,
bist du nicht anders als ich,
mir gleich bist du ...‹«

Dann kam er sofort zur Sache:

»›Sage mir, wie bist auf der Suche nach Leben
in den Kreis der Götter aufgenommen worden?‹«

Auf diese Frage antwortete Utnapischtim:

»›Ich will dir, Gilgamesch, etwas Verborgenes offenbaren,
ein Geheimnis der Götter will ich dir enthüllen.‹«

Das Geheimnis war die Geschichte der Sintflut: Wie ihm, dem Herrscher von Schuruppak, von Enki anvertraut worden war, daß die Götter beschlossen hatten, die Menschheit durch eine Sintflut zu vernichten, und wie Enki ihn angewiesen hatte, ein besonderes Unterwasserschiff zu bauen und seine Familie sowie »den Samen

alles Lebendigen« mit an Bord zu nehmen. Ein Bootsführer, von Enki berufen, steuerte das Schiff zum Ararat. Als sich die Wasser verlaufen hatten, verließ Utnapischtim das Schiff, um zu opfern. Die Götter und Göttinnen – die während der Überschwemmung die Erde in ihrem Raumfahrzeug umkreist hatten – landeten ebenfalls auf dem Ararat, als sie das gebratene Fleisch rochen. Schließlich kam Enlil hinzu, und er ergrimmte, als er erkannte, daß Enki den von allen Göttern geleisteten Schwur gebrochen und der Menschheit zum Überleben verholfen hatte.
Doch nach dem ersten Zorn sah Enlil die Vorteile der Menschheitsrettung ein, und er sicherte Utnapischtim ewiges Leben zu:

»Darauf ging Enlil auf das Schiff.
Meine Hand haltend, nahm er mich mit.
Er nahm meine Frau mit,
ließ sie neben mir knien.
Zwischen uns stehend,
berührte er uns an der Stirn, uns zu segnen.
›Bisher war Utnapischtim nur ein Mensch;
von nun an seien Utnapischtim und sein Weib uns Göttern gleich.
Utnapischtim soll in weiter Ferne wohnen
am Munde des Wassers!‹«

So wurde er in die Ferne versetzt, unter den Göttern zu leben. Als Gilgamesch erkannte, daß nur die Götter ewiges Leben verleihen konnten und er es aus eigener Kraft nicht zu erlangen vermochte, fiel er in Ohnmacht. Sechs Tage und sieben Nächte lag er bewußtlos. Man pflegte ihn, um ihn am Leben zu erhalten, »auf daß er zurückkehren konnte auf dem Weg, den er gekommen, durch das Tor zurückkehren in sein Land«.
Der Bootsmann Urschanabi wurde gerufen, Gilgamesch zurückzubringen. Im letzten Augenblick, als Gilgamesch schon aufbruchsbereit war, enthüllte Utnapischtim ihm noch ein Geheimnis. Dem Tod könne er zwar nicht entgehen, sagte Utnapischtim zu ihm, aber es gebe eine Möglichkeit, ihn hinauszuschieben. Er müsse sich nur die geheime Pflanze beschaffen, von der die Götter sich nährten, um *ewig jung* zu bleiben!

»›Ja, eine Pflanze gibt es,
mit einer Wurzel gleich einem stachligen Beerenstrauch.
Ihre Dornen werden dich in die Hände stechen.
Wenn deine Hände die Pflanze holen,
wirst du neues Leben finden.‹«

Die Pflanze wuchs, wie Gilgamesch erfuhr, unter Wasser.

»Kaum hatte Gilgamesch das vernommen,
da öffnete er das Wasserrohr.
Schwere Steine band er sich an die Füße,
sie zogen ihn in die Tiefe.
Er gewahrte die Pflanze.
Er nahm die Pflanze, obwohl sie seine Hände zerstach.
Er schnitt sich die schweren Steine von den Füßen
und tauchte wieder empor.«

Unterwegs sagte er frohlockend zu Urschanabi:

»Diese Pflanze ist einzigartig unter allen Pflanzen:
Durch sie kann der Mensch volle Kraft wiedererlangen!
Ich will sie mitnehmen zur Festung Uruk,
sie dort zu zerschneiden und zu essen.
Ihr Name sei: *Der Mensch wird jung im Alter*!
Von dieser Pflanze werde ich essen
und meine Jugend zurückgewinnen!«

Ein sumerisches Rollsiegel, ungefähr aus dem Jahr 1700 v. Chr., zeigt links den verwilderten, halbnackten Gilgamesch im Kampf mit den Löwen; rechts hält er die Pflanze der ewigen Jugend zu Urschanabi empor. In der Mitte hat ein Gott ein ungewöhnliches spiralenförmiges Werkzeug (oder eine Waffe) in den Händen (Abb. 73).

Doch wie bei allen, die sich in den folgenden Jahrtausenden auf die Suche nach der Pflanze der Jugend begaben, mischte sich das Schicksal ein.

Als sich Gilgamesch und Urschanabi zur Nachtruhe anschickten, »sah Gilgamesch einen Brunnen, dessen Wasser kühl war, und er stieg hinab, um in dem Wasser zu baden«. Da schlug das Unheil zu: »Eine Schlange roch den Duft der Pflanze. Sie kam herbei und trug die Pflanze fort.«

»Darauf setzte sich Gilgamesch hin und weinte,
die Tränen rannen ihm über das Gesicht.
Er nahm Urschanabis Hand und fragte:
›Für wen habe ich meine Hände zerschunden,
für wen das Blut meines Herzens vergossen?
Für mich selbst habe ich die Belohnung nicht erhalten,
für eine Schlange mich abgemüht‹ …«

Ein sumerisches Rollsiegel stellt das tragische Ende des Epos dar: Im Hintergrund ist das geflügelte Tor zu sehen, Urschanabi rudert

Abb. 73

Abb. 74

das Boot, und Gilgamesch kämpft mit der Schlange. Da er keine Unsterblichkeit erlangt hat, wird er nun vom Todesengel verfolgt (Abb. 74).

In den folgenden Generationen wurde die Geschichte von dem ersten vergeblichen Streben nach Unsterblichkeit von Schriftgelehrten übersetzt, von Dichtern vorgetragen und von Geschichtenerzählern mündlich weitergetragen – das Gilgamesch-Epos.

Zu Beginn des Epos heißt es von Gilgamesch, »dem Weisen, der alles erlebt hat«:

»Geheime Dinge hat er gesehen,
was verborgen den Menschen ist, kennt er.
Er hat sogar Nachricht gebracht
von Zeiten vor der Sintflut.
Er unternahm auch die Reise ins Ferne,
beschwerlich und unter Schwierigkeiten.
Er kam zurück und schrieb alle seine Mühsal
auf eine steinerne Säule.«

Nach der sumerischen Königsliste endete es so:

»Der göttliche Gilgamesch, dessen Vater ein Mensch war, ein Hoherpriester des Tempels, herrschte 126 Jahre. Ur-lugal, sein Sohn, herrschte nach ihm.«

8

Die Wolkenreiter

Gilgameschs Streben nach Unsterblichkeit spornte zweifellos die vielen Halbgötter und Helden an, die sich der Sage nach auf die Suche nach dem Paradies auf Erden machten oder die Himmelswohnung der Götter zu erreichen trachteten. Fraglos diente das Gilgamesch-Epos auch sozusagen als Reiseführer, nach dem sich seine Nachfolger richteten, um die uralten Marksteine und damit den Weg zum Land der Lebenden zu finden.
Die Ähnlichkeit zwischen den geographischen Kennzeichen, den unterirdischen Gängen, Schleusen, todbringenden Strahlen, vogelhaften Wesen oder »Adlern« und vielen anderen Einzelheiten ist so augenfällig und so oft zu verzeichnen, daß es kein Zufall sein kann. Gleichzeitig erklärt die dichterische Darstellung der Abenteuer Gilgameschs die Verwirrung, die jahrtausendelang in bezug auf die genaue Lage seines Zieles herrschte; denn wie die vorliegende Analyse ergeben hat, unternahm Gilgamesch zwei Reisen, nicht nur eine – eine Tatsache, die von den modernen Gelehrten und wahrscheinlich auch von den früheren übersehen worden ist.
Das Gilgamesch-Drama erreicht seinen Höhepunkt im Land *Tilmun*, einem Wohnort der Götter, wo die *Schems* errichtet wurden. Hier traf er einen Vorfahr, der der Sterblichkeit entgangen war und die Pflanze der ewigen Jugend kannte. Hier fanden Ereignisse statt, die den späteren Verlauf der Menschheitsgeschichte bestimmten. Hier befand sich vermutlich der *Duat*, die Himmelsleiter.
Aber Tilmun war nicht Gilgameschs erstes Ziel auf seiner Suche nach Unsterblichkeit, sondern das war der »Landeplatz« auf dem Berg im großen Zedernwald.
Wenn man von der Erkenntnis ausgeht, daß es außer dem Raumflughafen in Tilmun noch einen »Landeplatz« gab, von dem die Götter auf- und absteigen konnten (Ischtars Schneisen), so gelangt man zu der Schlußfolgerung, daß die Götter über zwei Flugzeugtypen verfügten, den GIR, das heißt das Raketenluftschiff, das von

Tilmun aus bedient wurde, und die von den Sumerern als MU bezeichnete »Himmelskammer«. Von Tilmun aus konnten sie mit dem GIR die fernste Himmelsgegend erreichen, vom »Landeplatz« aus die Erde umkreisen. Es spricht für die hochentwickelte Technik der Nefilim, daß der oberste Teil des GIR, die Kommandokapsel – von den Ägyptern *Ben-Ben* genannt – abgetrennt werden und als MU um die Erde fliegen konnte.
Die Völker der Vorzeit hatten den GIR in seinem Hangar (Abb. 27) und sogar fliegen gesehen (Abb. 75), aber sie stellten ihn meistens als »Himmelskammer« dar (wir würden sie heute als Ufo bezeichnen). Was der Patriarch Jakob in seiner Vision erblickt hat, das könnte gut wie Ischtars Himmelskammer (Abb. 66) ausgesehen haben; die fliegenden Räder, die der Prophet Hesekiel beschreibt, gleichen den assyrischen Darstellungen ihres fliegenden Gottes, der in einer Himmelskammer in Wolkenhöhe schwebt (Abb. 76a). Abbildungen, die man in der Nähe von Jericho am Jordan gefunden hat, lassen annehmen, daß diese Luftfahrzeuge zum Landen drei

Abb. 75

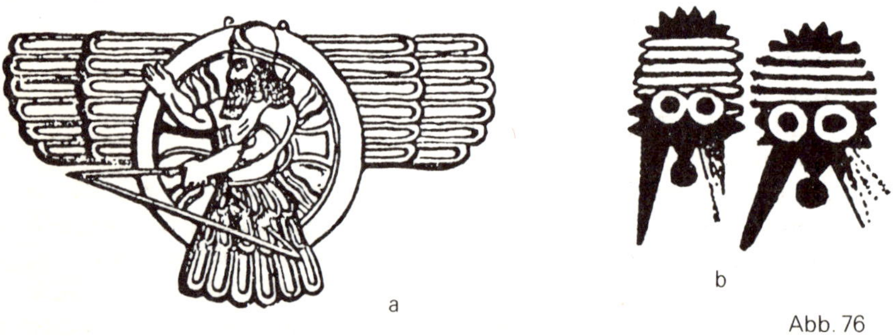

a

b

Abb. 76

Beine gebrauchten (Abb. 76b); sie könnten der feurige Wirbelwind gewesen sein, in dem der Prophet Elia genau an diesem Ort der Erde entrückt wurde.
Was die sumerischen »Adler« betrifft, so stellten alle Völker der Vorzeit die fliegenden Götter mit Flügeln dar – geflügelte Wesen, deren Beschreibung sowohl von den Juden als auch von den Christen für die Engel (Gesandten) des Herrn übernommen wurde (Abb. 77).
Tilmun war also der Raumflughafen, der Zedernberg – Ischtars Schneisen – der Landeplatz der Götter. Zum Landeplatz begab sich Gilgamesch als erstes.
Es ist leicht, die Lage des Zedernwaldes zu bestimmen. Mit Ausnahme von Zypern sind im Vorderorient nur im Libanon Zedern zu finden. Es ist die sogenannte Libanonzeder (Cedrus Libani Burrel), ein mächtiger Baum, der bis zu vierzig Meter Höhe erreichen kann. Diese Zeder, den Urvölkern wohlbekannt, wird im Alten Testament des öfteren gepriesen wegen ihres harten, dauerhaften Holzes. Man benutzte es zum Bau und zur Ausschmückung von Tempeln »(Häuser der Götter«). In den Kapiteln, die von Salomos Tempelbau in Jerusalem handeln (1. Buch der Könige), sind die Einzelheiten ausführlich beschrieben.
Der Mensch war anscheinend nie imstande, die Zeder anzupflanzen, denn in der Bibel wird von einem fehlgeschlagenen Versuch erzählt. Danach begab sich der König von Babylon nach dem Libanon, nahm den höchsten Zweig einer Zeder, suchte einen besonderen Samen aus und pflanzte ihn in ein fruchtbares Feld bei einem großen Gewässer. Aber was daraus wuchs, war keine Zeder – nur ein weidenähnlicher kümmerlicher Baum.
Der biblische Gott hingegen kannte das Geheimnis des Anbaus:

»So spricht der Herr:
Von der Krone der Zeder, von ihren höchsten Zweigen
will ich ein zartes Reis nehmen,
und ich will es pflanzen auf einen hohen und steilen Berg...
Und es wird Zweige treiben und Früchte tragen
und eine mächtige Zeder werden.«

Kein Baum kam der Zeder gleich »im Garten Gottes«, heißt es in der Bibel. Das hebräische Wort *Gan* (»Garten«), das von *gnn* (geschützt, bewacht) herstammt, besagt, daß es sich um ein bewachtes, begrenztes Gebiet handelt, genau wie der große Wald in der Gilgamesch-Sage, in den man nur durch ein bewachtes Tor eindringen

Abb. 77

konnte, und zwar bei Lebensgefahr. Drinnen war »die geheime Wohnung der Anunnaki, wo die Befehle gegeben wurden«. Gilgamesch wäre es fast gelungen, zum Landeplatz vorzudringen, da er Schamaschs Erlaubnis und Hilfe hatte. Doch der Zorn Ischtars, deren Antrag er abgewiesen hatte, zwang ihn zur Umkehr. Aber einem anderen sterblichen König war es beschieden , den hei-

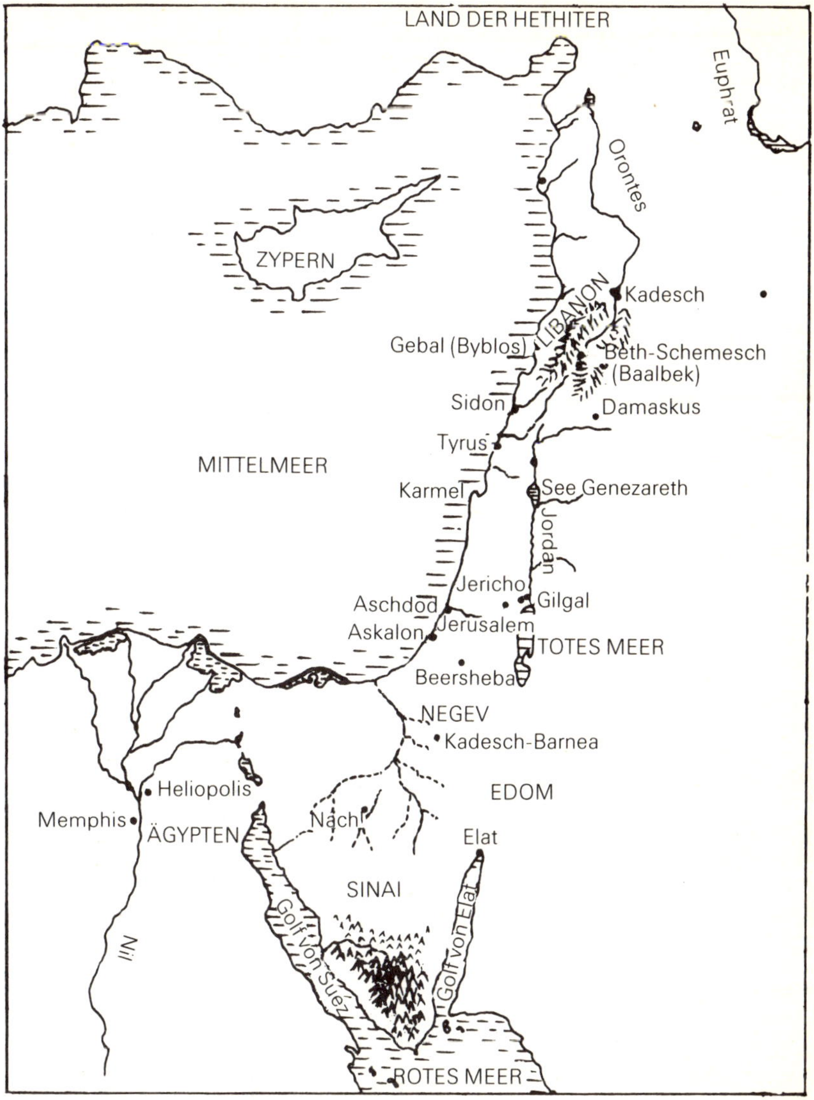
LAND DER HETHITER
Euphrat
Orontes
ZYPERN
LIBANON
Kadesch
Gebal (Byblos)
Beth-Schemesch
(Baalbek)
Sidon
Damaskus
Tyrus
MITTELMEER
Karmel
See Genezareth
Jordan
Jericho
Aschdod
Gilgal
Askalon
Jerusalem
TOTES MEER
Beersheba
NEGEV
Kadesch-Barnea
EDOM
Heliopolis
Memphis
ÄGYPTEN
Nachl
Elat
SINAI
Golf von Suez
Golf von Elat
Nil
ROTES MEER

Abb. 78

ligen Berg zu betreten. Das war der König von Tyrus – einem Stadtstaat an der Küste des Libanons, unweit des Zederngebirges –, dem die Gottheit laut dem Alten Testament Zutritt gewährte:

»Du warst in Eden, im Garten Gottes;
jeder Strauch war ein kostbarer Edelstein...
Du warst ein gesalbter Cherub, beschützt;
und ich habe dich in den heiligen Berg versetzt.
Wie ein Gott bewegtest du dich in den feurigen Steinen.«

Dem König von Tyrus wurde nicht nur der Zutritt erlaubt, sondern er durfte offenbar auch wie ein Cherub in den »feurigen Steinen« fliegen. Infolgedessen sagte er: »Ich bin ein Gott, ich bewohne einen Göttersitz mitten im Meer.« Wegen seiner Anmaßung werde er, weissagte ihm der Prophet Hesekiel, den Tod eines Heiden von der Hand Fremder erleiden.

Demnach kannten sowohl die Hebräer biblischer Zeiten als auch ihre Nachbarn im Norden Lage und Aussehen des Landeplatzes im Zedernberg, wohin Gilgamesch in einem früheren Jahrtausend gezogen war. Es war kein »mythologischer« Ort, sondern ein wirklicher, wie wir noch sehen werden, denn es gibt sowohl Texte als auch bildliche Darstellungen jener Urzeit, die von seinem Vorhandensein und seiner Zweckbestimmung zeugen.

In der Geschichte von dem König, der eine Zeder anpflanzen wollte, heißt es, er habe den Zedernsamen in einer Stadt der Kaufleute in einem Land des Handels gepflanzt. Ein solches Land und derartige Handelsstädte braucht man nicht weit zu suchen: An der Libanonküste, von Anatolien im Norden bis Palästina im Süden, gab es mehrere kanaanitische Küstenstädte, die durch ihren internationalen Handel zu Reichtum und Macht gelangt waren. Am bekanntesten aus biblischen Geschichten sind Tyrus und Sidon. Jahrhundertelang waren sie Handelszentren und Umschlagplätze; den Gipfel ihres Ruhmes erreichten sie unter phönizischer Herrschaft.

Man hat aber noch eine andere Stadt gefunden, die seit ihrer Zerstörung durch assyrische Eindringlinge in Trümmern begraben lag. Sie dürfte der nördlichste Außenposten der Kanaaniter an der Grenze des hethitischen Reiches gewesen sein. Entdeckt wurde sie 1928 zufällig von einem Bauern, der in der Nähe des Berges Ras Schamra einen neuen Acker pflügen wollte. Bei den Ausgrabungen wurde die uralte Stadt *Ugarit* freigelegt. Zu den spektakulären Funden gehörten ein großer Palast, ein Tempel des Gottes *Baal* (»Herr«) und vielerlei Gebrauchsgegenstände. Aber die eigentlichen Schätze wa-

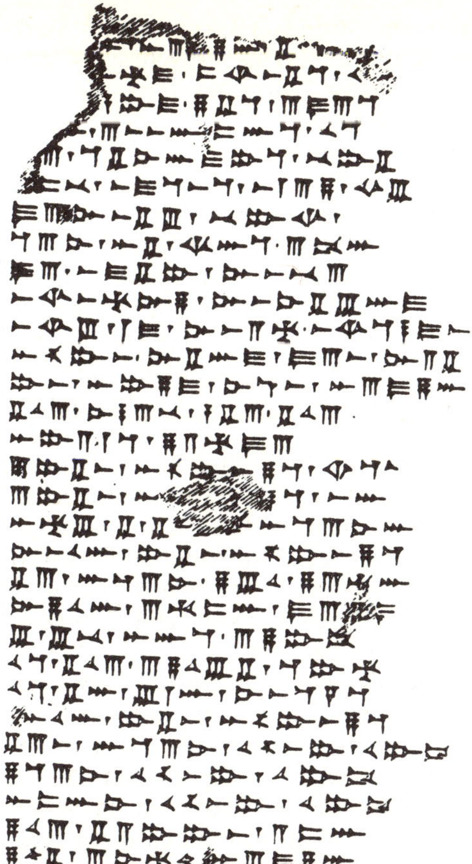

Abb. 79

Abb. 80

ren die mit einer Keilschrift beschriebenen Tontafeln (Abb. 79). Die Texte, die in einer dem biblischen Hebräisch ähnlichen Sprache geschrieben sind, im sogenannten »Westsemitischen«, brachten Licht in das Dunkel, das bisher in bezug auf Leben, Sitten und Götter der Kanaaniter geherrscht hatte.

Der oberste Gott der Kanaaniter hieß *El.* Dieser Name stammt von dem akkadischen Wort *Ilu* ab, das nur »Erhabener« bedeutete. Bei den Kanaanitern aber war *El* der Name einer Gottheit, die letztlich alle ihre Angelegenheiten bestimmte. Er war sowohl der Vater der Götter als auch *Ab Adam* (»Vater der Menschen«), seine Beinamen lauteten: der Gütige, der Gnädige. Er war der Schöpfer aller Dinge, und er allein konnte Königswürden verleihen.

Auf einer in Palästina gefundenen Stelle ist El auf seinem Thron sitzend abgebildet; ein jüngerer Gott, wahrscheinlich einer seiner vielen Söhne, kredenzt ihm ein Getränk (Abb. 80). El trägt den konischen, gehörnten Kopfputz, der überall im Vorderorient Götter bezeichnet; beherrscht wird die Szene von der allgegenwärtigen geflügelten Kugel, dem Emblem des Planeten der Götter.

In »alter Zeit« war El der Hauptgott des Himmels und der Erde. Doch zu der Zeit, in der sich die auf den Tafeln beschriebenen Ereignisse abspielten, lebte El ziemlich zurückgezogen, fern aller Alltagsgeschäfte. Er hatte seinen Wohnsitz »in den Bergen bei den beiden Hauptgewässern«. Hier empfing er Boten, hielt Rat mit den Göttern und schlichtete die immer wiederkehrenden Streitigkeiten zwischen den jüngeren Göttern. Viele von ihnen waren seine eigenen Kinder; in einigen Texten ist die Rede von siebzig Nachkommen. Dreißig hatte ihm seine Gemahlin Ascherah (Abb. 81) geschenkt; die anderen stammten von verschiedenen Konkubinen und sogar von menschlichen Frauen. Ein poetischer Text schildert, wie zwei Frauen El nackt am Strand sahen; sie waren entzückt von der Größe seines Penis, und es endete damit, daß jede ihm einen Sohn gebar. Dieses Attribut Els ist auf einer phönizischen Münze dargestellt, die ihn als geflügelten Gott zeigt (Abb. 82a).

Els bedeutendste Kinder waren die Götter *Jam* (»Meer, Ozean«), *Baal* (»Herr«), *Mot* (»Heimsuchender, Vernichter«) und die Göttin *Anat* (»Die geholfen hat«). Man erkennt die Paralelle zu den griechischen Göttern Poseidon, Zeus, Hades und Athene. Baal wurde wie Zeus immer mit einem Schleudersitz dargestellt; sein Kultsymbol war der Stier (Abb. 82b). Als Zeus gegen Typhon kämpfte, stand ihm als einzige Athene, die Göttin der Liebe und des Krieges, bei;

Abb. 81

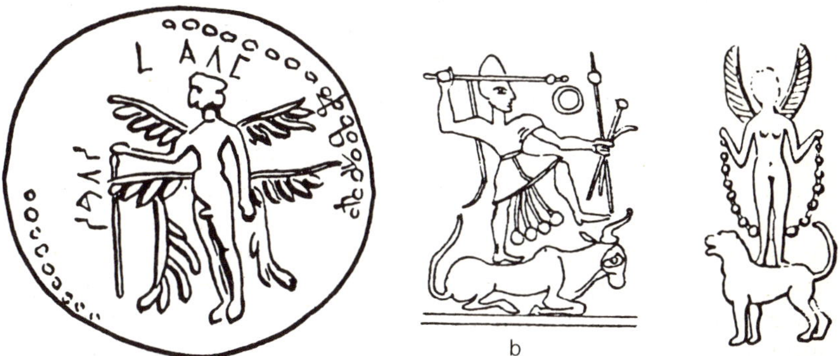

Abb. 82 a b c

und in der ägyptischen Mythologie half nur Isis ihrem Bruder und Gatten Osiris. So war es auch, als Baal gegen seine beiden Brüder kämpfte: Seine Schwester und Geliebte Anat kam ihm als einzige zu Hilfe. Wie Athene war sie einerseits das Weib, das seine nackte Schönheit stolz zur Schau trug, und andererseits die Göttin des Krieges mit dem Tapferkeitssymbol des Löwen. Im Alten Testament wird sie Asthoreth genannt (Abb. 82c und 83).

In den bildlichen Darstellungen zeigen sich wie in den Texten Übereinstimungen. Seth, der Gegner des Osiris, wird in den ägyptischen Schriften manchmal »Seth von Saphon« genannt; Baal trug den Titel »Herr von Zaphon«. Ägyptische Bauwerke aus der Zeit des Neuen Reichs, die der kanaanitischen Periode entspricht, stellen vielfach die kanaanitischen Götter als ägyptische Götter mit den Namen Min, Reschef, Kalesch, Anthat dar (Abb. 84). In der ganzen

Abb. 83

Abb. 84

Welt der Antike findet man die gleichen Göttersagen, nur unter verschiedenen Namen.

Es ist wissenschaftlich bewiesen, daß alle diese Sagen eine Spiegelung, wenn nicht gar Versionen viel früherer sumerischer Originaltexte sind, die nicht nur von des Menschen Suche nach Unsterblichkeit, sondern auch von Liebe, Tod und Wiederbelebung handeln. Alle sind sie reich an Episoden, Einzelheiten, schmückenden Beiwörtern und Lehren, die auch im Alten Testament vorkommen, was auf einen gemeinsamen Ursprung schließen läßt.

Dazu zählt die Geschichte von *Dan-El* (»Els Richter« – im Hebräischen *Daniel*), einem gerechten Richter, der keinen Sohn zeugen konnte. Er bat die Götter, ihm einen zu schenken, damit der Sohn ihm zum Gedenken nach seinem Tode in Kades eine Stele errichten würde. Daraus ist zu entnehmen, daß sich diese Geschichte in der »heiligen Stadt« Kades abspielte, die in Südkanaan lag, dort, wo die Negev in die Halbinsel Sinai übergeht.

Kades lag im Gebiet des biblischen Patriarchen Abraham, und die kanaanitische Erzählung von Danel ist tatsächlich ganz ähnlich wie die Geburt Isaaks. Als Danel ohne einen männlichen Erben in die Jahre gekommen war, suchten ihn zwei Götter in seiner Wohnung auf, und er sah dies als einzige Möglichkeit an, göttliche Hilfe zu erflehen. Er opferte ihnen Speis und Trank. Die göttlichen Gäste – es waren El der Gütige und Baal – blieben eine ganze Woche bei Danel, während der er sie mit seiner Bitte anging. Schließlich ließ sich El erweichen, nahm seinen Diener bei der Hand und sicherte ihm »Geist« zu, wodurch Danels Mannbarkeit wiedererwachte: »Mit Lebensatem ward Danel gekräftigt.«

Wie in der biblischen Geschichte wird dem ungläubigen Danel tatsächlich ein Sohn geboren, ein Erbe, und die Nachfolge ist gesichert. Er erhält den Namen Aqhat.

Als der Knabe zum Mann herangewachsen ist, schenken ihm die Götter einen einzigartigen Bogen. Schon bald wird Anat neidisch, sie will den Zauberbogen besitzen. Sie verspricht Aqhat alles, was er sich nur wünscht, Silber, Gold, sogar Unsterblichkeit.

Aber Aqhat glaubt nicht, daß der Mensch dem Schicksal des Sterblichen entgehen kann, und er will auch seinen Bogen nicht abgeben:

> »Wie kann ein Sterblicher ewig leben?
> Den Tod aller Menschen werde ich erleiden,
> Ja, ich werde sicherlich sterben.«

Er weist Anat auch darauf hin, daß der Bogen für einen Krieger wie ihn gemacht worden sei, nicht für ein Weib. Gekränkt »überquert Anat das Land« zu Els Wohnstätte, um die Erlaubnis zu Danels Vernichtung zu erwirken. Hierauf kehrt sie »über tausend Felder, zehntausend Äcker« zu Aqhat zurück. Sie heuchelt Friedfertigkeit und Liebe, sagt: »Du bist mein Bruder, und ich bin deine Schwester«, und überredet ihn, sie zur Stadt des »Vaters der Götter, des Herrn des Mondes« zu begleiten. Hier bittet sie *Taphan,* Aqhat vorübergehend zu töten, lange genug, daß sie ihm den Bogen wegnehmen kann. Getreu ihren Anweisungen, schlägt Taphan dreimal zu, so daß Aqhats Seele »wie Dampf entweicht«. Sein Bogen aber wird von Geiern geraubt. Die schreckliche Nachricht wird Danel gebracht, der vor dem Tor unter einem großen Baum sitzt und »zugunsten der Witwen und Waisen Recht spricht«. Mit Baals Hilfe wird Aqhat gesucht, doch man findet ihn nicht. Ihn zu rächen, begibt sich Aqhats Schwester verkleidet zu Taphan und macht ihn betrunken, um ihn zu töten.

Die Verlagerung der Handlung von den Bergen des Libanons zur Stadt des »Herrn des Mondes« ist ein Element, das sich auch im Gilgamesch-Epos findet. Im ganzen alten Vorderorient war Sin (im sumerischen Original Nannar) die mit dem Mond verknüpfte Gottheit. In Ugarit lautete sein Beiname »Vater der Götter«; tatsächlich war er der Vater Ischtars und ihrer Brüder. Gilgameschs erster Versuch, über den Landeplatz im Zedernberg sein Ziel zu erreichen, wurde von Ischtar verhindert, die ihn ja wegen seiner Ablehnung vom Himmelsstier töten lassen wollte. Auf seiner Wanderung nach Tilmun gelangte Gilgamesch außerdem in eine Gegend, die Sin unterstand.

Anat hingegen brauchte keine lange Reise zu unternehmen, um dorthin zu gelangen; sie konnte sich – wie Ischtar – im Nu von einem Ort zum andern bewegen; weder ging sie zu Fuß, noch ritt sie auf einem Esel – sie flog von Ort zu Ort. Viele mesopotamische Texte nehmen Bezug auf Ischtars Flüge und ihre Fähigkeit, »Himmel und Erde zu überqueren«. In ihrem Tempel in Aschur, der assyrischen Hauptstadt, ist sie mit einer Schutzbrille, einem eng sitzenden Helm und mit Kopfhörern abgebildet (Abb. 58, 8–11). In den Trümmern von Mari am Euphrat wurde eine lebensgroße Statue der Göttin gefunden, ausgerüstet mit einem »schwarzen Kästchen«, einem Schlauch, einem gehörnten Helm und eingebauten Kopfhörern und mit anderen möglichen Ausrüstungsgegenständen eines Astronauten (Abb. 85). Die Fähigkeit, »wie ein Vogel zu fliegen«,

Abb. 85

wurde auch den kanaanitischen Göttern zugeschrieben, wie sich aus den in Ugarit entdeckten Texten ergibt.
Eine solche Erzählung, in der eine Göttin fliegend zu Hilfe eilt, erhielt von den Gelehrten den Titel »Legende vom König *Keret*« wobei *Keret* (»Hauptstadt«) sowohl als Eigenname des Königs als auch als Name seiner Stadt gedeutet werden kann. Wie das sumerische Gilgamesch-Epos handelt sie vom Streben des Menschen nach Unsterblichkeit.
Hiob war, wie die biblische Geschichte erzählt, ein gottesfürchtiger, frommer Mann, reich und mächtig, der im Lande Uz lebte, einem Land im Gebiet der »Söhne des Ostens«. Alles ging gut, doch da »begab es sich eines Tages, als die Söhne der Götter kamen, um sich dem Herrn vorzustellen, daß auch Satan unter ihnen kam«. Er überredete den Herrn, Hiob auf die Probe zu stellen. Satan erhielt die Erlaubnis, Hiob zuerst mit dem Verlust seines Reichtums und seiner Kinder heimzusuchen, danach mit schlimmen Krankheiten. Drei Freunde, die von seinem Unglück gehört hatten, kamen zu ihm, um ihn zu trösten. Das Buch Hiob ist ein Bericht ihrer Gespräche über Fragen des Lebens und des Todes sowie über die Geheimnisse von Himmel und Erde.
Hiob beklagt die Wendung in seinem Dasein und denkt an die vergangene Zeit zurück, als er geehrt und geachtet war: »Wenn ich damals zum Tor von *Keret* ging, stand mein Sitz auf dem Marktplatz bereit.« Damals hat er geglaubt: »Meine Tage werden sein wie die des Phönix, mit meinem Schöpfer werde ich sterben.« Jetzt aber, arm und von Krankheiten gequält, möchte er auf der Stelle sterben.
Der eine Freund ermahnt ihn: »Der Mensch ist zum Arbeiten gebo-

ren, nur der Sohn *Reschefs* kann zur Höhe aufsteigen.« Der Mensch sei nun einmal sterblich, wozu also diese übertriebene Aufregung? Aber Hiob antwortet rätselhafterweise, so einfach sei es nicht: »Das Wesen des Herrn ist in mir, seine Strahlen nähren meinen Geist.« Enthüllen diese bisher ungedeuteten Worte, daß er teilweise göttlichen Geblüts ist und daß er deswegen wie Gilgamesch erwartet hat, so lange zu leben wie der stets sich verjüngende Phönix und erst dann zu sterben, wenn sein Schöpfer stirbt? Jetzt aber wird ihm klar: »Ewig werde ich nicht leben, wie *Dampf* sind meine Tage.«
König Keret wird ebenfalls als ein wohlhabender Mann geschildert, der durch Krankheit und Krieg rasch hintereinander seine Frau und seine Kinder verliert. Er erkennt, daß damit seine Dynastie zu Ende ist. Trauer und Kummer nehmen täglich zu: »Sein Bett ist durchnäßt von Tränen.« Jeden Tag betritt er die Innenkammer des Tempels und schreit zu den Göttern. Endlich »steigt El zu ihm hinab, um zu ergründen, was Keret schmerzt, daß er weint«. An dieser Stelle offenbart der Text, daß Keret halbgöttlichen Usprungs, das heißt ein Sohn Els ist, geboren von einer Menschenfrau.
El rät seinem »geliebten Sohn«, statt zu trauern, sich wieder zu verheiraten, er werde mit einem neuen Erben gesegnet werden. Er solle um die Hand der Tochter des Königs von Udum (möglicherweise das biblische Land Edom) anhalten. Begleitet von Truppen und beladen mit Geschenken, geht Keret nach Udum und tut wie von El geheißen. Aber der König von Udum lehnt alles Silber und Gold ab. Da er weiß, daß Keret »das Fleisch des Vaters der Menschen« ist – göttlichen Urpsrungs –, verlangt er eine einzigartige Morgengabe: Der erstgeborene Sohn seiner Tochter soll auch halbgöttlich sein!
Natürlich kann Keret das nicht gewährleisten. El, der ihm zu diesem Antrag geraten hat, ist nicht erreichbar. Darum lenkt Keret seine Schritte zum Heiligtum von Ascherah, um bei ihr Hilfe zu suchen. Die nächste Szene spielt sich in Els Wohnstätte ab, wo die jüngeren Götter Ascherahs Bitte unterstützen:

»Nun sprach der mächtige Baal:
›So komm, gütiger, gnädiger El!
Willst du nicht segnen den reinblütigen Keret,
nicht zu Gefallen sein deinem geliebten Sohn?‹«

El läßt sich erweichen, »segnet Keret« und verheißt ihm sieben Söhne und mehrere Töchter. Der erstgeborene Sohn soll *Jassib* (»Dauernder«) heißen, denn tatsächlich wird ihm Dauerhaftigkeit zugesichert. Das wird dadurch erreicht werden, daß nicht seine Mutter, sondern die Göttinnen Ascherah und Anat ihn stillen werden. Das Thema eines Königssohnes, der von einer Göttin genährt wird, was ihm längeres Leben gewährleistet, ist von allen Völkern des Nahen Ostens dargestellt worden (Abb. 86).

Die Götter haben ihr Versprechen gehalten, aber Keret, dessen Reichtum und Macht zugenommen haben, vergißt sein Gelübde; wie der König von Tyrus in den Weissagungen Hesekiels wird sein Herz hochmütig, und er prahlt vor seinen Kindern mit seinem göttlichen Ursprung. Erzürnt schlägt Ascherah ihn mit einer tödlichen Krankheit. Als sich herausstellt, daß Keret am Rande des Todes schwebt, wundern sich seine Söhne: Wie kann das einem Sohn des gütigen gnädigen Gottes El beschieden sein? Sie fragen ihren Vater, denn sein Anspruch auf Unsterblichkeit ist auch für ihr Dasein bedeutungsvoll. Da der Vater schweigt, wenden sie sich an die Götter:

»Wie kann gesagt werden, Keret sei ein Sohn Els,
ein Abkömmling des Gütigen, eines heiligen Wesens?
Soll er denn sterben,
ein Sohn des Gütigen nicht immerdar leben?«

Verwirrt fragt El die anderen Götter, wer von ihnen die Krankheit austreiben könne. Nur Schataqat vermag es, die Göttin, »die Kranke heilt«. Sie steigt in die Luft. »Sie fliegt über hundert Städte, sie fliegt über viele Dörfer...« Im Nu erreicht sie Kerets Haus, und es gelingt ihr, ihn wiederzubeleben.

Die Geschichte hat jedoch kein glückliches Ende. Da sich Kerets

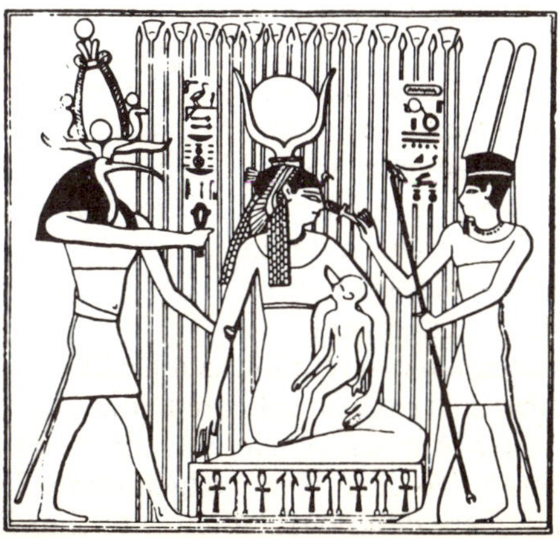

Abb. 86

Anspruch auf Unsterblichkeit als nichtig erwiesen hat, veranlaßt sein erstgeborener Sohn ihn, zu seinen Gunsten abzudanken.

Von größerer Bedeutung für das Verständnis der Ereignisse in der Urzeit sind die Epen, die von den Göttern selbst handeln. Darin wird die Fähigkeit der Götter, zu fliegen, als selbstverständlich vorausgesetzt; ihr Hafen auf dem »Gipfel von Zaphon« wird als Ruheplatz der Astronauten beschrieben. Die Zentralgestalten sind Baal und Anat, die Geschwister, die auch ein Liebespaar sind. Baals Beiname »Wolkenreiter« kommt häufig vor (im Alten Testamen ist die Wolke für die hebräische Gottheit übernommen worden). Anats Fähigkeit, zu fliegen, von der in den Geschichten von den Beziehungen zwischen Göttern und Menschen mitunter die Rede ist, tritt in den Göttersagen noch deutlicher hervor.
In einem solchen Text wird Anat mitgeteilt, Baal sei zum Fischen zur »Wiese von Samach« gegangen (Abb. 87). Man kennt das Gebiet: Es ist der Sumchi-See (See der Fische) in Nordisrael, wo der Jordan dem Kinereth-See (Genezareth-See) zuströmt; die Gegend ist immer noch berühmt für ihren Fisch- und Wildreichtum. Anat beschließt, Baal dort zu treffen:

»Sie steigt geflügelt auf, die Göttin Anat,
sie steigt geflügelt auf und fliegt umher,
bis zur Mitte der Wiese von Samach,
wo es von Büffeln wimmelt.«

Als Baal sie gewahrt, bedeutet er ihr, hinunterzukommen; aber An beginnt ein Versteckspiel. Ärgerlich fragt Baal, ob sie von ihm erwarte, sie im Fluge zu lieben. Da er sie nicht finden kann, »steigt Baal zum Himmel auf«, zu seinem Thronsitz auf dem Gipfel von Zaphon. Bald darauf erscheint hier auch die verspielte Anat, »auf Zaphon Lust zu erleben«.

Abb. 87

Das idyllische Beisammensein kann jedoch erst in späteren Jahren stattgefunden haben, als Baals Stellung als Fürst der Erde und anerkannter Herr über die nördlichen Länder gesichert war. Vorher hatte Baal auf Tod und Leben mit anderen Thronanwärtern gekämpft, und zwar an einem Ort namens *Zarerath Zaphon.* Dieser Name wird gewöhnlich mit »Höhen von Zaphon« übersetzt, bedeutet aber »Felsengipfel im Norden«.

Diese blutigen Kämpfe um die Herrschaft über bestimmte Festungen und Länder wurden durch eine Regelung der Nachfolge geschlichtet. Gemäß den zuerst in den sumerischen Schriften vorkommenden Heiratsbräuchen war Els Gemahlin Ascherah (»Tochter des Herrschers«) seine Halbschwester. Das machte ihren erstgeborenen Sohn zum rechtmäßigen Erben. Doch auch in diesem Fall wurde er vom eigentlichen Erstgeborenen herausgefordert, das heißt von einem Sohn, der als erster geboren worden war, aber von einer anderen Mutter. Die Tatsache, daß Baal, der mindestens drei Frauen hatte, seine geliebte Anat nicht heiraten konnte, bestätigt, daß sie nicht seine Halbschwester, sondern eine richtige Schwester war.

Die kanaanitischen Erzählungen beginnen in Els ferner Gebirgswohnung, wo er die Nachfolge heimlich Prinz Jam zuspricht. Die Göttin Schepesch (»Fackel der Götter«) »fliegt zu Baal, ihm die schlechte Nachricht zu bringen: ›El stürzt das Königtum um!‹«

Es wird Baal geraten, den Streit dem Rat der Götter vorzutragen. Seine Schwestern drängen ihn:

»Schnell mach dich auf zum Rat der Götter im Berg Lala.
Wirf dich El nicht zu Füßen,
wirf dich nicht in den Staub vor der Versammlung.
Steh stolz und sprich!«

Als Jam von diesem Vorhaben hört, entsendet er seine Boten zu den versammelten Göttern mit der Forderung, ihm den aufsässigen Baal auszuliefern. El ist bereit, Baal auszuliefern, aber da Baal Miene macht, die Boten tätlich anzugreifen, ziehen sie sich zurück.

Nun ist eindeutig, daß die beiden Götter den Kampf auf dem Schlachtfeld austragen müssen. Eine Göttin – vielleicht Anat – veranlaßt die Handwerker der Götter, Baal mit zwei Waffen auszurüsten, dem »Jäger« und dem »Werfer, der wie ein Adler fliegt«. Baal besiegt Jam im Kampf, doch als er nahe daran ist, »Jam zu zerschmettern«, vernimmt er Ascherahs Stimme: »Verschone Jam!« Jam darf am Leben bleiben, aber er wird verbannt.

Als Entgelt dafür, daß er Jam verschont hat, erbittet Baal von Ascherah Unterstützung bei seiner Forderung, auf dem Gipfel von Zaphon die Oberhoheit zu erhalten. Ascherah schmeichelt El und rät ihm, sich bei der Entscheidung nicht vom Gefühl, sondern von seiner Weisheit leiten zu lassen. El überdenkt die Lage und stimmt zu: »Möge Baal auf dem Gipfel von Zaphon herrschen, möge er dort sein Haus erbauen.«

Baal aber trachtet nicht nur nach einem Wohnsitz. Für seine Pläne benötigt er die Dienste von Kothar-Hasis (»Kunstfertiger und Wissender«), dem Handwerker der Götter. Nicht nur die moderne Wissenschaft, sondern schon der phönizische Grammatiker Philon aus Byblos (64 bis 141 n. Chr.) hat Kothar-Hasis mit Hephaistos verglichen, dem griechischen Gott des Feuers und der Künste, der für Zeus und Hera einen Palast erbaute. Andere finden Parallelen mit Toth, dem ägyptischen Gott der Wissenschaften und der Magie. In der Tat steht in den ugaritischen Texten, die Boten, die auf die Suche nach Kothar-Hasis ausgesandt wurden, hätten ihn in Griechenland und in Ägypten gesucht. Vermutlich war er zu jener Zeit in diesen Ländern als Berater beschäftigt.

Nach der Ankunft bei Baal befassen sich die beiden mit den Bauplänen. Wie sich herausstellt, wünscht Baal ein zweiteiliges Gebäude, das nicht nur aus einem *E-chal* (einem »großen Haus«) besteht, sondern auch aus einem *Behmtam* (gewöhnlich mit »Haus« übersetzt, aber die eigentliche Bedeutung ist »erhöhte Plattform«). Es kommt zu Unstimmigkeiten zwischen den beiden in bezug auf die Frage, wo ein kaminartiges Fenster, das auf ungewöhnliche Weise geöffnet und geschlossen wird, angebracht werden soll. »O Baal, beachte meine Worte«, drängt Kothar-Hasis. Als das Gebäude fertig ist, macht sich Baal Sorgen, seine Frau und seine Kinder könnten verletzt werden. Um ihn zu beruhigen, läßt Kothar-Hasis Bäume vom Libanon kommen, »die kostbaren Zedern vom *Sirion*«, stapelt sie im Gebäude auf und setzt sie in Brand. Eine ganze Woche lang brennt das Feuer; Silber und Gold im Haus schmelzen, aber das Gebäude selbst bleibt unversehrt.

Als das unterirdische, siloartige Gebäude und die erhöhte Plattform fertiggestellt sind, erprobt Baal ohne Verzug die Anlage:

> »Baal öffnet den Kamin in der erhöhten Plattform,
> das Fenster im großen Haus.
> Die Wolken reißt er auseinander.
> Sein göttlicher Laut läßt die Erde erzittern.

die Berge erheben...
Im Osten und im Westen taumeln die Hügel.«

Auf dem Flug himmelwärts begleiten ihn die Boten Gapan und Ugar. »Das geflügelte Paar durchbricht die Wolken« hinter Baal; vogelgleich fliegt das Paar über die schneebedeckten Gipfel von Zaphon. Durch die neue Anlage wird der Gipfel von Zaphon die »Feste von Zaphon«, und der Berg *Libanon* (»der Weiße« wegen seines Schneegipfels) erhält den Beinamen *Sirion* (»der Bewaffnete«). Als Herr der Feste von Zaphon erwarb Baal den Titel *Baal Zaphon*. Der Titel bedeutet nichts weiter als »Herr von Zaphon«, das heißt des nördlichen Ortes. Ursprünglich ist *Zaphon* keine geographische Bezeichnung; das Wort bedeutete sowohl, »das Verborgene« als auch »Beobachtungspunkt«. Zweifellos spielten alle diese Begriffe bei der Titulierung »Herr von Zaphon« eine Rolle.

Nachdem Baal Hoheitsrechte und Macht erworben hat, nimmt sein Ehrgeiz immer größeres Ausmaß an. Er lädt die »Söhne der Götter« zu einem Festmahl ein und fordert von ihnen unverbrüchliche Treue und Dienstbarkeit. Wer sich widersetzt, wird niedergemacht. Einige fliehen, und Baal, trunken von Macht, verhöhnt sie:

»Baals Feinde flüchten in die Wälder;
seine Feinde verstecken sich an der Bergflanke.
Der mächtige Baal ruft:
O ihr Feinde Baals, warum zittert ihr?
Warum flieht ihr, warum versteckt ihr euch?
Baals Auge zersplittert,
seine ausgestreckte Hand zerbricht die Zeder;
seine Rechte ist mächtig.«

Um seine Herrschaft zu festigen, bekämpft und vernichtet Baal – mit Anats Hilfe – die stärksten Gegner: die Schlange Lothan, den siebenköpfigen Drachen Schaljat, den Stier Atak sowie die Göttin Haschat, die Hündin. Aus dem Alten Testament wissen wir, daß auch Jahwe, der biblische Herr, ein erbitterter Feind Baals war. Als Baals Einfluß auf die Israeliten zunahm und ein israelitischer König eine kanaanitische Prinzessin heiratete, veranstaltete der Prophet Jesaja einen Wettkampf zwischen Jahwe und Baal auf dem Berg Karmel. Nach Jahwes Sieg wurden dreihundert Baalspriester hingerichtet. Bei dieser Feindschaft wird im Alten Testament Jahwe die Herrschaft über den Gipfel von Zaphon zugeschrieben. Merkwürdigerweise ist der Wortlaut fast gleich wie beispielsweise im 29. Psalm:

Abb. 88

»Gebt Jahwe, o Söhne der Götter,
gebt Jahwe Ehre und Macht.
Gebt dem Herrn die Ehre seines *Schems*;
beugt euch ihm in seinem heiligen Glanz.
Die Stimme des Herrn ist auf dem Wasser,
der Gott der Herrlichkeit donnert,
widerhallt auf den vielen Wassern.
Seine Stimme ist mächtig, voller Majestät.
Die Stimme des Herrn zerbricht die Zedern,
Die Zedern im Libanon zersplittern.
Er läßt *Libanon* wie ein Kalb hüpfen,
Sirion wie einen jungen Büffel.
Mitten aus feurigen Flammen durchschneidet die Stimme des Herrn...
Der Herr in seinem großen Haus ist gepriesen.«

Wie Baal in den kanaanitischen Texten war auch der Gott der Hebräer ein »Wolkenreiter«. Beim Propheten Jesaja heißt es: »Sehet, der Herr fährt auf schneller Wolke daher und wird nach Ägypten kommen. Die Götter Ägyptens werden vor ihm zittern.« Jesaja behauptet sogar, den Herrn und seine geflügelten Gehilfen mit eigenen Augen gesehen zu haben:

»Im Todesjahr des Königs Ussia sah ich den Herrn
auf einem hohen und erhabenen Thron sitzen;
seine Träger füllten das große Haus.
Die Feuergehilfen standen über ihm,
sechs Flügel, sechs Flügel hatte ein jeglicher...
Die Schwellen wurden erschüttert von der Stimme,
und das Haus war mit Rauch gefüllt.«

Den Hebräern war es verboten, Statuen oder Bildnisse anzubeten. Die Kanaaniter hingegen, die von Jahwe ebenso gewußt haben müssen wie die Hebräer von Baal, haben uns eine Abbildung ihrer Vorstellung von Jahwe hinterlassen. Eine Münze aus dem vierten Jahrhundert v. Chr., die die Inschrift *Jahu* (Jahwe) trägt, zeigt einen bärtigen Gott, der auf einem geflügelten Rad thront (Abb. 88).

Es wurde also im alten Vorderorient allgemein angenommen, daß die Herrschaft über Zaphon mit der Oberhoheit über die Götter einherging, die fliegen konnten. Das hatte Baal zweifellos erwartet. Aber sieben Jahre nach Errichtung der Feste von Zaphon wurde Baal von Mot herausgefordert, dem Herrn über die südlichen Länder und die Unterwelt. Es ging bei dem Streit nicht mehr um die Herrschaft über Zaphon, sondern um die Frage, »wer das ganze Reich der Erde beherrschen soll«.
Irgendwie erfuhr Mot, daß Baal verdächtige Tätigkeiten entfaltete. Ungesetzlicherweise und heimlich sollte Baal angeblich »eine Lippe an die Erde und eine Lippe an den Himmel setzen, um sein Wort zu den Planeten zu erstrecken«. Anfangs forderte Mot das Recht, die Vorgänge *im* Gipfel von Zaphon zu besichtigen. Statt dessen schickte Baal Gesandte mit Friedensangeboten. »Wer braucht Krieg?« fragte er. »Laß uns Friede und Freundschaft in die Mitte der Erde gießen.«
Als Mot noch eindringlicher wurde, erkannte Baal, daß er Mot nur dann abhalten konnte, nach Zaphon zu kommen, wenn er Mot selbst aufsuchte. Er begab sich deshalb zu Mots »Grube« in der Tiefe der Erde, Unterwerfung heuchelnd.
In Wirklichkeit hatte er etwas Finsteres im Sinn – er wollte Mot stürzen. Dazu bedurfte er der Hilfe der getreuen Anat. Während Baal zu Mot ging, suchten seine Gesandten Anat an ihrem Wohnort auf. Die beiden Boten hatten Anweisung erhalten, Anat wortwörtlich eine rätselhafte Nachricht zu überbringen:

»Ich habe dir ein geheimes Wort zu sagen,
eine Botschaft dir zuzuflüstern:
Es ist ein Ding, das Worte entsendet,
ein Stein, der flüstert.
Die Menschen werden seine Botschaften nicht wissen,
die Massen auf Erden sie nicht verstehen.«

»Steine« bezeichnete in den alten Sprachen – das müssen wir uns vor Augen halten – sämtliche ausgegrabenen und abgebauten Substanzen, also auch alle Erze und Mineralien. Darum verstand Anat sofort Baals Mitteilung: Er wollte auf dem Gipfel von Zaphon einen ausgeklügelten Apparat errichten, der geheime Nachrichten senden und empfangen konnte!
Der »strahlende Stein« wurde des weiteren beschrieben:

»Himmel und Erde läßt er miteinander sprechen
und die Meere mit den Planeten.

Es ist ein strahlender Stein,
dem Himmel noch nicht bekannt.
Du und ich werden ihn errichten
in meiner Höhle auf dem hohen Zaphon.«

Das war also das Geheimnis: Ohne Wissen des »Himmels« – der Kontrolle des Heimatplaneten – baute Baal heimlich ein Kommunikationszentrum, von dem aus er sich sowohl mit allen Teilen der Erde als auch mit dem Raumschiff über der Erde in Verbindung setzen konnte. Das war der erste Schritt zur Herrschaft über die ganze Erde. Deswegen geriet er in Konflikt mit Mot, denn in Mots Gebiet lag das »Auge der Erde«.

Anat erklärte sich bereit, Baal zu helfen. Den besorgten Boten versprach sie, beizeiten zur Stelle zu sein.

»Ihr seid langsam, ich bin schnell...
Zum fernen Ort des Gottes werde ich kommen,
zur fernen Grube der Söhne der Götter.
Zwei Öffnungen hat sie unter dem Auge der Erde
und drei breite unterirdische Gänge.«

Nach der Ankunft in Mots Hauptstadt konnte sie Baal nicht finden. Sie drohte Mot mit Gewalttätigkeit, wenn er ihr nicht sagte, was aus Baal geworden war. Schließlich erfuhr sie die Wahrheit: Die beiden Götter waren in ein Handgemenge geraten, und »Baal war gefallen«. In rasender Wut »zerspaltete sie Mot mit dem Schwert«. Dann wurde Baals lebloser Körper mit der Hilfe Schepeschs, der Herrin der Rephaim (»Heiler«) zum Gipfel von Zaphon zurückgeflogen und in eine Höhle gelegt.

Schnell boten die beiden Göttinnen *El Kessem* (den »Gott der Magie«) auf. Wie Toth den von einer Schlange gebissenen Horus wiederbelebt hat, so wurde auch Baal wundersamerweise dem Leben zurückgegeben. Ob er aber körperlich auf Erden auferstanden oder in einem Leben nach dem Tode (als Osiris), läßt sich nicht mit Sicherheit sagen.

Wann sich diese Ereignisse auf dem Gipfel von Zaphon abgespielt haben sollen, weiß man nicht genau. Es steht jedoch fest, daß die Menschheit fast seit Beginn der verzeichneten Geschichte über das Vorhandensein des »Landeplatzes« und über seine einzigartigen Funktionen Bescheid wußte.

Da haben wir erstens einmal Gilgameschs Reise zum Zedernwald, der im Epos als Wohnsitz der Götter und Ischtars Schneisen bezeichnet wird. Hier fand er einen unterirdischen Gang, der in das Gebiet führte, wo die Befehle gegeben wurden. Tiefer im Berg lag die geheime Wohnung der Anunnaki. Es scheint so, als ob Gilgamesch zu den Apparaturen vorgedrungen sein könnte, die Baal heimlich konstruiert hatte! Rätselhafte Verse in dem Epos nehmen nun aufregende Bedeutung an:

»Geheime Dinge hat er gesehen,
was verborgen dem Menschen ist, kennt er.«

Das ereignete sich, wie wir wissen, im dritten Jahrtausend v. Chr., etwa um 2900 v. Chr.

Die zweite Verbindung zwischen Göttern und Menschen enthält die Geschichte vom alternden kinderlosen Danel, der in der Nähe von Kades lebte. Sie enthält keinen Hinweis auf die Zeit des Geschehens, aber die Ähnlichkeit mit der biblischen Geschichte vom kinderlosen Abraham – das plötzliche Erscheinen der drei »Männer«, die sich als der Herr und seine Gesandten entpuppen, Abrahams Wohnsitz in der Nähe von Kades – legen den Gedanken nahe, daß wir es hier mit zwei Fassungen derselben Überlieferung zu tun haben. Wenn das stimmt, haben wir noch ein zeitliches Merkmal: Beginn des zweiten Jahrtausends v. Chr.

Im ersten Jahrtausend v. Chr. bestand Zaphon, die Feste der Götter, noch immer. Der Prophet Jesaja (achtes Jahrhundert v. Chr.) tadelt den assyrischen König Sanherib, der Juda überfallen hat: »Du hast den Herrn geschmäht und hast gesagt: Mit meinen vielen Wagen bin ich auf die Höhe der Berge hinabgestiegen, zum Gipfel von Zaphon.« Nachdrücklich weist der Prophet auf das Alter der Stätte hin, indem er Sanherib den Vorwurf des Herrn übermittelt:

»Hast du es nicht gehört?
Vor langer Zeit habe ich sie gemacht,
in Tagen der Vorzeit habe ich sie erschaffen.«

Auch der König von Babylon wird von Jesaja getadelt, weil er so vermessen gewesen ist, zu behaupten, er könne durch Ersteigen des Gipfels von Zaphon gottähnlich werden;

»Oh, wie bist du vom Himmel gefallen,
ein Morgenstern, Sohn der Dämmerung!
Zu Boden geschmettert ist der, der die Völker schwächte.
Du sagtest freilich in deinem Herzen:
Ich will in den Himmel aufsteigen,
über Els Planeten will ich meinen Thron errichten.
Auf dem Berg der Versammlung werde ich sitzen,

auf dem Gipfel von Zaphon.
Die erhöhte Plattform werde ich ersteigen,
ein Erhabener werde ich sein!
Aber nein, in die Unterwelt wirst du gehen,
hinab zur Tiefe einer Grube.«

Wir haben also nicht nur eine Bestätigung für das Vorhandensein und das Alter des Ortes, sondern auch eine Beschreibung: Dazu gehörte eine erhöhte Plattform, von der aus man aufsteigen und ein Erhabener, ein Gott, werden konnte.

Der Aufstieg zum Himmel erfolgte, wie wir aus biblischen Schriften wissen, mittels »Steinen« (mechanischen Apparaten), die sich fortbewegen konnten. Im sechsten Jahrhundert v. Chr. tadelte der Prophet Hesekiel den König von Tyrus, dessen Herz überheblich geworden ist, nachdem ihm erlaubt worden war, in den »Steinen, die sich fortbwegen«, zum Gipfel von Zaphon zu gelangen, so daß er sich anmaßte, ein Gott zu sein.

Eine alte Münze, die man in Byblos (dem biblischen Gebal), einer der kanaanitisch-phönizischen Städte an der Mittelmeerküste, gefunden hat, dürfte die Abbildung des von Kothar-Hasis auf dem Zaphon errichteten Gebäudes tragen. (Abb. 89). Neben einem großen Haus erhebt sich, umgeben von einer dicken Mauer, auf einer Plattform, der Querstreben Stützkraft verleihen, ein konischer Gegenstand – ein Gegenstand, den man aus vielen anderen Beschrei-

Abb. 89

bungen kennt: die Himmelskammer der Götter – »die Steine, die sich bewegen«.
Das ist der Beweis, der uns aus grauer Vorzeit geliefert wird. Über Jahrtausende hinweg wußten die Völker im alten Vorderorient, daß es im Zedernwald eine große Plattform für bewegliche »Steine« gab, neben einem großen Haus, in dem »ein Stein, der flüstert«, geheimgehalten wurde.
Wenn unsere Deutung der alten Texte und Abbildungen zutrifft, könnte es dann sein, daß dieser großartige und bekannte Ort verschwunden ist?

9

Der Landeplatz

Die größten römischen Tempelruinen liegen nicht in Rom, sondern in den Bergen des Libanons. Dazu gehört auch ein großer Jupitertempel, der größte Göttertempel der Antike. Viele römische Herrscher unterzogen sich vier Jahrhunderte hindurch der Mühe, diesen fernen Ort in fremden Landen zu verherrlichen, indem sie hier monumentale Gebäude errichteten. Kaiser und Feldherrn zogen hierher, um sich vom Orakel ihr Schicksal voraussagen zu lassen. Römische Legionäre bewarben sich darum, hier stationiert zu werden; Fromme und Neugierige wollten dieses Wunder mit eigenen Augen sehen.
Wagemutige europäische Weltreisende, die ihr Leben aufs Spiel setzten, berichteten von den Ruinen, Martin Baumgarten war im Januar 1508 der erste. 1751 schilderten Robert Wood und der Maler James Dawkins die Stätte in Wort und Bild und gaben dem Ort etwas von seinem alten Ruhm zurück. »Wenn wir die Ruinen mit denen in den vielen Städten vergleichen, die wir in Italien, Griechen-

Abb. 90

land, Ägypten und anderen Teilen Asiens besucht haben, können wir nicht umhin, darin die Überreste des *kühnsten Planes* zu sehen, der jemals in der Baukunst durchzuführen versucht worden ist.« In dem Anblick, der sich Wood und Dawkins bot, verschmolzen Berggipfel, Tempel und Himmel zu einer Einheit (Abb. 90).

Die Akropolis bei Baalbek liegt auf einer Anhöhe am Ostrand der fruchtbaren Libanonsenke, 1150 m über dem Meer, in der Nähe der Quellen des Leontes (Nahr el-Litani) und des Orontes (Nahr el-Assi. Die heilige Stätte war umgeben von einer Schutzmauer. Die Seitenlänge der quadratischen Anlage maß etwa 850 Meter.

Das Heiligtum war so angelegt, daß es die flankierenden Berge beherrschte und einen Überblick über das Tal in nördlicher und südlicher Richtung bot; der nordwestliche Winkel war absichtlich abgeschnitten, wie aus der Vogelschau zu erkennen ist (Abb. 91a).

Durch den rechtwinkligen Ausschnitt entstand eine längliche Fläche, die von der Anhöhe aus einen ungehinderten Blick gen Westen erlaubte. Hier stand hoch oben der größte Jupitertempel der Welt, dessen Säulen eine Höhe von 19,8 m und einen Durchmesser von 1,7 m hatten. Diese Säulen trugen einen reichverzierten Architrav von fast 6 m Höhe, darüber ein schräges Dach.

Den eigentlichen Tempel bildete nur der westliche (und älteste) Teil eines vierteiligen Jupiterschreins, mit dessen Erbauung die Römer vermutlich bald nach der Eroberung des Ortes im Jahr 63 v. Chr. begannen.

Auf der leicht abfallenden Ostwestachse wurde zuerst ein monumentales Tor (A in Abb. 91b) mit einem Treppenaufgang und einem Portikus, den zwölf Säulen trugen, errichtet. Diese Säulen hatten Nischen für die zwölf römischen Götter. Durch einen sechseckigen Vorhof – einzigartig in der römischen Architektur – gelangte man in einen 135 m langen und 113 m breiten Altarhof. Auch der Altar hatte monumentale Ausmaße: Er ragte etwa 20 m hoch. Man kann angesichts der Größe des Unterbaus, der hohen Säulen, des Architravs und des Daches fast von einem Wolkenkratzer der Antike sprechen.

Vom Treppenaufgang bis zur Westmauer hatte der Tempel eine Gesamtlänge von mehr als 300 m. Er ließ einen großen Tempel südlich davon, der wahrscheinlich Merkur geweiht war – manche halten ihn für einen Bacchustempel –, geradezu zwerghaft erscheinen, besonders aber einen kleinen runden Venustempel (F). Deutsche Archäologen, die die Anlage und ihre Geschichte im Auftrag von Kai-

Abb. 91 a

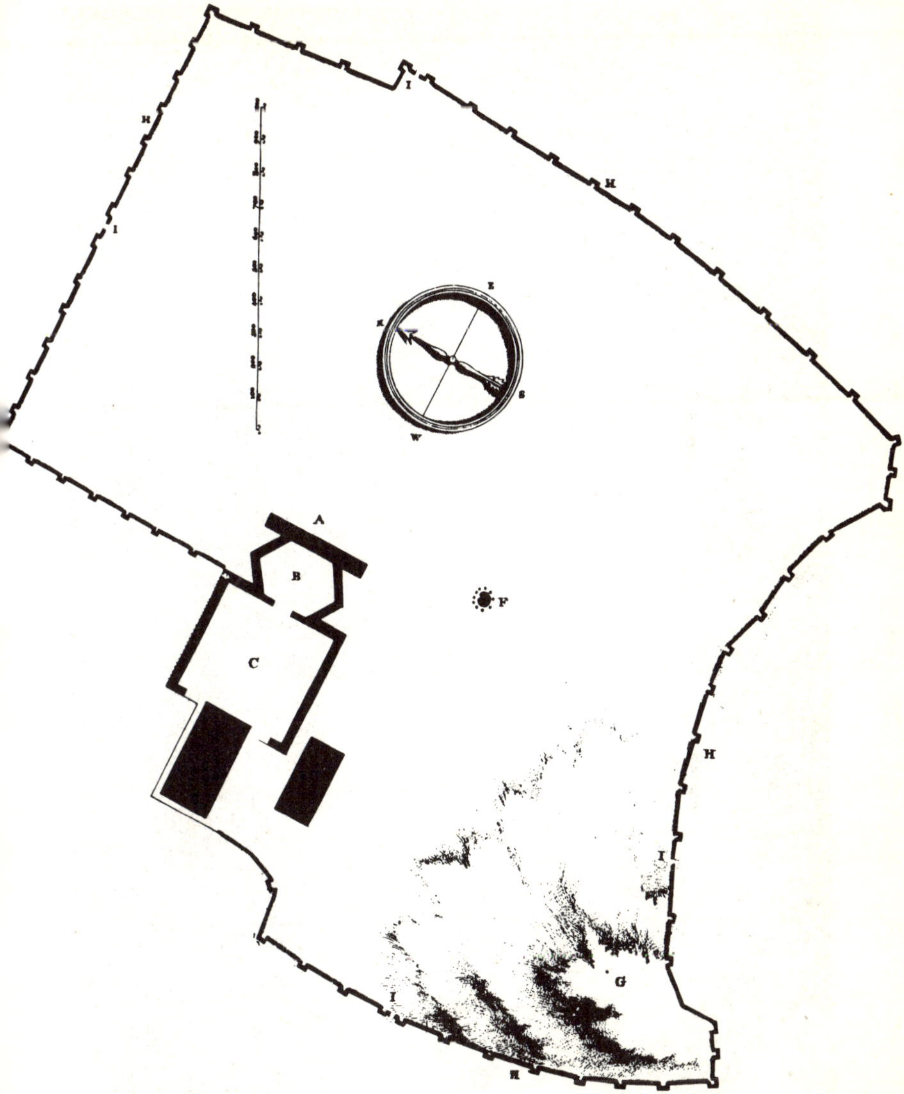

b

ser Wilhelm II. – er hatte sie 1897 besichtigt – studierten, konnten sie so rekonstruieren und darstellen, wie sie wahrscheinlich zur Zeit der Römer ausgesehen hat (Abb. 92).
Ein Vergleich mit der berühmten Akropolis von Athen vermittelt eine Vorstellung von den Ausmaßen der Tempelanlage im Libanon. Die Akropolis von Athen (Abb. 93) ruht etwa 80 bis 100 m über der Stadt auf einem steilen Felsen; die ganze Anlage ist nicht länger als etwa 300 m und nirgends breiter als ungefähr 120 m. Der Parthenon, der Tempel der Athene Parthenos, der die einst heilige Stätte immer noch beherrscht, ist 69,5 m lang, 30,8 m breit, 19,8 m hoch – sogar noch kleiner als der Merkur/Bacchustempel bei Baalbek.
Warum die Römer an einem abgelegenen Ort in einer unbedeutenden Provinz eine so kolossale Tempelanlage schufen, diese Frage konnte man sich nur mit der Tatsache erklären, daß dieser Ort schon den Griechen heilig gewesen ist, die ihnen vorausgegangen sind. Für die Römer legte der große Tempel Zeugnis von der Allmacht ihres obersten Gottes Jupiter ab. Der Tempel und die Hauptstatue trugen die göttlichen Initialen I. O. M. H. – *Iove Optimus Maximus Heliopolitan* (»Bester und Größter«).
Als *Lucetius* (von *lux* = Licht) war Jupiter der Lichtbringer, und wenn der große Tempel auch dem höchsten Himmelsgott geweiht war, so galt der ganze Ort doch als Ruheplatz des Sonnengottes *Helios*, der in seinem schnellen Wagen über den Himmel fahren konnte. Diesen Glauben hatten die Römer von den Griechen übernommen, desgleichen den Namen der Stadt *Heliopolis*. Warum die Griechen die Stadt so genannt haben (»Sonnenstadt«), weiß man nicht mit Sicherheit; manche nehmen an, Alexander der Große habe ihr den Namen gegeben.
Die Gründe für die Ehrfurcht der Römer vor diesem Ort im Libanon müssen tief wurzeln und weiter zurückreichen als bis zur Zeit der Hellenen. Nach Ansicht der Archäologen haben hier vor der Zeit der Römer sechs Tempel gestanden, die jedoch auf viel früheren Gebäuden errichtet worden sind. Zeus (Jupiter für die Römer) gelangte von Phönizien (dem heutigen Libanon) aus nach Kreta, indem er das Mittelmeer durchschwamm, nachdem er die schöne Tochter des Königs von Tyrus entführt hatte. Auch Aphrodite kam von Westasien nach Griechenland, und der umherziehende Dionysos, dem der zweite (oder vielleicht ein anderer) Tempel geweiht war, brachte den Weinstock und die Weinzubereitung aus derselben Gegend nach Griechenland.

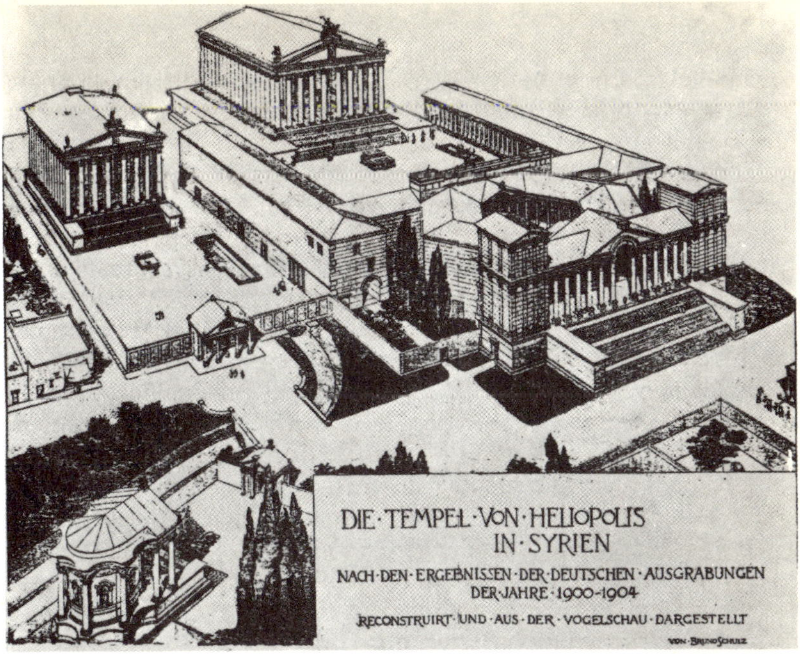
DIE·TEMPEL·VON·HELIOPOLIS
IN·SYRIEN
NACH·DEN·ERGEBNISSEN·DER·DEUTSCHEN·AUSGRABUNGEN
DER·JAHRE·1900-1904
RECONSTRUIRT·UND·AUS·DER·VOGELSCHAU·DARGESTELLT

Abb. 92

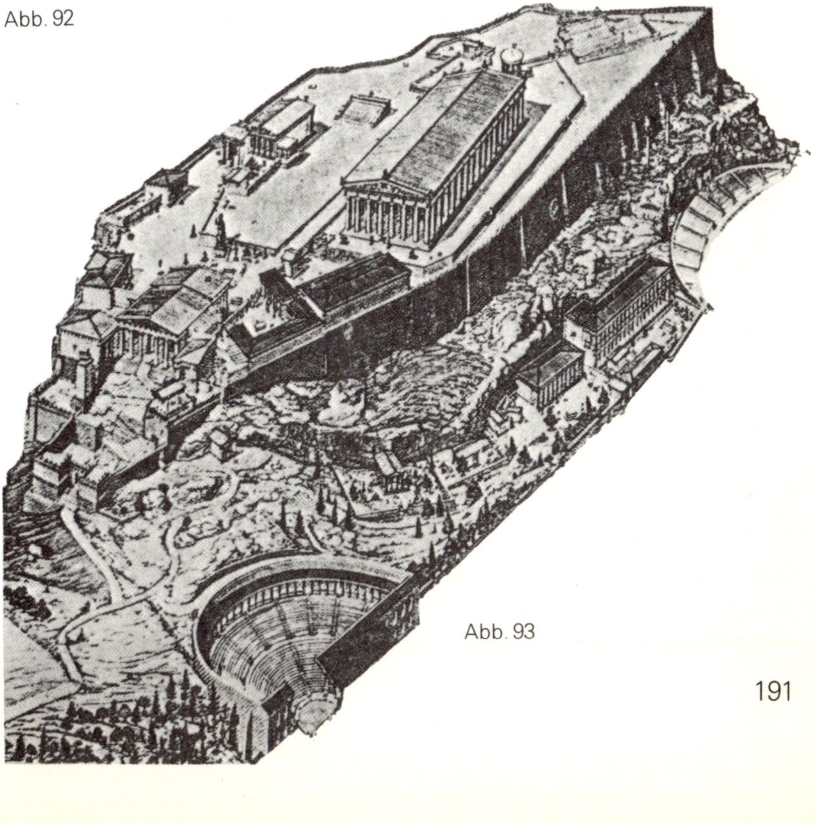

Abb. 93

Der lateinische Schriftsteller Macrobius (um 400 n. Chr.) belehrte seine Landsleute mit den folgenden Worten (»Saturnalia« I, 23. Kapitel):

»Auch die Assyrier verehren die Sonne unter dem Namen Jupiter – Zeus Heliopolites nennen sie ihn – mit wichtigen Riten in der Stadt Heliopolis... Daß diese Gottheit sowohl Jupiter als auch die Sonne ist, tut sich in der Art des Rituals und in ihrer äußeren Erscheinung kund... Um Streitfragen über eine ganze Reihe von Gottheiten zu verhindern, erkläre ich, daß die Assyrier an die Macht des Sonnengottes glauben. Sie haben dem Gott, den sie als den höchsten und größten verehren, den Namen *Adad* gegeben.«

Der Bann, den der Ort auf den Glauben und die Vorstellungskraft der Menschen jahrtausendelang ausübte, zeigt sich auch in der Geschichte nach den Römern. Als Macrobius diese Worte ungefähr 400 n. Chr. schrieb, war Rom bereits christlich und Heliopolis die Zielscheibe fanatischer Zerstörungswut. Kaum war Konstantin der Große (306–337 n. Chr.) zum Christentum bekehrt worden, da machte er sich daran, die Tempelanlage in eine christliche Weihestätte zu verwandeln. Im Jahr 440 zerstörte Theodosius die Tempel der Griechen und machte aus dem Tempel in Heliopolis eine christliche Kirche. Justinian (525–565) schaffte einige der roten Granitsäulen nach der byzantinischen Hauptstadt Konstantinopel für den Bau der Hagia Sophia. Diese Bemühungen, den Ort zu christianisieren, stieß bei der Bevölkerung mehrmals auf bewaffneten Widerstand.

Als die Moslems im Jahr 637 das Gebiet eroberten, machten sie aus den römischen Tempeln und christlichen Kirchen auf der Anhöhe eine mohammedanische Enklave. Wo Zeus und Jupiter angebetet worden waren, wurde eine Moschee zur Anbetung Allahs erbaut.

Die modernen Gelehrten haben versucht, Licht in das Dunkel der lange zurückliegenden Götterverehrung an diesem Ort zu bringen und zwar durch archäologische Zeugnisse, die andere Städte geliefert haben. Eine davon ist Palmyra (das biblische Tadmor), ein altes Karawanenzentrum an der Straße von Damaskus nach Mesopotamien. Die Nachforschungen haben ergeben, daß von allen alten Völkern eine Dreiheit angebetet wurde. An der Spitze stand der Gott des Blitzes, ihm zur Seite die Kriegsgöttin und der himmlische Wagenlenker. Man ist jetzt allgemein zum Schluß gekommen, daß die römisch-griechische Triade vom früheren semitischen Glauben herrührt, der seinerseits auf dem sumerischen Pantheon beruht. Der frühesten Triade stand *Adad* vor, dem sein Vater Enlil – der höchste Gott der Sumerer – die Herrschaft über die »Bergländer des Nordens« zugewiesen hatte. Das weibliche Mitglied der Triade war *Ischtar*. Nachdem Alexander der Große das Gebiet besichtigt hatte, prägte er eine Münze zu Ehren der Ischtar/Astarte und des Adad; die Münze trägt seinen Namen in phönizisch-hebräischer Schrift. (Abb. 94). Das dritte Mitglied war der himmlische Wagenlenker

Abb. 94

Schamasch, der Befehlshaber der vorgeschichtlichen Astronauten. Die Griechen ehrten ihn (als Helios), indem sie auf dem Haupttempel von Heliopolis eine Kolossalstatue errichteten, die ihn als Wagenlenker darstellte. Der Wagen verdankte ihres Erachtens seine Schnelligkeit vier Pferden, die ihn zogen; die Verfasser des Buches Enoch wußten es besser, darin heißt es: »Schamaschs Wagen wurde vom Wind getrieben.«
Das Studium des Glaubens und der Überlieferung der Griechen und Römer hat uns nach Sumer zurückgeführt, wir sind wieder bei Gilgamesch und seiner Suche nach Unsterblichkeit im Zedernwald, bei Ischtars Schneisen. Das Gebiet unterstand Adad, wie ihm gesagt worden war, aber es lag auch im Herrschaftsbezirk von Schamasch. Und so haben wir die Urdreiheit: Adad, Ischtar, Schamasch.
Sind wir beim Landeplatz angelangt?

Daß die Griechen Gilgameschs Abenteuer gekannt haben, wird heute kaum mehr bezweifelt. In ihren Untersuchungen zum Ursprung des menschlichen Wesens und seine Überlieferung sagen die Autoren Giorgio de Santillana und Hertha von Deschend ausdrücklich: »Alexander der Große war eine wahre Nachahmung Gilgameschs.« Aber schon früher, in Homers historischen Erzählungen, ist der heldenhafte Odysseus Gilgameschs Spuren gefolgt. Nachdem Odysseus bei Kirke geblieben und in den Hades hinabgestiegen ist, findet er seine Gefährten an einem Ort wieder, wo sie die Rinder des Sonnengottes geschlachtet haben. Deshalb zerschmettert Zeus das Schiff mit einem Blitz. Odysseus rettet sich auf die Insel Ogygia, einen abgelegenen Ort aus vorsintflutlicher Zeit. Hier behält ihn die Nymphe Kalypso bei sich. Sie möchte ihn heiraten, wodurch er unsterblich werden und niemals altern würde. Aber Odysseus lehnt alle ihre Angebote ab – genau wie Gilgamesch Ischtars Liebeserklärungen.

Henry Seyrig, der sich als Kurator der Altertümer in Syrien sein Leben lang mit dem Studium der riesigen Anlage und ihrer Bedeutung befaßte, stellte fest, daß die Griechen hier »Mysterien veranstalteten, bei denen das Leben nach dem Tode als menschliche Unsterblichkeit dargestellt wurde – eine Identifizierung mit der Göttlichkeit, die man durch die Himmelfahrt der Seele erreichte«. Die Griechen verknüpften diesen Ort, so folgerte er, mit dem Bestreben, Unsterblichkeit zu erlangen.

War dies also sowohl der Ort im Zederngebirge, zu dem Gilgamesch mit Enkidu zuerst ging, als auch Baals Gipfel von Zaphon?

Um diese Frage zu beantworten, müssen wir die äußere Beschaffenheit des Ortes einer näheren Betrachtung unterziehen. Die Römer und Griechen haben ihre Tempel auf einem Unterbau errichtet, den es schon von altersher gegeben hat. Er besteht aus riesigen Steinblöcken, die so dicht aneinander gefügt sind, daß bis heute niemand einzudringen vermochte, um die Kammern, Gänge, Höhlen und andere Unterbauten zu studieren, die darin verborgen sein mögen.

Daß derartige unterirdische Bauten vorhanden sein müssen, ergibt sich nicht nur aus der Tatsache, daß andere griechische Tempel geheime unterirdische Cellae und Grotten aufweisen. Georg Ebers und Hermann Guthe berichteten vielmehr schon vor einem Jahrhundert in ihrem Buch »Palästina in Bild und Wort«: »Die Araber betreten die Ruinen an der südöstlichen Ecke durch einen langen gewölbten Gang, der wie ein Eisenbahntunnel *unter der großen Plattform* verläuft (Abb. 95). Zwei Gänge verlaufen parallel von Osten nach Westen und sind mit einem dritten verbunden, der sie von Norden nach Süden im rechten Winkel schneidet.« In dem Tunnel herrschte Dunkelheit, nur da und dort unterbrochen von gespenstischem grünem Licht aus sonderbaren »verflochtenen Fenstern«. Wenn sie aus dem etwa 150 m langen Tunnel auftauchten,

Abb. 95

befanden sie sich vor der Nordmauer des Sonnentempels, den »die Araber *Dar-as-saadi* nennen – Haus der höchsten Seligkeit«.
Die beiden deutschen Archäologen schreiben auch, die Plattform ruhe anscheinend auf gigantischen Gewölben; aber sie befaßten sich ausschließlich mit der Aufzeichnung und Rekonstruktion der Oberbauten. Eine Gruppe französischer Archäologen, mit der André Parrot in den zwanziger Jahren unseres Jahrhunderts eine Expedition unternahm, bestätigte das Vorhandensein eines unterirdischen Labyrinths, war jedoch nicht imstande, einzudringen. Die Ar-

chäologen konnten nur die dicken Steine der Plattform durchbohren und so den Beweis erbringen, daß Substruktionen vorhanden sind.
Die Plattform selbst ist bis zu zehn Meter hoch, je nach Beschaffenheit des Geländes. Nach den am Rand sichtbaren Steinen zu urteilen, sind die Quader 4 bis 10 m lang, meist 3 m breit und 2 m hoch. Niemand hat bis jetzt den Versuch gemacht, die Menge der Steinblöcke auszurechnen, die gebrochen, behauen, gemeißelt, herbeigeschafft und hier aufgeschichtet worden sind; sie könnte die der Großen Pyramide von Giseh übertreffen.
Die Erbauer der Plattform haben dem nordwestlichen Winkel, dem Standort des Jupitertempels, besondere Beachtung geschenkt. Der Unterbau mußte ja ein ungeheures Gewicht tragen. Er überragt den Vorhof um 7 m und den Boden auf der West- und auf der Nordseite um 13 m. Auf der Südseite, wo immer noch sechs Säulen stehen, kann man deutlich die Schichten der Steine erkennen (Abb. 96a): Zwischen den Lagen, die aus größeren und kleineren Blöcken bestehen, sind die Quader bis zu 7 m lang. Unten links sieht man auch das Podium, das wie eine Terrasse unter dem Tempel hervorragt; seine Steinblöcke sind sogar noch größer.
Die deutsche Archäologengruppe hat auf einer Rekonstruktionszeichnung die Nordwestecke des Tempels dargestellt (Abb. 96b). Nach Berechnungen wiegen schon die Steinquader, die für den Sockel und die vorstehende Eckplatte der Plattform verwendet wurden, über 500 Tonnen, im Vergleich dazu beträgt das Gewicht der größten Blöcke der ägyptischen Pyramiden »nur« 200 Tonnen.
Noch übertroffen an Größe und Gewicht werden diese Quader jedoch, so unglaublich es klingen mag, von denen, die die Mittelschicht des Podiums bilden. Moderne Forscher finden sie »gigantisch, kolossal, riesenhaft«; die alten Historiker nannten sie den *Trilithon* – das Wunder des Dreisteins (Abb. 97). Man sieht nämlich auf der Westseite des Podiums nebeneinander drei Steinblöcke, die auf der ganzen Welt nicht ihresgleichen haben. Exakt gemeißelt und festgefügt, ist jeder der drei Steinblöcke fast 20 m lang, 4 m hoch und über 3 m dick. Jeder wiegt über 1000 Tonnen!
Eine halbe Stunde südwestlich von Baalbek liegen die Steinbrüche, von denen wahrscheinlich die Bausteine der Akropolis und der Umfassungsmauer stammen. Aber diese gigantischen Blöcke wurden aus einem anderen Steinbruch geholt, etwa einen Kilometer entfernt im Tal. Dort befindet sich etwas, das noch unglaublicher an-

a

b

Abb. 96

Abb. 97

Abb. 98

mutet als der Trilithon. Halb vergraben im Boden liegt hier ein kolossaler Granitblock, der von seinem unbekannten Steinmetz aufgegeben wurde. Allem Anschein nach wurde er fertig gemeißelt. Er ist über 23 m lang, fast 5 m hoch und fast 4 m breit. Ein Mensch, der ihn erklettert, sieht darauf lächerlich klein aus (Abb. 98). Man schätzt das Gewicht des Quaders auf über 1200 Tonnen.
Die meisten Forscher nehmen an, daß er wie die anderen drei gigantischen Steinblöcke zur heiligen Stätte geschafft und vielleicht zur Verlängerung des Terrassenteils des Podiums auf der Nordseite benutzt werden sollte.
Wofür der übriggebliebene Riesenstein auch bestimmt gewesen sein mag, er ist ein stummer Zeuge der einzigartigen ungeheuren Tempelunterbauten in den Bergen von Libanon. Verwirrend ist die Tatsache, daß es nicht einmal heute einen Kran oder ein Fahrzeug oder sonst einen mechanischen Apparat gibt, der ein Gewicht von 1000 bis 1200 Tonnen heben oder tragen könnte, ganz zu schweigen von der Beförderung über Berg und Tal und der genauen Plazierung hoch über dem Boden. Es gibt keine Spuren von irgendwelchen Straßen, Rampen oder anderer Erdarbeit, die auch nur entfernt daran denken lassen würden, daß man die Megalithen auf solch einem Weg vom Steinbruch zu der hochgelegenen Anlage befördert hat.
Doch in ferner Zeit hat irgend jemand das auf unerklärliche Weise vollbracht...
Aber wer? Laut lokaler Überlieferung hat die Anlage schon zur Zeit von Adam und Eva existiert, die im Gebiet der Zedernberge wohnten, nachdem sie aus dem Garten Eden ausgestoßen worden waren. Adam soll dort, wo jetzt Damaskus liegt, gewohnt haben und unweit davon gestorben sein. Sein Sohn Kain soll sich auf dem Zederngipfel einen Zufluchtsort gebaut haben, nachdem er Abel getötet hatte.
Johannes Maro, der im Jahr 680 vom Papst zum Patriarchen ernannt wurde (nach ihm ist die christliche Sekte der Maroniten benannt), hat uns die alte Sage überliefert: »Die Feste auf dem Berg Libanon ist das älteste Gebäude in der Welt. Kain, der Sohn Adams, erbaute sie im Jahr 133 der Schöpfung in einem Wahnsinnsanfall. Er gab ihr den Namen seines Sohnes Henoch und bevölkerte sie mit Riesen, die für ihre Frevelhaftigkeit mit der Sintflut bestraft wurden.« Nach der Sintflut wurde die Feste vom biblischen Nimrod wiederaufgebaut, als er den Himmel zu erreichen trachtete.

Nach diesen Sagen stand der Turm von Babel nicht in Babylon, sondern auf der großen Plattform im Libanon.
Im siebzehnten Jahrhundert schrieb ein Reisender namens d'Arvieux (»Memoires«, 2. Bde. 26. Kap.), nach Aussage sowohl der jüdischen als auch der muselmanischen Ortsansässigen sei ein uraltes Manuskript gefunden worden, aus dem folgendes hervorginge: »Nach der Sintflut, als Nimrod über den Libanon herrschte, ließ er Riesen kommen, die Feste von Baalbek wiederaufzubauen, die so heißt zu Ehren Baals, des Gottes der Moabiter, welche den Sonnengott anbeteten.«
Die Verbindung des Gottes *Baal* mit dem Ort in nachsintflutlicher Zeit läßt aufhorchen. In der Tat, kaum waren die Griechen und Römer fort, da wurde der hellenistische Name Heliopolis vom Volk aufgegeben, und der Ort erhielt wieder seinen semitischen Namen. Bis heute hat er ihn beibehalten: *Baalbek*.
Über die Bedeutung des Namens ist man verschiedener Meinung. Manche übersetzen ihn mit »Baals Tal«. Nach der Schreibweise und nach talmudischen Hinweisen dürfte er eher »Das Weinen Baals« bedeuten.
Die Schlußverse des ugaritischen Epos beschreiben Baals Fall bei seinem Kampf mit Mot. Anat und Schepesch finden den Leichnam:

»Sie fanden Baal gefallen auf dem Boden;
der mächtige Baal ist tot;
der Fürst, der Herr der Erde, ist vernichtet...
Anat weint sich aus;
im Tal trinkt sie Tränen gleich Wein.
Laut ruft sie Schepesch an, die Fackel der Götter:
›Hebe den mächtigen Baal empor, bitte,
hebe ihn empor zu mir.‹
Gehorsam hebt Schepesch, die Götterfackel,
den mächtigen Baal auf und setzt ihn Anat auf die Schulter.
Zur Feste von Zaphon bringt sie ihn,
beweint ihn, begräbt ihn,
legt ihn in die Höhlen der Erde.«

Alle diese lokalen Legenden enthalten wie sämtliche Sagen ein Körnchen uralter Erinnerung an tatsächliche Ereignisse; sie stimmen darin überein, daß der Ort aus lange, lange zurückliegender Zeit stammt. Sie schreiben die Errichtung »Riesen« zu und verknüpfen sie mit den Geschehnissen der Sintflut. Die Feste wird

auch mit der Geschichte Baals verknüpft, die dient als ein »Turm von Babel« – es ist ein Ort, von dem aus »der Himmel erreicht wird«.
Wenn wir die große Plattform betrachten, ihre ganze Anlage, das ungeheure Podium, das den Zweck hat, schwerstes Gewicht zu tragen, die Ummauerung des heiligen Gebiets, können wir uns leicht ein Bild machen von einem großen Tempel und einer raketenartigen »fliegenden Kammer«.
Denken wir auch daran, wie der verborgene Ort im Gilgamesch-Epos beschrieben wird: Unten ein Ort, »wo die Befehle gegeben werden«, die »Geheimwohnung der Anunnaki«, die furchterregenden »Strahlen«, die von dem ungeheuerlichen Wärter ausgehen.
Dann können wir nicht mehr bezweifeln, daß wir in *Baalbek* Baals Gipfel von Zaphon gefunden haben, das Ziel von Gilgameschs erster Reise.

Die Bezeichnung »Ischtars Schneisen« läßt darauf schließen, daß Ischtar von diesem »Landeplatz« aus zu anderen Landeplätzen auf der Erde fliegen konnte. Auch der Hinweis, daß Baal auf dem Gipfel von Zaphon »einen flüsternden Stein« errichtete, das heißt eine Apparatur, die mündliche Nachrichten vermittelte zwischen Himmel und Erde, Meeren und Planeten, legt den Gedanken nahe, daß andernorts gleiche Kommunikationsstationen bestanden.
Gab es auf der Erde tatsächlich noch mehr Landeplätze für die Flugzeuge der Götter? Gab es, außer auf dem Gipfel von Zaphon, noch andere »Steine, die flüstern«?
In erster Linie beweist dies der Name »Heliopolis«, der besagt, daß die Griechen glaubten, Baalbek sei aus irgendeinem Grund »Stadt des Sonnengottes«, die der gleichnamigen Stadt in Ägypten entsprach. Auch das Alte Testament führt ein nördliches *Beth-Schemesch* (»Schamaschs Haus«) und ein südliches *Beth-Schemesch* – das ist der biblische Name für das ägyptische Heliopolis – auf. Hier standen, wie der Prophet Jeremias sagt, die »Häuser der Götter Ägyptens« und die ägyptischen »Bildsäulen«, die Obeliske.
Das nördliche Beth-Schemesch lag im Libanon, unweit von *Beth-Anath* (»Anats Haus«); der Prophet Amos nannte den Ort »Adads Paläste... das Haus desjenigen, der El sah«. Zur Zeit Salomons gehörten zu seinem Herrschaftsgebiet große Teile von Syrien und Libanon, und auf der Liste der Orte, wo er seine großen Gebäude errichtete, stehen *Baalat* (»Baals Ort«) sowie *Tamar* (»Ort der Pal-

men«). Für die meisten Gelehrten sind diese Orte Baalbek und Palmyra (s. Landkarte, Abb. 78).
Die griechischen und römischen Geschichtsschreiber weisen häufig auf die Verbindung zwischen den beiden Heliopolis hin. Herodot, der seinen Landsleuten den ägyptischen Pantheon von zwölf Göttern erläuterte, schrieb auch von einem »Unsterblichen, den die Ägypter als ›Herkules‹ verehrten«. Den Ursprung dieser Verehrung fand er in Phönizien, wo es einen hochverehrten Herkulestempel gab. In dem Tempel sah er zwei Säulen: »Die eine war aus reinem Gold, die andere aus Smaragd, stark glänzend in der Nacht.«
Derartige heilige »Sonnensäulen« oder »Steine der Götter« waren schon auf phönizischen Münzen abgebildet, nachdem Alexander der Große dieses Gebiet erobert hatte (Abb. 99). Laut Herodot bestand der eine Stein aus dem Metall, das Elektrizität am besten leitet (Gold), der andere aus Smaragd, einem Edelstein, der heute für Laser-Strahlungsemission benutzt wird. War das nicht die gleiche von Baal errichtete Apparatur, die der kanaanitische Text als strahlende Steine beschreibt?
Auch Macrobius erwähnt in seinem Vergleich zwischen dem phönizischen Heliopolis (Baalbek) und seinem ägyptischen Gegenstück einen geheiligten Stein. Dieser Gegenstand, von den Ägyptern als Sonnengott verehrt, wurde von den Priestern der ägyptischen Stadt Heliopolis nach dem Heliopolis im Norden (Baalbek) gebracht. »Jetzt wird der Gegenstand«, schreibt er weiter, »mehr von den Assyriern verehrt als in ägyptischen Riten.«
Andere römische Geschichtsschreiber betonen, daß die von den

Abb. 99

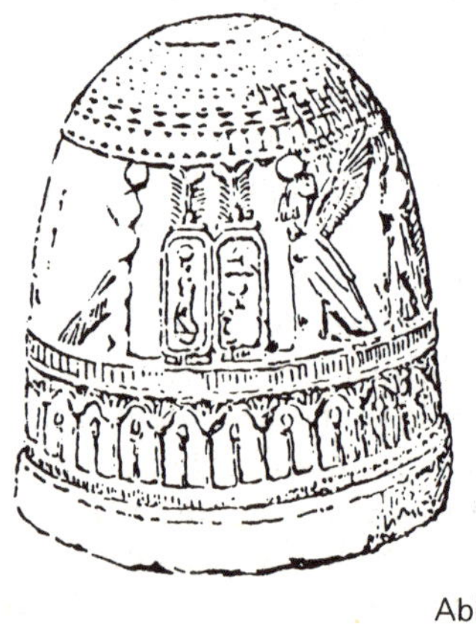

Abb. 100

»Assyriern« und Ägyptern verehrten »heiligen Steine« eine konische Form hatten. Quintus Curtius berichtet, daß ein solcher Gegenstand im Amuntempel in der Oase Siwa stand. »Das Ding, das dort wie ein Gott angebetet wird, hat nicht die Form, die Götterbildnisse gewöhnlich haben. Es gleicht vielmehr einem *umbilicus*, und es besteht aus einem Smaragd und zusammengefügten kleinen Edelsteinen.«

Die Beschreibung des in Siwa verehrten konischen Gegenstandes zitierte F. L. Griffith 1916 im »Journal of Egyptian Archaeology« im Zusammenhang mit der Entdeckung eines Omphalos (Steinkegel) in der nubischen »Pyramidenstadt« Napata. Dieses »einzigartige meroitische Monument« (Abb. 100) wurde von George A. Reisner von der Universität Harvard im inneren Heiligtum des dortigen Amuntempels gefunden – es ist der am weitesten südlich gelegene Tempel dieses ägyptischen Gottes.

Das griechische Wort *omphalos* und das lateinische *umbilicus* bedeuten »Nabel«; ein konischer Stein bezeichnete in uralter Zeit aus unerfindlichen Gründen den »Mittelpunkt der Erde«.

Zum Amuntempel in der Oase Siwa begab sich Alexander der Große nach seiner Ankunft in Ägypten, um das Orakel zu befragen. Sowohl Kallisthenes als auch Quintus Curtius sagen, daß der in diesem Orakelsitz verehrte Gegenstand ein Omphalos aus Edelsteinen war. Der nubische Amuntempel, wo Reisner den Omphalos entdeckt hat, stand in Napata, der alten Hauptstadt der nubischen Königinnen – wir erinnern uns, daß Alexander der Große auf seiner Suche nach Unsterblichkeit bei der Königin Kandace weilte.

War es etwa Zufall, daß der persische König Kambyses (wie Herodot berichtet) seine Mannen nach Nubien schickte, zu dem Tempel, wo die »Sonnentafel« als Heiligtum verwahrt wurde? Schon im ersten Jahrtausend machte eine nubische Königin – die Königin von Saba – eine lange Reise zu König Salomo in Jerusalem. In Baalbek geht die Sage, daß er ihr zu Ehren den Ort verschönerte. Unternahm sie die lange, gefährliche Reise nur, um Salomos Weisheit zu genießen, oder wollte sie in Wirklichkeit das Orakel in Baalbek befragen – im biblischen »Haus Schamaschs«?

Das alles scheinen nicht bloße Zufälle gewesen zu sein, und man fragt sich unwillkürlich: Wenn in all diesen Orakelzentren ein Omphalos als Heiligtum verwahrt wurde, war dann der Omphalos selbst die Quelle des Orakels?

Die Errichtung (oder der Wiederaufbau) einer Abschußbasis und einer Landeplattform auf dem Gipfel von Zaphon bildete nicht die Ursache des verhängnisvollen Kampfes zwischen Baal und Mot. Eher war es Baals heimlicher Versuch, einen »strahlenden Stein« zu errichten. Dieser Apparat machte es Baal möglich, sich sowohl mit dem Himmel als auch mit anderen Orten auf der Erde in Verbindung zu setzen.

»Ein Stein, der flüstert.
Die Menschen werden seine Botschaften nicht wissen,
die Massen auf Erden sie nicht verstehen.«

Wenn wir über die Doppelfunktion des Strahlenden Steines nachdenken, wird uns Baals Geheimbotschaft an Anat plötzlich klar: Der Apparat, den die Götter benutzten, um sich miteinander zu verständigen, war auch der Gegenstand, mit dem die Götter den Königen und Helden orakelhafte Antworten gaben!
In einer gründlichen Studie über den Omphalos führt Wilhelm H. Roscher aus, daß die indo-europäische Bezeichnung für diese Orakelsteine – *Nabel* im Deutschen, *navel* im Englischen, Holländischen und Schwedischen usw. – vom Sanskritwort *nabh* abstammt, das »stark ausstrahlen« bedeutet. Es ist gewiß kein Zufall, daß in den semitischen Sprachen *naboh* »voraussagen« und *nabih* »Prophet« bedeutete. Alle diese übereinstimmenden Bedeutungen gehen zweifellos auf den sumerischen Ausdruck NA.BA(R), das heißt »glänzend heller Stein, der erklärt«, zurück.
Wir stoßen auf ein wahres Netzwerk solcher Orakelstätten, wenn wir alte Schriften studieren. Herodot, der von dem meroitischen Orakel Jupiters/Amuns berichtet, fügt ein weiteres Glied hinzu, indem er erzählt, daß die »Phönizier« nicht nur das Orakel in Siwa begründeten, sondern auch das älteste Orakelzentrum in Griechenland, nämlich das von Dodona am Berg Tomaros in der Landschaft Helliopa (nahe der heutigen albanischen Grenze in Nordwestgriechenland).
Im Zusammenhang damit erzählt er eine Geschichte, die er in Ägypten von den Priestern in Theben gehört hat. »Zwei heilige Frauen wurden von den Phöniziern aus Theben (in Ägypten) entführt... Die eine wurde in Libyen verkauft, die andere in Griechenland. Diese Frauen gründeten in den beiden Ländern die ersten Orakel.«
Hingegen hieß es in Dodona, zwei schwarze Tauben seien aus Theben weggeflogen, die eine habe sich in Dodona niedergelassen, die

andere in Siwa, worauf an beiden Orten ein Orakel gegründet worden sei, dem Gott zu Ehren, den die Griechen Zeus und den die Ägypter Amun nannten.

Der römische Geschichtsschreiber Silicus Italicus (1. Jahrhundert n. Chr.) berichtet, Hannibal habe sich vom Orakel in Siwa in bezug auf seinen Krieg gegen Rom beraten lassen. Mehrere Jahrhunderte später schildert der griechische Dichter Nonnos in seinem für den Dionysischen Sagenkreis unschätzbaren Epos »Dionysiaca« die Orakelschreine in Siwa und Dodona als Zwillingsstätten und vertritt die Meinung, sie hätten in Sprechverbindung miteinander gestanden.

Nach F. L. Griffiths Ansicht ließ die Entdeckung des Omphalos in Nubien an ein anderes Orakelzentrum in Griechenland denken. Die Form des nubischen Omphalos, schrieb er, war genau dieselbe wie die des Omphalos in Delphi.

Delphi, Sitz des berühmtesten Orakels in Griechenland, war Apollon (»Der aus Stein«) geweiht; die Ruinen des Heiligtums gehören zu Griechenlands beliebtesten Sehenswürdigkeiten. Wie in Baalbek war in einer Höhe von 570 m auf einer halbkreisförmigen Berglehne innerhalb zweier steil abstürzender Felswände eine Plattform angebracht, mit Blick auf ein Tal, das sich dem Mittelmeer und den Ländern auf der anderen Küstenseite öffnete.

Viele Berichte bestätigen, daß ein Omphalos der heiligste Gegenstand von Delphi war. Er stand in einem besonderen unterirdischen Gelaß im *inneren Heiligtum* des Apollontempels - ganz allein, sagen manche, neben einer goldenen Statue des Gottes, sagen andere. In einer unterirdischen Kammer, dem Blick der Besucher verborgen, beantwortete die Priesterin wie in Trance die Frage der Könige und Helden mit dunklen, rätselhaften Aussprüchen.

Der ursprüngliche Omphalos ist verschwunden, vielleicht infolge der politischen Wirren. Aber eine steinerne Kopie, die möglicherweise in römischer Zeit außerhalb des Tempels aufgestellt wurde, fanden die Archäologen bei Ausgrabungen. Sie ist im Museum von Delphi zu sehen (Abb. 101). Auch auf dem geheiligten Weg zum Tempel hat irgend jemand zu unbekannter Zeit einen schlichten Omphalos aufgestellt, vielleicht um die Stelle zu bezeichnen, wo das Orakel stattfand, ehe der Tempel erbaut wurde. Auf den Münzen von Delphi sitzt Apollon auf diesem Omphalos (Abb. 102c). Nachdem Phönizien den Griechen in die Hände gefallen war, wurde Apollon auf dem »assyrischen« Omphalos sitzend abgebil-

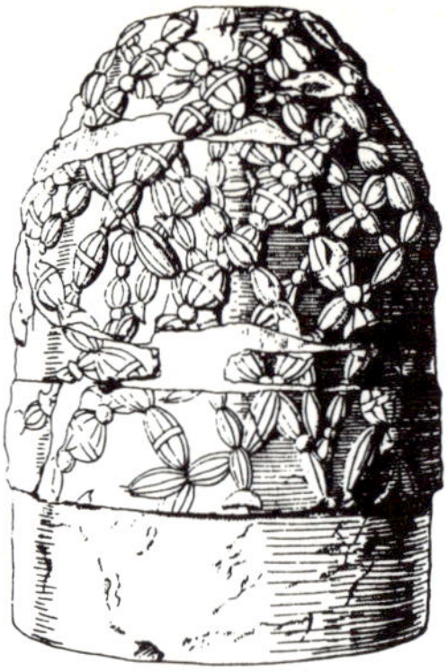

Abb. 101

det. Am häufigsten aber wurden die Orakelsteine als Zwillingskegel auf gemeinsamer Grundlage dargestellt (Abb. 99).
Warum ist Delphi als heiliger Ort für ein Orakel ausgewählt worden, und wie ist der Omphalos dorthin gelangt? Der Sage nach wollte Zeus den Mittelpunkt der Erde finden und ließ Adler von zwei entgegengesetzten Enden der Welt los. Sie flogen aufeinander zu und trafen sich in Delphi, worauf der Ort mit einem Nabelstein, einem Omphalos, bezeichnet wurde. Laut dem griechischen Geograph Strabon saßen zwei Adlerskulpturen auf dem Omphalos von Delphi.
Tatsächlich hat man griechische Kunstwerke gefunden, auf denen zwei Vögel neben (Abb. 102 a und b) oder auf einem Steinkegel sitzen. Manche Forscher sehen in den Vögeln keine Adler, sondern Brieftauben, die – wegen ihrer Fähigkeit, den Rückweg zu ihrem Abflugsort zu finden – das Messen der Entfernung von einem »Mittelpunkt der Erde« zum anderen versinnbildlichen sollen.
Der griechischen Sage nach suchte Zeus während seiner Luftschlachten mit Typhon in Delphi Zuflucht und ruhte sich auf der Plattform aus, auf der später der Apollotempel erbaut wurde.
Amuns Schrein in Siwa enthielt nicht nur unterirdische Geheimgänge, sondern auch ein von dicken Mauern umschlossenes verbotenes Gebiet, das ungefähr sechzig Quadratmeter maß. In der Mitte befand sich eine feste steinerne Plattform. Die gleiche Anlage mitsamt der erhöhten Plattform finden wir an all den Orten, die mit den »flüsternden Steinen« zusammenhängen. Ist daraus also zu schlie-

a
c
Abb. 102 b

ßen, daß sie wie das viel größere Baalbek ebenfalls Landeplatz und gleichzeitig Kommunikationszentrum waren?
Es ist nicht verwunderlich, daß die heiligen Zwillingssteine mit den beiden Adlern auch in den religiösen ägyptischen Texten abgebildet sind (Abb. 103). Viele Jahrhunderte bevor die Griechen ihre Orakelstätten zu heiligen begannen, bildete ein ägyptischer Pharao einen Omphalos mit zwei sitzenden Vögeln auf seinen Pyramiden ab. Es war Seti I., der im vierzehnten Jahrhundert v. Chr. lebte. In seiner Beschreibung des Gebiets von Seker, dem verborgenen Gott, wird der bisher älteste Omphalos erwähnt (Abb. 19). Dies war das Kommunikationsmittel, mit dem »Worte jeden Tag zu Seker gesprochen wurden«.

Baalbek war, wie wir festgestellt haben, das Ziel von Gilgameschs erster Reise. Indem wir den Spuren gefolgt sind, die von dort zu den »flüsternden« glänzenden Steinen führen, sind wir im *Duat* angekommen.
Das war der Ort, wo die Pharaonen die Himmelsleiter zum Leben nach dem Tode suchten. Es war wohl auch der Ort, dem Gilgamesch auf der Suche nach Unsterblichkeit auf seiner zweiten Reise zustrebte.

Abb. 103

10

Tilmun, das Land der Raketenschiffe

Das Epos von Gilgameschs Suche nach Unsterblichkeit ist zweifellos die Quelle der vielen Sagen und Legenden im folgenden Jahrtausend über Könige und Helden, die ebenfalls ewige Jugend zu finden trachteten. Irgendwo auf der Erde, daran hielt das Gedächtnis der Menschheit fest, gab es einen Ort, wo sich der Mensch zu den Göttern gesellen und der Unwürdigkeit des Todes entgehen konnte.

Vor fast 5000 Jahren hat Gilgamesch von Uruk zu Utu (Schamasch) gebetet:

»In meiner Stadt stirbt der Mensch; bedrückt ist mein Herz.
Der Mensch vergeht; schwer ist mein Herz...
Der größte Mensch kann sich nicht zum Himmel emporrecken...
O Utu, ich möchte das Land betreten; steh du mir bei...
An dem Ort, wo die *Schems* errichtet werden,
laß mich meinen *Schem* errichten!«

Schem ist, wie bereits gesagt wurde, mit »Name« (Gedenken) übersetzt worden, aber in Wirklichkeit war es ein Raketenschiff: Henoch verschwand auf seinem »Namen«, als er himmelwärts getragen wurde.

Ein halbes Jahrtausend nach Gilgamesch beschwor in Ägypten König Teti seinen Gott mit der gleichen Bitte:

»Die Menschen sterben, sie haben keinen *Namen.*
Nimm du König Teti an den Armen.
nimm du König Teti zum Himmel empor,
auf daß er nicht sterbe auf der Erde unter den Menschen.«

Gilgameschs Ziel war Tilmun, das Land, wo die Raketenschiffe errichtet wurden. Fragt man, welchen Weg er einschlug, um dorthin zu gelangen, so muß man fragen, wohin Alexander der Große ging, der sich als Pharao und als Sohn eines Gottes betrachtete. Die Frage lautet: Wo auf der Erde war der *Duat*? Denn alle diese Suchenden hatten ein und dasselbe Ziel.

Das Land, wo sie die Himmelsleiter zu finden hofften, war, wie schlüssig bewiesen werden soll, die Halbinsel Sinai.
In der Annahme, daß sich die Einzelheiten im altägyptischen »Totenbuch« auf die heutige Geographie Ägyptens beziehen, haben einige Forscher die Meinung vertreten, die fingierte Reise des Pharaos habe am Nil entlang geführt, von den Heiligtümern in Oberägypten zu denen in Unterägypten. Die alten Texte aber sprechen deutlich von einer Reise über die Grenzen Ägyptens hinaus. Der Pharao zieht ostwärts, nicht nordwärts, und wenn er den Schilfsee und die dahinter liegende Wüste durchquert, läßt er nicht nur Ägypten, sondern auch Afrika hinter sich: Viel Aufhebens wird von den Gefahren – natürlichen und »politischen« – gemacht, die drohen, wenn man von den Gebieten des Horus in die »Länder Seths«, nach Asien, kommt.
Als die Pyramidentexte von den Pharaonen des Alten Reichs geschrieben wurden, war Memphis die Hauptstadt von Ägypten. Das alte religiöse Zentrum war Heliopolis, unweit von Memphis. Von diesen Zentren führte ein Weg ostwärts zu einer Kette von Schilfseen. Dahinter lagen die Wüste, der Bergpaß und die Halbinsel Sinai – das Gebiet, an dessen Himmel sich die letzte Schlacht zwischen Horus und Seth abgespielt hatte.
Die Annahme, daß der Pharao auf seiner Reise zum Leben nach dem Tode zur Halbinsel Sinai geführt wurde, stützt sich auf die Tatsache, daß Alexander der Große nicht nur die Pharaonen nachgeahmt, sondern auch den Versuch gemacht hat, dem Weg zu folgen, den die Kinder Israels beim Auszug aus Ägypten unter der Führung Moses eingeschlagen haben.
In der biblischen Geschichte bildet Ägypten den Ausgangspunkt. Als nächstes kommt das »Rote Meer«, die Wasserschranke, die zerteilt wird, so daß die Israeliten trockenen Fußes hinübergelangen können. Auch in den Alexandersagen kommt die Wasserschranke vor, die stets als »Rotes Meer« bezeichnet ist. Wie in der Geschichte vom Exodus will Alexander sein Heer zu Fuß über das Wasser führen; in der einen Sage baut er einen Damm, in einer anderen legt er ihn durch Gebete bloß. Ob ihm die Überquerung gelingt oder nicht (je nach Version), immer ertrinken die feindlichen Soldaten im heranrauschenden Wasser, genau wie die Ägypter, die die Israeliten verfolgten. Die Feinde der Israeliten sind die Amalekiter; in einer christlichen Version der Alexandersagen werden sie ebenfalls »Amalekiter« genannt.

Jenseits des Wassers – die wörtliche Übersetzung des biblischen Ausdrucks *Jam Suff* lautet »Schilfsee/Schilfmeer« – beginnt eine Wanderung durch die Wüste zu einem heiligen Berg. Bedeutsamerweise heißt der Berg, zu dem Alexander gelangt, *Muscha* – Berg des Moses, dessen hebräischer Name *Mosche* ist. Hier begegnet Moses einem Engel, der zu ihm aus einem Feuer (dem brennenden Busch) spricht; die Beschreibung eines ähnlichen Vorfalls enthalten die Alexandersagen.
Die zwei- und dreifachen Parallelen werden noch zahlreicher, wenn man an die Geschichte von Moses und dem Fisch im Koran denkt. Der Ort des Geschehens ist die Stelle, wo sich zwei Flüsse vereinen. Hier, wo sich der Strom des Osiris in zwei Arme teilt, erreicht der Pharao den Eingang zum unterirdischen Gebiet. In den Alexandersagen wird die kritische Stelle bei der Vereinigung zweier unterirdischer Ströme erreicht, wo der »Stein Adams« Licht ausstrahlt und Alexander dem Großen von göttlichen Wesen zur Umkehr geraten wird.
Im moslemischen Koran findet sich auch die Überlieferung, Alexander mit Moses gleichzusetzen, indem man ihn »Den mit den zwei Hörnern« nennt, eingedenk der Bibelstelle, wo Moses nach der Begegnung mit dem Herrn auf dem Berg Sinai ein leuchtendes Gesicht hat, das »Hörner« (wörtlich Strahlen) von Licht aussendet.
Der Schauplatz des biblischen Exodus war die Halbinsel Sinai. Alle die Ähnlichkeiten und dieselbe Zielsetzung besagen, daß Alexander, Moses und die Pharaonen dorthin gingen, als sie Ägypten in östlicher Richtung verließen. Und die Halbinsel Sinai war auch Gilgameschs Ziel, wie wir sehen werden.
Da Gilgamesch auf seiner zweiten und entscheidenden Reise von Mesopotamien aus zu Schiff aufbrach, konnte er nur den Persischen Golf hinunter segeln. Wenn er dann die arabische Halbinsel umschifft hätte, wäre er ins Rote Meer (das die Ägypter Meer von Ur nannten) gelangt, und über dieses Meer hätte er nach Ägypten segeln können. Aber sein Ziel war nicht Ägypten, sondern Tilmun. Hatte er die Absicht, an der Westküste des Roten Meeres, in Nubien, an Land zu gehen? Oder an der Ostküste, in Arabien? Oder geradeaus auf der Halbinsel Sinai? (s. Landkarte, Abb. 2)
Im Hinblick auf unsere Untersuchung kann man es als glücklichen Umstand bezeichnen, daß Gilgamesch bald ein Mißgeschick traf. Sein Schiff wurde von einem wachehaltenden Gott versenkt, sicher nicht sehr weit von Sumer entfernt, denn Enkidu (dessen Anwesen-

heit auf dem Schiff das Unglück bewirkt hatte) bat Gilgamesch, zu Fuß nach Uruk zurückzukehren. Fest entschlossen, nach Tilmun zu gelangen, zog Gilgamesch statt dessen über Land seinem Ziel zu. Hätte sein Ziel an der Küste des Roten Meeres gelegen, so wäre er quer durch die arabische Halbinsel gegangen. Er schlug jedoch die nordwestliche Richtung ein. Das steht als Tatsache fest, denn nach der Überquerung einer Wüste und des Bergpasses gewahrte er »unten Wasser gleich einem See«. Vor der Mauer einer Stadt über dem See wurde er von der Wirtin Siduri gewarnt, es sei kein See, sondern das »Meer des Todes«.
Wie die Zedern des Libanons als einzigartiges Kennzeichen für Gilgameschs erstes Reiseziel gedient haben, so ist das »Meer des Todes« ein Hinweis darauf, wo Gilgamesch auf seiner zweiten Reise umherirrte. Im ganzen Vorderorient, in allen Ländern der Urzeit gibt es nur ein einziges derartiges Gewässer. Noch heute hat es diesen Namen: »Totes Meer«. Es liegt tatsächlich »unten«, ein abflußloser Landsee, der den tiefsten Teil des Jordangrabens füllt, und dessen Boden heut 792 m unter dem Meeresspiegel liegt. Sein Wasser ist so gesättigt von Salz, daß es hier weder tierisches noch pflanzliches Leben gibt.
Die Stadt über dem Meer des Todes war von einer Mauer umgeben, ihr Tempel dem Mondgott Sin geweiht. Außerhalb der Stadt befand sich ein Gasthaus, dessen Wirtin Gilgamesch den Weg wies.
Die Übereinstimmung mit einer biblischen Geschichte ist nicht zu übersehen. Als die vierzigjährige Wanderung der Israeliten durch die Wildnis beendet war, wurde es Zeit, Kanaan zu betreten. Da sie von der Halbinsel Sinai kamen, umgingen sie das Tote Meer auf der Ostseite, bis sie zu der Stelle gelangten, wo der Jordan ins Tote Meer fließt. Als Moses auf einen Berg gestiegen war, konnte er – genau wie Gilgamesch – den »See unten« sehen. Auf der anderen Seite des Jordans stand eine Stadt: *Jericho*. Sie versperrte den Israeliten den Weg nach Kanaan, und sie schickten zwei Kundschafter aus, ihre Verteidigungsanlage zu untersuchen. Eine Frau, deren Haus an der Stadtmauer angebaut war, nahm sie auf und gab ihnen Ratschläge.
Der hebräische Name *Jericho* bedeutet »Mondstadt« – die Stadt, die dem Mondgott Sin geweiht war.
Zu dieser Stadt dürfte Gilgamesch fünfzehn Jahrhunderte vor dem Exodus der Israeliten gelangt sein.
Gab es denn Jericho schon, als Gilgamesch ums Jahr 2900 v. Chr.

auf seiner Suche war? Die Archäologen stimmen darin überein, daß Jericho vor 7000 v. Chr. gegründet worden ist und um 3500 v. Chr. in Blüte stand. Fraglos existierte sie in Gilgameschs Zeit.

Von der Wirtin hatte Gilgamesch den Rat erhalten, sich vom Fährmann Urschanabi übersetzen zu lassen. Hätte er den Überlandweg genommen, so wäre er, allerdings in umgekehrter Richtung wie die Israeliten, um den See herumgegangen. Vermutlich wurde er von Urschanabi am Südende des Toten Meeres abgesetzt, möglichst nahe der Halbinsel Sinai.

Von hier aus folgte er einem geraden Weg – einer gewöhnlichen Karawanenstraße – zum »fernen Großen Meer«. Wieder ist die Geographie aus der biblischen Terminologie erkennbar, denn »Großes Meer« ist der biblische Name für das Mittelmeer. In der Negev, dem trockenen südlichen Gebiet von Kanaan, sollte er bei »zwei Steinsäulen« westwärts abbiegen und sich nach Itla begeben. Itla lag etwas entfernt vom Großen Meer. Hinter Itla, im »vierten Bezirk« der Götter, war das verbotene Gebiet.

War Itla eine »Stadt der Götter« oder eine Stadt der Menschen? Die Ereignisse, die dort stattgefunden haben und in einer fragmentarischen Fassung des Gilgamesch-Epos beschrieben sind, lassen darauf schließen, daß Itla beides war. Es war eine »geheiligte Stadt«, durch die verschiedene Götter kamen und gingen. Aber auch Menschen konnten dorthin gehen, denn der Weg war mit Marksteinen bezeichnet. Hier rastete Gilgamesch nicht nur, sondern er erhielt hier auch das Schaf, das er den Göttern opferte.

Eine solche Stadt ist aus dem Alten Testament bekannt. Sie lag dort, wo Südkanaan in die Halbinsel Sinai übergeht – ein Tor zur Zentralebene der Halbinsel. Ihr Name *Kadesch*, bedeutet »Geheiligte«; von ihrer nördlichen Namensschwester (die bezeichnenderweise auf dem Zugangsweg nach Baalbek lag) unterschied sie sich dadurch, daß man sie *Kadesch-Barnea* nannte (was, aus dem Sumerischen stammend, »Kadesch mit den strahlenden Steinsäulen« bedeutet haben könnte). Zur Zeit der Patriarchen hielt sich Abraham in diesem Gebiet auf, der »durch die Negev zog und zwischen Kadesch und Schur wohnte«.

Man kennt Namen und Funktion der Stadt auch aus den kanaanitischen Sagen von Göttern, Menschen und ihrer Sehnsucht nach Unsterblichkeit. Danel bat den Gott El um einen rechtmäßigen Erben, so daß sein Sohn zu seinem Gedenken in Kadesch eine Stele errichten könnte. In einem ugaritischen Text wird einem Sohn Els namens Schibani (»Der Siebente«) – möglich, daß die biblische Stadt Beer-Seba (»Brunnen des Siebenten«) nach ihm benannt worden ist –, gesagt, er solle »in der Wüste von Kadesch einen Gedenkstein errichten«.

Charles Virolleaud und René Dussaud, die als Bahnbrecher für das Verständnis der ugaritischen Texte gelten, sind zu dem Schluß gelangt, daß sich die vielen Erzählungen »im Gebiet zwischen dem Roten Meer und dem Mittelmeer«, also auf der Halbinsel Sinai, abgespielt haben. Der Gott Baal, der gern im See Samachi fischte, ging in der »Wüste von Alosch« auf die Jagd, wo es Dattelpalmen gegeben haben muß (Abb. 104). Virolleaud und René Dussaud betonen beide, daß dieser geographische Hinweis auf eine ugaritische Örtlichkeit mit dem biblischen Bericht vom Exodus übereinstimmt: Die Israeliten zogen von Mara aus, dem Ort des bitteren Wassers, über die Oase Elim, den Ort mit den zwölf Wasserquellen und den siebzig Dattelpalmen, nach Alosch.

Weitere Einzelheiten, die El und die jüngeren Götter mit den Schauplätzen des Exodus in Zusammenhang bringen, finden sich in einem Text, den die Gelehrten »Geburt der gnädigen und prächtigen Götter« nennen. Schon die ersten Verse verlegen die Handlung in die »Wüste von *Suffim*«, eine Wüste, die unmißverständlich am *Jam Suff* (»Schilfmeer«) liegt:

»Ich rufe die gnädigen und prächtigen Götter,
die Söhne der Fürsten.
Ich will sie setzen in die Stadt des Aufsteigens und Gehens
in der Wüste von Suffim.«

Die kanaanitischen Texte liefern noch mehr Hinweise. Im großen und ganzen bezeichnen sie El, den Erhabensten, den Höchsten, als obersten Gott. Das ist eher ein Titel als ein Personenname. Aber in dem oben erwähnten Text nennt sich El selbst *Jera* und seine Gattin

Abb. 104

Nichal. Jera ist das semitische Wort für »Mond«; besser bekannt ist der Mondgott unter dem Namen *Sin. Nichal* ist eine semitische Ableitung von NIN.GAL, wie der sumerische Name der Gattin des Mondgottes lautet.
Über die Herkunft des Namens der Halbinsel, *Sinai*, haben die Forscher viele Theorien entwickelt. Ausnahmsweise hat einmal die offensichtlichste Erklärung – daß der Name »Hat *Sin* gehört« bedeutet – die meisten Befürworter gefunden.
Auf Abb. 72 sieht man, daß die Mondsichel das Emblem derjenigen Gottheit war, in deren Gebiet das geflügelte Tor stand. Der Schnittpunkt der Hauptwege in der Zentralebene, die Wasserstelle *Nachl*, trägt immer noch den Namen von Sins Gattin.
Alles deutet darauf hin, daß das »Land Tilmun« die Halbinsel Sinai war.

Geographie, Topographie, Geologie, Klima, Flora und Geschichte der Halbinsel Sinai sprechen für diese Schlußfolgerung.
Laut den mesopotamischen Texten lag Tilmun am »Mund« zweier Gewässer. Tatsächlich beginnt die Halbinsel Sinai, die die Form eines Dreiecks hat, dort, wo sich das Rote Meer in zwei Arme teilt, den Golf von Suez im Westen und den Golf von Elat (Golf von Akaba) im Osten. Tatsächlich zeigen auch die ägyptischen Darstellungen des Landes Seth, wo der *Duat* sich befand, wenn man sie umdreht, die Form einer Halbinsel, die Sinai ähnelt (Abb. 105).
Die Texte sprechen vom »Gebirgsland Tilmun«. Die Sinaihalbinsel besteht aus den mächtigen Gebirgszügen im Süden, einem mäßig hohen Kalkplateau und einer von Bergen umgebenen Ebene, die sich zur Mittelmeerküste abflacht. Der Küstenstreifen bildete seit unvordenklichen Zeiten eine »Landbrücke« zwischen Afrika und Asien. Die ägyptischen Pharaonen benutzten sie für Einfälle in Kanaan und Phönizien und für die Angriffe auf die Hethiter. Sargon von Akkad behauptete, er habe seine Waffen im Mittelmeer gewaschen, die »Meerländer« – die Länder an der Mittelmeerküste – dreimal umzingelt und Tilmun erobert. Sargon II., König von Assyrien im 8. Jahrhundert v. Chr., eroberte das Gebiet, das »sich von Bit-Jachin an der Küste des Salzmeers bis zur Grenze von Tilmun« erstreckt. Die Bezeichnung »Salzmeer« hat sich bis heute als hebräischer Name für das Tote Meer erhalten – eine weitere Bestätigung, daß Tilmun in der Nähe des Toten Meers lag.
Mehrere assyrische Könige weisen auf den »Bach von Ägypten« als

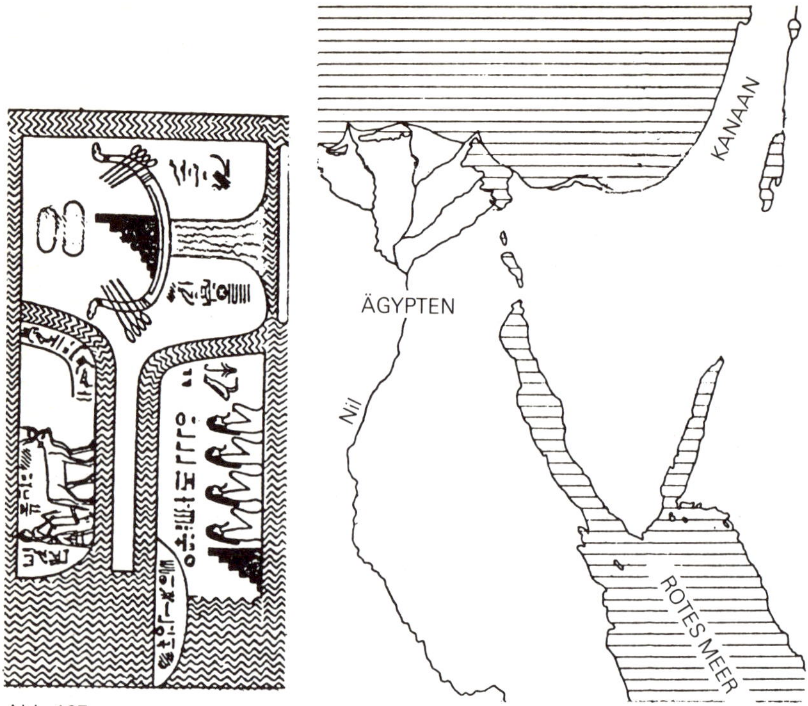

Abb. 105

geographisches Kennzeichen auf ihren Expeditionen nach Ägypten hin. Sargon II. erwähnt den Bach, nachdem er die philistische Stadt Aschdod an der Mittelmeerküste erobert hat. Esarhaddon, der etwas später regierte, rühmt sich: »Ich trat auf Arza am Bach von Ägypten, ich legte König Asuhili in Fesseln… Kanaja, der König von Tilmun, mußte mir Tribut zollen.« Mit »Bach von Ägypten« wird das lange Flußtal, bezeichnet, das heute *Wadi El-Arisch* heißt. Von Assurbanipal, der Esarhaddon auf den Thron von Assyrien folgte, wird gesagt: »Er legte das Joch seiner Oberherrschaft von Tyrus am Oberen Meer (Mittelmeer) bis Tilmun am Unteren Meer (Rotes Meer).«

In allen Fällen stimmen Geographie und Topographie von Tilmun mit der Halbinsel Sinai überein.

Abgesehen von jährlichen Schwankungen, nimmt man an, daß das Klima der Halbinsel zu vorgeschichtlicher Zeit dasselbe war wie

heute: unregelmäßige Regenzeit zwischen Oktober und Mai, im übrigen vollständig trocken. Wegen der geringen Niederschlagsmenge hat ganz Sinai wüstenartige Prägung, aber die hohen Granitgipfel im Süden sind im Winter trotzdem oft schneebedeckt. Im allgemeinen nimmt die Niederschlagsmenge von Nordost nach Südost ab.
Kennzeichnend für den größten Teil der Halbinsel sind die Wadis, Trockentäler, die nur bei seltenen Platzregen mit reißendem Wasser erfüllt sind. Im Süden verläuft das Wasser nach den heftigen kurzen Regenfällen entweder ostwärts (zum Golf von Elat) oder, meistens, westwärts zum Golf Suez. Hier findet man die meisten malerischen, tiefen, schluchtenartigen Wadis mit blühenden Oasen. Aber der größte Teil des Niederschlags ergießt sich nordwärts ins Mittelmeer, über das große Wadi El-Arisch und seine zahlreichen Nebenflüsse, die auf der Landkarte wie die Blutgefäße eines Herzens aussehen. In diesem Teil der Halbinsel variiert die Tiefe der Wadis von einigen Zentimetern bis zu mehreren Metern, die Breite von ein paar Zentimetern bis zu Kilometern, entsprechend der Niederschlagsmenge.
Die Regenzeit ist ganz unberechenbar. Plötzliche Wolkenbrüche wechseln ab mit langer Dürre. Starker Niederschlag kann zu falscher Berechnung der Wasserverhältnisse führen. Das muß den Israeliten zugestoßen sein, als sie Ägypten Mitte April verließen und einige Wochen später zur Sinai-Wildnis gelangten. Sie fanden das erwartete Wasser nicht, und zweimal mußte der Herr angerufen werden, bevor er Moses zeigte, wo er Wasser aus dem Felsen schlagen konnte.
Die Beduinen und andere erfahrene Sinai-Reisende können dieses Wunder ebenfalls vollbringen, wenn sie im Wadibett den geeigneten Boden finden. Das Geheimnis liegt darin, daß der steinige Boden vielerorts über einer Lehmschicht liegt, die das durchsickernde Wasser aufhält. Weiß man Bescheid, so kann man mit ein wenig Glück in einem vollständig trockenen Wadi unter dem Steinbett Wasser hervorgraben.
Wurde diese Kunst der Nomaden als das große Wunder des Herrn angesehen? Jüngste Entdeckungen in Sinai werfen neues Licht auf diese Frage. Israelische Hydrologen vom Weizmann-Institut haben festgestellt, daß es wie in der Sahara und in einigen nubischen Wüsten auch im Zentralsinai tief unter der Erde »fossiles Wasser« gibt – Überreste vorgeschichtlicher Seen eines anderen geologischen Zeitalters. Das große Untergrundreservoir würde (so schätzt man)

fast hundert Jahre für die Wasserversorgung der Bevölkerung Israels ausreichen, denn es erstreckt sich in einem ca. 1500 km breiten Gürtel vom Suezkanal bis unter die unfruchtbare Wüste Negev. Obwohl das Wasser durchschnittlich etwa 1000 m unter dem Felsenboden liegt, ist es subartesisch und steigt durch seinen eigenen Druck auf ungefähr 300 m unter dem Boden. Bei ägyptischen Probebohrungen nach Erdöl hat man in der Nordebene (bei Nachl) statt Öl dieses Wasserreservoir entdeckt. Andere Bohrungen bestätigten die unglaubliche Tatsache: Über dem Boden unfruchtbare Wildnis, darunter - leicht erreichbar mit moderner Bohr- und Pumptechnik - ein See reinen Wassers!
Ist es möglich, daß die Nefilim mit ihrer weit entwickelten Raumfahrt-Technologie davon nichts gewußt haben? War dies - nicht etwa ein wenig Wasser in einem trockenen Flußbett - das Wasser, das hervorsprudelte, als Moses nach dem Rat des Herrn auf den Felsen geschlagen hatte? Den Stab, mit dem Moses die Wunder in Ägypten vollbracht hatte, sollte Moses in die Hand nehmen. Er werde den Herrn auf einem bestimmten Felsen stehen sehen: »Wenn du dann an den Felsen schlägst, wird Wasser hervorfließen, so daß das Volk trinken kann.« Genügend Wasser für eine große Menschenmenge und ihre Tiere. Das Wunder geschah »vor den Augen der Ältesten Israels«.
In einer sumerischen Geschichte über Tilmun wird über ein ähnliches Ereignis berichtet. Wasserknappheit hat zu Notzeiten geführt. Die Felder sind verdorrt, Menschen und Tiere leiden Durst. Ninsikilla, die Gattin Enschags, der über Tilmun herrscht, beklagt sich bei ihrem Vater Enki:

»Die Stadt, die du uns geschenkt hast,
Tilmun, die Stadt, die du uns geschenkt,
hat kein Flußwasser...
Kein funkelndes Wasser fließt in die Stadt.«

Nach Enkis Dafürhalten gibt es keine andere Lösung, als *unterirdisches Wasser heraufzuholen.* Es muß so tief gelegen haben, daß man nicht daran gelangen konnte, wenn man einen gewöhnlichen Brunnen grub. Mit einer *vom Himmel abgefeuerten Rakete* sollten die Steinschichten durchdrungen werden!

»Vater Enki antwortete seiner Tochter Ninsikilla:
›Möge Gott Utu seine Stellung am Himmel einnehmen.
Möge er eine Rakete an seiner Brust befestigen
und sie von oben auf die Erde richten...

Von der Quelle, aus der das Wasser der Erde kommt,
möge er dir süßes Wasser bringen.‹«

Daraufhin erhält Utu/Schamasch die Anweisung, aus der unterirdischen Quelle Wasser heraufzuholen:

»Utu nimmt seine Stellung am Himmel ein,
eine Rakete ist an seiner Brust befestigt;
von oben richtet er sie auf die Erde.
Er läßt seine Rakete von der Himmelshöhe hinunterfallen.
Durch die kristallenen Steine brachte er das Wasser herauf.
Von der Quelle, aus der Wasser auf die Erde kommt,
brachte er ihr süßes Wasser.«

Konnte eine aus der Höhe abgeschossene Rakete den Erdboden durchdringen und bewirken, daß Trinkwasser heraufkam? Als habe der alte Schreiber die Ungläubigkeit seiner Leser vorausgeahnt, versichert er am Schluß: »Wahrlich, so war es.« Das Wunder wirkte: Tilmun wurde ein Land fruchtbarer Felder, die Stadt Tilmun Hafenstadt des Landes mit Molen und Anlegestellen.

Die Parellelen zwischen Tilmun und Sinai bestätigen zweierlei: erstens das Vorhandensein des unterirdischen Wasserreservoirs, zweitens in der Nähe die Anwesenheit von Utu/Schamasch, dem Oberbefehlshaber des Raumflughafens.

Die Halbinsel Sinai besitzt auch alle Bodenschätze, für die Tilmun berühmt war.

Aus Tilmun kamen die Lasursteine (Lapislazuli), die von den Sumerern so sehr geschätzt wurden. Es ist erwiesen, daß die ägyptischen Pharaonen sowohl Türkise als auch Malachite aus den südwestlichen Teilen des Sinais bezogen haben. Das Türkisminengebiet heißt jetzt Wadi Magharab (Wadi der Höhlen); dort wurden Gänge in die Felswände der Schlucht gegraben, wo die Bergleute die Türkise herausmeißelten. Später fand die Bergwerksarbeit auch an einem Ort statt, der jetzt Serabit-el-Chadim heißt. Im Wadi Magharab hat man ägyptische Inschriften aus der Zeit der dritten Dynastie (2700 bis 2600 v. Chr.) gefunden, und man nimmt an, daß die Ägypter zu dieser Zeit ihre Garnisonen anlegten und mit dem systematischen Abbau begannen.

Archäologische Entdeckungen sowie Abbildungen von den ersten Pharaonen, die »asiatische Nomaden« besiegten und gefangennahmen (Abb. 106), beweisen nach Meinung der Forscher, daß die Ägypter zuerst nur Minen ausbeuteten, die vor ihnen von semitischen Stämmen angelegt worden waren. Tatsächlich stammt das

Abb. 106

ägyptische Wort *Mafka-t* (Türkis), nach dem sie den Sinai »Mafkat-Land« nannten, von dem semitischen Verb, das »minieren, durch Schneiden hervorholen« bedeutet. Diese Bergwerksgebiete lagen im Reich der Göttin Hathor, die sowohl »Herrin von Sinai« als auch »Herrin von Mafkat« genannt wurde. Als große Gottheit alter Zeiten, als einer der ersten ägyptischen Himmelsgötter trug sie den Beinamen »Kuh« und wurde oft mit Kuhhörnern abgebildet (Abb. 7 und 106). Hieroglyphisch wurde ihr Name *Hat-Hor* als umrahmter Falke  geschrieben; nach Ansicht einiger Forscher bedeutete das »Haus des Horus« (da Horus als Falke dargestellt wurde); aber es bedeutete buchstäblich »Falkenhaus«, was als Bestätigung für unsere Schlußfolgerungen in bezug auf Lage und Funktion des Landes der Raketen aufzufassen ist.
Laut der Encyclopaedia Britannica wurde der Türkis vor dem vierten Jahrtausend v. Chr. bei der ersten bedeutenden Minenarbeit in hartem Felsgestein auf der Halbinsel Sinai gewonnen. Damals begann sich die sumerische Zivilisation erst zu regen, und die ägyptische lag noch in weiter Ferne. Wer kann ihre Bergwerkstätigkeit organisiert haben? Die Ägypter glaubten, Toth sei es gewesen, der Gott der Geheimnisse.
Damit und mit Hathors Herrschaft über Sinai übernahmen die Ägypter sumerische Überlieferungen. In sumerischen Texten heißt

es, Tilmun sei in vorsintflutlicher Zeit Ninhursag, der Schwester von Enlil und Enki, zugefallen. In ihrer Jugend war sie eine blendende Schönheit, die oberste Krankenpflegerin der Nefilim. Weil sie bei der Geburt so vieler Kinder der Götter auf Erden beigestanden und mit Enki an der Erschaffung von Adapa/Adam teilgenommen hatte, wurde sie »Mutter der Götter und der Menschen« genannt. Im Alter aber erhielt sie den Beinamen »Kuh« und wurde als Göttin der Dattelpalme mit Kuhhörnern abgebildet (Abb. 107). Ein weiterer Beweis, daß Tilmun und Sinai identisch sind, ist die Tatsache, daß die Ägypter die Minengegenden als Gebiet der Göttin Hathor betrachteten. Sie nannten sie »Herrin von Sinai«, und weil sie Ptah bei der Erschaffung des Menschen geholfen hatte, trug sie auch den Beinamen »Große Mutter«, ihr wichtigster Beiname aber war »Kuh«, und mit Kuhhörnern wurde sie auf einer Darstellung der Erschaffung des Menschen gezeichnet. Die Ähnlichkeit zwischen Ninhursag und Hathor sowie die Übereinstimmung der Herrschaftsgebiete sind so offensichtlich, daß sie keiner weiteren Erklärung bedürfen.

Abb. 107

Im Sinai gab es auch Kupfervorkommen, und es ist erwiesen, daß die Ägypter deswegen Raubzüge unternahmen. Dazu mußten sie tiefer in die Halbinsel vordringen; ein Pharao der 12. Dynastie, also zu Abrahams Zeit, hat uns die folgende Beschreibung seiner Taten hinterlassen: »Er erreichte zu Fuß die Grenzen der fremden Länder, erforschte die geheimnisvollen Täler, gelangte zur Grenze des Unbekannten.« Er brüstete sich damit, daß seine Mannen keine einzige Kiste der Beute verloren haben.

Vor kurzem fanden israelische Forscher im Sinai schlüssige Beweise, daß der Sinai zur Zeit des Frühen Königtums in Ägypten, im dritten Jahrtausend v. Chr., dicht bevölkert war von semitischen Stämmen, die Kupfer und Türkis abbauten und den Raubzügen der Pharaonen widerstanden. In seinem Buch »Sinai Explorations 1967–1972« schreibt Beno Rothenberg: »Es gab erwiesenermaßen ziemlich groß angelegte metallurgische Unternehmen... Von den westlichen Teilen des Südsinais bis nach Elat im Osten am Golf von Akaba breiteten sich Kupferbergwerke, Bergarbeiterlager und Kupferschmelzanlagen aus.«
Elat – im Alten Testament Etzion-Gaber – war wirklich eine Industriestadt. Vor rund zwanzig Jahren entdeckte Nelson Glueck in Timna, nördlich von Elat, König Salomos Kupferminen. Das Erz wurde nach Etzion-Gaber gebracht, dort geschmolzen und raffiniert.
Abermals bezeugen archäologische Funde die Richtigkeit der biblischen und mesopotamischen Texte. Der assyrische König Esarhaddon rühmt sich, Kanajah, dem König von Tilmun, Tribut auferlegt zu haben. Im Alten Testament werden die Keniter als Bewohner des Südsinais erwähnt, und ihr Name bedeutet wörtlich »Schmied, Metallurgist«. Die Frau, die Moses nach seiner Flucht aus Ägypten heiratete, war vom Stamme der Keniter. Das hebräische Wort *Kain* (»Schmied«) ist vom sumerischen KIN abgeleitet.
Pharao Ramses III., der in dem Jahrhundert nach dem Exodus regierte, hat seinen Überfall auf die Wohnstätten dieser Kupferschmiede und die Plünderung des metallurgischen Zentrums Timna-Elat folgendermaßen verzeichnet:
»Ich vernichtete das Volk von Seir, von den Stämmen des *Schasu*; ich plünderte ihre Zelte, raubte ihre Besitztümer und ihr Vieh sonder Zahl. Sie wurden gefangengenommen und als Tribut gefesselt nach Ägypten gebracht. Ich gab sie den Göttern als Sklaven in ihren Tempeln. Ich schickte meine Mannen ins Alte Land, zu den großen Kupferminen, die es dort gibt. Sie wurden zum Teil mit dem Schiff hingefahren, andere ritten auf Eseln über Land. Das hat man noch nie gehört, seit die Herrschaft der Pharaonen begann.
Sie fanden in den Minen Kupfer in Hülle und Fülle; es wurde auf die Schiffe verladen. Es wurde nach Ägypten geschickt und kam gut an. Unter dem Balkon des Palastes wurde es aufgehäuft, in vielen Kupferbarren, hunderttausend, in der Farbe des Goldes nach dreifacher Bearbeitung.

Ich ließ das ganze Volk sie wie ein Wunder sehen.«
Von den Göttern wurde Enkidu dazu verurteilt, den Rest seines Lebens in den Minen von Tilmun zu verbringen, und deshalb faßte Gilgamesch den Plan, mit einem Schiff zu fahren und seinen Freund mitzunehmen, denn die Gegend der Minen und die Gegend der Raketen lagen in ein und demselben Land. Auch dieses Faktum bestätigt unsere Hypothese.

Bevor wir die Rekonstruktion historischer und vorgeschichtlicher Ereignisse fortsetzen, muß noch die Schlußfolgerung untermauert werden, daß *Tilmun* der sumerische Name der Sinaihalbinsel war. Dabei gilt es in erster Linie, die gegenteiligen Ansichten der Forscher zu analysieren und zu zeigen, inwiefern sie sich geirrt haben.
Hartnäckig ist die Ansicht vertreten worden, *Tilmun* (mitunter *Dilmun* geschrieben) sei die Inselgruppe Bahrein im Persischen Meerbusen gewesen. Die Vertreter dieser Ansicht stützen sich hauptsächlich auf die Inschrift Sargons II. von Assyrien, in der er unter den Königen, die ihm Tribut entrichten mußten, Uperi aufzählt, »den König von Dilmun, dessen Wohnung gleich einem Fisch 30 Doppelstunden entfernt mitten in dem Meer liegt, wo die Sonne aufgeht«. Diese Beschreibung wird dahingehend aufgefaßt, daß Tilmun eine Insel gewesen sei, und das Meer, »wo die Sonne aufgeht«, wird für den Persischen Golf gehalten. So wird einfach auf Bahrein geschlossen.
Diese Erklärung ist jedoch anfechtbar. Erstens einmal lassen die alten Texte keinen Zweifel, daß es sowohl das Land Tilmun als auch die Stadt Tilmun gab. Zweitens beziehen sich die assyrischen Inschriften, die von »Städten mitten im Meer« sprechen, immer auf Küstenstädte an einer Bucht oder auf einem Landvorsprung (wie zum Beispiel Arvad an der Mittelmeerküste), aber nie auf eine Insel. Wenn das Meer, »wo die Sonne aufgeht« auf ein Meer östlich von Mesopotamien hinweist, dann kann der Persische Golf nicht gemeint sein, da er im Süden liegt, nicht im Osten von Mesopotamien. Außerdem liegt die Inselgruppe Bahrein zu nahe bei Mesopotamien, als daß eine Seefahrt von dreißig Doppelstunden erforderlich wäre, um sie zu erreichen. In sechzig Stunden würde man, selbst bei langsamer Fahrt, eine viel größere Entfernung zurücklegen als die 300 Meilen von den mesopotamischen Häfen.
Auch die Produkte, für die Tilmun bekannt war, lassen sich nicht mit Bahrein vereinbaren. Auf den Inseln gibt es weder Kupfer noch

Edelsteine, weder Holz noch Zwiebeln, nur »gewöhnliche Datteln«. Zur Lösung dieser Frage bringen die Anhänger der Bahrein-Theorie die Erklärung vor, Bahrein habe als Umschlagplatz gedient. Sie sagen, die Produkte seien aus einem anderen, ferneren Land gekommen, aber die Schiffe, die diese Waren beförderten, seien nicht bis Sumer gefahren. Man habe auf Bahrein angelegt und die Waren gelöscht, und die berühmten Kaufleute von Sumer hätten sie dort abgeholt und zu den sumerischen Häfen gebracht. Folglich hätten die sumerischen Schreiber Bahrein gemeint, wenn sie *Dilmun* als Herkunftsland ihrer Güter angaben.
Aber wozu dieser Umweg und alle die Umstände? Überdies steht diese Theorie in unbedingtem Widerspuch zu den spezifischen Angaben der Herrscher von Sumer und Akkad, die besagen, daß die Schiffe *von* Tilmun – wie auch von anderen Ländern – in ihren Hafenstädten vor Anker gegangen sind. Ur-Nansche, der etwa zwei Jahrhunderte nach Gilgameschs Regierung in Uruk König von Lagasch war, sagt ausdrücklich: »Die Schiffe von Tilmun ... brachten mir Holz als Tribut.« Der Name *Tilmun* ist auf seiner Inschrift (Abb. 108) aus dem Piktograph für »Raketen« deutlich zu ersehen.
Sargon, der erste Herrscher von Akkad, rühmt sich: »Am Landeplatz von Akkad ließ er Schiffe aus Meluhha, Schiffe aus Magan und Schiffe aus Tilmun anlegen.«

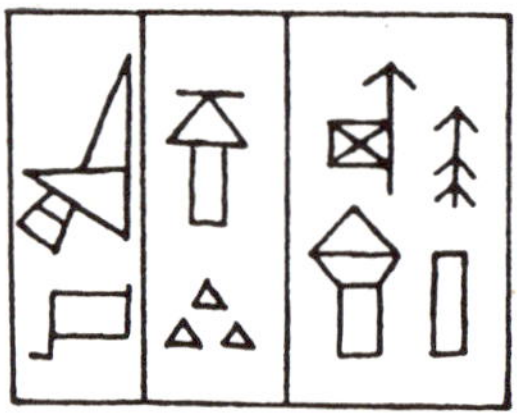

Abb. 108

Demnach brachten die Schiffe die Produkte von Tilmun geradewegs zu den mesopotomischen Häfen, wie es Logik und Wirtschaftlichkeit vorschreiben würden. Ebenso schildern die alten Texte die direkte Ausfuhr von Mesopotamien nach Tilmun. In einer Inschrift ist die Rede davon, daß ungefähr im Jahr 2500 v. Chr. Weizen, Gerste und Käse von Lagasch nach Tilmun verschifft wurden. Nirgends wird der Umschlag auf einer Insel erwähnt.
Samuel S. Kramer, einer der führenden Gegner der Bahrein-Theorie, betont die Tatsache, daß die mesopotamischen Texte *Dilmun* stets als »ein fernes Land« bezeichnen, das nur auf gefährliche und

abenteuerliche Weise zu erreichen war. Diese Beschreibung ist nicht vereinbar mit einer nahe gelegenen Insel, zu der man nur über das ruhige Wasser des Persischen Golfs zu segeln brauchte. Kramer mißt auch der Tatsache große Bedeutung zu, daß Tilmun in den verschiedenen mesopotamischen Texten immer »am Munde zweier fließender Gewässer« liegt.

Aufgrund eines Textes, in dem es heißt, Tilmun sei das »Land, wo die Sonne aufgeht«, schloß Kramer erstens, daß Tilmun ein Land und keine Insel war, und zweitens, daß es östlich von Sumer gelegen haben muß, da die Sonne ja im Osten aufgeht. Als er im Osten einen Ort suchte, wo sich zwei Gewässer vereinen, konnte er nur die südöstliche Stelle finden, wo der Persische Golf in den Indischen Ozean übergeht. Deshalb führt er das westpakistanische Hochland Belutschistan als Möglichkeit an.

Kramers Unsicherheit beruht auf der wohlbekannten Tatsache, daß die zahlreichen sumerischen und akkadischen Texte, die Länder und Völker nennen, Tilmun nie in Zusammenhang mit östlichen Ländern wie etwa Elam und Aratta erwähnen. Statt dessen werden darin *Meluhha* (Nubien/Äthiopien), *Magan* (Ägypten) und *Tilmun* als benachbarte Länder genannt. Die Nachbarschaft von Ägypten und Tilmun ist aus dem Schluß des Textes »Enki und Ninhursag« zu ersehen, wo die Ernennung Nintullas zum »Herrn von Magan« und die Enschags zum »Herrn von Tilmun« mit dem Segen zweier Götter erfolgt. Ein anderer bemerkenswerter Text, geschrieben als Enkis Autobiographie, der Enkis Unternehmungen nach der Sintflut und seine Verdienste um die Zivilisation der Menschheit schildert, bezeugt ebenfalls, daß Tilmun an Magan und Meluhha grenzte:

»Die Länder *Magan* und *Tilmun* blickten zu mir herauf.
Ich, Enki, machte das Tilmun-Schiff an der Küste fest,
belud das Magan-Schiff himmelhoch.
Das frohe Schiff von *Meluhha* trägt Gold und Silber.«

Wie verhält es sich nun in Anbetracht der unmittelbaren Nähe zwischen Tilmun und Ägypten mit der Aussage, Tilmun habe dort gelegen, »wo die Sonne aufgeht« – also östlich von Sumer (wie manche Gelehrte meinen), nicht wie die Halbinsel Sinai westlich davon?

Die Antwort ist einfach: Die Texte enthalten diese Aussage gar nicht. Es heißt darin nicht »wo die *Sonne* aufgeht«, sondern die Lesart lautet: »Wo *Schamasch* aufsteigt.« Tilmun lag gar nicht im Osten; aber es war sicherlich der Ort, wo Utu/Schamasch (der Gott, dessen Himmelssymbol die Sonne war, so daß nicht die Sonne selbst gemeint ist) in seinen Raketenschiffen zum Himmel aufstieg. Die Worte im Gilgamesch-Epos sind ganz eindeutig:

»Beim Berg *Maschu* kam er an,
wo er bei Tage die *Schems* sah,
wie sie kommen und gehen...
Raketenmänner bewachen die Tore...
sie wachen über *Schamasch*, wenn er auf- und niedersteigt.«

Das war in der Tat der Ort, wohin Ziusudra, der Held der sumerischen Sintflut-Sage, gebracht worden war:

»Im Land der Überquerung, im gebirgigen Tilmun,
an dem Ort, *wo Schamasch aufsteigt*,
ließen sie ihn wohnen.«

Deshalb schlug Gilgamesch, als es ihm verwehrt wurde, einen *Schem* zu errichten, und er wenigstens mit seinem Ahnen Ziusudra sprechen wollte, die Richtung zum Berg Maschu in Tilmun ein – zum Mosesberg auf der Halbinsel Sinai.

Die modernen Botaniker staunten über die vielfältige Flora der Halbinsel; über tausend Pflanzenarten fanden sie – darunter viele, die nur dort vorkommen –, von hohen Bäumen bis zu winzigen Sträuchern. Wo es Wasser gibt – in den Oasen, unter den Sanddünen an der Küste, in den Wadibetten –, da wachsen Bäume und Sträucher mit verblüffender Beständigkeit, da sie sich dem Klima und der besonderen Hydrographie angepaßt haben.
Vermutlich kamen die begehrten Zwiebeln aus den nordöstlichen Landesteilen. Die Schalotte, die askalonische Zwiebel (so genannt nach ihrem lateinischen Namen), dürfte von dem Ort herstammen, von dem aus diese Delikatesse nach Europa verschifft wurde, nämlich von Askalon, einer der fünf Hauptstädte der Philister am Mittelmeer.
Zu den Bäumen, die sich den einzigartigen Verhältnissen angepaßt haben, gehört die Akazie, die ihre hohe Transpiration dem Umstand verdankt, daß sie nur in den Wadibetten wächst, wo sie die unterirdische Feuchtigkeit metertief aufsaugt. Infolgedessen kann der Baum fast zehn Jahre lang ohne Regen auskommen. Sein Holz galt von jeher als wertvoll; laut dem Alten Testament wurde die Arche Noahs aus Akazienholz erbaut. Vermutlich haben die Könige von Sumer es für den Bau ihrer Tempel eingeführt.
Fast überall auf Sinai gegenwärtig sind die Tamarisken, strauchar-

tige Bäume, die das ganze Jahr an den Wadis grünen; auch ihre Wurzeln reichen tief hinunter zur unterirdischen Feuchtigkeit, und sie gedeihen sogar auch dort, wo das Wasser salzig oder brackig ist. Nach besonders regenreichem Winter sind sie behängt mit süßen weißen Knöllchen, dem Sekret kleiner Insekten, die auf der Tamariske leben. Die Beduinen bezeichnen diesen Stoff noch heute mit seinem biblischen Namen *Manna.*

Aber der Baum, der in der Vorzeit hauptsächlich mit Tilmun in Zusammenhang gebracht wurde, war die *Dattelpalme.* In volkswirtschaftlicher Hinsicht ist sie immer noch der wichtigste Baum im Sinai. Sie braucht wenig Pflege und liefert den Beduinen die benötigte Obstnahrung (Datteln); ihre Blätter werden als Baumaterial benutzt, Same und Mark den Kamelen und Ziegen verfüttert; das Holz dient für Bauzwecke und Feuerung; die Fasern werden in der Seilerei und Weberei verwendet.

Aus mesopotamischen Texten ist ersichtlich, daß die Datteln in uralter Zeit aus Tilmun ausgeführt wurden. Die Früchte waren so groß und wohlschmeckend, daß sie den Göttern von Uruk (der Stadt Gilgameschs) aufgetischt wurden: »Jeden Tag des Jahres für die vier Mahlzeiten 108 Maß gewöhnlicher Datteln und Datteln aus dem Land Tilmun sowie Feigen und Rosinen... sollen den Göttern dargeboten werden.« Die nächste und älteste Stadt auf dem Landweg von Sinai nach Mesopotamien war Jericho. Ihr biblischer Beiname lautet »Jericho, die Stadt der Datteln«.

Die Dattelpalme war in den nahöstlichen Religionen, das heißt in der alten Vorstellung vom Menschen und seinen Göttern, ein Symbol. Im Psalm 92 heißt es: »Der Gerechte wird grünen wie eine Dattelpalme.« Der Prophet Hesekiel sah den wiederaufgebauten Tempel von Jerusalem mit Cheruben und Palmen geschmückt, »und zwar je eine Palme zwischen zwei Cheruben... Vom Boden bis über die Türen hinauf waren die Cherube und Palmen an den Tempelwänden angebracht«. Da Hesekiel damals unter den Verbannten lebte, die von den Babyloniern zwangsweise von Judäa nach Babel gebracht worden waren, kannte er natürlich die mesopotamischen Abbildungen, die das Thema von den Cheruben und der Dattelpalme behandeln (Abb. 109).

Neben der geflügelten Scheibe, dem Emblem des Zwölften Planeten, war bei allen vorgeschichtlichen Völkern die häufigste Abbildung auf Rollsiegeln, Fresken, Tempelverzierungen und anderen künstlerischen Darstellungen der *Lebensbaum.* Die Forscher haben

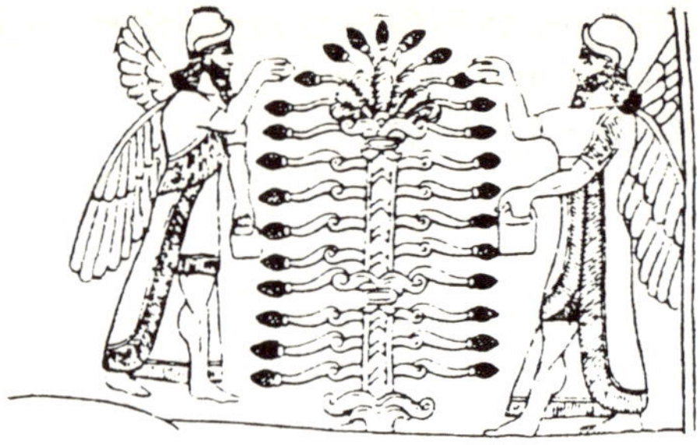

Abb. 109

lange hin und her gerätselt, was für eine Frucht auf diesen stilisierten Darstellungen von den geflügelten Wesen (»Cherube«) den anbetenden Königen dargeboten wurde, und was der Lebensbaum bedeutete. Felix von Luschau hat schon 1912 in seinem Buch »Der alte Orient« darauf hingewiesen, daß sowohl das griechische ionische Kapitell (Abb. 110a) als auch das ägyptische (Abb. 110b) Stilisierungen des Lebensbaumes in Form einer Dattelpalme (Abb. 110c) sind, und die Ansicht vertreten, daß die Lebensfrucht der Sagen und epischen Erzählungen eine bestimmte Dattelfrucht ist. Wir finden das Thema der Dattelpalme als Sinnbild des Lebens sogar im moslemischen Ägypten, zum Beispiel als Schmuck an der großen Moschee von Kairo (Abb. 110d).
In größeren Studien (z. B. »De boom des levens en schrift en historie« von Hendrik Bergema, »The King And The Tree Of Life In Ancient Near Eastern Religion« von G. Widengren u. a.) wird dargelegt, daß sich die Vorstellung von einem solchen Baum, der an der Wohnstätte der Götter wächst, vom Nahen Osten über die ganze Erde verbreitet hat und seine Existenz in allen Religionen gelehrt wird.
Die Quelle all dieser Beschreibungen und Religionen waren die sumerischen Berichte vom Land des Lebens:

»Tilmun,
Wo alte Frauen nicht sagen: ›Ich bin eine alte Frau‹,
Wo alte Männer nicht sagen: ›Ich bin ein alter Mann.‹«

Die Sumerer, Meister des Wortspiels, nannten das Land der Raketen TIL.MUN; doch der Ausdruck konnte auch »Land des Lebens« bedeuten, denn TIL heißt auch »Leben«. Der Lebensbaum war im Sumerischen GISCH.TIL; aber GISCH bedeutete auch »vom Menschen gemacht«, bezeichnete also einen angefertigten Gegenstand,

Abb. 111

Abb. 112

Wir haben bereits erfahren, daß der Omphalos griechische, ägyptische, nubische und kanaanitische Orakelorte mit dem *Duat* verbindet. Jetzt stellen wir fest, daß dieser »strahlende Stein« mit der Dattelpalme verbunden ist – mit dem Baum im Lande des Lebens. Tatsächlich enthalten die sumerischen Texte zu den Abbildungen der Cherube den folgenden Vers:

»Enkis dunkelbraunen Baum halte ich in meiner Hand;
Den Baum, der den Wert bestimmt, die große Waffe gen Himmel,
Halte ich in meiner Hand;
Den Palmbaum, den großen Baum der Orakel
Halte ich in meiner Hand.«

Eine mesopotamische Abbildung zeigt einen Gott, der in seiner Hand diesen Palmbaum, den großen Baum der Orakel hält (Abb. 112).

Am Ort der »Vier Götter« verheißt er diese Frucht des Lebens einem König. Den Ort kennen wir bereits aus ägyptischen Texten und Abbildungen: Es sind die vier Götter der vier Kardinalpunkte an der Himmelsleiter im *Duat.* Wir haben auch gesehen (Abb. 72), daß das sumerische Tor zum Himmel von der Dattelpalme gekennzeichnet war. Wir können kaum mehr bezweifeln, daß das Ziel der Suche nach Unsterblichkeit in uralter Zeit ein Raumflughafen war – irgendwo auf der Halbinsel Sinai.

11

Der verborgene Berg

Irgendwo auf der Halbinsel Sinai legten die Nefilim nach der Sintflut ihren neuen Raumflughafen an. Irgendwo auf der Halbinsel Sinai konnten sich einige auserlesene Sterbliche mit dem Segen ihres Gottes einem bestimmten Berg nähern. Hier befahlen die wachehaltenden Vogelmenschen Alexander dem Großen: »Kehre um! Denn das Land, auf dem du stehst, gehört Gott allein.« Hier vernahm Moses die Stimme des Herrn aus dem brennenden Busch: »Tritt nicht herzu! Denn der Ort, darauf du stehst, ist ein heilig Land.« Hier trafen die Adlermenschen Gilgamesch mit ihren lähmenden Strahlen, so daß er erkannte, daß er doch sterblich war.

Die Sumerer nannten diesen Berg MA.SCHU – Berg des erhabensten Schiffes. In den Alexander-Sagen heißt er *Muschas* – Mosesberg. Die stets gleiche Natur und Funktion, dazu der ähnliche Name legen den Gedanken nahe, daß es sich in allen Fällen um denselben Berg handelte, der das Ziel bezeichnete. So scheint die Antwort auf die Frage, wo auf der Halbinsel der Zugang war, auf der Hand zu liegen: Ist nicht der Berg Sinai auf den Landkarten der Halbinsel deutlich als höchster Gebirgsstock angegeben?

Des Auszugs der Israeliten aus Ägypten gedenkt man seit 33 Jahrhunderten durch das Passahfest. Die historischen und religiösen Schriften der Hebräer enthalten viele Bezüge auf den Exodus, die Wanderung in der Wüste, den auf dem Berg Sinai geschlossenen Bund. Immer wieder wurde das Volk Israel an die Theophanie erinnert: an die Erscheinung Jahwes in aller Herrlichkeit. Aber die genaue Stelle wurde nicht angegeben und nie der Versuch unternommen, sie zu einem Kultzentrum zu machen. Die Bibel enthält keinen Hinweis, daß jemand zum Berg Sinai zurückgekehrt wäre, mit einer einzigen Ausnahme: der Prophet Elia. Etwa vier Jahrhunderte nach dem Exodus flüchtete er auf den Berg Karmel, nachdem er Baals Priester getötet hatte. Als er dem Sinai zustrebte, verirrte er sich in

der Wüste. Ein Engel des Herrn rettete ihm das Leben und setzte ihn in eine Höhle des Berges.
Heute braucht man wahrhaftig keinen leitenden Engel mehr, um den Sinai zu finden. Seit Jahrhunderten machen die neuzeitlichen Pilger sich auf den Weg zum Katharinenkloster (Abb. 113), so genannt nach der heiligen Katharina von Alexandrien, deren Leichnam nach der Enthauptung von einem Engel zu dem südlich gelegenen Katherinenberg gebracht wurde. Nach dem Übernachten erklettern die Pilger den Dschebel Musa (»Berg des Moses«), wie die arabische Bezeichnung lautet. Das ist der Südgipfel des Sinaigebirges, mit dem Theophanie und Gesetzgebung überlieferungsgemäß verknüpft werden (Abb. 114).
Es ist ein langer und schwieriger Aufstieg zu 2244 m Höhe. Einen Weg von rund 4000 Stufen haben die Mönche am Westhang ausgehauen. Mehrere Stunden länger ist der Weg, der im Tal zwischen dem Massiv und einem Berg beginnt, der nach Jethro, dem Schwiegervater Moses benannt ist. Dieser Weg führt allmählich am Osthang hinauf, bis er sich mit den letzten 750 Stufen des erstgenannten Weges vereint. An diesem Schnittpunkt soll Elia, wie die Mönche erzählen, dem Herrn begegnet sein.
Eine christliche Kapelle und ein moslemischer Schrein, beide klein und rohgebaut, bezeichnen die Stelle, wo Moses die Gesetzestafeln erhalten hat. Eine Höhle in der Nähe wird als die »Felskluft« verehrt, in der Moses auf Geheiß des Herrn stehen mußte, als der Herr an ihm vorüberging. Ein Brunnen am Abstiegsweg gilt als der Brunnen, an dem Moses die Herde seines Schwiegervaters getränkt hat. Jedes Ereignis, das mit dem Berg Sinai zusammenhängt, ist nach der Überlieferung der Mönche einer bestimmten Stelle auf dem Dschebel Musa und seiner Umgebung zugewiesen worden.
Vom Gipfel des Mosesbergs aus sieht man die anderen Grate des Gebirgsstocks (s. Landkarte, Abb. 115). Überraschenderweise scheint er niedriger zu sein, als viele seiner Nachbarn.
Zur Bekräftigung der Legende von der heiligen Katharina haben die Mönche am Hauptgebäude eine Tafel angebracht, auf der die Höhe des Mosesbergs mit 2520 m und die des Katharinenbergs mit 2858 m angegeben ist.
Tatsächlich ist der Katharinenberg höher – sogar der höchste Berg auf der Halbinsel –, und der Engel, der Katharinas Leichnam hier versteckt hat, dürfte die richtige Wahl getroffen haben. Um so enttäuschter ist man, daß der Herr, der die Kinder Israels in dieses ver-

Abb. 113

Abb. 114

Abb. 115

botene Gebiet geführt hat, um ihnen seine Macht und seine Gesetze einzuprägen, nicht den höchsten Berg gewählt hat.
Hat der Herr den richtigen Berg verfehlt?

Im Jahr 1809 suchte der Schweizer Forschungsreisende und Orientalist Johann Ludwig Burckhardt den Vorderorient auf. Er studierte die Sitten und Bräuche der Einheimischen, setzte sich einen Turban auf den Kopf, kleidete sich wie ein Araber und nannte sich Ibrahim

Ibn Abd Allah (Ibrahim Sohn von Allahs Diener). So konnte er die den Ungläubigen verbotenen Teile Afrikas bereisen, wobei er in Abu Simbel die altägyptischen Tempel und in einem Felsenkessel zwischen Totem und Rotem Meer Petra, im Altertum Hauptstadt des Reiches der Nabatäer, entdeckte.

Am 15. April 1816 brach er hoch zu Kamel von Suez auf, um den Weg zurückzulegen, den die Kinder Israels beim Exodus eingeschlagen hatten, und auf diese Weise herauszufinden, welcher Gipfel der wahre Berg Sinai ist. Er folgte der Westküste der Halbinsel in südlicher Richtung. Unterwegs verglich er Geographie, Topographie, Entfernungen, Verhältnisse und Ortsnamen mit der Beschreibung in der Bibel. Dem Katharinenkloster näherte er sich wie auch die heutigen Reisenden von Norden, nachdem er landeinwärts abgebogen war. Er erstieg den Moses- und den Katharinenberg und erforschte das ganze Gebiet gründlich. Besonderen Eindruck machte ihm der Berg *Umm Schumar*, der nur 50 m niedriger ist als der Katharinenberg und sich dadurch auszeichnet, daß man von seinem Gipfel aus sowohl den Golf von Suez als auch den Golf von Akaba sehen kann. Auf dem Umm-Schumar fand er Spuren ehemaliger Klosterbauten.

Der Rückweg führte ihn durch das Wadi Feiran und seine Oase, die größte im Sinai. Südlich vom Wadi Feiran, auf der Westseite der Halbinsel Sinai, erstieg er den 2060 m hohen *Serbal*, wo er Überreste von Schreinen und Pilgerinschriften fand. Weitere Forschungen ergaben schlüssig, daß das klösterliche Zentrum jahrhundertelang nicht der Katharinenberg gewesen war, sondern im Wadi Feiran in der Nähe des Serbals gelegen hatte.

Als Burckhardt das Ergebnis seiner Forschungen veröffentlichte (»Reisen in Syrien und im Heiligen Land«, 1823), erschütterte er die Historiker und Theologen. Der wahre Berg Sinai, behauptete er, sei nicht der Dschebel Musa, sondern der Serbal!

Angeregt durch Burckhardts Schrift, bereiste der französische Graf Léon Delaborde 1826 und 1828 die Sinaihalbinsel; sein Hauptbeitrag zur Kenntnis des Gebiets bestand in guten Landkarten und Zeichnungen (»Commentaire sur l'Exode«). Ihm folgte 1839 der schottische Maler David Roberts, dessen künstlerisch und persönlich gestaltete Illustrationen in der Zeit vor der Fotografie sehr geschätzt waren.

Die nächste größere Reise zum Sinai unternahm der amerikanische Palästinaforscher Edward Robinson, zusammen mit Eli Smith. Ausgerüstet mit Burckhardts Buch und Labordes Zeichnungen, verließen auch sie Suez hoch zu Kamel. Dreizehn Tage brauchten sie, um zum Katharinenberg zu gelangen. Hier unterzog Robinson die Legenden der Mönche einer gründlichen Prüfung. Er fand heraus, daß es in Feiran tatsächlich ein großes Kloster gegeben hat, zeitweise von einem Bischof geleitet, und daß das Katharinenkloster und andere monastische Gemeinden im Südsinai diesem Kloster untergeordnet gewesen sind. Der Dschebel Musa und der Katharinenberg haben in den frühchristlichen Jahrhunderten keine besondere Rolle gespielt; erst im 17. Jahrhundert, als die anderen unbefestigten monastischen Gemeinden Eindringlingen und Plünderern zum Opfer gefallen waren, entwickelte sich die Vorherrschaft des Katharinenklosters. Aufgrund der arabischen Überlieferungen stellte Robinson ferner fest, daß die einheimischen Beduinen die biblischen Namen »Sinai« und »Horeb« überhaupt nicht kannten; es waren vielmehr Mönche des Katharinenklosters gewesen, die bestimmten Bergen diese Namen gegeben hatten.

Hatte Burckhardt also recht? Für Robinson ergab sich ein Problem hinsichtlich des Weges, auf dem die Israeliten nach Burckhardts Ansicht zum Serbal gelangt waren; darum verzichtete er darauf, Burckhardts Idee ganz zu übernehmen; aber er teilte mit Burckhardt die Zweifel in bezug auf den Dschebel Musa. Er hielt jedoch einen anderen Berg für eine bessere Alternative.

Die Möglichkeit, daß die seit langem überlieferte Gleichstellung des Berges Sinai mit dem Musa-Berg ein Irrtum sei, bedeutete eine Herausforderung, der Karl Richard Lepsius, einer der ausgezeichnetsten Ägyptologen und Begründer der modernen Archäologie, nicht widerstehen konnte. Er überquerte den Golf von Suez mit dem Schiff und landete in El-Tor (»Der Stier«), einer Hafenstadt, wo schon die christlichen Pilger auf dem Weg zum Katharinenberg und zum Dschebel Musa zu landen pflegten, bevor die Moslems sie zu einem Umschlagplatz auf der Seereise von Ägypten nach Mekka gemacht haben. In der Nähe erhob sich der majestätische Umm Schumar, den Lepsius immer wieder als möglichen »Gegenkandidaten« für Dschebel Musa und den Serbal in Erwägung zog. Aber nach ausgedehnten Reisen und Forschungen stand für ihn doch die Frage im Brennpunkt: Musa oder Serbal?

Seine Forschungsergebnisse wurden in dem zwölfbändigen Werk »Denkmäler aus Ägypten und Äthiopien« (1849/1860) und in »Briefe aus Ägypten, Äthiopien und der Halbinsel des Sinai«

(1852) veröffentlicht. Die »Briefe« waren an den König von Preußen gerichtet, unter dessen Patronat er reiste. Sehr bald schon kamen Lepsius Zweifel in bezug auf den Dschebel Musa: »Die Abgelegenheit, die Entfernung von den Verkehrswegen und seine Lage in dem Gebirgsstock machten ihn für einzelne Einsiedler besonders geeignet, aber aus denselben Gründen ungeeignet für ein großes Volk.« Er war überzeugt, daß die Hunderttausende von Israeliten unmöglich in dem abgelegenen Granitgebirge fast ein Jahr lang ihr Leben hätten fristen können. Die monastischen Überlieferungen datierten frühestens aus dem 6. Jahrhundert n. Chr., versicherte er.
Der Berg Sinai, betonte er ferner, mußte in einer Wüste liegen, denn im Alten Testament wurde er auch Berg Horeb, Berg der Trockenheit, genannt. Der Musa aber stand inmitten anderer Berge, nicht in einer Wüstengegend. Dagegen war die Küstenebene vor dem Serbal eine solche Gegend, groß genug, den vielen Menschen Raum zu bieten, als sie die Erscheinung des Herrn gewahrten, und das anstoßende Wadi Feiran war der einzige Ort, wo sie sich und ihr Vieh am Leben erhalten konnten. Außerdem würde nur der Besitz dieses einzigartigen fruchtbaren Tales den Angriff der Amalekiter beim Berg Sinai erklären. Moses kam zuerst zu dem Berg, weil er eine Weide für seine Herde suchte – in Feiran hätte er sie finden können, aber nicht am kahlen Dschebel Musa.
Aber wenn nicht der Dschebel Musa, warum dann der Serbal? Abgesehen von der »richtigen« Lage am Wadi Feiran, fand Lepsius noch andere Hinweise. Er beschreibt den Berg mit glühenden Worten und berichtet, hoch oben sei »eine Berghöhlung, um die die fünf Gipfel einen Halbkreis gleich einer überragenden Krone bilden«. In der Höhlung habe er die Trümmer eines alten Klosters gefunden. An dieser Stelle müsse die Herrlichkeit des Herrn erschienen sein, in voller Sicht der Israeliten, die westlich davon auf der Ebene versammelt waren.
Die Unstimmigkeit, die Robinson an Burckhardts Weg der Israeliten zum Serbal bemängelt hatte, räumte Lepsius dadurch aus, daß er einen Umweg beschrieb.
Zwiefach erschütterte Lepsius alle eingewurzelten Annahmen: Nachdrücklich bestritt er einerseits die Gleichsetzung des Berges Sinai mit dem Mosesberg, andererseits stellte er die bisher anerkannte Route des Exodus in Frage.
Er löste einen Streit unter den Gelehrten aus, der ein Vierteljahrhundert anhielt. Berühmte Forscher wie Charles Foster und Wil-

liam H. Bartlett erbrachten Ergänzungen und Bestätigungen oder äußerten Zweifel. Im Jahr 1868 rüstete die britische Regierung eine große Expedition zum Sinai aus. Die Ingenieure Charles W. Wilson und Henry Spencer Palmer leiteten diese sogenannte Sinai-Survey-Expedition, an der auch der bekannte Orientalist Edward Henry Palmer teilnahm.

Die früheren Forscher hatten ihre kurzfristigen Reisen meistens im Frühling angetreten. Die Wilson-Palmer-Expedition brach am 11. November 1868 in Suez auf und kehrte am 24. April 1869 nach Ägypten zurück. So stellte man als erstes fest, daß im südlichen Gebirge nicht nur ein sehr kalter Winter herrscht, sondern daß es dort auch schneit, so daß der Schnee das Vordringen erschwert, wenn nicht sogar unmöglich macht. Die höheren Gipfel wie der Dschebel Musa und der Katharinenberg sind monatelang schneebedeckt. Die Israeliten – die in Ägypten nie Schnee gesehen hatten – waren ein Jahr lang in diesem Gebiet geblieben. Aber in der Bibel wird weder Schnee noch Kälte erwähnt.

H. S. Palmer lieferte in seinem Bericht Data über die archäologischen und historischen Funde (frühe Ansiedlungen, ägyptische Spuren, Inschriften in der ältesten bekannten Schrift). Professor E. H. Palmer hatte die Aufgabe, Aufschluß über den Weg der Israeliten und den »Berg« zu geben.

Obwohl nicht alle Zweifel ausgeräumt wurden, lehnte die Gruppe den Serbal ab und stimmte für den Mosesberg, allerdings mit einer Änderung. Da es hier kein Tal gab, wo die Israeliten hätten lagern und die Theophanie sehen können, brachte Palmer eine Korrektur an: Der wahre Berg Sinai sei nicht der Südgipfel des Massivs (Dschebel Musa), sondern der Nordgipfel *Ras-Sufsafeh*, »vor dem sich die geräumige Ebene von Er-Rahah ausbreitet, auf der nicht weniger als zwei Millionen Israeliten hätten lagern können«. Aller langen Überlieferung zum Trotz, schloß er, »müssen wir den Dschebel Musa als Gesetzgebungsberg ablehnen«.

Schon bald wurden Palmers Ansichten von den Gelehrten kritisiert, unterstützt oder modifiziert. Binnen kurzem konnte man zwischen mehreren Südgipfeln als dem wahren Berg Sinai und zwischen verschiedenen Routen wählen.

War denn der Südsinai der einzige Ort, wo man suchen mußte? Bereits im April 1860 war im »Journal of Sacred Literature« die umwälzende Theorie vorgebracht worden, der Gesetzgebungsberg sei gar nicht im Südsinai zu suchen, sondern auf dem Zentralplateau.

Der anonyme Verfasser wies darauf hin, allein sein Name *Badijetz el-Tih* sei vielsagend, denn er bedeute »Wildnis der Wanderung«, und die einheimischen Beduinen erklärten, hier wären die Kinder Israels gewandert. In dem Artikel war der Gipfel des el-Tih als der wahre Berg Sinai bezeichnet.
So machte sich denn ein Geograph und Linguist namens Charles T. Beke (der die Quellen des Nils erforscht und kartographiert hatte) 1873 auf die Suche nach dem wahren Berg Sinai. Er stellte fest, daß der Berg Musa seinen Namen im 4. Jahrhundert n. Chr. nach einem für seine Frömmigkeit und Wundertätigkeit berühmten Mönch Musa erhalten hatte, nicht nach dem biblischen Moses. Erst ums Jahr 550 n. Chr. war die Legende vom Gesetzgebungsberg entstanden. Er wies außerdem darauf hin, daß der jüdische Geschichtsschreiber Josephus Flavius (der für die Römer nach dem Fall von Jerusalem im Jahr 70 n. Chr. die Geschichte seines Volkes geschrieben hat) den Sinai als den höchsten Berg in der Umgebung bezeichnet, womit sowohl Musa als auch Serbal ausgeschlossen sind.
Beke stellte auch die Frage: Wie konnten die Israeliten überhaupt nach Süden gehen, vorbei an den ägyptischen Garnisonen in den Bergwerksgebieten? Seine Frage gehört zu den vielen bis heute unbeantworteten Einwänden gegen die südliche Lage des Bergs Sinai.
Charles Beke wird nicht als der Mann in die Geschichte eingehen, der den wahren Berg Sinai endlich gefunden hat; wie der Titel seines Werkes (»Entdeckungen des Sinai in Arabien und Midian«) andeutet, schloß er, der Berg sei ein Vulkan gewesen, irgendwo südöstlich des Toten Meeres. Aber er warf viele Fragen auf, die mit Überholtem aufräumten und das Denken freimachten für neue Anschauungen.

Daß man den Sinai im Süden der Halbinsel suchte, hing mit der Vorstellung zusammen, die Kinder Israels hätten das Rote Meer von Westen nach Osten durchquert, hinaus aus Ägypten und hinüber zur Westküste der Halbinsel Sinai. Dann wären sie südwärts dem Küstenstreifen gefolgt, irgendwo landeinwärts abgebogen und so zum Berg Sinai gelangt (wie Burckhardt es getan hat).
Diese südliche Reiseroute ist in der Tat eine tiefverwurzelte und einleuchtende Überlieferung, die sich auf mehrere Legenden stützt. Laut griechischen Quellen wurde Alexander dem Großen gesagt, die Israeliten hätten das Rote Meer vom Golf von Suez aus überquert, worauf er es ihnen gleichtun wollte.

Der nächste bekannte Eroberer, der das versuchte, war Napoleon. Ihm war von seinen Pionieren gesagt worden, südlich von Suez erstrecke sich eine 200 m breite Unterwasserlandzunge, die bei starkem Ostwind auftauche. Ort und Zeit wurden festgestellt, und Napoleon schickte sich an, es den Kindern Israels gleichzutun. Aber der Wind schlug plötzlich um, und die Landzunge war binnen wenigen Minuten von über zwei Meter hohen Wogen bedeckt. Napoleon kam um Haaresbreite mit dem Leben davon.

Derartige Erfahrungen dienten nur dazu, die Gelehrten des 19. Jahrhunderts zu überzeugen, daß der Exodus und die wunderbare Durchquerung des Roten Meeres an dieser Stelle des Golfs von Suez begonnen hatte: Der Wind konnte tatsächlich einen trockenen Weg schaffen und, wenn er umschlug, in Minutenschnelle eine Armee ertränken. Auf der anderen Seite des Golfs gab es einen Ort *Dschebel Murr* (»Bitterer Berg«) und in der Nähe den *Bir Murr* (»Bitterer Brunnen«), was sich gut mit dem bitteren Wasser vereinbaren ließ, das Moses nach der Durchquerung in süßes Wasser verwandelte. Weiter südlich lag die Oase *Ajun Musa* (»Mosesquelle«) – mußte das nicht die nächste Station sein, nämlich Elim, wo sich die Israeliten bei »zwölf Wasserquellen und siebzig Palmbäumen lagerten«?

Die südliche Durchquerung stimmte auch mit der früheren Vorstellung von der Knechtschaft der Israeliten unter den Ägyptern überein. Das Herz Altägyptens war das Heliopolis-Memphis-Gebiet, und man nahm an, daß die Israeliten beim Bau der Pyramiden von Giseh Sklavendienste leisteten. Von dort führte ein Weg schnurstracks ostwärts, zum Golf von Suez und der gegenüberliegenden Halbinsel Sinai.

Doch als die archäologischen Entdeckungen Historie und Chronologie zu enthüllen begannen, stellte man fest, daß die großen Pyramiden etwa fünfzehn Jahrhunderte vor dem Exodus erbaut worden sind – über tausend Jahre bevor die Hebräer nach Ägypten kamen. Immer mehr Gelehrte kamen überein, daß die Israeliten ihren Frondienst beim Bau einer neuen Hauptstadt geleistet haben müssen, die Pharao Ramses II. ums Jahr 1260 v. Chr. gegründet hat. Sie hieß *Tanis* und lag im östlichen Delta unweit des Menzale-Sees. Folglich nahm man an, die ägyptische Landschaft Gosen, die den Israeliten als Weideland eingeräumt worden ist, habe eher im Nordosten als in der Mitte von Ägypten gelegen.

Beim Bau des Suezkanals (1859–1869) zeigte es sich, daß es tatsächlich eine natürliche Kanalrinne gab, die in einem früheren geologischen Zeitalter das Mittelmeer im Norden mit dem südlichen Golf von Suez verbunden haben kann. Diese Verbindung ist aus verschiedenen Gründen eingeschrumpft, und zurückgeblieben ist eine Wasserkette, die aus den Sumpflagunen des Menzale-Sees, dem kleinen Ballah- und Timsah-See und den Bitterseen besteht. Alle diese Seen waren zur Zeit des Exodus größer, denn damals erstreckte sich der Golf von Suez wahrscheinlich weiter landeinwärts. Archäologische Funde bestätigten, daß es in uralter Zeit zwei »Suezkanäle« gegeben hat; der eine verband Ägypten mit dem Mittelmeer, der andere mit dem Golf von Suez. Sie folgten den natürlichen Wadibetten und den ausgetrockneten Armen des Nils, waren schiffbar und trugen Süßwasser zum Trinken und zur Bewässerung der Felder herbei. Aus den Ausgrabungen war zu ersehen, daß eine fast ununterbrochene Wasserschranke die Ostgrenze Ägyptens gebildet hat.

Die Konstrukteure des Suezkanals verfertigten ein Diagramm vom nordsüdlichen Abschnitt des Isthmus (Abb. 116), dieser Einsenkung, die gleichsam den Weg für einen Kanal zwischen dem Mittelländischen und dem Roten Meer vorzeichnete. Dies waren in der Urzeit die Tore nach und von Ägypten durch die Wasserschranke (siehe Landkarte, Abb. 115):

A) Zwischen Manzale- und Ballah-See der heutige Knotenpunkt El-Kantara (»Der Spann«);

B) zwischen Balah- und Timsah-See die Station Ismailia;

C) zwischen dem Timsah-See und den Großen Bitterseen eine Felsenschwelle, die in griechisch-römischen Zeiten als Serapeum bekannt war;

D) zwischen den Kleinen Bitterseen und dem Golf von Suez eine »Landbrücke«, die Schaluf genannt wurde.

Durch diese Tore hindurch verbanden viele Wege Ägypten über die

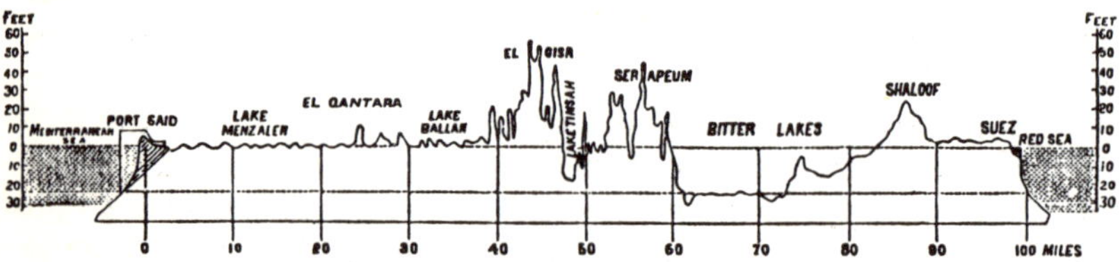

Abb. 116

Halbinsel Sinai mit Asien. Man muß beachten, daß die Durchquerung des Roten Meers, des Schilfmeers, wie es in der Bibel heißt, nicht vorsätzlich erfolgte; sie fand erst statt, nachdem »beim Pharao eine Sinnesänderung eingetreten war«, und er bereute, die Israeliten aus seinem Dienst entlassen zu haben. Hierauf befahl der Herr ihnen, umzukehren von Etham am Rande der Wüste, wo sie sich gelagert hatten, und sich am Meer zu lagern. Also sind sie ursprünglich durch eines der üblichen Tore aus Ägypten ausgezogen, aber durch welches?
Ferdinand de Lesseps, der Leiter des Kanalbaus, vertrat die Meinung, sie hätten das Tor C südlich vom Timsah-See benutzt. Andere stimmten für das Tor D. Heinrich Karl Brugsch, ein namhafter Forscher auf dem Gebiet der ägyptischen Altertumskunde, identifizierte in einem Vortrag auf dem Internationalen Kongreß der Orientalisten 1874 die im Bezug auf den Exodus genannten landschaftlichen Merkmale zum Beweis, daß sich die Versklavung der Israeliten und ihr Auszug im nordöstlichen Winkel von Ägypten abgespielt haben müssen. Logischerweise hätten sie das Land also am nördlichsten Punkt verlassen, beim Tor A.
Wie sich herausstellte, war die Theorie von einer nördlichen Durchquerung nicht neu, denn schon 1796 war sie in »Hamelnelds biblischer Geographie« und danach von verschiedenen Forschern vertreten worden. Aber wie sogar Brugschs Gegner zugeben mußten, legte er die Theorie »mit wirklich brillanten und blendenden Beweisen« vor, die von ägyptischen Monumenten stammten. Sein Vortrag wurde im folgenden Jahr unter dem Titel »L'exode et les monuments égyptiens« veröffentlicht.
Im Jahr 1883 bezeichnete Edouard H. Naville *Pythom* westlich vom Timsah-See als den Wohnsitz der israelitischen Sklavenarbeiter. Diese und andere Veröffentlichungen (darunter »Durch Gosen zum Sinai« von Georg Moritz Ebers) stellten außer Frage, daß der Auszug der Kinder Israels vom Timsah-See aus in westlicher Richtung erfolgt ist, nicht in nördlicher. Die Landschaft Gosen lag nicht im äußersten Nordosten von Ägypten, sondern erstreckte sich von der Mitte der Wasserschranke aus.
Was unter *Sukkoth* (»Hütten«) zu verstehen ist, dem Ort, von dem aus die Israeliten aufbrachen, hat H. Clay Trumbull herausgefunden: Es war eine gewöhnliche Karawanensammelstelle westlich vom Timsah-See, der das Tor B am nächsten lag. Aber sie benutzten es nicht, denn wie es in der Bibel heißt: »Als nun der Pharao das

Volk hatte ziehen lassen, führte Gott es nicht den Weg durch das Land der Philister, obgleich es der nächste gewesen wäre... und Gott führte das Volk um zum Weg durch die Wüste *Jam Suff.*«
Daraus folgerte Trumbull, daß die Israeliten zum Tor D gelangten. Verfolgt vom Pharao, durchquerten sie dann das Schilfmeer.
Gegen Ende des 19. Jahrhunderts wetteiferten die Gelehrten um das letzte Wort in der Streitfrage. Die Argumente für die »südliche Route« wurden von Samuel C. Bartlett nachdrücklich zusammengefaßt (»The Veracity of the Hexateuch«): Die Durchquerung erfolgte im Süden, der Weg führte südwärts, der Berg Sinai lag im Süden der Halbinsel. Ebenso entschieden vertraten namhafte Gelehrte wie Rudolf Kittel (»Geschichte der Hebräer«), Julius Wellhausen (»Israel und Judah«) und Anton Jerku (»Geschichte des Volkes Israel«) die Meinung, daß eine nördliche Durchquerung auf einen im Norden gelegenen Berg Sinai hinwies.
Zu den stärksten Argumenten gehörte jedoch die nicht von allen Forschern anerkannte Tatsache, daß *Kadesch-Barnea*, die wichtigste Station des Wüstenzugs der Israeliten, keinen zufälligen Aufenthaltsort darstellte, sondern ein vorausbestimmtes Ziel. Es ist, wie feststeht, das fruchtbare Gebiet der Oasen *Ain-Kadeis* (»Quelle von Kadesch«) und *Ain-Qudeirath* im nordöstlichen Sinai. Laut dem Alten Testament lag Kadesch-Barnea elf Tagereisen vom Berg Sinai entfernt. Nach Meinung von Kittel, Jerku und anderen mußte man die Berge in der Nähe von Kadesch-Barnea nach dem wahren Berg Sinai absuchen.
Im letzten Jahr des neunzehnten Jahrhunderts bot H. Holzinger (»Exodus«) einen Kompromiß an: Die Durchquerung erfolgte bei Tor C, der Weg führte südwärts. Aber die Israeliten bogen landeinwärts ab, lange bevor sie die von den Ägyptern bewachten Bergwerksgebiete erreichten. Ihr Weg führte über das Hochplateau *El-Tih*, die »Wildnis der Wanderung«. Demnach kreisten sie nordwärts durch die Zentralebene auf einen Berg Sinai *im Norden* zu.

Zu Beginn des Jahrhunderts stand bei den Forschungen und Debatten die Frage im Brennpunkt: Welchen Weg schlugen die Kinder Israels ein?
Die alte Küstenstraße, von den Römern *Via Maris* (»Meeresstraße«) genannt, fing bei Kantara (Tor A) an. Sie führte zwar durch Wanderdünen, war aber überall mit Wasserquellen gesegnet, und die Dattelpalmen, die erstaunlicherweise aus dem Sand wuchsen,

boten zur Reifezeit süße Früchte und spendeten das ganze Jahr hindurch Schatten.
Der zweite Weg, beginnend bei Ismailia (Tor B) verläuft fast parallel mit der Küstenstraße, aber 30 bis 40 km davon entfernt, durch Hügel und niedrige Berge. Natürliche Brunnen sind spärlich, und das Grundwasser liegt tief unter dem Sand und den Sandsteinen. Noch heute merkt ein Autofahrer (die gepflasterten Straßen folgen den alten Wegen) sehr bald, daß er sich in einer richtigen Wüste befindet.
Von frühester Zeit an bevorzugten die Heere den Meeresweg, wo sie Unterstützung durch die Flotte hatten. Die beschwerlichere Bergstraße wurde von denjenigen eingeschlagen, die sich gegen die Küstenwächter absichern oder von ihnen nicht gesehen werden wollten.
Von den Toren C und D aus gelangt der Reisende auf den hier abzweigenden Zwillingsstraßen durch eine Gebirgsschranke über den Giddi- oder den Mitla-Paß zur Zentralebene. Wegen des harten Bodens der Ebene waren hier keine tiefen Wadis entstanden. Während des Winterregens tritt das Wasser mancher Wadis über die Ufer, so daß sie wie kleine Seen aussehen – Seen in der Wüste! Das Wasser fließt bald ab, aber ein Teil sickert durch den Kies und Ton der Wadibetten, und an solchen Stellen kann man buchstäblich Wasser aus dem Boden graben.
Die Beduinen nennen sowohl den Weg zum Giddi-Paß als auch die Route, die durch den Mitla-Paß führt, *Darb el Hajj* (»Weg der Pilger«). Beide Wege wurden anfangs von den Moslems benutzt, die von Ägypten zur heiligen Stadt Mekka in Arabien pilgerten. Von Suez aus überquerten sie einen Wüstenstreifen und zogen über den Giddi- oder den Mitla-Paß durch die Berge, dann über die Zentralebene zur Oase Nachl (Abb. 117), wo man eine Festung sowie Pilgerherbergen gebaut und Wasserstellen angelegt hat. Von hier aus zogen sie in südöstlicher Richtung weiter nach Akaba am Golf von Akaba und dann an der arabischen Küste entlang nach Mekka.
Welche dieser vier möglichen Routen – die »Wege« der Bibel – haben die Israeliten eingeschlagen?
Nach Brugschs entschiedenem Eintreten für die nördliche Durchquerung machte man viel Wesens von dem biblischen Hinweis auf den »Weg durch das Land der Philister«, der nicht eingeschlagen wurde, »obgleich es der nächste gewesen wäre«. Die Erklärung in der Bibel lautet: »Denn Gott dachte, das Volk könnte es bereuen,

so daß GISCH.TIL auch »Fahrzeug zum Leben« bedeuten konnte, nämlich ein Raketenschiff.
Die Verbindung wird noch enger, wenn wir feststellen, daß in der griechischen religiösen Kunst der Omphalos mit der Dattelpalme in Zusammenhang stand. Eine alte griechische Abbildung von Delphi zeigt, daß die Kopie des Omphalos außerhalb des Apollontempels neben einer Dattelpalme aufgestellt worden ist (Abb. 111). Da in Griechenland keine Dattelpalmen wachsen, muß es ein künstlicher Baum gewesen sein, nach Meinung der Fachleute aus Bronze. Die Verbindung des Omphalos mit der Dattelpalme dürfte auf einem grundlegenden Symbolismus beruhen, denn derartige Abbildungen hat man auch an anderen griechischen Orakelorten gefunden.

Abb. 110

Abb. 117

wenn es Krieg in Aussicht hätte, und nach Ägypten zurückkehren wollen.« Man hat angenommen, der »Weg durch das Land der Philister« sei die Küstenstraße gewesen, die bei Tor A anfängt und von den Heeren und Handelskarawanen vorzugsweise benutzt wurde, weil sie ägyptische Befestigungen und Garnisonen aufwies.

Zur Zeit der Jahrhundertwende befaßte sich A. E. Haynes mit den Straßen und Wasserquellen der Halbinsel Sinai und erwies sich in seinem Bericht »The Route of the Exodus« als großer Kenner nicht nur der biblischen Schriften sondern auch der Bücher früherer Forscher. Im Mittelpunkt seiner Untersuchungen stand der Weg, der von den Israeliten nicht eingeschlagen wurde. Warum wurde er überhaupt erwähnt, wenn die Israeliten auf diesem Wege nicht leicht ans Ziel hätten gelangen können? Er weist in seinem Bericht darauf hin, daß Kadesch von der Küstenstraße aus tatsächlich leicht zu erreichen gewesen wäre.

Da Moses die Route A nicht nehmen durfte, faßte er – so folgerte Haynes – den Plan, die Israeliten über die Route B nach Kadesch zu führen und unterwegs beim Berg Sinai haltzumachen. Aber die Verfolgung durch die Ägypter und die Durchquerung des Roten Meeres zwangen ihn wohl zu einem Umweg über die Route C oder D. Die Zentralebene war in der Tat die »Wildnis der Wanderung«. *Nachl* war eine wichtige Station unweit des Berges Sinai, bevor oder nachdem er erreicht wurde. Der Berg selbst mußte etwa 150 km weit von Kadesch-Barnea entfernt liegen, was nach Haynes Schätzung den »elf Tagereisen« der Bibel entsprechen würde. Er glaubte, der gesuchte Berg sei *Jalek*, (oder *Jallek*), ein Kalksteinberg »von höchst eindrucksvollen Ausmaßen« am Nordrand der Wüste, »genau in der Mitte zwischen Ismailia und Kadesch«. Sein Name sei

vermutlich abgeleitet vom alten *Amalek*, dessen erste Silbe *Am* »Land von...« bedeute.
In den folgenden Jahren fand die Theorie, daß die Israeliten über die Zentralebene gewandert seien, immer mehr Anhänger. Einige stimmten mit Haynes überein, so z. B. Raymond Weill (»Le séjour des israélites au désert de le Sinai«); andere, beispielsweise Hugo Gressmann (»Mose und seine Zeit«) glaubten, die Israeliten seien von Nachl aus nicht nach Nordosten gezogen, sondern in südöstlicher Richtung nach Akaba. Als alle aus Bibelstudien und geographischen Betrachtungen gewonnenen Argumente erschöpft waren, schien es, daß nur eine Feldstudie die Frage lösen könnte. Aber wie läßt sich der Exodus nachvollziehen?
Der Erste Weltkrieg führte eine Antwort herbei, denn bald schon wurde die Halbinsel Sinai der Schauplatz heftiger Kämpfe zwischen den Engländern einerseits und den Türken und ihren deutschen Verbündeten andererseits. Es ging dabei um den Suezkanal.
Die Türken verloren keine Zeit, in die Halbinsel Sinai vorzudringen, und die Briten zogen sich rasch von ihren Hauptstützpunkten in El-Arisch und Nachl zurück. Da die Türken die wünschbare »Meeresstraße« nicht benutzen konnten, weil sie wie schon in alter Zeit vom Feind (in diesem Fall von der britischen Marine) beherrscht wurde, beluden sie 20000 Kamele mit Wasser und Proviant und rückten auf der Route B nach Ismailia vor. In seinen Erinnerungen schreibt der türkische Oberbefehlshaber Dschemal Pascha: »Das große Problem, von dem bei den schwierigen militärischen Operationen in der Sinai-Wüste alles abhängt, ist die Frage des Wassers. Außer in der Regenzeit wäre es unmöglich, diese Wüste mit einer Streitmacht von 25000 Mann zu durchqueren.«
Hierauf nahmen die Deutschen die Sache in die Hand. Mit ihrer motorisierten Streitmacht rückten sie lieber auf dem harten, flachen Zentralplateau zum Suezkanal vor. Ihre Ingenieure fanden die Grundwasserstellen und gruben ein Netzwerk von Brunnen an ihren Linien aus. Der Angriff der Deutschen war 1916 ebenfalls ein Fehlschlag. Als die Engländer 1917 zur Offensive übergingen, rückten sie natürlich auf der Küstenstraße vor. Im Februar 1917 erreichten sie die alte Grenzlinie bei Rafa und eroberten wenige Monate später Jerusalem.
Die Erinnerungen des britischen Generals A. P. Wavell (»The Palestine Campaigns«) sind für unsere Streitfrage insofern bedeutungsvoll, als er zugibt, das englische Oberkommando habe angenom-

men, die Deutschen könnten in der Wüste höchstens für 5000 Mann und 2500 Kamele Wasser finden. Die Strategie der deutschen Wehrmacht beschreiben Theodor Wiegand und General F. Kress von Kressenstein in dem Buch »Sinai« in Zusammenhang mit Gelände, Klima, Wasserquellen und Geschichte; dabei erweisen sie sich als Kenner aller früheren Forschungen. Das deutsche Militär erkannte genauso wie das britische, daß es unmöglich war, Marschkolonnen und Menschen- oder Tiermassen durch die südlichen Granitberge zu führen. In einem besonderen Kapitel, das der Frage des Exodus gewidmet ist, versichern die Autoren, das Gebiet des Dschebel Musa könne für den biblischen Berg Sinai nicht in Betracht kommen. Ihrer Meinung nach war es der Dschebel *Jalek* (zu diesem Schluß war ja auch Hauptmann Haynes gelangt) oder vielleicht, wie Guthe und andere deutsche Forscher behauptet hatten, der Dschebel *Maghara*, der sich gegenüber dem Dschebel Jalek auf der Nordseite der Route B erhebt.
C. S. Jarvis, der an dem Sinai-Kampf teilgenommen hatte und nach dem Ersten Weltkrieg Gouverneur der Halbinsel wurde, lernte sie so gut kennen wie bisher kein Europäer der Neuzeit. In »Yesterday and Today in Sinai« versichert auch er, daß die Israeliten, selbst wenn ihre Zahl geringer als 600 000 (wie W. M. F. Petrie angenommen hat) gewesen wäre, mit ihren Herden unmöglich durch »die wirren Massen reinen Granits« im Süden gezogen sein können, gar nicht zu reden von der mehr als einjährigen Lebenserhaltung. Zu den bekannten Argumenten fügt er neue hinzu. Es wurde bereits erwähnt, daß das *Manna*, das den Israeliten als Brot diente, höchstwahrscheinlich das genießbare, weiße, beerenartige Sekret war, das Insekten auf den Tamariskensträuchern hinterlassen. Im Südsinai gibt es nur wenige Tamarisken, im Nordsinai kommen sie in Hülle und Fülle vor. Das nächste Argument bezieht sich auf die Wachteln, die das Fleisch lieferten. Diese Zugvögel fliegen von Südrußland, Rumänien und Ungarn nach dem Sudan, um hier zu überwintern, und kehren im Frühling in ihre Heimat zurück. Noch heute fangen die Beduinen mühelos die Wachteln, wenn sie sich, ermüdet vom langen Flug, an der Mittelmeerküste niederlassen. In den Südsinai ziehen die Wachteln nicht; sie könnten die hohen Berggipfel dort auch gar nicht überwinden.
Das ganze Drama des Exodus hat sich nach Jarvis' Überzeugung im Nordsinai abgespielt. Das »Schilfmeer« war die Serbonische See, von der aus die Israeliten in südsüdöstlicher Richtung zogen. Der

Berg Sinai war der Dschebel *Hallal* – »ein höchst eindrucksvolles Kalksteinmassiv von über 700 m Höhe, das sich ganz allein aus einer weiten Schwemmlandebene erhebt«. Der arabische Name, erklärt Jarvis, bedeute »Gesetzmäßiger«, was ja zum Gesetzgebungsberg passe.
In den folgenden Jahren wurden von den Fachleuten der Hebräischen Universität in Jerusalem und von anderen hebräischen Hochschulen im damaligen Palästina intensive Studien betrieben. Gestützt auf ihre Kenntnis der hebräischen Bibel und anderer Schriften, stellten die Gelehrten an Ort und Stelle Untersuchungen an, ohne Beweise für die überlieferte südliche Lage des Gesetzgebungsberges zu finden.
Haim Bar-Deroma (»Hanagev« und »Vze Gvul Ha'aretz«) läßt eine Nordpassage gelten, glaubt aber, die Israeliten seien dann auf südlicher Route zu einem vulkanischen Berg Sinai in Transjordanien gezogen. F. A. Theilhaber, J. Szapiro und Benjamin Maisler (»The Graphic Historical Atlas of Palestine: Israel in Biblical Times«) nehmen die Nordpassage über die seichte Serbonische See an. El-Arisch war ihres Erachtens die fruchtbare Oase Elim, der Hallal der Berg Sinai. Benjamin Mazar und Zev Vilnay, der Palästina und die Halbinsel Sinai buchstäblich vom einen Ende zum andern durchkämmte, sind derselben Ansicht. Johanan Aharoni (»The Land of Israel in Biblical Times«) läßt die Möglichkeit einer Nordpassage gelten und meint, die Israeliten seien nach Nachl gezogen, dann aber zu einem Berg Sinai im Süden.
Die ganze Debatte führte zu einem Zwiespalt: In bezug auf die Überquerung mußte man aufgrund der Fakten ein nördlich gelegenes Gewässer ausschließen, aber in bezug auf den Berg Sinai schlossen die Beweise eine südliche Lage aus. Infolge dieser ausweglosen Lage rückte der einzige bleibende Kompromiß in den Mittelpunkt der Forschungen: die Zentralebene der Halbinsel Sinai. In den vierziger Jahren erleichterte M. D. Cassuto (»Commentary on the Book of Exodus«) die Annahme der Zentralroute, indem er bewies, daß der nicht eingeschlagene Weg »durch das Land der Philister« nicht, wie bisher angenommen, die Meeresstraße war, sondern die landeinwärts gelegene Route B. Darum ließ sich eine Überquerung durch das Tor C in südöstlicher Richtung zum Zentralplateau durchaus mit der biblischen Erzählung vereinbaren, ohne daß man annehmen müßte, die Wanderung sei zum Süden der Halbinsel fortgesetzt worden.

Die lange Besetzung des Sinais durch Israel nach dem Krieg 1967 gegen Ägypten ermöglichte Forschungen in noch nie dagewesenem Ausmaß. Archäologen, Historiker, Geographen, Topographen, Geologen, Ingenieure unterzogen die Halbinsel einer gründlichen Prüfung. Besonders interessant sind die Ergebnisse der Forschergruppe Beno Rothenbergs (»Sinai Explorations 1967–1972«), einer Expedition, die hauptsächlich von der Universität Tel-Aviv ausging. Auf dem nördlichen Küstenstreifen zeugten viele uralte Siedlungen von dem »brückenartigen Charakter dieses Gebiets«. Auf der Zentralebene des Nordsinais wurden keine Spuren alter Dauerniederlassungen gefunden, sondern nur von Lagern, die bezeugen, daß dies ein Durchgangsgebiet war. Als man die Lager auf einer Karte verzeichnete, bildeten sie »eine klare Linie von der Wüste Negev nach Ägypten, die als vorgeschichtlicher Weg über die ›Wüste der Wanderungen‹ *(El-Tih)* betrachtet werden muß«.
Aufgrund dieser neuen Anschauung vom Sinai der Vorzeit bildete sich eine neue Theorie. Menasche Har-El, biblischer Geograph an einer hebräischen Universität, wies in Anbetracht aller Argumente auf die unter Wasser gelegene Schwelle zwischen den Kleinen und den Großen Bitterseen hin (s. Abb. 116). Die Felsenschwelle lag so dicht unter dem Wasserspiegel, daß sie überquert werden konnte, wenn der Wind das Wasser wegblies. Hier also hatten die Israeliten Har-Els Theorie folgend das Wasser durchquert. Dann folgten sie der üblichen Route gen Süden, vorbei an Mara *(Bir Murra)* und Elim *(Ajun Musa)*, gelangten zum Roten Meer und lagerten sich hier.
Nun kommt Har-Els wichtige Neuerung: Nachdem die Israeliten am Golf von Suez entlang gewandert waren, zogen sie keineswegs direkt gen Süden, sondern nur etwa 30 km weit bis zur Mündung des *Wadi Sudr* und folgten dem Tal des Wadis zur Zenralebene, auf der sie über Nachl nach Kadesch-Barnea gelangten.
Wo war dann der Berg Sinai? Har-El identifiziert ihn mit dem Berg *Sinn-Bischr*, der sich am Eingang des Wadis zu 635 m Höhe erhebt, und meint, der Kampf mit den Amalekitern habe an der Küste des Golfs von Suez stattgefunden. Diese Annahme ist von israelischen Militärexperten, die das Gelände und die historische Kriegsführung im Sinai kennen, abgelehnt worden.
Die assyrischen Könige kamen aus dem Nordosten über Kanaan nach dem Sinai. Einer von ihnen, Esarhaddon, brachte auf einer Stelle eine Darstellung an, die aussieht wie ein Wegweiser für seine

Lebenssuche (Abb. 118). Darin ist eine Dattelpalme abgebildet; der Pflug versinnbildlicht ein landwirtschaftliches Gebiet (der Name Wadi *El-Arisch* bedeutet »Wadi des Landwirts«), und man sieht den Heiligen Berg. Im oberen Teil steht Esarhaddon zwischen dem Lebensbaum und dem Schrein der obersten Gottheit. Neben dem Lebensbaum ist das Symbol des Stiers – das gleiche Abbild wie das »goldene Kalb«, das die Israeliten am Fuß des Berges Sinai erstellt haben.

Zwischen den Nebenflüssen des Wadis El-Arisch wurde der Standort des Berges angegeben. Wenn aber der Berg Maschu das Tor zu einem Raumflughafen bezeichnete, mußte er am Rand einer großen Ebene stehen. Geographie, Topographie, historische Texte und reine Logik, alles weist auf die Zentralebene in der nördlichen Hälfte der Halbinsel Sinai hin.

Sogar E. H. Palmer, der so weit ging, Details zu erfinden, um an der südlichen Route festhalten zu können, wußte im Grunde, daß nur eine Wüste, die sich erstreckt, soweit das Auge zu sehen vermag, nicht etwa ein Gipfel in einem Gewirr von zerklüfteten Granitber-

Abb. 118

gen, der Ort gewesen sein kann, wo sich die Theophanie und die Wanderung der Israeliten abgespielt haben.

»Die übliche Vorstellung vom Berg Sinai«, schreibt er in »The Desert of the Exodus«, »scheint auch heute noch die zu sein, daß er ein vereinzelter Berg ist, der sich auffällig auf einer grenzenlosen Sandebene erhebt, und dem man sich von allen Seiten nähern kann. Die Bibel selbst, sofern wir sie nicht im Licht der modernen Entdekkung lesen, leistet dieser Vorstellung Vorschub... Immer wird der Berg Sinai in der Bibel so dargestellt, als stünde er unmißverständlich allein inmitten einer Wüstenebene.«

Es gebe tatsächlich eine solche Wüstenebene auf der Halbinsel Sinai, räumte er ein, aber sie sei nicht mit Sand bedeckt: »Sogar in dieser Gegend, die am ehesten unserer Vorstellung von einer Wüste entspricht... bildet Sand eine Ausnahme; der Boden gleicht eher einem harten Kiesweg als einem weichen, nachgiebigen Strand.«

Er beschreibt damit die Zentralebene. Das Fehlen des Sandes entsprach nicht seiner Vorstellung von einer »Wüste«. Für uns bedeutet die harte Oberfläche, daß sich diese Gegend vorzüglich als Raumflughafen für die Nefilim eignete.

Sind denn Generationen von Pilgern vergeblich in den Süden gezogen? Hat die Verehrung der südlichen Berggipfel erst mit dem Christentum begonnen? Die Entdeckungen der Archäologen auf diesen Bergen – Schreine, Altäre und andere Heiligtümer aus uralter Zeit – besagen etwas anderes, und die vielen Inschriften und Felsenschnitzereien (darunter das jüdische Leuchtersymbol), die Pilger verschiedener Glaubensrichtungen in vielen Jahrtausenden angebracht haben, zeugen von einer religiösen Verehrung, die zurückreicht bis in die Zeit, wo der Mensch dieses Gebiet zum erstenmal betreten hat.

Man möchte fast wünschen, es gäbe *zwei* »Berge Sinai«, damit sowohl der Überlieferung als auch den Tatsachen Genüge geschieht.

Auch dieser Gedanke ist nicht neu. Schon bevor in den letzten beiden Jahrhunderten keine Mühe gescheut wurde, den wahren Berg Sinai zu finden, haben sich Bibelforscher und Theologen gefragt, ob die verschiedenen biblischen Namen des Heiligen Berges nicht vielleicht andeuten, daß es ursprünglich zwei heiligeBerge gegeben hat. Zu diesen Namen gehörten »Berg Sinai« (Berg in oder von Sinai), der der Berg der Gesetzgebung war; »Berg Horeb« (Berg in der Trockenheit); »Berg Paran«, der im fünften Buch Moses als der Berg in Sinai angeführt wird, auf dem Jahwe den Israeliten er-

Abb. 119

schien; und der »Berg der Götter«, wo sich der Herr dem Moses zum erstenmal offenbarte.
Bei zwei Namen ist die geographische Lage bestimmbar. Paran war die Wildnis, die an Kadesch-Barnea grenzte, und möglicherweise war dies der biblische Name für die Zentralebene, so daß »Berg Paran« dort zu suchen wäre. Zu diesem Berg zogen die Israeliten. Aber der Berg, wo Moses seine erste Begegnung mit dem Herrn hatte, kann nicht allzu weit von Midian entfernt gewesen sein, denn Moses hütete die Herde seines Schwiegervaters Jethro, eines midianitischen Priesters; »und er führte die Herde in die Wildnis und kam zum Berg der Götter, zu Horeb«. Die Midianiter lebten im Süden von Sinai, am Golf von Akaba und in den Gebieten, wo Kupfer abgebaut wurde. Der »Berg der Götter« muß demnach im südlichen Sinai in einer Wildnis gelegen haben.
Man hat sumerische Rollsiegel gefunden, auf denen eine Gottheit einem Hirten erscheint. Der Gott taucht zwischen zwei Bergen auf (Abb. 119), und hinter ihm ist ein raketenähnlicher Baum – vielleicht der *Sneh* (»Brennender Busch«) der biblischen Erzählung. Die Darstellung paßt zu der häufigen biblischen Bezeichnung des Herrn: *El Schaddai*, das heißt »Gott der zwei Gipfel«. So ergibt sich noch ein Unterschied zwischen dem Berg der Gesetzgebung und dem Berg der Götter: Der eine war ein einzelner Berg in einer Wüstenebene, der andere scheint eine Verbindung zweier heiliger Gipfel zu sein.
Auch die ugaritischen Texte kennen einen »Berg der jungen Götter« in der Gegend von Kadesch und zwei dem Gott El und der Göttin Ascherah zugeschriebene Gipfel im Süden der Halbinsel Sinai; sie werden *Schad Elim* und *Schad Ascherat u Rahim* genannt. In dieses Gebiet, »wo die beiden Wasser beginnen, nahe bei der

Spaltung der beiden Meere«, hat sich El im Alter zurückgezogen. Der Text dürfte die Südspitze der Halbinsel Sinai beschreiben.
Es gab also auf der Zentralebene einen Berg, der den Raumflugzeugen zur Orientierung für den Anflug zum Hafen diente. Außerdem gab es an der Südspitze der Halbinsel zwei Gipfel, die beim Kommen und Gehen der Nefilim ebenfalls eine Rolle spielten. Das waren die beiden Berge der Vermessungen.

12

Die Pyramiden der Götter und Könige

Irgendwo in den Kellerräumen des Britischen Museums ist eine Tontafel verstaut, die man in Sippar, dem Kultzentrum Schamaschs in Mesopotamien, gefunden hat. Sie zeigt ihn auf einem Thron unter einem Baldachin, dessen Säule wie eine Dattelpalme geformt ist (Abb. 120).

Ein König und dessen Sohn werden von einer anderen Gottheit Schamasch vorgestellt. Vor dem thronenden Gott ist auf einem Piedestal das große Emblem eines strahlenden Planeten aufgestellt. Die Inschrift ruft die Götter Sin (Schamaschs Vater), Schamasch selbst und seine Schwester Ischtar an.

Das Thema der Szene - Bekanntmachung von Priestern oder Königen mit einer größeren Gottheit - ist bekannt und wirft keine Fragen auf. Einzigartig und rätselhaft an dieser Abbildung sind jedoch zwei Götter, von denen der eine den anderen beinahe verdeckt, abseits von der Szene; sie halten in den Händen zwei Seile, die von oben zu dem Himmelsemblem führen.

Wer sind die beiden göttlichen Seilhalter? Was für ein Amt haben sie inne? Warum halten sie gerade zwei Schnüre? Wo befinden sie sich? In welcher Beziehung stehen sie zu Schamasch?

Sippar war der Sitz des Obergerichts von Sumer und Schamasch folglich der oberste Gesetzgeber. Der babylonische König Hammurabi, berühmt für seinen Gesetzeskodex, hat selbst beschrieben, daß er die Gesetze vom thronenden Schamasch empfing. Ist die Szene mit den beiden göttlichen Seilhaltern also irgendwie mit Gesetzgebung verbunden? Allen Spekulationen zum Trotz haben die Altertumsforscher noch keine Antwort auf diese Frage gefunden.

Die Lösung lag jedoch, wie ich meine, schon längst zutage, gerade im Britischen Museum, allerdings nicht unter den »assyrischen« Ausstellungsgegenständen, sondern in der ägyptischen Abteilung. In einem Raum abseits der Säle mit den Mumien und anderen Überresten der Toten und ihrer Gräber sind verschiedene Papyri

Abb. 120

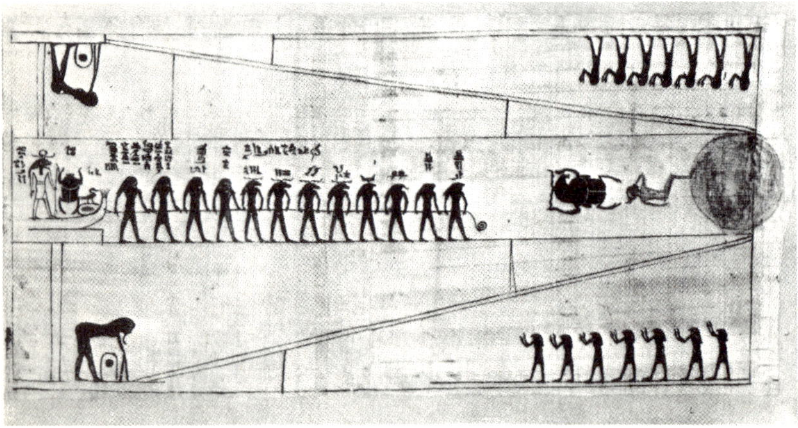

Abb. 121

ausgestellt, und darunter findet man des Rätsels Lösung (Abb. 121). Es ist eine Seite aus dem »Papyrus der Königin Nejmet«, und die Zeichnung illustriert das letzte Stadium der Reise des Pharaos im *Duat.* Die zwölf Götter, die seine Barke durch die unterirdischen Gänge ziehen, haben ihn zum letzten Gang gebracht, dem Ort des Aufstiegs. Hier wartet »das rote Auge des Horus«. Nachdem der Pharao seine irdische Kleidung abgelegt hat, wird er zum Himmel aufsteigen; seine Versetzung ist mit dem Käfer-Hieroglyph (»Wiedergeburt«) ausgedrückt. Götter, die in zwei Gruppen stehen, beten um seine glückliche Ankunft auf dem Unzerstörbaren Stern.
Und unmißverständlich sind auf der ägyptischen Abbildung zwei göttliche Seilhalter dargestellt!
Im Gegensatz zu der gedrängten Anordnung auf den Tontafeln aus Sippur befinden sich die beiden Seilhalter hier an zwei verschiedenen Stellen des Bildes, deutlich außerhalb des unterirdischen Ganges. Außerdem ist jede Stelle von einem *Omphalos* gekennzeichnet, der auf einem Podest steht. Ferner begnügen sich die göttlichen Gehilfen nicht damit, die Schnüre einfach zu halten, sondern sie sind mit *Abmessung* beschäftigt.
Die Entdeckung sollte nicht überraschen: Steht nicht im Totenbuch, daß der Pharao auf seiner Reise den Göttern begegnet, die »im *Duat* das Seil halten«, und den Göttern, die »die Maßschnur halten«?
Auch im Buch Enoch findet sich ein Hinweis. Darin wird erzählt, daß Enoch, als er von einem Engel zum irdischen Paradies im Westen gebracht wurde, sah, daß in jenen Tagen »lange Schnüre den Engeln gegeben wurden, worauf sie sich aufschwangen und gen Norden gingen«. Auf Enochs Frage antwortet sein Leitengel: »Sie sind gegangen, um zu messen ... Sie werden die Maße des Gerechten dem Gerechten bringen ... Alle diese Maße werden die Geheimnisse der Erde offenbaren.«
Geflügelte Wesen, die nach Norden gehen, um zu messen ... Maße, welche die Geheimnisse der Erde offenbaren werden ... Plötzlich erinnern wir uns der Worte des Propheten Habakuk, die Worte, die das Erscheinen des Herrn aus dem Süden und seine Richtung gen Norden beschreiben:

»Der Herr wird aus Süden kommen,
der Heilige vom Gebirge Paran.
Bedeckt sind die Himmel von seiner Gloriole,
sein Glanz erfüllt die Erde.

Sein Glanz ist wie das Licht.
Seine Strahlen scheinen von dort,
wo seine Macht verborgen ist.
Das Wort geht vor ihm,
Funken sprühen von unten.
Er bleibt stehen, die Erde zu messen;
Er ist sichtbar, und die Völker zittern.«

Standen das Messen der Erde und ihrer Geheimnisse in Beziehung zu dem energiebetriebenen Flug der Götter zum Erdenhimmel? Die ugaritischen Texte geben einen weiteren Hinweis, denn darin steht, daß Baal vom Zaphongipfel aus »eine starke und biegsame Schnur himmelwärts und zum Sitz von Kadesch spannt«.

Immer wenn diese Texte eine Botschaft von einem Gott zum andern beschreiben, beginnt der Vers mit dem Wort *Hut.* Nach Mutmaßung der Forscher sollte das ein einleitender Zuruf sein, etwa: »Bist du bereit, mich anzuhören?« Aber der Ausdruck könnte in den semitischen Sprachen auch »Schnur, Seil« bedeuten. Im Ägyptischen bedeutet *Hut* überdies »spannen, ausstrecken«. Heinrich Brugsch hat sich in der »Sage von der geflügelten Sonnenscheibe« mit einem ägyptischen Text befaßt, der von den Schlachten des Horus handelt, und weist darin darauf hin, daß *Hut* der Name eines Ortes war, wo die geflügelten »Ausstrecker« wohnten, aber auch der Name des Berges, in dem Horus von Seth gefangengehalten wurde.

Aus der ägyptischen Darstellung (Abb. 121) ist zu ersehen, daß die konischen »Orakelsteine« dort standen, wo die göttlichen Vermesser arbeiteten. Auch in Baalbek stand ein solcher Omphalos, ein glänzender Stein der die *Hut*-Funktionen ausüben konnte. Es gab einen Orakelstein in Heliopolis, der ägyptischen Zwillingsstadt von Baalbek. Baalbek war die Landeplattform der Götter; die ägyptischen Schnüre führen zur Aufstiegsstelle des Pharaos im *Duat.* Der biblische Gott – von Habakuk *El* genannt – maß die Erde, als er von Süden nach Norden flog. Ist das alles nur eine Serie von Zufällen, oder sind es Teile eines einzigen riesigen Mosaiks?

Zudem haben wir die Beschreibung von Sippar. Es ist keineswegs verwirrend, wenn wir uns in Erinnerung rufen, daß Sippar in der Zeit, als Sumer das Land der Götter bedeutete, der Raumflughafen der Anunnaki war und Schamasch der Befehlshaber. In Anbetracht dessen wird die Rolle der göttlichen Vermesser klar: Ihre Schnüre steckten den Weg zum Raumflughafen ab.

Man muß sich vorstellen, wie Sippar entstanden ist, wie die Lage

des ersten Raumflughafens auf der Erde vor ungefähr 400 000 Jahren bestimmt wurde.
Als Enil und seine Söhne den Auftrag erhielten, in der Ebene zwischen den beiden Flüsen Mesopotamiens einen Raumflughafen auf dem Planeten Erde anzulegen, wurde ein Lageplan entworfen. Dazu gehörten die Wahl des Standorts für den Flughafen, die Bestimmung des Flugwegs, Festsetzung der Einsatzkontrolle und Umlauflinien im Flugkorridor. Man zog vom auffälligsten Signal, dem Ararat, einen Nord-Süd-Meridian. Ein Flugweg über den Persischen Golf, in sicherer Entfernung von den flankierenden Bergketten verlief genau im Winkel von 45°. Im Schnittpunkt der beiden Linien, am Ufer des Euphrats, sollte die »Vogelstadt« Sippar gegründet werden.
Fünf Siedlungen wurden im selben Abstand voneinander an der Diagonalen von 45° eingezeichnet. Die Stadt in der Mitte, Nippur (»Ort der Durchquerung«), sollte als Kontrollzentrum dienen. An den Außenlinien des pfeilartigen Korridors waren weitere Siedlungen geplant, und alle drei Linien liefen in Sippur zusammen (Abb. 122).
All das wurde von der Sintflut vernichtet. Nur die Landepiste in Baalbek blieb erhalten. Bis zur Erstellung eines neuen Flughafens diente sie den Raumfähren wohl oder übel zum An- und Abflug. Ist etwa anzunehmen, daß sich die Anunnaki darauf verließen, diesen zwischen zwei Bergketten eingeklemmten Ort mit flugtechnischem Geschick ansteuern zu können, oder es nicht doch vorzogen, so schnell wie möglich einen pfeilartigen Landungskorridor nach Baalbek auszuarbeiten?
In einer Luftaufnahme können wir den Nahen Osten so sehen, wie ihn die Anunnaki von ihrem Luftschiff aus gesehen haben (Abb. 123). Dort oben, ein Punkt im Norden, lag Baalbek. Welchen günstigen Ausgangspunkt konnten sie für einen dreiwinkligen Landungskorridor wählen? Nahebei im Südosten erhoben sich die Granitgipfel des Gebirgsstocks Sinai. In der Mitte ragte der höchste Gipfel auf (heute Katharinenberg genannt). Er konnte als natürliches Signal der südöstlichen Grenzlinie dienen. Aber wo war das Gegenstück im Nordwesten, an dem die nördliche Linie des Dreiecks verankert werden konnte?
An Bord der Raumfähre betrachtete der göttliche Landvermesser das unten ausgebreitete Panorama der Erde und studierte dann wieder seine Karten. In der Ferne, hinter Baalbek, ragten die beiden

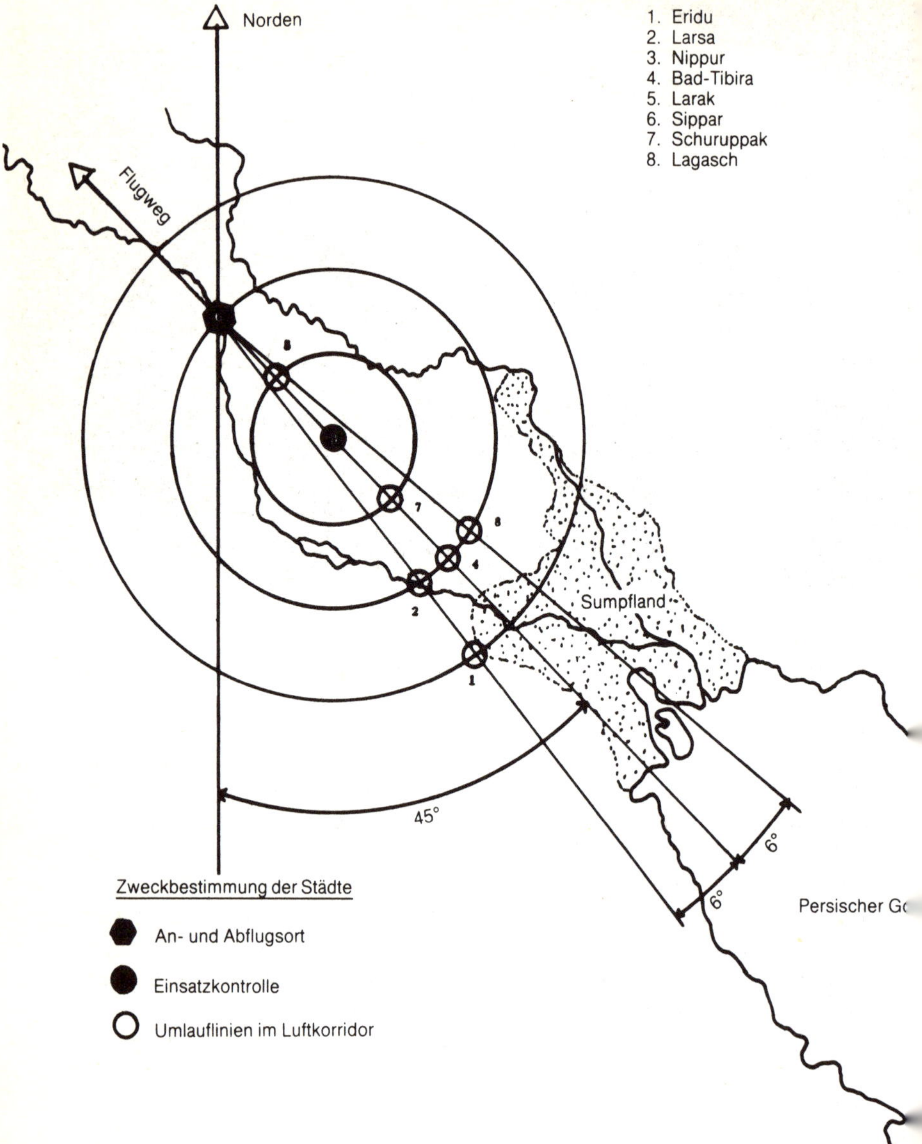
Norden
1. Eridu
2. Larsa
3. Nippur
4. Bad-Tibira
5. Larak
6. Sippar
7. Schuruppak
8. Lagasch
Flugweg
Sumpfland
45°
6°
6°
Persischer G
Zweckbestimmung der Städte
An- und Abflugsort
Einsatzkontrolle
Umlauflinien im Luftkorridor

Abb. 122

b. 123

Ararat-Gipfel auf. Von dort zog er eine gerade Linie durch Baalbek bis nach Ägypten hinein.
Er nahm seinen Kompaß zur Hand. Mit Baalbek als Mittelpunkt zog er eine Kreislinie durch den höchsten Gipfel der Halbinsel Sinai. Die Stelle, wo sie sich mit der Ararat-Baalbek-Linie schnitt, kreuzte er an. Dann zog er zwei gleich lange Linien, die eine verband Baalbek mit dem Gipfel des Sinaimassivs, die andere mit der angekreuzten Stelle (Abb. 124).
Das wird unser dreiwinkliger Landungskorridor sein, sagte er, der uns geradenwegs nach Baalbek führt.
Dort ist aber nichts, wandte einer an Bord ein. An der angekreuzten Stelle ist nichts, das uns als Signal dienen könnte.
Wir müssen dort eine *Pyramide* bauen, sagte der Befehlshaber.
Und sie flogen weiter, um über ihre Entscheidung Bericht zu erstatten.

Hat dieses Gespräch an Bord der Raumfähre der Anunnaki wirklich stattgefunden? Das werden wir natürlich nie wissen (es sei denn, es wird eines Tages eine Tafel gefunden, die das Geschehnis

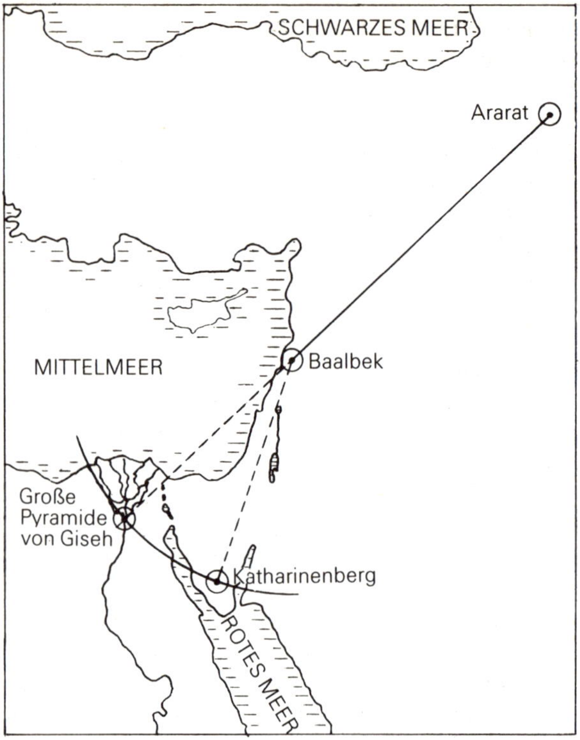

Abb. 124

verzeichnet); es wurden damit nur einige erstaunliche Tatsachen in Szene gesetzt:
- Die einzigartige, aus urferner Vergangenheit stammende Plattform in Baalbek existiert immer noch in ihrer ungeheuren Größe.
- Der Katharinenberg, der höchste Gipfel des Sinaimassivs, ist (wie der Zwillingsgipfel Musa) seit ältester Zeit geheiligt und umwoben von Götter- und Engelslegenden.
- Die Große Pyramide von Giseh sowie die beiden kleineren Nebenpyramiden und der berühmte Sphinx liegen genau auf der verlängerten Ararat-Baalbek-Linie.
- Der Abstand zwischen Baalbek und Katharinenberg und der Abstand zwischen Baalbek und der Großen Pyramide von Giseh sind genau gleich.

Das ist aber – es sei sofort vermerkt – nur ein Teil des erstaunlichen Flächennetzes, das die Anunnaki im Zusammenhang mit ihrem nachsintflutlichen Raumflughafen ausbreiteten. Ob das Gespräch an Bord der Fähre nun stattgefunden hat oder nicht, wir können sicher davon ausgehen, daß die Pyramiden in Ägypten auf diese Weise entstanden sind.

Es gibt viele Pyramiden und pyramidenartige Bauten in Ägypten; sie übersäen die Landschaft vom Ursprung des Nils bis an sein Delta. Doch wenn man allgemein von den Pyramiden spricht, meint man meist die Pyramiden, etwas über 20 Stück, die von den Pharaonen des Alten Reichs (ungefähr 2700 bis 2180 v. Chr.) erbaut worden sind. Man teilt sie in zwei Gruppen: einerseits die Pyramiden, die den Herrschern der 5. und der 6. Dynastie (wie Unas, Teti, Pepi) angehören, reich geschmückt und mit Inschriften versehen sind; andererseits diejenigen der Könige der 3. und 4. Dynastie. Die letztgenannten, viel älteren, sind am interessantesten. Viel größer, viel solider, viel exakter erbaut und vollkommener als alle folgenden, sind sie auch am rätselhaftesten, denn sie geben keinen Hinweis auf das Geheimnis ihrer Konstruktion. Wer sie gebaut hat, wie sie gebaut worden sind, warum oder auch nur wann sie gebaut worden sind – niemand vermag es zu sagen, es bestehen nur Theorien und Vermutungen darüber.

Lehrbüchern ist zu entnehmen, die ersten Pyramiden Ägyptens seien von einem König namens Zoser (auch Djoser) erbaut worden, dem zweiten Pharao der 3. Dynastie (etwa 2650 v. Chr. nach vorsichtiger Schätzung). Folgendermaßen soll es sich zugetragen haben: Westlich von Memphis suchte Zoser auf der Bodenerhebung, die der alten Hauptstadt als Nekropolis (»Totenstätte«) diente, eine Stelle aus und beauftragte seinen weisen Ratgeber Imhotep, ihm hier ein Grabmal zu errichten. Bis dahin war es üblich gewesen, den König in einem Felsengrab zu bestatten und die Grabkammer mit einer sogenannten *Mastaba* zuzudecken, einem horizontalen Grabstein, der mit der Zeit immer größere Ausmaße angenommen hatte. Der einfallsreiche Imhotep schichtete nun in zwei Phasen mehrere Mastabas übereinander auf, jede kleiner als die vorherige, so daß eine Stufenpyramide entstand (Abb. 125a). Daneben, auf einem großen rechteckigen Hof, wurden allerlei zweckdienliche und dekorative Gebäude errichtet – Kapellen, Begräbnistempel, Lagerhäuser, Wohnungen für Dienerschaft und so weiter. Das ganze Gebiet wurde dann von einer prächtigen Mauer umgrenzt. Die sechsstökkige Pyramide und die Ruinen einiger dazugehöriger Gebäude sind immer noch in Sakkara zu sehen (Abb. 125b). Da Sakkara »Sperber-

Abb. 125

nest« bedeutet, nimmt man an, daß dieser Ort ursprünglich Seker, dem »verborgenen Gott« geweiht war.
Den Königen, die Zoser folgten, gefiel dieses Grabmahl, und sie eiferten ihm nach. Wahrscheinlich baute Zosers Thronfolger Sechemchet die zweite Stufenpyramide, ebenfalls in Sakkara. Aus unbekannten Gründen mißlang der Bau (vielleicht fehlte die geniale Begabung des weisen Imhotep). Die dritte Stufenpyramide – vielmehr der Hügel, der die verfallenen Reste ihres Anfangs barg – wurde mitten zwischen Sakkara und Giseh entdeckt. Da sie kleiner ist als die vorherigen, schrieben einige Forscher sie dem nächstfolgenden Pharao namens Chaba zu. Manche glauben, unbekannte Könige der 3. Dynastie hätten noch weitere Versuche gemacht, Pyramiden zu bauen, aber ohne viel Erfolg.
Wir müssen nun nach Medum gehen, etwa 35 Kilometer südlich von Sakkara. Da es an Beweisen fehlt, wird angenommen, diese Pyramide sei vom nächstfolgenden Pharao namens Huni erbaut worden. Aufgrund spitzfindiger Beweisführung nimmt man allerdings an, er habe mit dem Bau nur angefangen, und die Versuche, ihn zu vollenden, seien von seinem Nachfolger Snofru, dem Gründer der 4. Dynastie, unternommen worden.
Angefangen wurde sie wie die vorherigen als Stufenpyramide. Aus Gründen, die unbekannt sind, und für die es nicht einmal Theorien

gibt, beschloß der Bauherr, eine »echte« Pyramide zu schaffen, das heißt, sie mit glatten Seiten zu versehen. Das bedeutete, einen quadratischen Grundriß zu nehmen und die sieben Stufen so zurücktreten zu lassen, daß ihre oberen Ränder bereits eine einzige schräge Linie bildeten (Abb. 126a). Aus ebenso unbekannten Gründen wurde ein Winkel von 52° gewählt. Was aber laut den Lehrbüchern die erste »echte« Pyramide werden sollte, das wurde ein großer Mißerfolg: Das Steinwerk, das die Zwischenräume zwischen den einzelnen Stufen ausfüllen sollte, die Ummantelung und Teile des Kerns brachen unter dem Gewicht der Steine zusammen, und geblieben ist von diesem Versuch nur ein Teil des festen Kerns, den Trümmer umgeben (Abb. 126b).
Einige Ägyptologen (so Kurt Mendelssohn: »Das Rätsel der Pyramiden«, 1974 auf deutsch erschienen) meinen, Snofru habe nach diesem Fiasko nördlich von Medum noch eine Pyramide gebaut. Mitten in der Bauarbeit wurde der Böschungswinkel geändert – er ist unten steiler als oben –, und der flachere Winkel (43°) sicherte größere Stabilität, indem er Höhe und Masse der Pyramide verminderte. Das war ein kluger Beschluß, denn Tatsache ist, daß diese sogenannte Knickpyramide immer noch steht (Abb. 127).
Ermutigt durch diesen Erfolg, ließ Snofru eine weitere »echte« Pyramide bei Medum bauen. Man nennt sie wegen der Farbe ihrer Steine die Rote Pyramide. Sie soll die Verwirklichung des Unmöglichen dargestellt haben: Sie erhebt sich auf quadratischer Grundfläche zur stattlichen Höhe von rund 99 Meter, und die Grundkantenlänge beträgt rund 208 Meter. Der Triumph wurde allerdings nicht ohne kleine Mogelei erreicht: Statt im vollkommenen Böschungswinkel von 52° steigen die Seiten dieser »ersten klassischen Pyramide« im viel sichereren Winkel von weniger als 44° auf ...

Snofru war der Vater Chufus (den die griechischen Geschichtsschreiber Cheops nannten); deshalb wird angenommen, daß der Sohn seinem Vater nacheiferte und die nächste echte Pyramide baute, nur noch größer und grandioser: die Große Pyramide von Giseh. Sie steht seit Jahrtausenden majestätisch in Gesellschaft zweier anderer größerer Pyramiden, die seinen Nachfolgern Chefra (Chefren) und Menkew-ré (Mykerinos) zugeschrieben werden. Die drei sind umgeben von kleineren Satellitenpyramiden, Tempeln, Mastabas, Gräbern und dem einzigartigen Sphinx. Obwohl sie verschiedenen Herrschern zugeschrieben werden, sind sie offensicht-

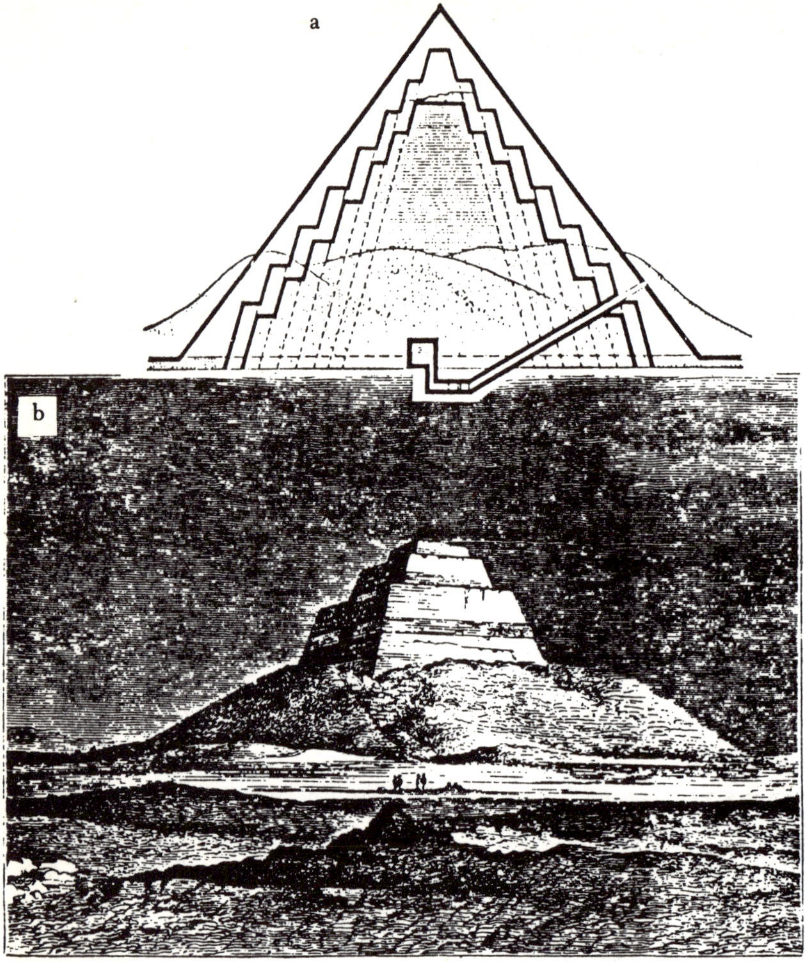

Abb. 126

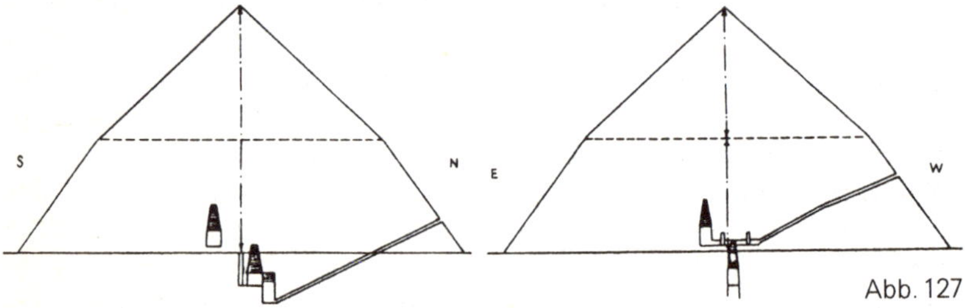

Abb. 127

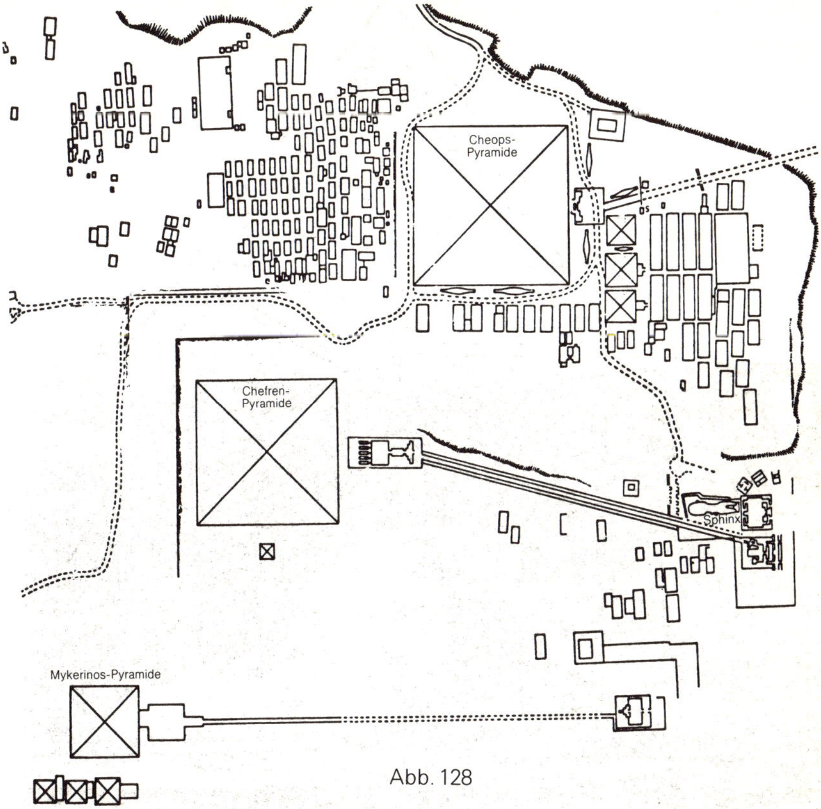

Abb. 128

lich als zusammenhängende Gruppe geplant und ausgeführt worden, denn sie sind nicht nur nach den Kardinalpunkten des Kompasses, sondern auch untereinander vollkommen planmäßig ausgerichtet (Abb. 128). Ja, die Dreizahl, die mit diesen drei Monumenten beginnt, kann als Maß für ganz Ägypten geltend gemacht werden, übrigens auch für die ganze Erde. Das erkannten in der Neuzeit zuerst Napoleons Ingenieure: Sie suchten die Spitze der Großen Pyramide als den Brennpunkt aus, von dem aus sie Unterägypten trigonometrisch vermaßen und aufzeichneten.
Dies wurde sogar noch erleichtert durch die Erkenntnis, daß das Pyramidenfeld von Giseh ausgerechnet auf dem 30. nördlichen Breitengrad liegt. Der ganze Komplex massiver Monumente wurde am Ostrand des libyschen Hochlands errichtet, das im Westen von

Libyen beginnt und sich bis zum Ufer des Nils erstreckt. Obwohl es nur etwa fünfzig Meter über dem Flußtal liegt, bietet Giseh eine unvergleichliche und wirkungsvolle Aussicht nach allen vier Himmelsrichtungen. Die Große Pyramide steht am nordöstlichen Rand eines Plateauvorsprungs, unweit beginnen Sand und Lehmboden, wo ein so massives Gebäude unmöglich errichtet werden könnte. Der in Neapel geborene englische Astronom Charles Piazzi-Smyth (»Our Inheritance in the Great Pyramid«, 1880) schrieb, diese Pyramide sei ein von Gott inspiriertes Werk, in dem die größten physikalischen und astronomischen Entdeckungen unserer Tage vorweggenommen wurden. Er hat folgendes festgestellt: Der Mittelpunkt der Großen Pyramide liegt auf dem nördlichen Breitengrad 29° 58′55″, mit nur $\frac{1}{60}$ Grad Abweichung vom 30. Breitengrad. Der Mittelpunkt der zweitgrößten Pyramide weicht nur um 13″ ($\frac{13}{3600}$ Grad) südlich davon ab.

Die Ausrichtung nach den Kardinalpunkten des Kompasses, die Schräge der Seiten im »vollkommenen« Winkel von ungefähr 52° (bei dem Verhältnis zwischen Höhe und Umfang der Pyramide dem Verhältnis zwischen einem Kreisradius und dem Umfang des Kreises entspricht), die quadratische Grundfläche, die Errichtung auf einem ganz ebenen Boden, all das spricht für hochgradige Kenntnisse in Mathematik, Astronomie, Geographie, Geometrie, natürlich auch für bautechnisches Können und die administrative Fähigkeit, die notwendigen Arbeitskräfte aufzubieten, um ein so ungeheures Projekt zu entwerfen und auszuführen. Noch mehr überrascht die *innere* Vielfalt der Bauwerke – die Galerien, Gänge, Kammern, Schächte, die verborgenen Zugänge zu den Pyramiden (immer auf der Nordseite), das von außen nicht sichtbare Schließsystem – alles vollkommen aufeinander ausgerichtet, alles mit äußerster Genauigkeit ausgeführt im Innern dieser künstlichen Steinberge, die schichtweise aufgetürmt worden sind.

Die Zweite Pyramide (die sogenannte Chefrenpyramide) ist zwar nur um ein weniges kleiner als die Große (Höhe 143 Meter im Gegensatz zu 147, Grundkantenlänge 215 zu 230 Meter), aber die Große Pyramide hat eh und je Gelehrte und Laien am stärksten gefesselt und fasziniert. Sie war und ist das größte derartige Steingebäude in der Welt, das vor schätzungsweise 2300000 bis 2500000 Jahren aus gelbem Kalkstein (Kern), weißem Kalkstein (Bemantelung) und Granit (Innenkammern, Galerien, Decken und so weiter) erbaut worden ist. Sie besteht aus rund 2300000 Steinblöcken von durchschnittlich je 2½ Tonnen Gewicht. Ihre Gesamtmasse, deren Gewicht auf 700 000 Tonnen geschätzt wird, übertrifft die aller Kathedralen, Kirchen und Kapellen zusammen, die seit Beginn des Christentums in England erbaut worden sind.

Die Große Pyramide erhebt sich auf einer künstlich geebneten Felsschicht, deren vier Ecken gekennzeichnet sind. Obwohl Jahrtausende seit ihrer Errichtung vergangen sind, trotz Drehung der Erde, kontinentalen Verschiebungen und Erdbeben, trotz des Eigengewichts der Pyramide steht sie immer noch unbeschädigt und ganz gerade auf ihrer dünnen Plattform (knapp 56 Zentimeter). Die Abweichung von ihrer horizontalen Ausrichtung beträgt bisher weniger als 25 Millimeter von der rund 230 Meter langen Kante der Grundlage.

Aus der Ferne sehen die Große Pyramide und ihre beiden Gefährten wie »echte« Pyramiden aus, aber wenn man näher kommt, erkennt man, daß es gewissermaßen Stufenpyramiden sind. (Bei der Stufenpyramide sind die Steinblöcke treppenartig aufeinandergetürmt, und nur der Verkleidungsmantel verleiht ihnen ein glattes Aussehen. Abb. 129.) Der Mantel der Großen Pyramide wurde zur Zeit der Araber entfernt, und man benutzte die Kalksteinblöcke für den Bau der Stadt Kairo; aber an der Zweiten Pyramide ist er noch zu erkennen, und auch an der Basis der Großen wurde noch ein Teil entdeckt (Abb. 130). Diese Verkleidungssteinblöcke bestimmten den Böschungswinkel der Pyramidenseiten; es sind die schwersten, die beim Pyramidenbau benutzt wurden. Die Flächen des Steinblocks wurden so genau zugeschnitten und so glatt poliert, daß sie nicht nur in die Stufen, sondern auch aufeinander fugenlos paßten.

Die Pyramiden von Giseh besitzen ihre Spitze, den oberen Abschluß, nicht mehr. Er war wie ein Pyramidion geformt und bestand aus Metall oder war mit einem glänzenden Metall überzogen, ebenso wie die pyramidenförmige Spitze der Obelisken. Wer sie wann und warum entfernt hat, weiß niemand. Hingegen ist bekannt, daß diese Apexsteine, die dem *Ben-Ben* in Heliopolis ähnelten, aus Granit bestanden und Inschriften trugen. Die Spitze der Amenemhêt-Pyramide in Dahschur, die man etwas entfernt gefunden hat (Abb. 131), trug das Emblem der geflügelten Kugel und die Inschrift:

»Das Gesicht des Königs Amenemhêt ist offen,
auf daß er schaue den Herrn des Lichtberges,
wenn er über den Himmel fährt.«

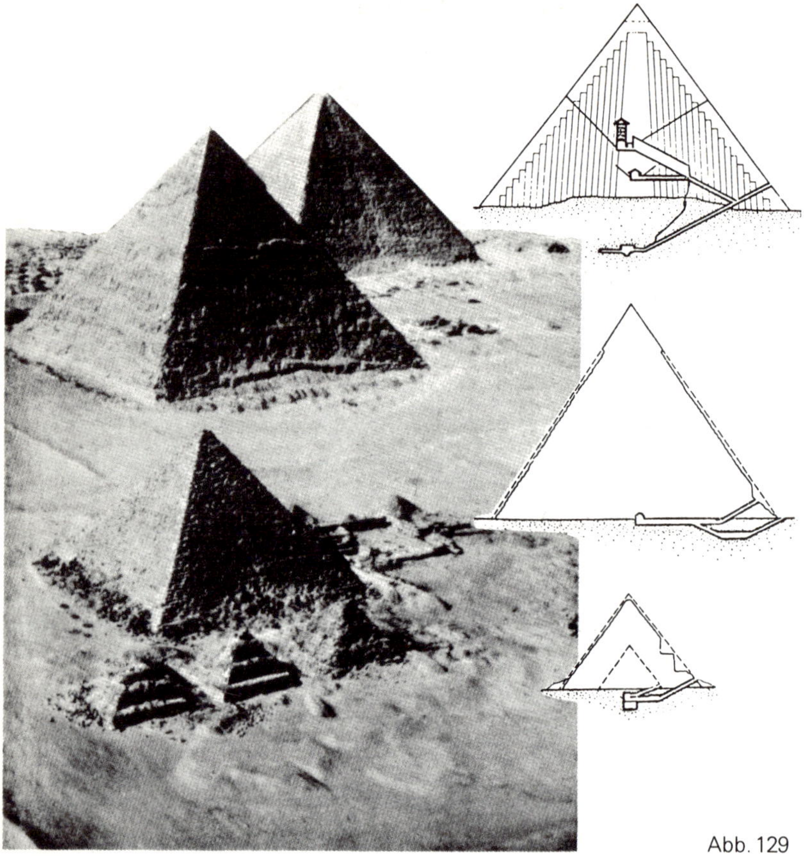

Abb. 129

Herodot, der Giseh im fünften Jahrhundert besichtigte, erwähnt den oberen Abschluß nicht, aber die Seitenwände der Pyramiden hatten damals noch ihre glatte Oberfläche. Wie andere vor und nach ihm fragte sich Herodot, wie diese Monumente – die in der Antike zu den sieben Weltwundern zählten – erbaut sein mochten. Mit Bezug auf die Große Pyramide sagte ihm sein Reiseführer, um sie zu erbauen, hätten 100000 Arbeiter alle drei Monate ersetzt werden müssen; »zehnjährige Unterdrückung des Volkes« sei notwendig gewesen, lediglich den Aufweg zu der Pyramide anzulegen, da ja die Steinblöcke von Steinbrüchen hatten hergeschafft werden müssen. Die Pyramide selbst sei in zwanzig Jahren erbaut worden.

Beispiel der Ummantelung einer Pyramide

Abb. 130 Überrest der originalen Ummantelung der Großen Pyramide

Abb. 131

Herodot hat die Information geliefert, daß Cheops (Chufu) den Bau befohlen habe; warum und wozu, das sagt er nicht. Ebenso schrieb Herodot und kein anderer die Zweite Pyramide Chefren (Chefra) zu, »von gleichen Dimensionen, nur vierzig Zentimeter niedriger«, und versicherte, daß Mykerinos (Menkew-ré) »auch eine Pyramide hinterließ, aber viel geringer an Größe als die seines Vaters« – womit er andeutete, daß es sich um die Dritte Pyramide von Giseh handelte.
Zu Beginn des ersten Jahrhunderts n. Chr. vermerkte der römische Geograph Strabon, er habe die Große Pyramide nicht nur gesehen, sondern sie auch durch einen von einem beweglichen Stein verdeckten Eingang an der Nordseite betreten. Durch einen abschüssigen langen, engen Gang erreichte er eine Felsengrube – wie vor und nach ihm andere griechische und römische Reisende.
Dieser Eingang geriet in den folgenden Jahrhunderten in Vergessenheit, und als der Kalif Mamun im Jahr 820 n. Chr. in die Pyramide eindringen wollte, mußte er ein Heer von Maurern, Schmieden und Ingenieuren aufbieten, um sich den Weg ins Innere zu bahnen. Dazu trieben ihn sowohl Forschergeist als auch Schatzbegierde, denn er hatte uralte Sagen gehört, nach denen das Bauwerk eine Geheimkammer enthielt, und hier sollten seit langer, langer Zeit nicht nur Himmels- und Erdkarten versteckt sein, sondern auch »Waffen, die nicht rosten« und »Glas, das sich biegen läßt, ohne zu zerbrechen«.
Mamuns Leute sprengten das Gestein, indem sie es erhitzten und kühlten, bis es barst, es rammten und meißelten, und so drangen sie Zoll um Zoll in die Pyramide ein. Sie wollten das Vorhaben gerade aufgeben, da hörten sie in der Nähe einen Stein zu Boden fallen, und dieses Geräusch verriet ihnen, daß vor ihnen ein leerer Raum sein mußte.
Frischbelebt sprengten sie sich den Weg zu dem ursprünglichen abschüssigen Gang frei (Abb. 132). Unten fanden sie die von Strabon erwähnte Kammer; sie war leer. Ein Schacht von der Kammer aus führte nirgends hin.
Die Mühe schien vergeblich gewesen zu sein. Alle anderen Pyramiden, in die man im Verlauf der Jahrhunderte eingedrungen oder eingebrochen war, hatten die gleiche Struktur: Ein Gang führte abwärts in eine oder mehrere Kammern. Ihn hatte man nun in der Großen Pyramide gefunden, und andere Geheimnisse verbarg sie anscheinend nicht.

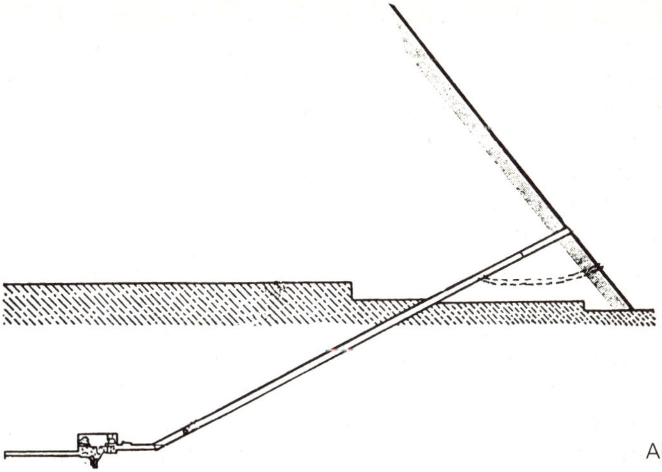

Abb. 132

Aber das Schicksal wollte es anders. Der hinuntergefallene Stein lag in dem Gang. Er hatte eine merkwürdige dreieckige Form. Als Mamuns Gehilfen die Decke betrachteten, sahen sie, daß der Stein dazu gedient hatte, eine große dreieckige Granitplatte zu verbergen. Verbarg sie selbst den Weg zu einer Geheimkammer, die noch niemand entdeckt hatte?

Da sich der Granitblock weder bewegen noch zerbrechen ließ, machten Mamuns Arbeiter einen Umweg um sie herum. Wie sich herausstellte, war er nur einer von vielen Granitblöcken, die einen steilen Gang blockierten; im weiteren bestanden die Blöcke aus Kalkstein.

Beide Gänge, der untere wie auch der obere, hatten ein Gefälle von 26° (genau die Hälfte des Böschungswinkels auf der Grundfläche der Pyramide). Von dem aufwärts führenden Gang gelangte man auf einem horizontalen Korridor zu einem quadratischen Raum – er war bar und leer. Er erhielt später den Namen »Königinnenkammer«, allerdings sinnloserweise, nur aufgrund romantischer Vorstellungen (Abb. 133). Sie kehrten zurück und folgten weiter dem steilen Gang durch eine 47 Meter lange und 8,5 Meter hohe Galerie oder große Halle (Abb. 134). Sie erscheint wie gewölbt, da die oberen sieben Steinlagen immer etwas weiter übereinander vorgerückt sind.

Am Ende der Galerie führt ein 6,73 Meter langer und nur 1,10 hoher horizontaler Gang in eine Art Vorgemach von komplizierter Kon-

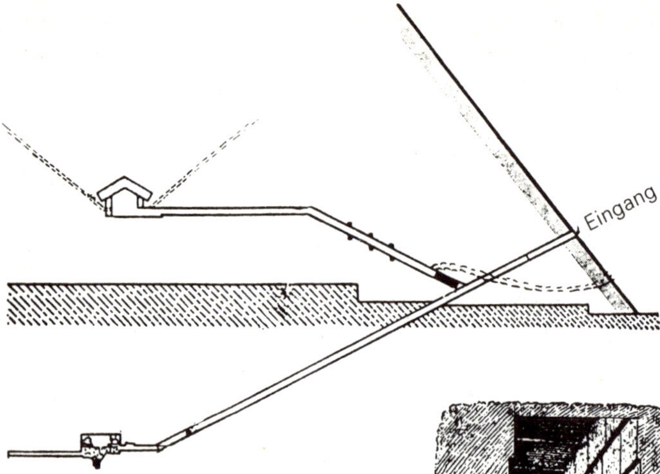

Abb. 133

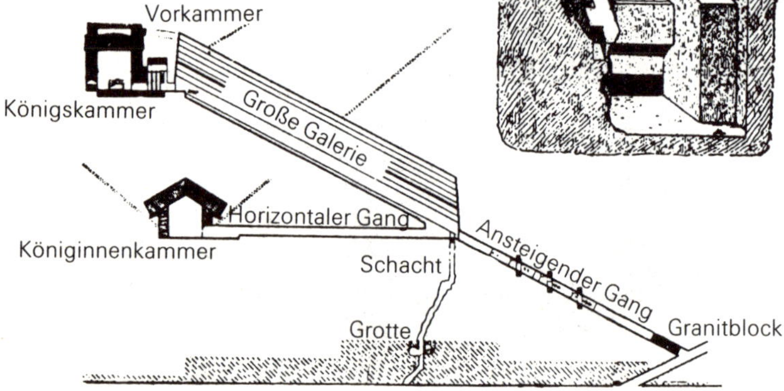

Abb. 134

struktion. Es war so gebaut worden, daß man mit einem einfachen Manöver – vielleicht mittels eines Zugseils – drei feste Granitwände senken konnte, die den Weg vertikal versperrten.
Auf diesem Weg drang Mamun mit seinen Gehilfen in die sogenannte »Königskammer« vor (Abb. 135), einen 5,81 Meter hohen, 10,43 Meter langen und 5,20 Meter breiten Raum aus poliertem rohem Granit. Die Decke bildeten neun kolossale, mit ihren Enden auf den Seitenwänden ruhende Granitplatten. Sie enthielt nur einen Granitblock, der so behauen war, daß er einen deckellosen Sarg darstellte. Seine Maße verraten, wie man festgestellt hat, Kenntnis der höheren Mathematik. Aber dieser Sarg war leer.
War dieses ungeheure Steingebäude nur errichtet worden, um einen leeren »Sarg« in einer leeren Kammer zu verbergen? Von Fackeln geschwärzte Stellen und Strabons Aussage, daß der abschüssige Gang schon vor ihm benutzt worden war, legten den Gedanken nahe, daß die untere Kammer schon längst ausgeraubt worden war, wenn sie jemals Schätze enthalten hatte. Aber der aufwärts führende Gang war fest versperrt gewesen, als der Kalif Mamun im neunten Jahrhundert in die Pyramide eindrang. Die Theorie, die Pyramiden hätten die Bestimmung gehabt, die Mumie des Pharaos und die mit ihm begrabenen Schätze vor Räubern zu schützen und den ewigen Frieden des Königs nicht stören zu lassen, ist von Historikern und anderen Gelehrten eisern aufrechterhalten worden. Deshalb nahm man an, die Gänge seien versperrt worden, sobald der Sarg mit der Mumie in der Grabkammer beigesetzt worden war. Hier aber fand sich nichts außer einem leeren Sarg.

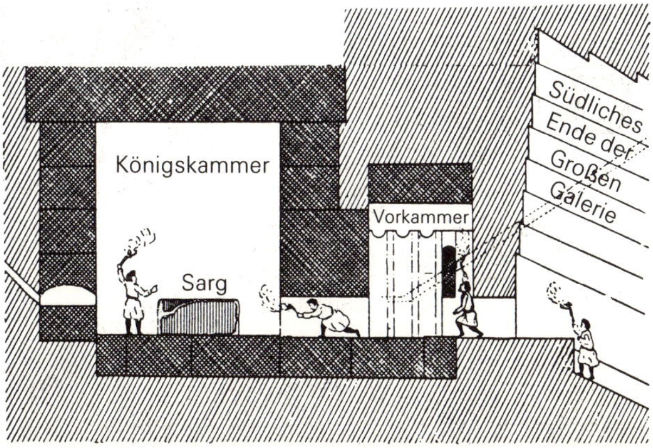

Abb. 135

Im Lauf der Zeit drangen immer wieder Wissenschaftler und Abenteurer in die Große Pyramide ein, sprengten sich einen Weg und entdeckten weitere Einzelheiten der inneren Stuktur, darunter zwei Schächte, die von den einen für Luftschächte gehalten wurden (für wen?), wohingegen die anderen die Zweckbestimmung in astrologischen Beobachtungen sahen (wer nahm sie vor?). Zwar halten die Gelehrten daran fest, der Steinsarg habe als Sarkophag gedient (seine Größe hätte sich dafür geeignet), aber es bleibt Tatsache, daß nichts, gar nichts die Theorie bekräftigt, die Große Pyramide sei ein Königsgrab gewesen.

In der Tat ist nie der Beweis erbracht worden, daß die Pyramiden erbaut wurden, um den Pharaonen als Grab zu dienen.
Die erste Pyramide, die des Zoser, enthält zwei »Grabkammern« – an diesem Ausdruck halten die Gelehrten fest – unter der ursprünglichen Mastaba. Heinrich Freiherr Menu von Minutoli, der hier 1821 als erster eindrang, behauptet, er habe darin nicht nur Teile einer Mumie, sondern auch Inschriften mit dem Namen Zoser gefunden. Er will seinen Fund nach Europa geschickt haben, aber er soll auf See verlorengegangen sein. 1837 nahm Oberst Howard Vyse gründlichere Ausgrabungen vor und berichtete, er habe »einen Haufen Mumien« (später wurden achtzig gezählt) gefunden und eine Kammer, die »den Namen des Königs Zoser trug«, niedergeschrieben mit roter Farbe. Ein Jahrhundert später meldeten Archäologen die Entdeckung eines Schädelteils und den Hinweis, daß »in der roten Granitkammer ein Sarkophag gestanden haben kann«. 1933 entdeckten J. E. Quibell und J. P. Lauer unter der Pyramide unterirdische Galerien, die zwei Sarkophage bargen – leer.
Heute wird allgemein die Ansicht vertreten, daß diese »sonderlichen« Mumien und Särge von »unstatthaften« Begräbnissen herrühren, das heißt, man nimmt an, in späterer Zeit hätten »Einbrecher« hier ihre Toten begraben. Aber ist Zoser selbst hier begraben worden – hat ein solches »Originalbegräbnis« jemals stattgefunden?
Die meisten Archäologen bezweifeln heute, daß Zoser in der Pyramide oder darunter begraben worden ist. Allem Anschein nach wurde er in einem prachtvollen Grab beigesetzt, das man 1928 südlich der Pyramide entdeckt hat. Dieses »Südliche Grab«, wie man es nennt, erreicht man durch eine Galerie, deren Steindecke die Form von *Palmen* nachbildet. Sie führt zu einer halbgeöffneten

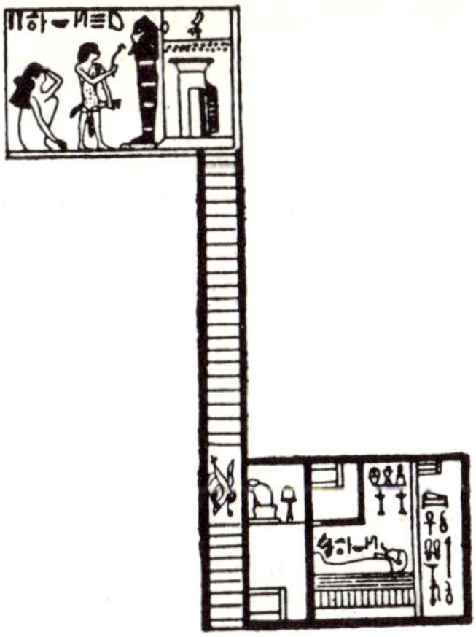

Abb. 136

Scheintür, durch die man in einen großen Hof gelangt. Weitere Galerien führen zu einem unterirdischen Raum aus Granitblöcken; drei Scheintüren an der einen Wand tragen Zosers eingeschnitztes Bildnis, seinen Namen und seine Titel.
Viele hervorragende Ägyptologen glauben, daß die Pyramide »nur eine symbolische Begräbnisstätte Zosers« war und daß der König in Wirklichkeit in dem reichgeschmückten Südlichen Grab bestattet wurde, das einen großen rechteckigen Oberbau mit konkavem Raum besitzt, der die erforderliche Kapelle enthält – genau wie manche ägyptische Zeichnungen es darstellen (Abb. 136).
Die Stufenpyramide, deren anfängliche Erbauung Zosers Nachfolger Sechemchet zugeschrieben wird, enthält ebenfalls eine »Grabkammer«. Darin war ein »Sarkophag« aus Alabaster – leer. Laut den Lehrbüchern zog der Archäologe Zakaria Goneim, der diese Kammer und den Steinsarg entdeckte, den Schluß, Grabräuber hätten die Mumie und die Schätze gestohlen; aber das entspricht nicht der Wahrheit. In Wirklichkeit war die vertikale Schiebetür des Alabastersarges *verschlossen und mit Gips versiegelt*, und auf dem Sarg lagen die Reste eines verwelkten Kranzes. Wie er in seinen Erinnerungen geschrieben hat: »Nun stiegen die Hoffnungen hoch, doch als der Sarkophag geöffnet wurde, stellte er sich als leer und unbenutzt heraus.« War hier jemals ein König begraben worden? Einige bejahen diese Frage immer noch, andere sind hingegen überzeugt, die Pyramide Sechemchets (Krugstöpsel, die seinen Namen tragen,

beweisen die Identifizierung) habe nur als Zenotaph, also als leeres Ehrengrabmal, gedient.
Auch die dritte Stufenpyramide, die Chaba zugeschrieben wird, enthält eine »Grabkammer«. Sie war, als sie gefunden wurde, vollständig leer: Keine Mumie, nicht einmal ein Sarkophag war darin enthalten. In der Nähe wurden die Ruinen einer weiteren, aber unvollendeten Pyramide ausgegraben, mit deren Bau nach Ansicht der Archäologen Chabas Nachfolger begonnen hat. Der granitene Unterteil enthielt, versenkt im Steinboden (wie eine ultramoderne Badewanne) einen ungewöhnlichen ovalen »Sarkophag«. Der Deckel saß immer noch fest, mit Zement verschlossen. Darin war nichts.
Ferner fand man drei kleine Pyramiden, die Herrschern der 3. Dynastie zugeschrieben werden. Der Unterbau der einen ist noch nicht untersucht worden. Die zweite enthielt keine Grabkammer. In der dritten fand man in der Kammer keinerlei Hinweis, daß hier jemals ein Toter bestattet worden ist.
In der angeblichen Grabkammer der zusammengebrochenen Pyramide von Medum war nicht einmal ein Sarkophag. Statt dessen fand Flinders Petrie nur Bruchstücke eines Holzsarges; er erklärte sie für die Überreste des Sarges, der Snofrus Mumie enthalten haben soll. Heute stimmen die Gelehrten überein, daß es die Überreste einer viel späteren Einbruchsbestattung sind. Die Pyramide von Medum ist umgeben von zahlreichen Mastabas der 3. und 4. Dynastie, in denen Mitglieder der Königsfamilie und Hofbeamte beigesetzt wurden. Zu dem Pyramidengelände gehörte ein niedrigeres Gebäude, der sogenannte Totentempel, der jetzt vom Nilwasser überspült wird. Vielleicht wurde dort, umgeben vom Wasser des geheiligten Flusses, die Mumie des Pharaos zur Ruhe gelegt.
Die beiden nächsten Pyramiden bringen die Theorie von den Grabstätten-Pyramiden noch mehr ins Wanken. Sowohl die Knickpyramide als auch die Rote Pyramide in Dahschur sollen von Snofru erbaut worden sein. Die Knickpyramide hat zwei Grabkammern, die Rote drei. Alle für Snofru? Wenn die von einem Pharao erbaute Pyramide ihm als Grabstätte dienen sollte, warum baute Snofru dann zwei Pyramiden? Unnötig zu sagen, daß die Kammern, als sie entdeckt wurden, vollständig leer waren, bar sogar eines Sarkophags. Nach weiteren zielbewußten Ausgrabungen im Jahr 1947 und dann nach 1953 (besonders in der Roten Pyramide) lautete der Bericht der Altertumsforscher: »Es wurde keine Spur von einem Königsgrab gefunden.«

Nach der Theorie »jedem Pharao seine Pyramide« heißt es, daß die nächste von Snofrus Sohn Chufu (Cheops) erbaut wurde, und von Herodot (sowie von den römischen Geschichtsschreibern, die auf seinen Werken fußten) wird uns gesagt, daß es die Große Pyramide in Giseh gewesen sei. Ihre Kammern, auch die unversehrte »Königskammer«, waren leer. Das sollte nicht weiter verwundern, denn Herodot schreibt in seinem Geschichtswerk: »Das Nilwasser, durch einen künstlichen Kanal geleitet, umgibt eine Insel, wo der Leichnam des Cheops liegen soll.« War also das wirkliche Grab des Pharaos irgendwo tiefer im Tal und dem Nil näher? Bis jetzt vermag es niemand zu sagen.

Chefren, dem die Zweite Pyramide von Giseh zugeschrieben wird, war nicht Chufus unmittelbarer Nachfolger. Zwischen ihnen regierte acht Jahre lang ein Pharao namens Radedef. Aus Gründen, die den Gelehrten unerklärlich sind, wählte er für seine Pyramide einen von Giseh entfernten Standort. Sie ist halb so groß wie die sogenannte Cheopspyramide. Sie enthält die übliche »Grabkammer«, die sich als ganz leer erwies.

Die Zweite Pyramide in Giseh hat auf der Nordseite zwei Eingänge, nicht wie sonst üblich nur einen. Der erste liegt außerhalb der Pyramide – auch ungewöhnlich – und führt in eine unvollendete Grabkammer. Der andere führt in eine Kammer unter der Spitze der Pyramide. Als der italienische Reisende und Sammler Giambattista Belzoni hier im Jahr 1818 eindrang, fand er nur einen leeren Granitsarkophag, dessen Deckel zerbrochen auf dem Boden lag. Eine arabische Schrift verzeichnete, daß die Kammer vor Jahrhunderten geöffnet worden war. Was die Araber, wenn überhaupt, dort gefunden haben, ist nicht bekannt.

Die Dritte Pyramide in Giseh ist zwar kleiner als die beiden anderen, aber in vieler Hinsicht einzigartig und ungewöhnlich. Ihr Kern besteht aus den größten Steinblöcken; die unteren sechzehn Gänge sind nicht mit hellem Kalkstein ausgekleidet, sondern mit eindrucksvollem Granit. Sie wurde zuerst als noch kleinere »echte« Pyramide errichtet (Abb. 129), dann in doppelter Größe. Infolgedessen hat sie zwei benutzbare Eingänge, ein dritter, vielleicht ein »Probe«-Eingang, ist nicht vollendet worden. Von den verschiedenen Kammern wurde diejenige, die als Hauptgrabkammer gilt, 1837 von Howard Vyse und John Perring zum erstenmal geöffnet. Darin fanden sie einen prachtvoll geschmückten Basaltsarkophag, der wie üblich leer war. Daneben aber lag ein Teil von einem Holzsarg mit dem Königsnamen Men-ka-u-ré und die Überreste einer Mumie, »vermutlich Menkew-ré«, worin sie die Bestätigung der Behauptung Herodots sahen, daß die Dritte Pyramide Mykerinos gehört hätte. Mit modernen chemischen Untersuchungsmethoden wurde jedoch festgestellt, daß der Holzsarg aus der saitischen Periode (26. Dynastie, nicht früher als 660 v.Chr.) stammt und die Mumie aus frühchristlicher Zeit.

Ob Menkew-ré der unmittelbare Nachfolger Chefrens war, ist ungewiß; aber die Forscher sind sicher, daß ihm Schepsekaf auf den Thron folgte. Welche von den verschiedenen Pyramiden, die nie vollendet wurden (oder so schlecht gebaut waren, daß nichts von ihnen zurückgeblieben ist), dem Schepsekaf gehörte, ist immer noch unklar. Fest steht nur, daß er nicht darin bestattet worden ist, denn er wurde unter einer riesigen Mastaba beigesetzt (Abb. 137), deren Grabkammer einen schwarzen Granitsarkophag enthielt. Hier sind in alter Zeit Grabräuber eingedrungen, die Kammer und Sarkophag ihres Inhalts beraubten.

Weserkaf, der die 5. Dynastie gründete, baute seine Pyramide in Sakkara in der Nähe von Zosers Pyramidenfeld. Sie wurde sowohl von Grabräubern als auch durch Einbruchsbestattungen entweiht. Sein Nachfolger Sahuré baute eine Pyramide nördlich von Sakkara (im heutigen Abusir). Obwohl sie zu den besterhaltenen gehört (Abb. 138), hat man in der rechteckigen »Grabkammer« nichts gefunden. Aber die Pracht der Tempel, die sich bis zum Niltal erstreckt, und die Tatsache, daß einer der niedrigeren Tempelräume mit Palmensäulen geschmückt ist, könnte darauf hinweisen, daß Sahurés wirkliches Grab in der Nähe der Pyramide lag.

Neferérkeré, der nächste Thronerbe, legte seine Begräbnisstätte auch in dieser Gegend an. Die Kammer in seiner unvollständigen (oder verfallenen) Pyramide war leer. Die Monumente seines Nachfolgers wurden nicht gefunden. Der nächste Herrscher verwendete für den Bau seiner Pyramide mehr getrocknete Lehmziegel und Holz als Steine; es wurden nur spärliche Überreste gefunden. Neoserré, der folgte, wählte ebenfalls dieselbe Gegend wie seine Vorgänger. Besser bekannt ist Neoserré für seinen Totentempel, Sonnenheiligtum von Abusir genannt, dessen pyramidaler Sockel einen stämmigen Obelisk trägt (Abb. 139). Der Obelisk war 40 Meter hoch, die Spitze mit Kupfer vergoldet.

Die Pyramide des nächstfolgenden Pharaos ist nicht gefunden worden; vielleicht hat der wandernde Wüstensand sie bedeckt. Die sei-

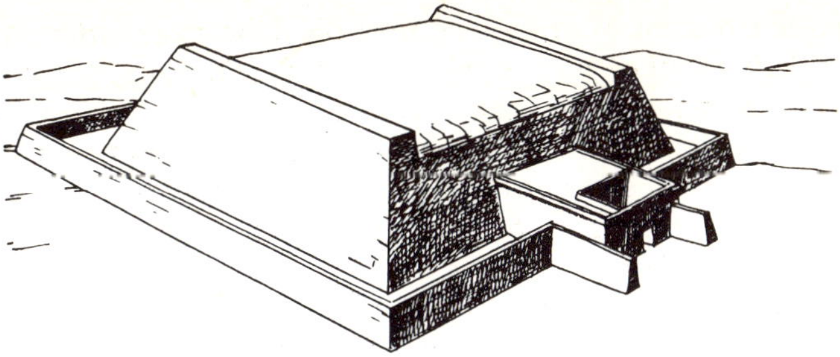

Abb. 137

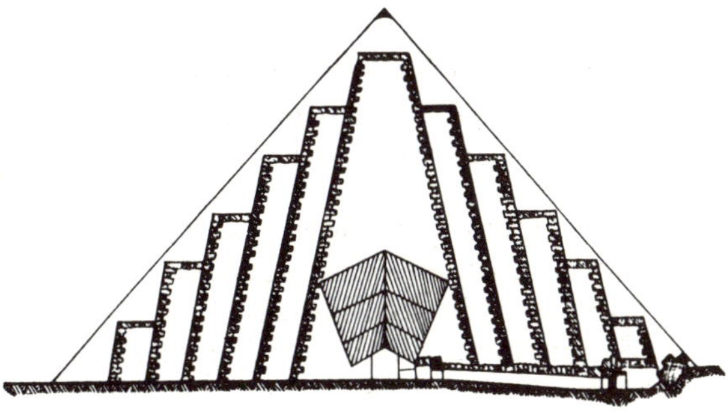

Abb. 138

Abb. 139

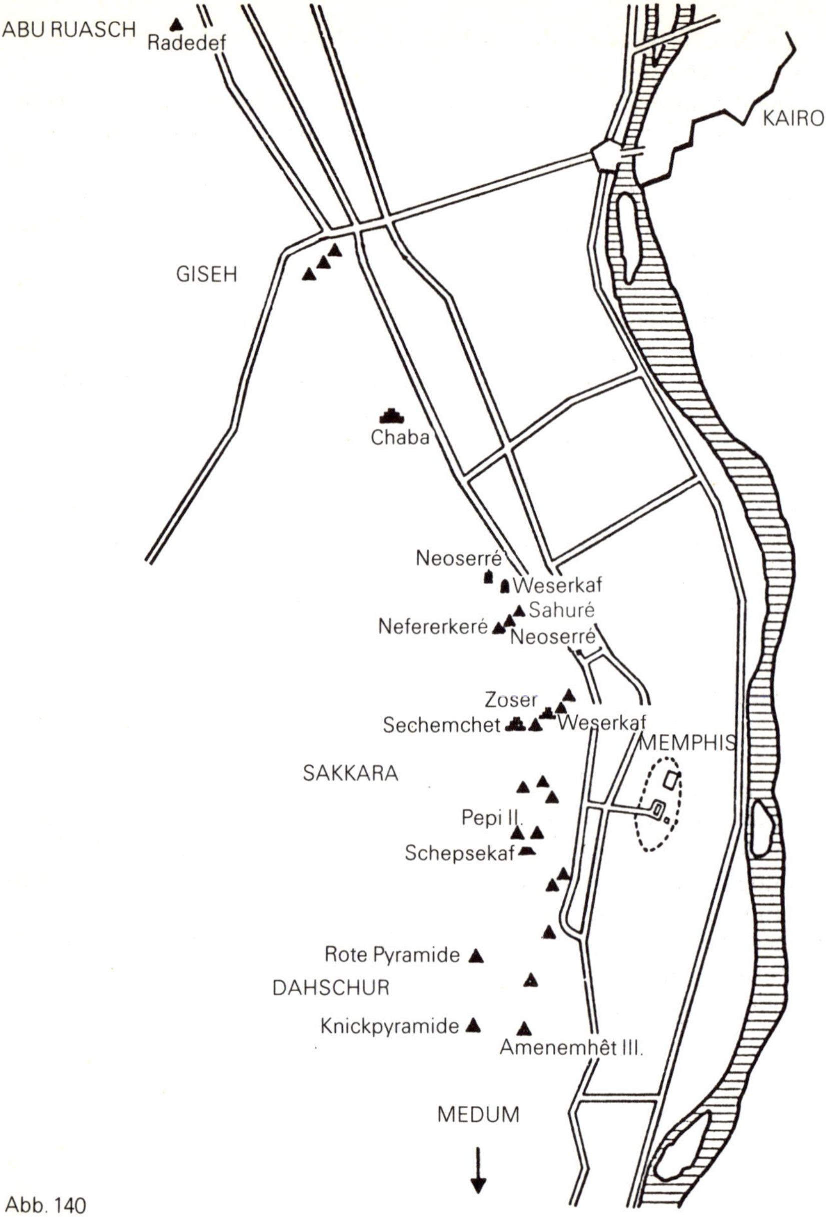
ABU RUASCH
Radedef
KAIRO
GISEH
Chaba
Neoserré
Weserkaf
Sahuré
Nefererkeré
Neoserré
Zoser
Sechemchet
Weserkaf
MEMPHIS
SAKKARA
Pepi II.
Schepsekaf
Rote Pyramide
DAHSCHUR
Knickpyramide
Amenemhêt III.
MEDUM

Abb. 140

nes Nachfolgers wurde erst 1945 identifiziert. Der Oberbau enthielt die übliche Grabkammer, die leer war.
Die Pyramide des Unas, den manche als letzten Pharao der 5. Dynastie aufzählen, andere als ersten der 6. Dynastie, bezeichnet einen Wandel des Brauchtums. Hier entdeckte der französische Ägyptologe Gaston Maspero 1880 zum erstenmal an den Wänden der Kammern und Gänge Inschriften. Die vier folgenden Herrscher der 6. Dynastie, Teti, Pepi I., Merenré, Pepi II., ahmten Unas nach und brachten an den Wänden ihrer Begräbnisbauten ebenfalls »Pyramideninschriften« an. In all ihren »Grabkammern« wurden Basalt- oder Granitsarkophage gefunden, sonst nichts; nur der Sarg in Merenrés Pyramide enthielt eine Mumie. Es stellte sich sehr bald heraus, daß es sich nicht um den toten König handelte, sondern um einen später heimlich Bestatteten.
Wo wurden die Könige der 6. Dynastie in Wirklichkeit begraben? Die Königsgräber dieser Dynastie und der früheren lagen allesamt viel weiter südlich, in Abydos, im sogenannten Osirisheiligtum. Das allein, abgesehen von anderen Beweisen, hätte der Annahme, die Gräber seien Zenotaphe, die Pyramiden hingegen die wahren Grabstätten, ein Ende machen sollen; doch eingewurzelter Aberglaube läßt sich schwer ausmerzen.
Die Tatsachen legen ein beredtes Zeugnis ab. Die Pyramiden des alten Reichs enthielten nie den Leichnam eines Pharaos, weil sie gar nicht zu diesem Zweck errichtet worden waren. Auf der vermeintlichen Reise des Pharaos ins Jenseits wurden sie als Wegweiser dargestellt, die seinen *Ka*, den Ätherleib, zur Himmelsleiter führen sollten – genau wie die ursprünglich von den Nefilim errichteten Pyramiden den Erbauern als Wegweiser dienten, wenn sie »über den Himmel fuhren«.
Ein Pharao nach dem andern wollte nicht etwa die Pyramide des Zoser nachahmen, sondern die *Pyramiden der Götter*, die Pyramiden von Giseh.

13

Die Fälschung des Pharaonennamens

Manch einer ist schon der Versuchung erlegen, durch eine Fälschung in der Wirtschaft, der Kunst, der Wissenschaft oder Forschung zu Ruhm und Geld zu kommen. Der entlarvte Fälscher erleidet Verlust und Schande. Eine unentdeckte Fälschung jedoch kann die Geschichtsschreibung verändern.

Das ist bei der Großen Pyramide und ihrem vermeintlichen Erbauer, dem Pharao namens *Chufu*, geschehen.

Die systematische und fachmännische Überprüfung der Pyramidenfelder, die vor anderthalb Jahrhunderten hastig ausgegraben worden sind, in vielen Fällen von Schatzsuchern, hat zahlreiche Fragen in bezug auf frühere Schlußfolgerungen ergeben. Man hat an der Annahme festgehalten, daß das Pyramidenzeitalter mit Zosers Stufenpyramide anfing und gekennzeichnet war vom Fortschritt zur *echten* Pyramide, die schließlich erreicht wurde. Warum war es denn so wichtig, eine *echte* Pyramide zu erreichen? Wenn sich die Kunst des Pyramidenbaues immer mehr verbesserte, warum waren dann so viele Pyramiden, die denen von Giseh folgten, so viel minderwertiger anstatt überragender?

War Zosers Stufenpyramide das Modell für andere oder selbst Nachahmung eines früheren Musters? Heute glauben die Forscher, daß die erste, kleinere Stufenpyramide (Abb. 125), die Imhotep über der Mastaba erbaute, mit feinem hellem Kalkstein ummantelt war, doch vor der Beendigung änderte er seinen Plan und stülpte darüber eine größere Pyramide. Auch diese endgültige Stufenpyramide wurde ummantelt, damit sie wie eine *echte* Pyramide aussah. Die Ummantelung war primitiv bewerkstelligt, wie eine von George Reisner geleitete Forschungsgruppe der Harvard-Universität festgestellt hat; sie bestand aus Lehmziegeln, die natürlich bald zerbröckelten, so daß sich der Eindruck ergab, Zoser habe eine Stufenpyramide erbaut. Überdies waren die Lehmziegel übertüncht, um einen weißen Kalksteinmantel vorzutäuschen.

Wen wollte Zoser nachahmen? Wo hatte Imhotep vorher eine vollständige *echte* Pyramide mit glatten Seiten und Kalksteinmantel gesehen? Eine weitere Frage: Wenn die Versuche in Medum und Sakkara (nach gegenwärtiger Theorie), eine glatte Pyramide mit einem Winkel von 52° zu bauen, fehlschlugen und Snofru »mogeln« mußte, indem er die angeblich erste echte Pyramide mit einem Winkel von nur 43° baute, warum ging dann sein Sohn sogleich daran, eine viel größere im heiklen Winkel von 52° zu bauen, was ihm angeblich mühelos gelang?
Wenn die Pyramiden von Giseh nur ganz gewöhnliche Pyramiden waren, die nach dem Motto »jedem Pharao seine Pyramide« errichtet worden waren, warum erbaute dann Chufus Sohn Radedef seine Pyramide nicht in Giseh neben der seines Vaters? Man bedenke, die beiden anderen Giseh-Pyramiden waren angeblich noch nicht vorhanden, so daß dem Pharao Radedef das ganze Gebiet zur Verfügung gestanden hätte, dort nach Belieben zu bauen. Und wenn die Baumeister und Ingenieure seines Vaters solche Meister waren, daß ihnen die Große Pyramide gelang, wieso verhalfen sie dann Radedef nicht zum Bau einer ebenso imposanten Pyramide statt des minderwertigen und schnell verfallenden Bauwerks, das seinen Namen trägt?
Ist der Grund dafür, daß keine andere Pyramide außer der Großen einen aufwärts führenden Gang hatte, darin zu suchen, daß dieser einzigartige Gang bis zum Jahr 820 n.Chr. vermauert und verborgen war, so daß alle, die sie nachahmten, nur einen abschüssigen Gang kannten?
Ist es nicht auch verwunderlich, daß die drei Pyramiden von Giseh keine Hieroglyphen-Inschriften aufweisen?
Das sind einige Punkte, die meine Überzeugung bekräftigen, daß sich Zoser und seine Nachfolger beim Pyramidenbau nach längst bestehenden Mustern richteten.
Viele Forscher haben sich gefragt, ob die kleinen Nebenpyramiden auf der Anlage bei Giseh den Baumeistern des Altertums nicht vielleicht als Maßstabmodelle (ungefähr 1 : 5) gedient haben. Meines Erachtens hat es ein solches Modell tatsächlich gegeben: Es ist die Dritte Pyramide mit ihren offensichtlich strukturellen Experimenten. Die beiden größeren wurden danach als zwei Wegweiser für die Anunnaki errichtet. Was aber ist mit Menkew-ré, Chefren und Chufu, die nach Herodots Worten die Erbauer dieser Pyramiden waren?

Die Tempel und Straßen, die mit der Dritten Pyramide zusammenhängen, legen Zeugnis davon ab, daß sie ihre Entstehung Menkew-ré verdanken, denn Inschriften weisen seinen Namen auf, und mehrere erlesene Statuen zeigen ihn in den Armen der Göttin Hathor und einer anderen Göttin. Aber all das besagt lediglich, daß Menkew-ré diese Dinge geschaffen und sich der Pyramide verbunden gefühlt hat – nicht daß er sie erbaut hat. Die Anunnaki, das steht fest, brauchten nur die Pyramiden und hätten die Tempel sicher nicht gebaut: Nur der Pharao benötigte einen Totentempel und einen Tempel für die Bestattungszeremonie als Ausgangspunkt für seine Reise zu den Göttern.

In der Dritten Pyramide ist keine Inschrift, keine Statue, keine dekorierte Wand gefunden worden – hier herrscht nur strenge Präzision. Der einzige zutage geförderte Beweis erwies sich als trügerisch: Der Sarg, dessen Bruchstücke Menkew-rés Namen trägt, ist etwa 2000 Jahre nach seiner Herrschaft hierher gebracht worden, und die Mumie stammt aus frühchristlicher Zeit. Es gibt also nicht den geringsten Beweis, daß Menkew-ré – oder sonst ein Pharao – mit der Erschaffung und dem Bau der Pyramide zu tun gehabt hat.

Auch in den Tempeln, die zur Zweiten Pyramide gehören, sind Statuen mit einer Kartusche (so nennt man die längliche Umrahmung einer Hieroglyphe, die einen ägyptischen Königsnamen darstellt), auf der Chefrens Name steht. Aber nichts deutet darauf hin, daß er die Pyramide erbaut hat.

Und Chufu?

Mit einer einzigen Ausnahme, die als Fälschung entlarvt werden soll, stützt sich die Behauptung, er habe die Große Pyramide erbaut, nur auf Herodots Bericht (und auf einen römischen Geschichtsschreiber, der auf Herodots Schriften fußt). Herodot schildert Chufu als einen Herrscher, der 40 Jahre lang sein Volk versklavt hat, um die Pyramide und den Aufweg zu bauen. Doch nach jedem anderen Bericht regierte Chufu nur 23 Jahre lang. Wenn er ein so grandioser Baumeister und mit den begabtesten Strukturplanern und Maurern gesegnet war, wo sind dann seine anderen Monumente, wo seine überlebensgroßen Statuen?

Da nichts dergleichen an ihn erinnert, scheint es, daß Chufu ein recht armseliger Baumeister war, kein überragender. Es scheint auch, daß dem Pharao Chufu in Anbetracht des zerbröckelten Ziegelmantels der Stufenpyramiden, des schnellens Zusammenbrechens der ersten Pyramide Snofrus und des unrichtigen Gefälles sei-

ner zweiten ein glänzender Gedanke kam. Dort draußen bei Giseh standen vollkommene »unbeschriebene« Pyramiden. Konnte er nicht die Götter um die Erlaubnis bitten, der einen die Totentempel anzugliedern, die seine Reise ins Jenseits erforderte? Die Heiligkeit der Pyramide selbst ist nicht angetastet worden: Alle Tempel, auch der Taltempel, in dem Chufu wahrscheinlich beigesetzt worden ist, liegen außerhalb, mit der Großen Pyramide verbunden, aber ohne sie zu berühren.
Chufus Nachfolger scheute offenbar den Einfall seines Vaters. Das würde erklären, warum er sich eine Pyramide etwas enfernt nördlich von Giseh baute. Doch als es für Chefren Zeit wurde, eine Pyramide zu planen, fand er nichts Böses daran, die fertige Zweite Pyramide für sich in Anspruch zu nehmen. Sein Nachfolger Menkew-ré verknüpfte sich dann mit der letzten, der kleineren Dritten Pyramide.
Da die schon abgeschlossenen Pyramiden nun mit Beschlag belegt waren, mußten die nachfolgenden Pharaonen den mühseligen Weg beschreiten und versuchen, selbst weitere zu bauen. Auch sie scheiterten wie ihre Vorgänger Zoser, Snofru, Radedef.
Auf Anhieb mag die Behauptung, Chufu und die beiden anderen Pharaonen hätten mit dem Bau der Pyramiden, die ihnen zugeschrieben werden, nichts zu tun gehabt, weit hergeholt erscheinen. Als Zeuge sei Chufu selbst aufgerufen.
Die Frage, ob Chufu die Große Pyramide wirklich gebaut hat, begann ernste Ägyptologen schon vor rund 130 Jahren zu verwirren, als nämlich der *einzige Gegenstand*, der Chufu erwähnt und ihn mit der Pyramide in Zusammenhang bringt, zu erkennen gab, daß er sie nicht gebaut hat: *Sie war schon da, als er regierte!*
Der schlagende Beweis ist eine Kalksteinstele (Abb. 141), die von dem französischen Kunstschriftsteller und Kunstsammler Jean Pierre Mariette in den 1850er Jahren in den Ruinen des Isis-Tempels in der Nähe der Großen Pyramide entdeckt wurde. Aus der Inschrift, einer Selbstverherrlichung, geht hervor, daß Chufu sich dieses Denkmal zur Erinnerung daran gesetzt hat, daß der Isis-Tempel von ihm restauriert und die darin gefundenen Bilder und Embleme der Götter instandgestellt worden sind. Seine Kartusche weist ihn als Verfasser der Eröffnungsverse unmißverständlich aus.

Abb. 141

Anch Hor Mezdau — (Es) lebe Horus Mezdau; *Suten-bat* — (dem) König (von) Ober- und Unterägypten, *Chufu tu anch* — Chufu, ist Leben gegeben!

Nach der üblichen Einleitung, in der Horus angerufen und dem König langes Leben zugesprochen wird, kommt dann die trügerische Aussage:

Er gründete das Haus der Isis, der Herrin der Pyramide

neben dem Haus des Sphinx

Laut der Inschrift auf der Stele, die sich heute im Museum von Kairo befindet, stand die Große Pyramide schon, als Chufu auf dem Schauplatz erschien. Ihre Herrin war die Göttin Isis – sie gehörte dieser Göttin, nicht dem Chufu. Außerdem kauerte der Sphinx – den Chefren zusammen mit der Zweiten Pyramide gebaut haben soll – bereits an derselben Stelle wie heute. Des weiteren wird in der Inschrift die genaue Lage des Sphinx angegeben und die Tatsache erwähnt, daß ein Blitz ihn beschädigt hat – die Beschädigung ist bis zum heutigen Tag erkennbar geblieben.
Chufu vermerkt dann in seiner Inschrift, er habe »neben dem Tempel der Göttin« eine Pyramide für die Prinzessin Henutsen gebaut. Unabhängig davon haben Archäologen den Beweis erbracht, daß eine der drei kleinen Pyramiden, welche die Große flankieren – die kleine Pyramide zunächst dem Isis-Tempel –, tatsächlich Henutsen, einer Frau Chufus, gewidmet war. Alles in der Inschrift bestätigt bekannte Tatsachen; aber Chufus einziger Anspruch auf den Bau einer Pyramide bezieht sich auf die kleine Pyramide für Henutsen. Die Große Pyramide, sagt er, existierte schon, ebenso der Sphinx (woraus sich folgern läßt, daß auch die beiden anderen großen Pyramiden bereits standen).
Die Richtigkeit meiner Theorie wird ferner dadurch bekräftigt, daß

aus der Inschrift hervorgeht, wie die Große Pyramide genannt wurde: »Hathors Westberg«.

»Es lebe Horus Mezdau;
dem König von Ober- und Unterägypten, Chufu, ist Leben gegeben.
Für seine Mutter Isis, die göttliche Mutter,
Herrin von Hathors Westberg,
machte er (diese) Schrift auf eine Stele.
Er brachte (ihr) ein neues heiliges Opfer.
Er baute (ihr) ein Haus (Tempel) aus Stein,
erneuerte die Götter, die in ihrem Tempel gefunden wurden.«

Hathor war, wie man sich erinnern wird, die Herrin der Halbinsel Sinai. Wenn der höchste Gipfel der Halbinsel ihr »Ostberg« war, dann war ihr »Westberg« die Große Pyramide – diese beiden dienten als Orientierungspunkte für den Anflugskorridor.

Chufus Stele weist alle Anzeichen der Authentizität auf. Aber die Forscher zur Zeit der Entdeckung (und viele nach ihnen) konnten sich mit den unvermeidlichen Schlußfolgerungen nicht befreunden. Da sie das ganze Gedankengebäude der Pyramidenforschung nicht einreißen wollten, erklärten sie die Stele für eine *Fälschung* – die Inschrift sei »lange nach Chufus Tod« gemacht worden und trage seinen Namen als Verfasser, »um romanhafte Vorstellungen der ortsansässigen Priester zu unterstützen«.
Der nordamerikanische Historiker und Orientalist James Henry Breasted, dessen 1906 erschienenes Buch »Ancient Records of Egypt« als Standardwerk über ägyptische Inschriften gilt, schreibt darin: »Die Hinweise auf den Sphinx und den sogenannten Tempel neben ihr zur Zeit des Chufu haben dieses Monument von Anfang an zu einem Gegenstand von großem Interesse gemacht. Diese Hinweise wären von höchster Bedeutung, wenn das Monument aus Chufus Zeit stammte; aber die Orthographie beweist schlüssig ein späteres Datum der Inschrift.« Er war anderer Ansicht als Gaston Maspero, der vor ihm gesagt hatte, wenn aus der Orthographie tatsächlich auf ein späteres Datum geschlossen werden könne, dann sei die Inschrift die Kopie eines früheren Originals. Allen Zweifeln zum Trotz führte Breasted die Inschrift unter den Protokollen der 4. Dynastie auf. Und als Maspero 1920 sein Kompendium über den Beginn der ägyptischen Zivilisation schrieb, stellte er den Inhalt der Inschrift als Daten aus dem Leben und der Tätigkeit Chufus dar.

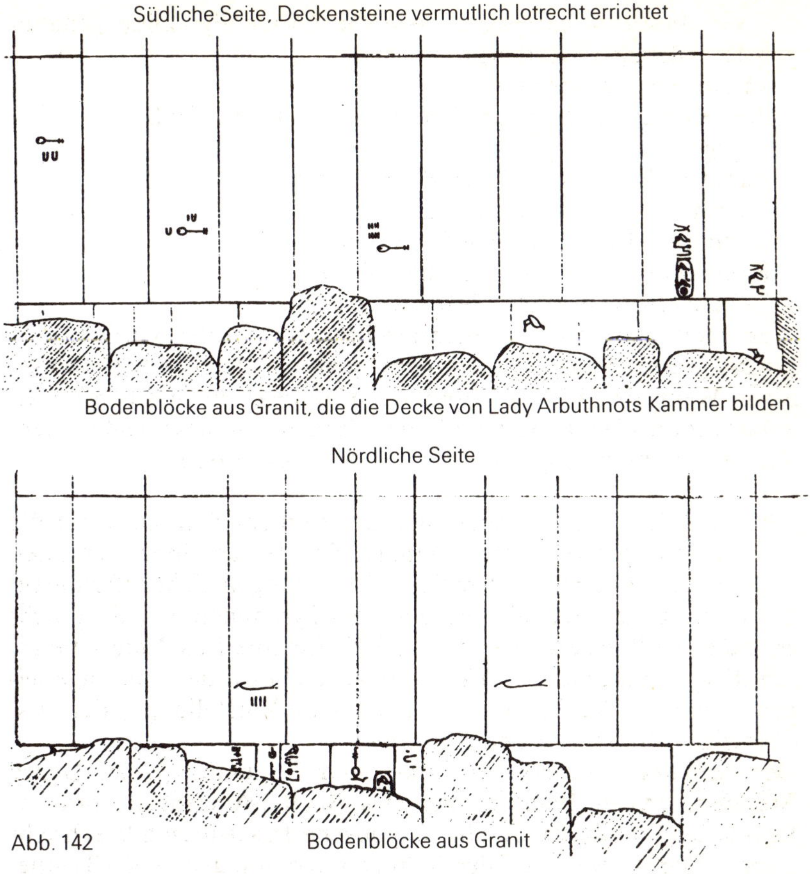

Abb. 142

Warum aber wurde die Stele nicht als echt anerkannt?
Die Stele wurde als Fälschung gebrandmarkt, weil ungefähr ein Jahrzehnt zuvor Chufu zum unbestreitbaren Erbauer der großen Pyramide ernannt worden war. Als scheinbar schlüssiger Beweis galten rote Zeichen, die man in versiegelten Kammern über der »Königskammer« entdeckt hatte, und die als Steinmetzzeichen aus Chufus 18. Regierungsjahr gedeutet werden konnten (Abb. 142). Da die Kammern vor ihrer Entdeckung im Jahr 1837 nie betreten worden waren, mußten die Zeichen echt sein, und wenn die Inschrift auf der Stele gegenteilige Information lieferte, mußte die Stele eben eine Fälschung sein.

Wenn wir aber die Umstände der Entdeckung untersuchen und feststellen, wer die Zeichen gefunden hat – diese Untersuchung ist noch nie zuvor vorgenommen worden –, dann ergibt sich eine andere Schlußfolgerung: Wenn eine Fälschung stattgefunden hat, dann nicht in uralter Zeit, sondern im Jahre 1837; und die Fälscher waren nicht »ortsansässige Priester«, sondern zwei (oder drei) skrupellose Engländer...

Die Geschichte beginnt damit, daß Oberst Richard Howard Vyse, das »schwarze Schaf« einer englischen aristokratischen Familie, am 29. Dezember 1835 in Ägypten ankam. Als er die Pyramiden bei Giseh besichtigte, wurde er sofort vom Fieber der Entdeckungen gepackt, die Wissenschaftler und Laien damals dort täglich machten. Ebenso faszinierten ihn die Berichte und Theorien eines gewissen Giovanni Battista Caviglia, der in der Großen Pyramide eine »verborgene Kammer« gesucht hatte.

Ohne sich lange zu besinnen, erbot sich Vyse, Caviglias Suche zu finanzieren, wenn er als Mitentdecker angenommen würde. Caviglia lehnte das Angebot unumwunden ab, und der gekränkte Vyse fuhr Ende Februar 1836 nach Beirut, um Syrien und Kleinasien zu bereisen.

Aber die lange Reise heilte ihn nicht von dem Verlangen, das in ihm geweckt worden war. Anstatt nach England zurückzukehren, tauchte er im Oktober 1836 wieder in Ägypten auf. Beim ersten Aufenthalt hatte er sich mit einem geriebenen Vermittler namens J. R. Hill befreundet, damals Oberaufseher einer Kupfermine. Jetzt wurde er mit einem gewissen Herrn Sloane bekannt gemacht, der ihm zuraunte, es gebe Mittel und Wege, von der ägyptischen Regierung eine Konzession für Ausgrabungen in Giseh zu erwirken, einen sogenannten *Fermân.* So beraten, begab sich Vyse zum britischen Konsul Oberst Campbell, um sich das Schriftstück zu beschaffen. Zu seinem großen Schrecken verzeichnete der *Fermân* Campbell und Sloane als Mitlizenznehmer und Caviglio als Arbeitsaufseher. Am 2. November 1836 bezahlte der enttäuschte Vyse dem Aufseher Caviglia »meine erste Subskription von 200 Dollar« und reiste mißgestimmt ab, um Unterägypten zu besichtigen.

Wie Vyse in seinem Bericht über seine Ausgrabungen in Giseh in zeitlicher Folge erzählt, kehrte er am 24. Januar 1837 nach Giseh zurück, »sehr gespannt, was für Fortschritte gemacht worden waren«. Aber anstatt die Geheimkammer zu suchen, hatten Caviglia und seine Arbeiter in den Gräbern rings um die Pyramiden emsig nach

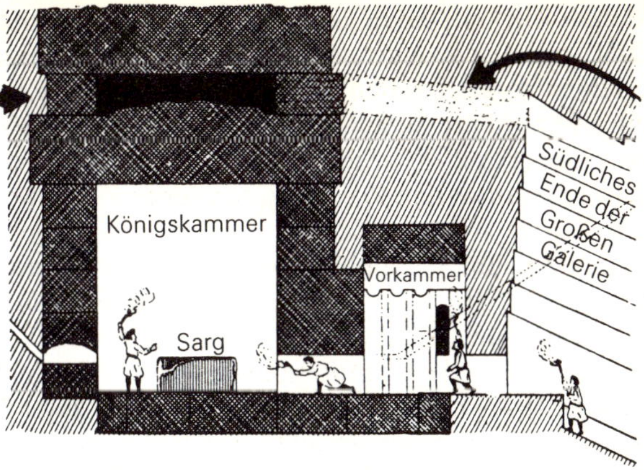

Abb. 143

Mumien gebuddelt. Vyses Wut verebbte erst, als Caviglia ihm versicherte, er habe ihm etwas Wichtiges zu zeigen: Inschriften von den Erbauern der Pyramiden!
Die Ausgrabungen bei den Gräbern hatten ergeben, daß die Steinmetze des Altertums die zugeschnittenen Blöcke manchmal mit roter Farbe anzeichneten. Solche Markierungen, sagte Caviglia, habe er auch an der Basis der Zweiten Pyramide gefunden. Bei näherer Untersuchung entpuppte sich diese »rote Farbe« jedoch als natürliche Verfärbung im Gestein.
Wie stand es nun mit der Großen Pyramide? Als Caviglia dort zu ergründen trachtete, wohin die »Luftschächte« von der Königskammer führten, war er überzeugter denn je, daß es höher oben Geheimkammern gebe. Eine derartige Kammer, in die man durch einen Kriechgang gelangte, war 1765 von Nathaniel Davison entdeckt worden (Abb. 143). Vyse forderte, ausschließlich hier zu arbeiten; es enttäuschte ihn, daß Caviglia und Campbell mehr darauf aus waren, Mumien zu finden, nach denen damals jedes Museum gierte. Caviglia war sogar so weit gegangen, einem großen Familiengrab, das er westlich hinter der Sphinx gefunden hatte, den Namen »Campbells Grab« zu geben.
Entschlossen, die Sache in die eigene Hand zu nehmen, zog Vyse von Kairo nach Giseh um. »Natürlich wollte ich etwas entdecken, bevor ich nach England zurückkehrte«, vertraute er seinem Tagebuch am 27. Januar 1837 an. Er war jetzt seit über ein Jahr im Ausland, was seine Familie viel kostete.
In den folgenden Wochen erlitt das Einvernehmen mit Caviglia

weitere Einbuße, da Vyse gegen ihn verschiedene Anschuldigungen vorbrachte. Am 11. Februar kam es zwischen den beiden zu einem heftigen Streit. Am 12. machte Caviglia in Campbells Grab eine nicht unbedeutende Entdeckung: ein Sarkophag mit Hieroglyphen-Inschriften und rote Steinmetzzeichen an den Wänden des Grabes. Am 13. entließ Vyse Caviglia kurzerhand und verwies ihn vom Ausgrabungsfeld. Caviglia kehrte nur einmal zurück, am 15., um seine Siebensachen zu holen; jahrelang erhob er danach gegen Vyse »entehrende Beschuldigungen«, die Vyse in seinem Bericht geflissentlich nicht näher erklärt.
Handelte es sich um eine wirkliche Meinungsverschiedenheit, oder trieb Vyse die Dinge absichtlich auf die Spitze, um Caviglia vom Ausgrabungsfeld zu verbannen?
Wie sich herausstellt, betrat Vyse in der Nacht vom 12. auf den 13. Februar heimlich die Große Pyramide, begleitet von John Perring, seines Zeichens Ingenieur beim ägyptischen Staatsamt für öffentliche Arbeiten und Bauten, der sich aus Liebhaberei mit Ägyptologie befaßte. Vyse hatte ihn durch den hilfreichen Herrn Hill kennengelernt. Die beiden untersuchten einen merkwürdigen Riß in einem Deckengranitblock in Davisons Kammer. Ein Schilfrohr ließ sich ungehindert hindurchstoßen, dahinter mußte also ein Hohlraum sein.
Was für einen Plan heckten die beiden in jener Nacht insgeheim aus? Die weiteren Ereignisse lassen nur Vermutungen zu. Tatsache ist, daß Caviglia am folgenden Tag von Vyse an die Luft gesetzt und Perring von Vyse angestellt wurde. Seinem Tagebuch vertraute Vyse an: »Ich bin entschlossen, die Ausgrabungen über der (Davison)-Kammerdecke fortzusetzen, wo ich eine Grabkammer zu finden hoffe.« Da Vyse fortzu Arbeiter und Geld für seine Forschung aufbot, kamen fürstliche Persönlichkeiten und Würdenträger, die Funde in Campbells Grab zu begutachten; in der Pyramide hatte Vyse ihnen nicht viel Neues zu zeigen. Der in seinen Erwartungen getäuschte Vyse befahl den Arbeitern, in die Schulter der Sphinx einzudringen, weil er hoffte, hier seine Steinmetzzeichen zu finden. Nach dem Scheitern dieses Versuchs richtete er seine Aufmerksamkeit wieder auf die Geheimkammer.
Mitte März stand Vyse vor einem neuen Problem: seine Mitarbeiter wurden für andere Projekte abgeworben. Er verdoppelte ihren Lohn, wenn sie bereit waren, Tag und Nacht für ihn zu arbeiten; denn die Zeit wurde knapp. Verzweifelt ließ er alle Vorsicht außer

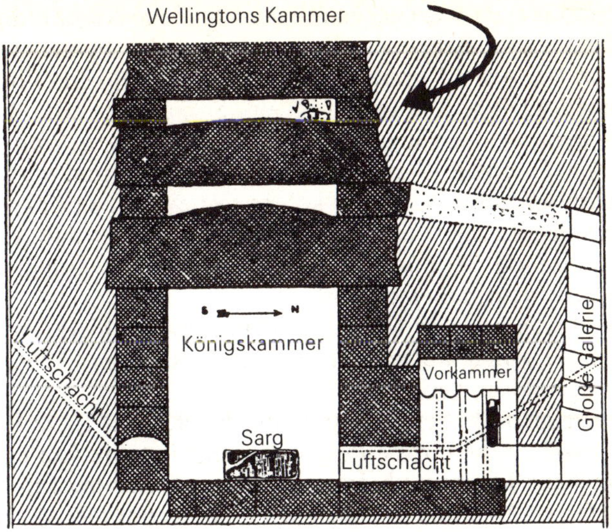

Abb. 144

acht und ordnete Sprengung mit Explosivstoffen an, um sich einen Weg durch die hinderlichen Steine zu bahnen.
Am 27. März gelang es den Arbeitern, ein kleines Loch durch einen Granitblock zu bohren. Grundlos entließ Vyse daraufhin seinen Vorarbeiter, der Paolo hieß. Tags darauf schrieb Vyse: »Ich stieß eine Kerze am Ende eines Stabes durch ein kleines Loch, das in dem Raum über Davisons Kammer entstanden war, und ich erkannte, daß es eine Kammer von gleicher Konstruktion wie die darunterliegende war.« Er hatte die verborgene Kammer gefunden! (Abb. 144)
Nachdem Vyse das Loch mit Schießpulver vergrößert hatte, betrat er die neuentdeckte Kammer am 30. März zusammen mit Hill. Sie untersuchten sie gründlich. Sie war hermetisch verschlossen – nirgends eine Öffnung. Der Boden war die rauhe Seite der großen Granitblöcke, die die Decke von Davisons Kammer bildeten. »Auf dem Boden lag gleichmäßig verteilt ein schwarzes Sediment, in dem sich jeder Fußabdruck zeigte.« (Was für eine Ablagerung das war, »die sich ziemlich hoch angehäuft hatte«, ist nie ermittelt worden. »Die Decke war schön poliert und hatte die feinsten Fugen.« Offensichtlich war die Kammer noch nie zuvor betreten worden, aber sie enthielt weder einen Sarkophag noch Schätze. Sie war ganz leer.
Vyse ließ das Loch vergrößern und teilte dem britischen Konsul

mit, er habe den neuen Raum »Wellingtons Kammer« getauft. Am Abend: »Nachdem Herr Perring und Herr Mash gekommen waren, gingen wir in Wellingtons Kammer und nahmen verschiedene Maße, *und dabei fanden wir die Steinmetzmarkierungen.*«
Sie waren genau wie die roten Zeichen in den Gräbern außerhalb der Pyramide. Irgendwie mußten sie Vyse und Hill bei der Besichtigung der Kammer entgangen sein. Aber zusammen mit Perring und Mash – einem Tiefbauingenieur, den Perring mitgebracht hatte – gab es vier Menschen, die diese einzigartige Entdeckung bezeugen konnten.

Da Wellingtons Kammer fast genau gleich wie Davisons Kammer war, vermutete Vyse, daß darüber noch ein Raum lag. Ohne einen Grund anzugeben, entließ er am 4. April den Vorarbeiter Giachino. Am 14. April besichtigten der britische Konsul und der österreichische Generalkonsul die Neuentdeckung. Sie verlangten Kopien der Steinmetzzeichen. Vyse beauftragte Perring und Mash mit dieser Arbeit, schärfte ihnen aber ein, zuerst die früher entdeckten Wandzeichnungen in Campbells Grab vorzunehmen; die einzigartigen in der Großen Pyramide konnten warten.

Mit freizügigem Gebrauch von Schießpulver wurde der Raum über Wellingtons Kammer – Vyse benannte ihn nach Lord Nelson – aufgebrochen. Am 25. April war es soweit. Wie die anderen war er leer, der Fußboden ebenfalls mit dem geheimnisvollen schwarzen Pulver bedeckt. Vyse berichtet, er habe »mehrere Steinmetzzeichen in roter Farbe auf den Blöcken gefunden, insbesondere auf der Westseite«. Die ganze Zeit war Hill in den neuentdeckten Kammern ein- und ausgegangen, angeblich um sie mit den Namen Wellington und Nelson zu bezeichnen (auf welche Weise wohl?). Am 27. April kopierte Hill – nicht Perring oder Mash – »die Steinmetzzeichen«. Vyse reproduzierte in seinem Buch die Zeichnungen aus Nelsons Kammer, aber nicht diejenigen aus Wellingtons Kammer (Abb. 145a).

Am 7. Mai wurde der Zugang zu einer weiteren Kammer, über Nelsons Kammer, freigesprengt, die Vyse vorerst nach Lady Arbuthnot benannte. Im Tagebuch werden keinerlei »Steinmetzzeichnungen« erwähnt, obwohl sie später in Hülle und Fülle gefunden wurden. Was die neuen Inschriften so verblüffend machte: Darunter waren Kartuschen, die nur Königsnamen bedeuten konnten (Abb. 145b), viele an der Zahl. War Vyse auf den geschriebenen Namen des Pharaos gestoßen, der die Große Pyramide erbaut hatte?

a

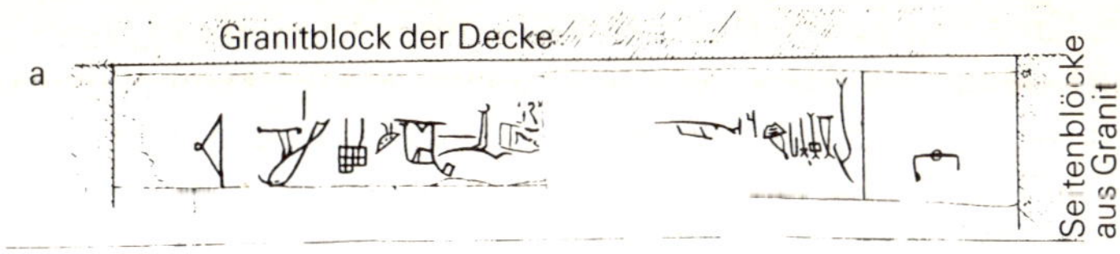
Granitblock der Decke
Seitenblöcke aus Granit

b

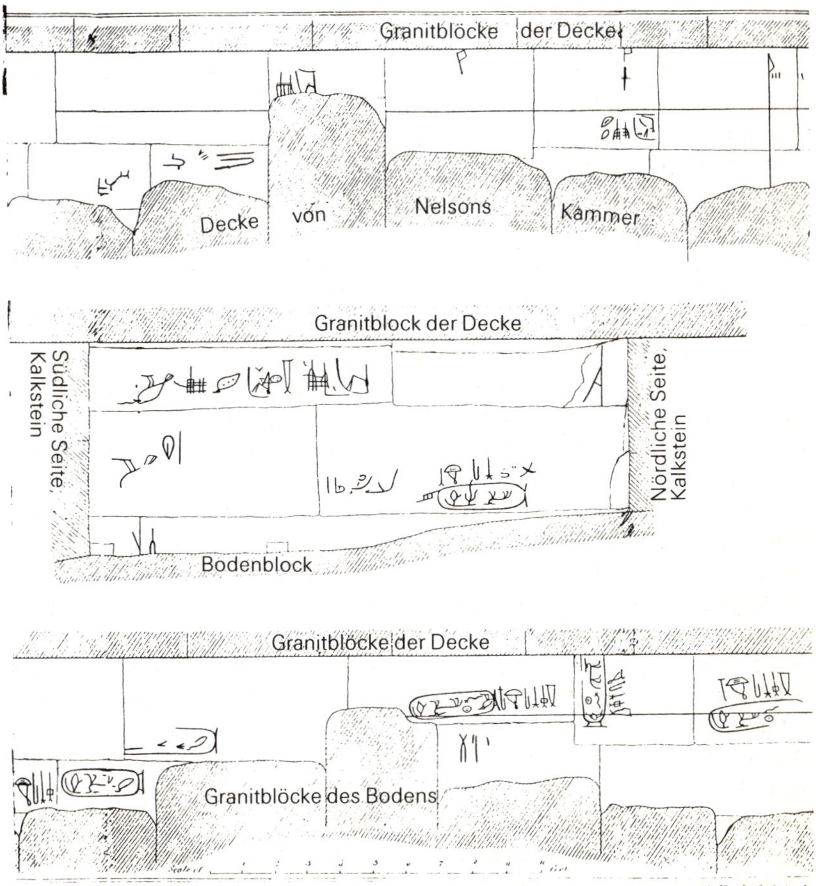
Granitblöcke der Decke
Decke von Nelsons Kammer
Granitblock der Decke
Südliche Seite, Kalkstein
Nördliche Seite, Kalkstein
Bodenblock
Granitblöcke der Decke
Granitblöcke des Bodens

Abb. 145

Am 18. Mai erbat ein Dr. Walni »Kopien der in der Großen Pyramide gefundenen Schriftzeichen«, er wolle sie Herrn Rosellini schicken, einem italienischen Ägyptologen, der als Spezialist für die Entzifferung ägyptischer Königsnamen galt. Vyse schlug ihm die Bitte rundweg ab.
Am folgenden Tage begab sich Vyse mit Lord Arbuthnot, einem Herrn Brethel und einem Herrn Raven in »Lady Arbuthnots Kammer« , und die vier »verglichen Hills Zeichnungen mit den Steinmetzzeichen in der großen Pyramide, und nachher unterschrieben wir eine Bestätigung ihrer Genauigkeit«. Bald danach wurde die letzte verschlossene Kammer aufgebrochen, und man fand noch mehr Zeichnungen, darunter eine Kartusche. Vyse ging dann nach Kairo und unterbreitete die »beglaubigten« Kopien der Inschriften auf den Steinblöcken der britischen Gesandtschaft zwecks offizieller Übersendung nach London.
Seine Arbeit war getan: Er hatte die bisher unbekannten Kammern gefunden und den Erbauer der Großen Pyramide beweiskräftig ermittelt; denn in den Kartuschen stand der Königsname

Ch-u-f-u 

Bis zum heutigen Tage haben alle einschlägigen Sachbücher diese Entdeckung bezeugt.

Vyses Entdeckungen erregten großes Aufsehen, zumal die Sachverständigen des Britischen Museums in London ihre Richtigkeit ohne weiteres bestätigten.
Wann Hills Kopien im Museum ankamen, und wann Vyse die Bestätigung erhielt, ist unklar, aber er trug die Expertise des Museums, ausgestellt von Samuel Birch, einem Hieroglyphologen, am 27. Mai 1937 in seine Chronik ein. Auf den ersten Blick entsprach die ausführliche Expertise Vyses Erwartungen: Der Name in den Kartuschen konnte als *Chufu* (Cheops) gelesen werden; genau wie Herodot geschrieben hatte, Cheops war der Erbauer der Großen Pyramide.
Aber in der verständlichen Aufregung, die folgte, wurden die vielen Wenn und Aber in der Expertise kaum beachtet. Sie enthielt auch den Hinweis, der mir den Gedanken an eine Fälschung eingab, den Hinweis auf einen Lapsus des Fälschers.
Erstens einmal war Birch unsicher in bezug auf Orthographie und Darstellung der vielen Zeichen. »Die Symbole oder Hieroglyphen,

die der Behauer oder Steinmetz in Rot auf den Steinen in den Kammern der Großen Pyramide angebracht hat, sind anscheinend Steinbruchmarkierungen«, schreibt er im ersten Absatz, dem sogleich die Bewertung folgt: »Obwohl nicht sehr leserlich, da sie in semi-hieratischen oder linear-hieroglyphischen Buchstaben geschrieben sind, weisen sie recht interessante Punkte auf...«
Birch verwirrte es, daß die Zeichen, die angeblich vom Beginn der vierten Dynastie datierten, einer Schrift angehörten, die erst Jahrhunderte später aufkam. Das Schreiben der Hieroglyphen, ursprünglich einer Bilderschrift, erforderte große Geschicklichkeit und lange Übung; infolgedessen entwickelte sich mit der Zeit für den Alltagsgebrauch die sogenannte hieratische Schrift, die sich schneller und flüssiger schreiben ließ. Die von Vyse entdeckten hieroglyphischen Symbole gehörten also einer anderen Periode an. Außerdem waren sie sehr undeutlich, und Birch hatte Mühe, sie zu lesen: »Die Bedeutung der Hieroglyphen, die dem Pränomen in derselben linearen Schrift folgen wie die Kartusche, ist nicht recht ersichtlich ... Die Symbole, die dem Namen folgen, sind sehr undeutlich.« Viele von ihnen kamen ihm vor, als seien sie in »Buchstaben geschrieben, die dem Hieratischen nahe verwandt sind«, aus einer noch späteren Zeit als die halb-hieratischen Schriftzeichen. Manche waren sehr ungewöhnlich, noch nie in einer ägyptischen Inschrift vorgekommen: »Der Kartusche von Suphis (Cheops) folgt eine Hieroglyphe, für die es schwerlich eine Parallele geben dürfte.« Andere Symbole waren »ebenso schwer zu deuten«.
Rätselhaft fand Birch auch »eine merkwürdige Sequenz von Symbolen« in der obersten Kammer (von Vyse »Campbells Kammer« genannt). Hier wurde die Hieroglyphe für »gut, gnädig« als Ziffer benutzt – eine Anwendung, die man weder vorher noch nachher jemals gefunden hat. Diesen ungewöhnlich geschriebenen Ziffern legte man die Bedeutung »achtzehntes Jahr« (von Chufus Regierungszeit) bei.
Die Hieroglyphen, die der Kartusche in derselben linearen Schrift folgten, deutete Birch als einen Königstitel wie etwa »Mächtiger in Ober- und Unterägypten«. Die einzige Gleichheit mit dieser Zeile konnte er »in einem Titel finden, der auf dem Sarg der Gemahlin von Amasis steht« – aus der saitischen Zeit. Er hielt es nicht für nötig, darauf aufmerksam zu machen, daß der Pharao Amasis (26. Dynastie) im sechsten Jahrhundert v. Chr. regiert hat – über 2000 Jahre nach Chufu.

Wer immer die von Vyse gelieferten »Texte« mit roter Farbe aufgetragen hat, der Betreffende benutzte Schreibweisen, Schriften und Titel aus unterschiedlichen Perioden – aber keine aus der Zeit von Chufu, sondern alle aus späterer Zeit. Der Hersteller war auch des Schreibens nicht sehr kundig: Viele seiner Hieroglyphen waren entweder unklar, unvollständig, fehl am Platz, falsch angewendet oder waren ganz und gar unbekannt.

(Als der damalige führende deutsche Ägyptologe Karl Richard Lepsius die Inschriften ein Jahr später analysierte, wunderte er sich gleichfalls, daß sie »mit einem Pinsel mit roter Farbe kursiv gezeichnet sind, so daß sie der hieratischen Schrift ähneln«. Einige Hieroglyphen, die den Kartuschen folgen, seien ganz unbekannt, erklärte er, und er sei außerstande, sie zu entziffern.)

In bezug auf die Frage, welcher Pharao in den Inschriften namentlich aufgeführt sei, schlug Birchs Aussage wie eine Bombe ein: In der Pyramide waren *zwei* Königsnamen angegeben, nicht nur einer! War es möglich, daß zwei Könige ein und dieselbe Pyramide gebaut hatten? Und wenn ja, wer waren sie?

Die beiden Königsnamen in den Inschriften seien nicht unbekannt, erklärte Birch: »Sie sind schon in den Gräbern der Hofbeamten unter der Herrschaft jener Dynastie gefunden worden«, nämlich der 4. Dynastie, deren Pharaonen die Pyramiden von Giseh zugeschrieben wurden. Die eine Kartusche wurde als *Saufu* oder *Chufu* gedeutet (Abb.146a), die andere enthielt das Widdersymbol von *Chnum,* dem Gott der Bilder (Abb. 146b), das als *Senechuf* oder *Seneschufu* gelesen werden konnte.

Zu dem Versuch, die Namensbedeutung des Widdersymbols zu analysieren, vermerkte Birch: »Eine Kartusche, ähnlich derjenigen in Wellingtons Kammer, ist von Wilkinson als unidentifizierter König veröffentlicht worden, auch von Rosellini (1. Band, Tafel I), der die phonetischen Elemente, aus denen sie sich zusammensetzt, als ›Seneschufo‹ liest, welcher Name nach Wilkinson ›Bruder des Suphis‹ bedeutet.«

Die Theorie, daß ein Pharao die Pyramide seines Vorgängers vollendet haben könnte, ist von den Ägyptologen anerkannt worden (zum Beispiel bei der Pyramide von Medum). Ließen sich damit nicht zwei Königsnamen in derselben Pyramide erklären? Vielleicht, aber nicht in diesem Fall.

Daß es im Fall der Großen Pyramide unmöglich ist, ergibt sich aus dem Standort der verschiedenen Kartuschen (Abb. 147). Die Kartu-

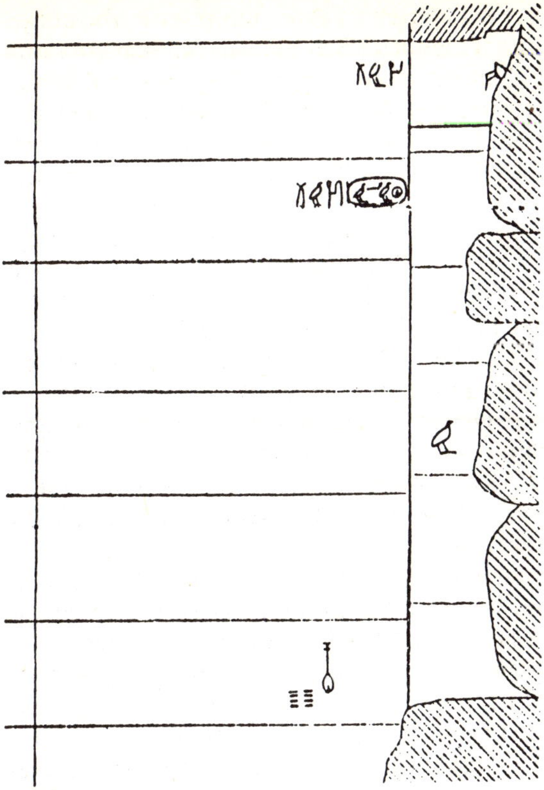

a

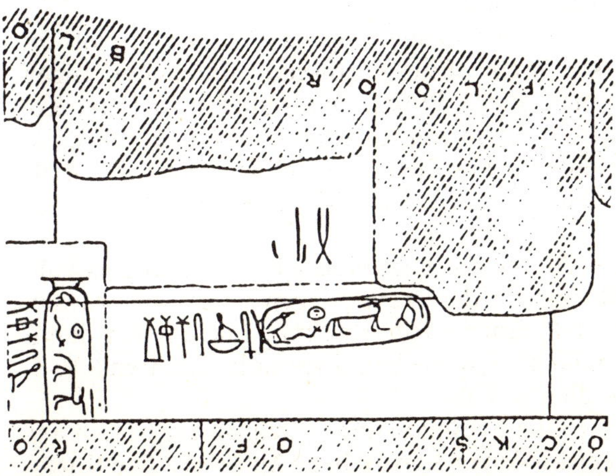

b

Abb. 146

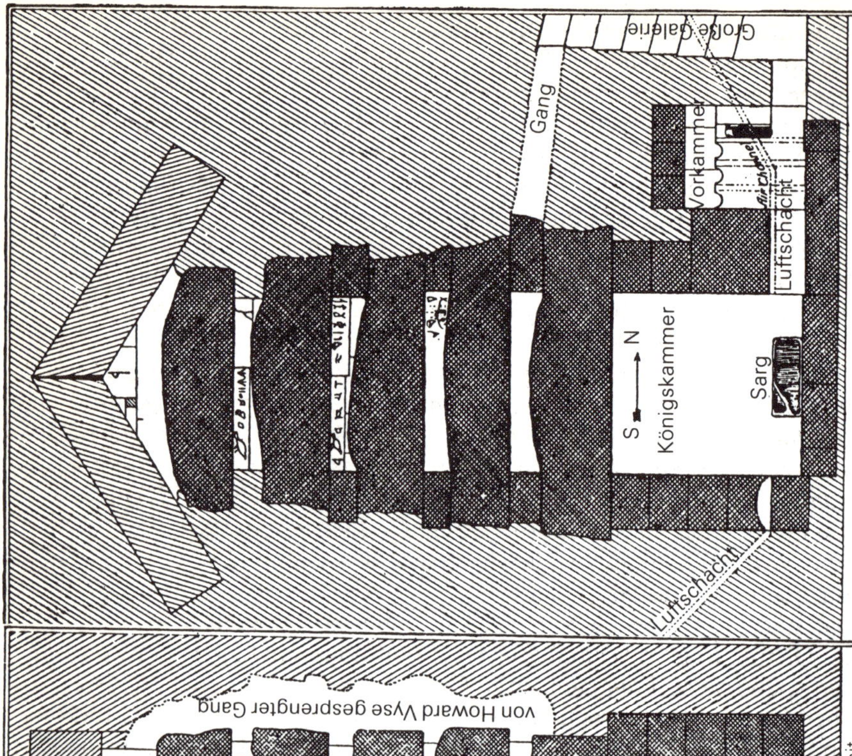

Längsschnitt der Königskammer und Vyses Kammern mit »Steinmetzzeichen«

Längsschnitt der Königskammer und Vyses Kammern mit »Steinmetzzeichen« (Kalkstein wurde mit einfacher, Granit mit doppelter Schraffur gekennzeichnet)

Abb. 147

sche, die angeblich in die Pyramide gehört hätte, die von Chufu/ Cheops, wurde *zuoberst* gefunden, in Campbells Kammer. Die Kartuschen mit dem zweiten Namen (heutzutage *Chnem-chuf* buchstabiert) tauchten in Wellingtons und in Lady Artbuthnots Kammer auf (in Nelsons Kammer waren keine Kartuschen). Mit anderen Worten, die unteren Kammern trugen den Namen eines Pharaos, der *nach* Cheops lebte und regierte. Da man Pyramiden nur von unten nach oben bauen konnte, besagt der Standort der Kartuschen, daß Cheops, der vor Chefren regierte, eine Pyramide vollendete, die einer seiner Nachfolger angefangen hatte. Das war natürlich ein Ding der Unmöglichkeit.

Von der Voraussetzung ausgehend, daß sich die beiden Namen in der Großen Pyramide auf die in den alten Königslisten aufgeführten Pharaonen Suphis I. (Cheops) und Suphis II. (Chefren) bezogen, versuchte Birch das Problem mit der Frage zu lösen, ob Cheops wohl beide Namen getragen hätte, den ersten als richtigen Namen, den zweiten als Beinamen. Er gelangte jedoch zu dem Schluß, daß »das Vorkommen des zweiten Namens die rätselhaften Inschriften nur noch rätselhafter macht«.

Das Rätsel des zweiten Namens war immer noch ungelöst, als Flinders Petrie, Englands namhaftester Ägyptologe, ein halbes Jahrhundert später seine Forschungen in Giseh betrieb. »Als verheerendste Theorie ist es zu betrachten, daß dieser König (Chnem-chuf) mit Chufu identisch sein soll«, sagte er in seiner 1883 erschienenen Schrift »The Pyramids and Temples of Gizeh«, womit er eine Ansicht vertrat, die seither viele Ägyptologen teilen. Er nennt die vielen Gründe, die beweisen, daß es sich bei den Namen um zwei verschiedene Könige handelt. Wieso aber kamen die beiden Namen in der Großen Pyramide in der besagten Reihenfolge vor? Petrie sah die einzig mögliche Erklärung darin, daß Cheops und Chefren zu gleicher Zeit regierten, Co-Regenten waren, wie man heute sagen würde.

Da sich kein Beweis für Petries Theorie finden ließ, schrieb Gaston Maspero fast ein Jahrhundert nach Vyses Entdeckung, das Vorkommen der beiden Kartuschen Chufu und Chnem-chuf habe die Ägyptologen in große Verwirrung gebracht. Allen vorgebrachten Lösungen zum Trotz ist das Problem rätselhaft geblieben.

Meines Erachtens gibt es eine Lösung – wenn man die Inschriften nicht uralten Steinmetzen zuschreibt, sondern die Tatsachen ins Auge faßt.

Die Pyramiden von Giseh sind einzigartig, unter anderem deswegen, weil sie keinen Schmuck und keine Inschriften aufweisen – außer den von Vyse gefundenen Inschriften. Warum die Ausnahme? Wenn die Steinmetze so unverfroren waren, die verborgenen Räume über der »Königskammer« mit roter Farbe zu bekritzeln, warum fand Davison dann keine solchen Inschriften, als er 1765 die erste Kammer entdeckte? Wieso gab es sie nur in den von Vyse entdeckten Kammern?

Neben den von Vyse aufgezählten Inschriften hat man in den verschiedenen Kammern echte Steinmetzzeichen gefunden: Positionslinien und Pfeile. Sie sind alle so eingezeichnet, wie man es erwarten würde, durchaus richtig; denn als die Maurer hier arbeiteten, hatte die Kammer noch keine Decke, so daß sie stehen und sich frei bewegen konnten. Hingegen stehen alle Inschriften – über den Steinmetzzeichen und ringsherum – entweder auf dem Kopf oder verlaufen senkrecht (Abb. 145), als ob der Schreiber sich in der niedrigen Kammer bücken oder kauern mußte (die Höhe variiert von 40,54 Zentimeter bis zu 1,30 Meter in Lady Artbuthnots Kammer und von 65 Zentimeter bis zu 1,10 Meter in Wellingtons Kammer).

Die Kartuschen und Königstitel an den Wänden der Kammern sind ungenau, grob und besonders groß, die meisten 80 bis 90 Zentimeter hoch und 30 Zentimeter breit; manche bedecken den ganzen Steinblock, als ob der Schreiber den ihm zur Verfügung stehenden Platz hätte ausnützen wollen. Sie stehen in scharfem Gegensatz zu der Genauigkeit, Feinheit und vollkommenen Proportion der alten ägyptischen Hieroglyphen, die sogar in den echten Steinmetzzeichen zutage tritt.

Mit Ausnahme einiger Zeichen in einer Ecke der Ostwand in Wellingtons Kammer sind die Ostwände nirgends beschriftet; sie weisen nur ein paar echte Steinmetzzeichen auf, und am gewölbten östlichen Ende von Campbells Kammer befinden sich einige bedeutungslose Linien sowie ein unfertiges Vogelsymbol.

Das ist seltsam, wenn man sich klarmacht, daß Vyse von der Ostseite her in die Kammern eingedrungen ist. Ahnten die alten Steinmetze voraus, daß Vyse durch die Ostmauern einbrechen würde, und wollten sie sich gefällig zeigen, indem sie sie nicht beschrifteten?

Mit andern Worten: Sind nicht alle die Rätsel lösbar, wenn wir davon ausgehen, daß die Inschriften nicht in urferner Zeit, als die Py-

ramiden entstanden, angebracht wurden, sondern erst *nachdem* Vyse sich Zugang zu den Kammern verschafft hatte?
Die Atmosphäre, in der sich Vyses Operationen in jenen hektischen Tagen abspielten, beschreibt er selbst recht anschaulich. Rings um die Pyramiden machte man lauter Entdeckungen, aber nicht in ihnen. Campbells Grab, das der ihm verhaßte Caviglia entdeckt hatte, enthielt nicht nur Artefakte, sondern auch Steinmetzzeichen und Hieroglyphen in roter Farbe. Vyse versuchte verzweifelt, eine eigene Entdeckung zu machen. Schließlich drang er in die bisher unbekannten Kammern ein, aber sie erwiesen sich nacheinander nur als Duplikate von Davisons Kammer und waren leer. Was konnte er vorweisen nach all seinen Mühen und Ausgaben? Wie Ehren einheimsen und berühmt werden?
Aus Vyses Notizen geht hervor, daß er bei Tage Hill in die Kammern schickte, damit er sie mit den Namen der englischen Sieger über Napoleon bezeichnete: Lord Wellington und Admiral Nelson. Der Verdacht liegt nahe, daß Hill die Kammern auch nachts betrat – um die Pyramide mit den Kartuschen ihres angeblichen Erbauers zu »taufen«.
»Die beiden Königsnamen«, sagt Birch in seiner Expertise, »sind schon in den Gräbern der Hofbeamten gefunden worden, die den Herrschern jener Dynastie dienten, in der diese Pyramiden erbaut wurden.« Die Schriftgelehrten des Pharaos kannten sicherlich den richtigen Namen ihres Königs. Aber in den 1830er Jahren des vorigen Jahrhunderts steckte die Ägyptologie noch in den Kinderschuhen, und niemand konnte die richtige hieroglyphische Schreibweise des Königs angeben, den Herodot »Cheop« genannt hatte.
Und so geschah es, daß Hill – wie ich vermute – in der Nacht, als alle fort waren – wahrscheinlich allein die neuentdeckten Kammern betrat. Bei Fackelschein kauerte er in den niedrigen Räumen und bemühte sich, die erforderliche rote Farbe benutzend, hieroglyphische Symbole aus irgendeiner Quelle zu kopieren. Auf die unversehrten Wände trug er die Zeichen auf, die ihm angemessen schienen. Zuletzt schrieb er sowohl in Wellingtons als auch in Lady Arbuthnots Kammer den falschen Namen ein.
Da in den Gräbern rings um die Pyramiden von Giseh Inschriften von Königsnamen der 4. Dynastie vorkommen, erhebt sich die Frage: Welche richtigen Kartuschen brachte Hill an? Er muß wohl als ungeübter Hieroglyphenschreiber irgendein Buch mitgenommen haben, aus dem er die schwierigen Symbole kopierte. Das ein-

zige einschlägige Buch, das Vyse in seiner Chronik erwähnt, ist »Materia hieroglyphica« von John Gardner Wilkinson. In der Einleitung wird erklärt, es solle dem Leser dazu dienen, sich über »den ägyptischen Pantheon und die Thronfolge der Pharaonen von frühester Zeit bis zu Alexanders Eroberungen« zu informieren. Erschienen war es 1828 – neun Jahre vor Vyses Angriff auf die Pyramide –, und es war ein Standardbuch für englische Ägyptologen.
Wie Birch in seiner Expertise sagt, ist »eine Kartusche, ähnlich der in Wellingtons Kammer vorkommenden, von Wilkinson in ›Mater. hieroglyph.‹ publiziert worden«. Damit haben wir also einen deutlichen Hinweis auf die wahrscheinliche Quelle der Kartusche, die Hill in der zuerst von Vyse entdeckten Kammer (Wellington) aufgemalt hat (Abb. 146b).
Wer sich mit Wilkinsons Werk »Materia hieroglyphica« befaßt, der kann Vyse und Hill manches nachfühlen: Text und Darstellung sind ungeordnet, die abgebildeten Kartuschen klein, schlecht kopiert, schlecht gedruckt. Wilkinson scheint nicht nur in bezug auf die Lesart der Königsnamen unsicher gewesen zu sein, sondern er wußte wohl auch nicht, wie die Hieroglyphen geschrieben werden mußten. Das größte Problem war das Zeichen für die Scheibe, das auf Bauwerken entweder als ausgefüllter Kreis ●, als leerer Kreis ○ oder als Kreis mit einem Punkt in der Mitte ⊙ zu sehen war. In seinen Veröffentlichungen stellte er die fraglichen königlichen Kartuschen einmal als ausgefüllten Kreis, ein andermal als Kreis mit einem Punkt in der Mitte dar.
Hill folgte Wilkinsons Anweisungen. Aber alle diese Kartuschen sind *Chnum*-Abwandlungen. Nach dem Kalender bedeutet dies, daß am 7. Mai nur Kartuschen mit dem Widdersymbol angebracht wurden. Doch dann, am 27. Mai nach der Erschließung von Campbells Kammer, wurde die ausschlaggebende Kartusche gefunden, die sich Ch-u-f-u buchstabierte. Wie geschah das Wunder?
Ein Hinweis verbirgt sich in Vyses Chronik, in der Eintragung, daß die Ummantelungssteine »keine Spur von Inschrift oder Skulptur aufwiesen, ja es war auf keinem Stein, der zu der Pyramide gehört, oder in der Nähe etwas davon zu finden (mit Ausnahme der bereits beschriebenen Steinmetzzeichen)«. Noch eine Ausnahme notierte Vyse: »Ein Stück von einer Kartusche des Suphis, eingemeißelt in einem 15,24 Zentimeter langen und 10,16 breiten braunen Stein. Dieses Fragment wurde am 2. Juni aus dem Hügel an der Nordseite ausgegraben.« Vyse fertigte eine Kopie an (Abb. 148a).

Abb. 148 a b

Woher wußte Vyse – noch vor seiner Fühlungnahme mit dem Britischen Museum –, daß dies ein »Stück von einer Kartusche des Suphis« war? Vyse will die Menschheit glauben machen, es sei damit zu erklären, daß er eine Woche vorher (am 27. Mai) die vollständige Kartusche (Abb. 148b) in Campbells Kammer gefunden hatte.
Die Sache hat jedoch einen Haken. Aus der erwähnten Eintragung ergibt sich, daß der Stein mit der unvollständigen Chufu-Kartusche am *2. Juni* gefunden wurde. Aber die Eintragung ist am *9. Mai* datiert! Vyses Datenmanipulation soll glauben machen, daß die außerhalb der Pyramide gefundene vollständige Kartusche den früheren Fund der vollständigen Kartusche in der Pyramide bekräftigt. In Wirklichkeit verhielt es sich umgekehrt: Vyse hatte schon am 9. Mai – ganze 18 Tage *vor* der Entdeckung von Campbells Kammer – erkannt, wie die entscheidende Kartusche aussehen mußte. Irgendwie war es Vyse und Hill am 9. Mai aufgegangen, daß sie den Namen des Cheops nicht richtig geschrieben hatten.
Das könnte auch erklären, warum Vyse und Hill gleich nach der Entdeckung von Lady Arbuthnots Kammer nach Kairo umzogen. Im Tagebuch ist kein Grund angegeben, warum sie es taten, obwohl sie bei den Pyramiden dringend benötigt wurden. Meiner Vermutung nach war die »Bombe«, die sie traf, ein neues, dreibändiges Werk von Wilkinson, das früher in diesem Jahr (1837) in London erschienen war: »The Manners and Customs of the Ancient Egyptians«. Nach Kairo dürfte es gerade in jenen dramatischen, spannenden Tagen gekommen sein. Darin waren in einem Kapitel über frühe Skulpturen, diesmal sauber und deutlich gedruckt, sowohl die Kartusche des *Sen-Suphis* (Widder), die Vyse und Hill schon kopiert hatten, als auch eine neue Kartusche abgebildet, die Wilkinson als »Schufu« oder »Suphis« las (Abb. 149).
Wilkinsons Erklärung muß Vyse und Hill sehr beunruhigt haben, weil er seine Ansicht in bezug auf die Widder-Kartusche geändert zu haben schien. Er schrieb nämlich, diese Namen seien in Gräbern nahe der Großen Pyramiden gefunden worden, und bemerkte dazu:

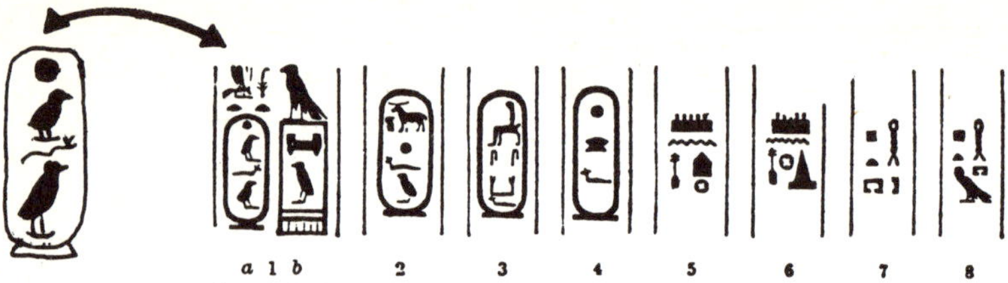

1. a, b Schufu oder Suphis 2. Numba-Khufu oder Chembes

Abb. 149

»Wir sehen Suphis oder, wie die Hieroglyphiker ihn geschrieben haben, Schufu oder Chufu, ein Name, der leicht in Suphis oder Cheops verdreht werden konnte.« Das war also der richtige Name, den sie hätten anwenden müssen!

Wen stellte aber die Kartusche mit dem Widder (Nr. 2 in dessen Darstellung) dar? Wilkinson erklärte die Schwierigkeiten der Identifizierung und gab zu, nicht entscheiden zu können, »ob die ersten beiden Namen Suphis zuzurechnen sind, oder ob der zweite dem Gründer der anderen Pyramide gehört«.

Was sollten Vyse und Hill angesichtes dieser umwerfenden Neuigkeit tun? Wilkinson selbst gab ihnen einen Leitfaden, dem sie eiligst folgten. Die beiden Namen, schrieb Wilkinson weiter, »kommen beim Berg Sinai vor«.

Mit der ihm eigenen Ungenauigkeit bezog sich Wilkinson damit nicht auf Inschriften beim Berg Sinai, sondern auf diejenigen, die man bei den Türkisminen im Sinaigebiet gefunden hatte. Die Inschriften waren in jenen Jahren durch das prachtvoll illustrierte Werk »Voyage dans l'Arabie Pétrée« (1832 in Paris erschienen), in dem der französische Archäologe und Reisende Léon Delaborde die Halbinsel Sinai beschrieben hat, bekannt geworden. Darin waren die Monumente und Inschriften im Wadi Maghara abgebildet, das zu den Minen führt. Hier hat ein Pharao nach dem andern Felsdenkmäler geschaffen, die ihre siegreiche Verteidigung der Minen gegen räuberische Asiaten preisen. Ein solches Relief wies die beiden von Wilkinson erwähnten Kartuschen auf (Abb. 150).

Es dürfte Vyse und Hill nicht schwergefallen sein, sich im französischsprachigen Kairo ein Exemplar von Delabordes »Voyage« zu besorgen. Das abgebildete Relief machte Wilkinsons Zweifeln ein Ende: Derselbe Pharao schien zwei Namen zu haben, einen mit dem Widdersymbol und einen zweiten, der Ch-u-f-u ausgesprochen

Abb. 150

wurde. So wußte das Trio Vyse–Hill–Perring am 9. Mai, daß eine weitere Kartusche vonnöten war, und wie sie aussehen mußte.
Als Campbells Kammer am 27. Mai aufgebrochen wurde, müssen sich die drei gefragt haben: Worauf warten wir noch? So erschien denn die entscheidende Kartusche an der Wand der obersten Kammer (Abb. 146a). Ruhm, wenn auch nicht Vermögen, war für Vyse gesichert, und Hill ging aus dem Abenteuer gewiß auch nicht mit leeren Händen hervor.
Können diese Anschuldigungen anderthalb Jahrhunderte nach dem Vorfall beweiskräftig erhoben werden? Allerdings. Wie den meisten Fälschern unterlief Hill nämlich neben allen anderen »Rätseln« ein schwerwiegender Fehler, ein Fehler, den kein Schriftgelehrter des Altertums gemacht hätte.
Wie sich herausstellte, enthielten beide Quellen, die Vyse und Hill benutzten (Wilkinsons »Materia hieroglyphica« und Delabordes »Voyage«), orthographische Fehler, die von dem arglosen Gespann in die Pyramideninschriften übernommen wurden.
Samuel Birch wies in seiner Expertise selbst darauf hin, daß sich die Hieroglyphe *Ch* (der erste Konsonant im Namen Ch-u-f-u), die bildlich als Sieb ◍ dargestellt wurde, »in Wilkinsons Werk nicht von der Sonnenscheibe unterscheidet«. Die Sonnenscheibe wurde bei Reliefkopien als ausgefüllte Scheibe ●, bei Kopien von Steinskulpturen als leerer Kreis ○ und in der Hieroglyphenschrift als Kreis mit einem Punkt oder einem kurzen Strich in der Mitte ⊙ dargestellt.
Die Hieroglyphe *Ch* mußte auf allen Kartuschen in den beiden unteren Kammern eingezeichnet werden (Chnem-Ch-u-f). Aber das

richtige Siebsymbol wurde kein einziges Mal benutzt. Statt dessen wurde der Konsonant *Ch* mit dem Sonnensymbol dargestellt. Wer immer die Kartuschen angebracht hat, hat denselben Fehler wie Wilkinson gemacht ...
Die Abbildung in Delabordes Buch verschlimmern den Fehler noch. Darin stand Chufus Name rechts, der Name Chnum-ch-u-f links. Wie die späteren Forscher (Lepsius, Kurt Sethe, A. H. Gardiner und T. E. Peet) nachgewiesen haben, ist *Ch* auf den Reliefs richtig geschrieben, stets ◍.
Aber Delaborde – der seine Unwissenheit in bezug auf Hieroglyphen zugab und keinen Versuch machte, die Symbole zu lesen – stellte *Ch* als einen leeren Kreis dar (s. Abb. 150). Es war also kein Zufall, daß die entscheidende Ch-u-f-u-Kartusche in der obersten Kammer nicht mit dem richtigen Siebsymbol geschrieben war, sondern mit dem Symbol für die Sonnenscheibe (s. Abb. 146a). Delaborde beging einen zweiten verhängnisvollen Fehler: er stellte als Inschrift eines Pharaos dar, was in Wirklichkeit zwei angrenzende Inschriften zweier Pharaonen in zwei unterschiedlichen Schriftarten waren (Abb. 151).

Abb. 151

Damit hat der Hersteller die Hieroglyphe für Ré eingetragen, für den höchsten Gott Ägyptens. In völliger Unkenntnis schrieb er nicht *Chnem-Chuf*, sondern *Chnem-Ré-uf*; nicht *Chufu*, sondern *Ré-u-fu*. Er benutzte den Namen des großen Gottes falsch und sinnlos – in Altägypten hätte er sich der Blasphemie schuldig gemacht.
Undenkbar also, daß ein ägyptischer Schriftgelehrter zur Zeit der Pharaonen einen solchen Fehler begangen hätte. Wie ein Monument nach dem anderen und eine Inschrift nach der anderen ergeben haben, wurden das Symbol für *Ré* ⊙ und das Symbol für *Ch* ● immer richtig eingesetzt, nicht nur bei den verschiedenen Inschriften, sondern auch bei der Inschrift eines und desselben Schreibers.
Darum ist die falsche Schreibweise – *Ré* anstelle von *Ch* – ein Fehler, der weder zur Zeit Chufus noch eines anderen Pharaos begangen worden sein kann. Nur einem Menschen, der die Hieroglyphenschrift nicht kannte, der nichts von Chufu wußte und keine Ahnung von der überwältigenden Anbetung des Gottes Ré hatte, kann ein so schwerwiegender Fehler unterlaufen sein.
Fügt man diesen gravierenden Fehler zu all den anderen rätselhaften und unerklärlichen Aspekten der von Vyse berichteten Entdekkung, so dürfte wohl kein Zweifel daran bestehen, daß Vyse und seine Helfershelfer die roten Inschriften in der Großen Pyramide angebracht haben, keinesfalls die Erbauer.
Man wird wohl fragen, ob denn nicht die Gefahr bestand, daß einer der Begutachter – der britische und der österreichische Konsul oder Lord und Lady Arbuthnot – merken würde, daß die Inschriften frischer aussahen als die echten Steinmetzzeichen. Diese Frage wurde damals von einem der Beteiligten beantwortet, nämlich von Perring in seinem eigenen Werk über die Pyramiden von Giseh. Er schreibt darin, die Farbe, die für die altägyptischen Inschriften benutzt wurde, »war eine Verbindung von rotem Ocker, von den Arabern *moghrah* genannt, die immer noch in Gebrauch ist«. Es stand also nicht nur dieselbe Ockerfarbe zur Verfügung, sondern es heißt weiter: »So gut sind die Zeichnungen auf den Steinen erhalten, daß sich unmöglich erkennen läßt, ob sie gestern oder vor dreitausend Jahren entstanden sind.«
Mit andern Worten, die Fälscher konnten ihrer Sache sicher sein.

Waren Vyse und Hill – wahrscheinlich in stillschweigendem Einverständnis mit Perring – moralisch fähig, eine derartige Fälschung vorzunehmen?

Die Umstände, die Vyse veranlaßten, sich in ein Entdeckungsabenteuer zu stürzen, die Art, wie er Caviglia behandelte, seine Verbissenheit, etwas zu finden, die Chronologie der Ereignisse und die drohende Geldknappheit, all das spricht von einem Charakter, der zu einer solchen Tat imstande ist. Was Hill betrifft – dem Vyse in seinem Vorwort überschwenglich dankt –, so ist es Tatsache, daß aus dem Angestellten bei einer Kupfermine der Besitzer des Hotels Cairo geworden war, als Vyse Ägypten verließ. Und was Perring anbelangt, einen Ingenieur, der Ägyptologe wurde, so mögen die folgenden Tatsachen sprechen. Offenbar ermutigt durch den Erfolg der einen Fälschung, versuchte das Vyse-Gespann noch eine, wahrscheinlich sogar noch zwei weitere.

Die ganze Zeit, während die Entdeckungen in der Großen Pyramide gemacht wurden, setzte Vyse lauen Herzens Caviglias Arbeit in und um die beiden anderen Pyramiden fort. Dann aber, beflügelt von seinem neuerworbenen Ruhm durch die Entdeckungen in der Großen Pyramide, beschloß Vyse, seine Rückkehr nach England aufzuschieben und sich in vereintem Bemühen an die Entschleierung der Geheimnisse der beiden anderen Pyramiden zu machen. Mit Ausnahme von rot beschrifteten Steinen, die nach Begutachtung von Sachverständigen aus Kairo den Gräbern oder Gebäuden außerhalb der Pyramiden entstammten, wurde in der Zweiten Pyramide nichts Wichtiges gefunden. Aber in der Dritten Pyramide machten sich Vyses Anstrengungen bezahlt. Wie bereits erwähnt, brachen seine Arbeiter Ende Juli 1837 die »Grabkammer« auf, in der ein wunderschön geschmückter, aber leerer Sarkophag gefunden wurde (Abb. 152). Arabische Inschriften an den Wänden und andere Hinweise deuteten darauf hin, daß diese Pyramide »oft aufgesucht worden war«, die Fußbodensteine ihrer Kammern und Gänge waren »abgetreten und getrübt vom ständigen Hin und Her einer Menschenmenge«.

Vyse aber gelang es, in dieser vielbesuchten Pyramide dem leeren Steinsarg zum Trotz einen Hinweis auf den Erbauer zu finden, ganz ähnlich wie in der Großen Pyramide.

In einer anderen rechteckigen Kammer (von Vyse »großes Apartment« genannt), die ebenfalls arabische Graffiti aufwies, lagen große Schutthaufen. Vyse erklärte unbesehen, dieser Raum habe »wahrscheinlich für Begräbniszeremonien gedient wie jene in Abu Simbel und so weiter«. Als der Schutt weggeräumt war:

». . . wurde der größte Teil des Sarkophagdeckels gefunden . . . und

Abb. 152

nahebei wurden Bruchstücke des Mumiensargdeckels (beschrieben mit Hieroglyphen, darunter die Kartusche Menkew-rés) entdeckt, zusammen mit Teilen eines Skeletts, bestehend aus Rippen und Rückenwirbeln und den Knochen der Beine und Füße, die in rauhen gelben Wollstoff eingewickelt waren ... Nachher wurden noch mehr Holz und Stoff aus dem Schutt hervorgeholt. Da sich der Sarkophag nicht entfernen ließ, wurde der Kasten, der den Leichnam enthielt, zu näherer Untersuchung in das große Apartment gebracht.«

Vyse entwarf also folgendes Szenario: Vor Jahrhunderten waren Araber in die Grabkammer eingebrochen. Sie fanden den Sarkophag und entfernten den Deckel. In dem Holzsarg lag eine Mumie – die Mumie des Erbauers der Pyramide. Die Araber brachten den Sarg mitsamt der Mumie in das »große Apartment«, zwecks näherer Untersuchung, wobei alles in die Brüche ging. Alle diese Reste hatte Vyse nun gefunden, auf einem Bruchstück des Mumienkastens sogar eine Kartusche (Abb. 153), die *Menkew-ré* bedeutete (von Herodot Mykerinos genannt). Er bewies die Identität der Erbauer beider Pyramiden!

Abb. 153

Der Sarkophag ging bei der Verschiffung nach England verloren. Aber der Mumienkasten und die Gebeine gelangten unversehrt ins Britische Museum, wo Samuel Birch die Inschrift selbst begutachten konnte, nicht nur anhand von Faksimiles wie im Falle der Kammern der Großen Pyramide. Er meldete sofort seine Zweifel an: Der Sarg des Mykerinos »weise erhebliche Stilunterschiede zu den Bauwerken der vierten Dynastie auf«. Wilkinson hingegen betrachtete den Mumienkasten als einen authentischen Beweis für die Identität des Erbauers der Dritten Pyramide, doch hegte er Zweifel in bezug auf die Mumie selbst, denn die Bandagen schienen ihm nicht dem Altertum zu entstammen. 1883 pflichtete Gaston Maspéro bei, der Sargdeckel sei nicht aus der Zeit der 4. Dynastie; seines Erachtens war in der Zeit der 25. Dynastie eine Restaurierung vorgenommen worden. 1892 faßte Kurt Sethe die allgemeine Ansicht zusammen, indem er schrieb, der Sargdeckel »könne erst nach der 20. Dynastie hergestellt worden sein«.
Wie man heute weiß, sind sowohl der Mumienkasten als auch die Knochen nicht die Überreste eines Urbegräbnisses. In seinem Buch über die Pyramiden schreibt der zeitgenössische Ägyptologe I. E. S. Edwards: »In der ursprünglichen Grabkammer hat Oberst Vyse einige menschliche Knochen und den Deckel eines anthropoiden Holzsarges mit dem eingeschriebenen Namen des Mykerinos entdeckt. Dieser Deckel, der jetzt im Britischen Museum ist, kann nicht in der Zeit des Mykerinos gemacht worden sein, denn das Modell wurde nicht vor der saitischen Periode benutzt. Chemische Untersuchungen haben ergeben, daß die Knochen aus frühchristlicher Zeit stammen.«
Die Feststellung der Unechtheit des Fundes berührt nicht den Kern der Sache. Wenn die Überreste nicht von einer Urbestattung herrühren, dann müssen sie von einem Einbruchsbegräbnis stammen – aber in diesem Fall würden Mumie und Sarg aus derselben Zeit datieren. So verhält es sich hier jedoch nicht: Irgend jemand muß die Mumie an einer anderen Stelle ausgegraben haben als den Sarg. Die eindeutige Schlußfolgerung: Wir haben es mit einer *geflissentlichen archäologischen Fälschung* zu tun.
Könnte die Nichtübereinstimmung Zufall sein, das heißt, haben vielleich *zwei* Einbruchsbegräbnisse zu verschiedener Zeit stattgefunden? Das muß bezweifelt werden in Anbetracht der Tatsache, daß das Sargfragment Menkew-Rés Kartusche aufweist. Diese Kartusche ist auf den Inschriften rings um die Dritte Pyramide (aber

nicht drinnen) und überall auf Statuen und in Tempeln gefunden worden, und wahrscheinlich wurde der Sarg, der die Kartusche aufweist, in dieser Gegend ausgegraben. Daß der Sarg aus einer späteren Zeit stammt, geht nicht nur aus dem Modell hervor, sondern auch aus der Inschrift, die ein Gebet an Osiris aus dem Totenbuch ist. Sogar dem vertrauensvollen Samuel Birch kam es merkwürdig vor, daß es auf einem Sarg der 4. Dynastie auftrat. Es braucht jedoch keine »Restaurierung« der 26. Dynastie gewesen zu sein, wie einige Forscher gemeint haben. Aus der Königsliste von Seti I. ist zu ersehen, daß der achte Pharao der 6. Dynastie ebenfalls Menkew-Ré hieß und seinen Namen auf dieselbe Weise schrieb.

Es ist also klar, daß jemand den Sarg in der Nähe der Pyramide gefunden hat. Seine Bedeutung wurde sicher erkannt – Vyse berichtet selbst, daß er gerade einen Monat zuvor den Namen Menkew-Ré (Mykerinos) in roter Farbe an der Decke der Grabkammer in der mittleren der drei kleinen Pyramiden südlich der Dritten Pyramide entdeckt hatte. Diese Entdeckung muß dem Gespann den Gedanken eingegeben haben, eine »Entdeckung« *in* der Dritten Pyramide vorzutäuschen ...

Den Ruhm für die Entdeckung haben Vyse und Perring gepachtet. Wie können sie die Fälschung mit oder ohne Hills Hilfe bewerkstelligt haben?

Wieder verrät Vyses eigene Chronik die Wahrheit. »Da ich nicht zugegen war, als die Reliquien gefunden wurden«, schreibt er, »bat ich Herrn Raven, als dieser Herr in England war, die Geschichte der Entdeckung zu schreiben« – als unbeteiligter Zeuge. Irgendwie war Raven dazu gebracht worden, im richtigen Augenblick anwesend zu sein, und er faßte den folgenden attestierenden Brief an Vyse als »Ihr ergebener Diener« ab:

»Nach dreitägiger Aufräumungsarbeit waren die Männer in dem Schutt fast bis zum Südostwinkel des Raumes vorgedrungen, da wurden zuerst einige Knochen unter dem Geröll gefunden, und die übrigen Knochen sowie die Sargteile wurden gleich danach alle zusammen entdeckt; andere Teile des Sarges oder Knochen konnten nirgends gefunden werden. Darum ließ ich den Schutt, der vorher aus dem Raum entfernt worden war, nochmals sorgfältig durchsuchen. Dabei wurden noch einige Sargstücke und Mumienstoff gefunden. Aber in keinem anderen Teil der Pyramide wurden weitere Teile entdeckt, obwohl jeder Ort genau durchforscht wurde, um den Sarg so vollständig wie möglich zusammenzusetzen.«

Jetzt läßt sich leichter erfassen, was geschehen war. Drei Tage lang entfernten die Arbeiter den Schutt aus dem »großen Apartment« und häuften ihn in der Nähe auf. Trotz gründlicher Untersuchung wurde nichts gefunden. Dann aber, am letzten Tag, als nur noch der Südostwinkel des Raumes gesäubert werden mußte, wurden einige Knochen und Stücke eines Holzsargs entdeckt. »Andere Teile des Sarges oder Knochen konnten nirgends gefunden werden.« Nun wurde der kluge Vorschlag gemacht, den Schutt, der vorher aus dem Raum entfernt worden war – ein meterhoher Haufen –, »nochmals gründlich zu durchsuchen« – nicht zu untersuchen, sondern *nochmals* zu durchsuchen, und siehe da! es wurden weitere Knochen und Sargstücke mit der höchst wichtigen Kartusche gefunden!
Wo waren die übrigen Teile des Skeletts und des Sarges? »Obwohl jeder Ort genau durchforscht wurde, um den Sarg so vollständig wie möglich zusammenzusetzen«, wurde nirgendwo etwas gefunden. Wenn wir nicht etwa glauben, daß Knochen und Sargstücke vor Jahrhunderten als Andenken weggeschafft worden sind, können wir also nur annehmen, daß derjenigen, der die entdeckten Teile *hineinschaffte*, nur gerade genügend Fragmente herbeibrachte, um eine Entdeckung vorzutäuschen; ein vollständiger Sarg und eine vollständige Mumie standen entweder nicht zur Verfügung, oder es erwies sich als zu schwierig, sie hineinzuschmuggeln.
Hochgepriesen für diese zweite Entdeckung – Oberst Vyse wurde kurz darauf in den Rang eines Generals erhoben –, förderte er zusammen mit Perring in der Gegend von Zosers Stufenpyramide einen Stein mit Zosers Namen, natürlich mit roter Farbe geschrieben, zutage. Die Chronik enthält nicht genügend Einzelheiten, die beweisen würden, ob auch das eine Fälschung war oder nicht; aber es ist tatsächlich unglaublich, daß es wieder demselben Gespann gelang, den Beweis für einen weiteren angeblichen Pyramidenerbauer auszugraben.
Im Gegensatz zu den meisten Ägyptologen, die es ohne weitere Untersuchungen als bare Münze nahmen, daß Chufus Name in der Großen Pyramide eingetragen sei, hegte übrigens Sir Alan Gardiner denn doch Zweifel. In seinem Werk über die Pharaonen reproduzierte er Königskartuschen mit deutlicher Unterscheidung zwischen den Hieroglyphen *Ré* und *Ch.* Cheops' Kartusche, schrieb er, »ist in mehreren Steinbrüchen, in den Gräbern seiner Verwandten und Edlen und in einer Inschrift späteren Datums gefunden worden«. Es fällt auf, daß die Inschrift in der Großen Pyramide von ihm nicht

aufgezählt wird ... Ebensowenig erwähnt er Vyses »Entdeckungen« in der Dritten Pyramide, ja, nicht einmal Vyses Namen.

Da der Beweis, daß Pharaonen die Pyramiden von Giseh erbaut haben, ad absurdum geführt ist, besteht kein Grund mehr, die Echtheit der Stele anzuzweifeln, auf der steht, daß die Pyramiden und die Sphinx schon da waren, als Chufu den Gottheiten Isis und Osiris dieses Denkmal setzte.
Nichts steht mehr im Widerspruch zu der Anschauung, daß diese drei Pyramiden von den Anunnaki gebaut worden sind.
Es soll nun gezeigt werden, wie die Pyramiden für den Luftkorridor zum Raumflughafen der Nefilim als Signale dienten.

14

Der Blick des Sphinx

Zuerst mußten die Pyramiden einfach kraft ihres Standorts, ihrer Ausrichtung und Form als Orientierungspunkte dienen. Alle Pyramiden waren anfänglich Stufenpyramiden, ähnlich den mesopotamischen Zikkurats. Aber als »die Götter vom Himmel kamen«, stellten sie wahrscheinlich fest, daß die Silhouette einer Zikkurat und der Schatten, den sie auf das unebene Felsen- und Sandgelände warf, zu unklar und deshalb kein verläßlicher Wegweiser waren. Darum erhielten die Pyramiden einen Mantel aus weißem (Licht reflektierendem) Kalkstein.

Als Robert Ballard 1882 vom Eisenbahnfenster aus die Pyramide von Giseh betrachtete, erkannte er, daß er Lokalisierung und Richtung des Zuges aus der jeweils unterschiedlichen Ausrichtung der Pyramiden ersehen konnte (Abb. 154). Er arbeitete diese Beobachtung aus und bewies, daß die Pyramiden untereinander in Pythagoreischen Dreiecken ausgerichtet sind, deren Seiten im Verhältnis 3:4:5 zueinander stehen. Den Pyramidenforschern ist auch aufgefallen, daß die Schatten der Pyramiden als riesige Sonnenuhr dienen können, wobei Richtung und Länge der Schatten die jeweilige Jahres- und Tageszeit angeben.

Noch wichtiger ist es jedoch, wie die Silhouetten und Schatten der Pyramiden aus der Vogelschau wirken. Wie die Luftaufnahme (Abb. 155) zeigt, wirft die Form der »echten« Pyramide einen pfeilförmigen Schatten, der unmißverständlich in eine bestimmte Richtung weist.

Ein Raumflughafen in dieser Gegend erforderte einen viel längeren Luftkorridor als in Baalbek. Für ihren früheren Raumflughafen in Mesopotamien hatten die Anunnaki (die biblischen Nefilim) den auffälligsten Berg im Vorderorient – den Ararat – als Orientierungspunkt gewählt. Es ist wohl nicht verwunderlich, daß sie sich bei der Errichtung des neuen Raumflughafens von denselben Überlegungen leiten ließen und ihn auch diesmal wählten.

Abb. 154

Abb. 155

Wie man beim Studium der Pyramiden von Giseh immer mehr »zufällige« Triangulationen und geometrische Vollkommenheit entdeckt hat, so finden wir das gleiche »zufällige« Phänomen, wenn wir den Luftkorridor der Anunnaki studieren. Da der Ararat-Gipfel als Brennpunkt des neuen Luftkorridors dienen sollte, mußte nicht nur die Nordwestrichtung bedacht werden, sondern auch die Nordostrichtung. Wo aber ließ sich das andere Ende – dasjenige in Sinai – verankern?

Der Katharinenberg liegt inmitten eines ähnlichen, wenn auch etwas niedrigeren Granitmassivs. Als die Palmersche Expedition die Halbinsel Sinai erforschte, wurde festgestellt, daß der Katharinenberg, obzwar der höchste Gipfel, nicht genügend herausragte, um als geodäsischer Mittelpunkt zu dienen. Statt dessen wählten die Forscher den *Dschebel Umm-Schumar* (Abb. 156), der fast ebenso hoch ist wie der Katharinenberg (von der Palmerschen Expedition war der Umm-Schumar für den höchsten Gipfel des Sinaigebirges gehalten worden), aber ganz für sich steht, deutlich und unverkennbar. Von seinem Gipfel aus sind die beiden Golfe zu sehen; die Aussicht nach Westen, Nordwesten, Südwesten und Osten ist unversperrt. Deshalb wählte die Palmersche Expedition ohne Zögern den Dschebel Umm-Schumar als Brennpunkt für ihre Vermessung der Halbinsel.

Abb. 156

Der Katharinenberg hätte sich für einen kurzen Luftkorridor nach Baalbek geeignet, aber in Ergänzung zum entfernten Ararat wurde ein deutlicherer weiterer Orientierungspunkt benötigt. Die Anunnaki dürften aus denselben Gründen wie die Palmersche Expedition den Dschebel Umm-Schumar für die Kennzeichnung der südöstlichen Richtung gewählt haben.

Vieles an diesem Berg und seiner Lage ist faszinierend. Erstens einmal bedeutet sein Name »Mutter von Sumer«. Diesen Titel trug Ningal, Sins Gattin, in Ur.

Im Gegensatz zum schwer erreichbaren Katharinenberg liegt der Dschebel Umm-Schumar am Rande des Granitmassivs. Die Sandstrände dort, am Golf von Suez, weisen mehrere heiße Quellen auf. Hat Ascherah deswegen den Winter immer hier verbracht? Von hier aus ist es wirklich nur »ein Eselsritt« bis zum Umm-Schumar – ein Ritt, der in den ugaritischen Texten, die von Ascherahs Besuch bei El auf seinem Berg handeln, lebhaft beschrieben ist.

Nur einige Kilometer von den heißen Quellen entfernt liegt die wichtigste Hafenstadt dieser Küste: *el-Tur.* Der Name bedeutet – auch ein Zufall? – »der Stier«, und das war auch Els Beiname (in den ugaritischen Texten wird er »Stier El« genannt). Dieser Ort war von frühester Zeit an Sinais wichtigster Golfhafen, und es könnte durchaus sein, daß er die Stadt Tilmun (im Unterschied zum Land Tilmun) war, von der sumerische Texte sprechen. Es kann auch der Hafen gewesen sein, den Gilgamesch zu Schiff erreichen wollte, von dem aus sein Freund Enkidu zu den nahen Minen gehen sollte (wo er zu Sklavenarbeit verurteilt worden war), während Gilgamesch weiterzog zu dem »Landungsplatz, wo die *Schems* errichtet werden«.

Die Gipfel des Sinaigebirges, die Aussicht auf den Golf von Suez bieten, haben wunderliche Namen. Der eine heißt »Berg der gesegneten Mutter«, näher beim Umm-Schumar erhebt sich *Teman* (»Südlicher«). Dieser Name läßt an Habakuks Verse denken: »*El* wird kommen von *Teman* ... Bedeckt ist der Himmel von seinem Glorienschein; sein Glanz erfüllt die Erde ... Das *Wort* geht vor ihm, Strahlen sprühen von unten aus; er *bleibt stehen, die Erde zu messen.*«

Bezieht sich der Prophet auf den Berg, der immer noch diesen Namen trägt, auf den *Teman*, den südlichen Nachbarn der »Mutter von Sumer«? Da kein anderer Berg diesen Namen trägt, ist die Identifizierung einleuchtend.

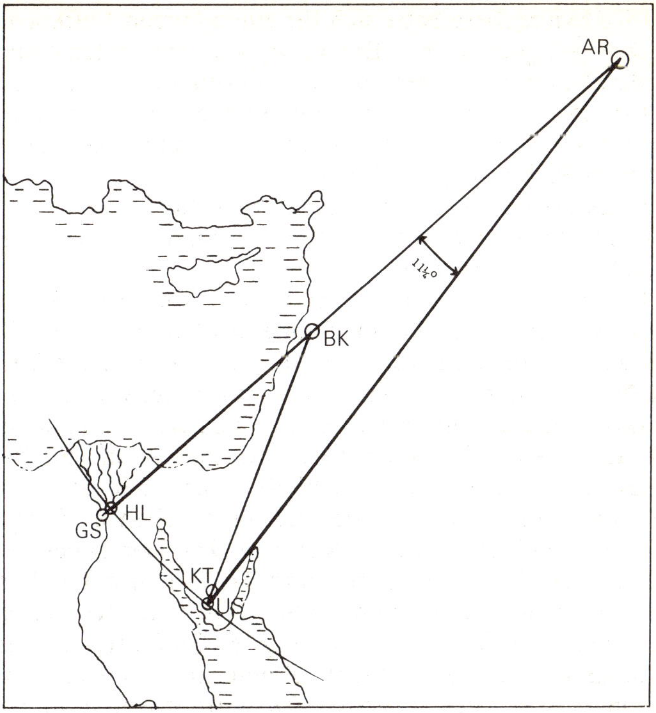

Abb. 157

Paßt der Umm-Schumar zu dem Luftkorridor und dem Netzwerk heiliger Stätten der Anunnaki?
Dieser Berg dürfte den Katharinenberg ersetzt haben, nachdem der endgültige Luftkorridor ausgearbeitet worden war, und zwar für die südöstliche Linie vom Ararat aus. Wie aber verlief dann die nordwestliche Linie?
Es ist sicher kein Zufall, daß *Heliopolis* dort erbaut wurde, wo die Stadt früher lag, nämlich auf der ursprünglichen Ararat-Baalbek-Giseh-Linie. Aber sie liegt so, daß sie vom Ararat gleich weit entfernt ist wie der Umm-Schumar! Vermutlich wurde die Lage bestimmt, indem man die Entfernung zwischen Ararat und Umm-Schumar maß und dann einen gleich weit entfernten Punkt auf der Ararat-Baalbek-Giseh-Linie anzeichnete (Abb. 157).
Wenn man das erstaunliche Netzwerk natürlicher und künstlicher Gipfel betrachtet, das die Anunnaki ihrem Luftverkehrs- und Kommunikationsnetz einverleibt haben, muß man sich fragen, ob ihnen

nur Höhe und Form als Signale gedient haben. Waren die Berge nicht auch mit irgendwelchen Instrumenten ausgerüstet?
Als man die beiden engen Schächte bei den Kammern der Großen Pyramide entdeckte, glaubte man zuerst, sie wären dazu benutzt worden, den Dienern des Pharaos, die angeblich mit dem toten König lebendig eingemauert worden waren, Nahrung zukommen zu lassen. Als Vyses Arbeiter den nördlichen Zugang zur »Königskammer« ausräumten, füllte er sich sofort mit Luft, und seither spricht man von »Luftschächten«. Überraschenderweise wurde diese Erklärung von geachteten Wissenschaftlern in den »Mitteilungen des Instituts für Orientforschung der Deutschen Akademie der Wissenschaften zu Berlin« abgelehnt. Obwohl die Wissenschaftler nicht willens waren, von der Theorie, die Pyramiden seien Gräber gewesen, abzulassen, vertraten Virginia Trimble und Alexander Badawy 1964 die Ansicht, die »Luftschächte« hätten astronomische Funktion gehabt, da sie »um 1° auf den Polarstern ausgerichtet sind«. Zweifellos muß die Ausrichtung der Schächte vorausbestimmt worden sein, und es gibt auch zu denken, daß die Temperatur in der »Königskammer« – nachdem Luft eingedrungen ist – stets auf 20°C bleibt, ganz gleich, was für Wetter draußen ist. Alle diese Befunde bekräftigen die Ansicht des Geographen und Archäologen E. F. Jomard (der Napoleons wissenschaftlicher Gruppe angehörte), der erklärte, die »Königskammer« und ihr »Sarkophag« seien nicht als Bestattungsort zu betrachten, sondern als Aufbewahrungsort für Meßinstrumente, die auch heute noch in Räumen aufbewahrt werden, wo es keine Schwankungen der Temperatur und der Luftfeuchtigkeit gibt.
Natürlich konnte sich Jomard damals – 1824 – keine empfindlichen Kontrollinstrumente für die Raumfahrt vorstellen, ebensowenig wie Weltmaßeinheiten. Aber wir können es.
Viele Forscher, die über den Zweck der fünf niedrigen Kammern über der »Königskammer« nachgedacht haben, glauben, man habe sie eingebaut, um den Druck auf die Kammer zu verringern. Aber das ist in der »Kammer der Königin«, auf der noch viel mehr Steinmassen lasten, ohne »Entlastungskammern« erreicht worden. Als sich Vyse und seine Arbeiter in den Kammern befanden, hörten sie zu ihrer Verwunderung jedes Wort, das in der Pyramide gesprochen wurde. Als Flinders Petrie die »Königskammer« und den steinernen »Sarg« genau untersuchte, stellte er fest, daß beide in Übereinstimmung mit den Abmessungen vollkommener Pythagoreischer

Dreiecke eingebaut waren. Um den Sarg aus einem festen Steinblock herauszuschneiden, benötigte man seiner Schätzung nach eine Säge mit meterlangen, diamantbesetzten Zähnen. Diamantbesetzte Bohrer mußten mit einem Druck von zwei Tonnen angesetzt werden. Wie all das bewerkstelligt werden sollte, war ihm schleierhaft. Wozu hatte der Sarg gedient? Er hatte nirgends eine Öffnung, und wenn man daran schlug, ergab sich ein tiefer, glockenähnlicher Laut, der durch die Pyramide widerhallte. Das war übrigens schon früher berichtet worden. Hatten die »Königskammer« und ihr »Sarg« vielleicht für akustische Signale oder als Echokammer gedient?

Heute werden vom Kontrollturm des Flughafens elektronische Signale gegeben, die sich im Cockpit der anfliegenden Maschine wie ein angenehmes Summen anhören, aber in ein alarmierendes Piepen umschlagen, wenn sie vom Kurs abweicht. Es ist mit Sicherheit anzunehmen, daß nach der verheerenden Sintflut so bald wie möglich neue Kontrollinstrumente auf die Erde gebracht wurden. Die ägyptische Darstellung der göttlichen Seilhalter (Abb. 121) deutet an, daß »strahlende Steine« an beiden Verankerungspunkten des Luftkorridors installiert waren. Die verschiedenen Kammern in der Pyramide dienten vermutlich zur Aufbewahrung dieser Kontroll- und Kommunikationsgeräte.

War *Schad El* – »Els Berg« – ebenso ausgerüstet?

In den ugaritischen Texten kommt immer wieder der Ausdruck »in Els *Schad* eindringen« vor, wenn das Kommen und Gehen der Götter »in seinen sieben Kammern« beschrieben wird. Demnach waren diese Kammern *im* Berg – genau wie die Kammern im künstlichen Berg der Großen Pyramide.

Geschichtsschreiber der ersten Jahrhunderte n. Chr. berichten, daß die Bewohner des Sinais und der angrenzenden Gebiete von Palästina und Nordarabien den Gott *Duschara* (»Herr der Berge«) und seine Gattin *Allat* (»Mutter der Götter«) anbeteten. Das waren natürlich El und seine Gattin Ascherah. Der heilige Gegenstand Duscharas ist glücklicherweise auf einer Münze abgebildet, die der römische Gouverneur dieser Provinzen geprägt hat (Abb. 158). Er gleicht auffallend den rätselhaften Kammern in der Großen Pyramide: eine schräge Treppe (aufwärts führende Galerie) führt zu einer Kammer zwischen massiven Steinen (Königskammer). Darüber sind durch eine Reihe von Steinen die »Entlastungskammern« der Pyramide dargestellt.

Abb. 158

Da die aufwärts führenden Gänge der Großen Pyramide – die einzigartig sind – dicht verstopft waren, als Al Mamuns Arbeiter eindrangen, erhebt sich die Frage: Wer hat die innere Konstruktion der Pyramide gekannt und sie nachgeahmt? Darauf gibt es nur eine Antwort: Die Erbauer der Pyramide hatten davon Kenntnis. Nur sie waren imstande, derartige Bauten auch woanders, etwa bei Baalbeck, zu schaffen.
Und so kam es, daß die Bewohner der nördlichen Hälfte der Halbinsel, obwohl der Gesetzgebungsberg woanders stand, die Erinnerung an die heiligen Berge im südlichen Gebirge der Halbinsel von Generation zu Generation überlieferten. Es waren die Berge, die wegen ihrer Höhe und Lage kraft der darin installierten Instrumente den »Wolkenreitern« als Signale dienten.

Als der erste Raumflugzeughafen in Mesopotamien angelegt wurde, verlief der Flugweg an der Mittellinie eines pfeilartigen Korridors entlang. Lichtsignale gingen von den beiden Außenlinien aus; die Einsatzkontrolle lag am mittleren Flugweg. Von diesem Ort aus ergingen die Anweisungen an die Raumfähren, und hier war die Information über die Umlaufbahnen der Planeten und der Raumschiffe gespeichert.
Dieser Ort war Nippur (»Ort der Überquerung«). Das geheiligte Gebiet unterstand der alleinigen Herrschaft des Gottes Enlil, es hieß KI.UR (»Erdenstadt«). In der Mitte erhob sich auf einer künstlich errichteten Plattform der DUR.AN.KI (»Band zwischen Himmel und Erde«), der in den sumerischen Texten als »bis zum Himmel reichender Pfeiler« beschrieben wird. Diesen Pfeiler benutzte Enlil, »um das Wort himmelwärts zu richten«.
Daß alle diese Ausdrücke sumerische Umschreibungen für Antennen und Fernsprechanlagen sind, ist aus der piktographischen Schreibweise des Namens Enlil zu ersehen: Er setzte sich aus An-

tennen und einem Kommunikationsgerät zusammen (Abb. 52).
In Enlils »erhabenem Haus« gab es eine verborgene, geheimnisvolle Kammer, DIR.GA genannt (wörtlich: »dunkle, kronenartige Kammer«). Ihre Bezeichnung läßt an die verborgene, geheimnisvolle Kammer in der Großen Pyramide denken. Im DIR.GA bewahrten Enlil und seine Helfer die lebenswichtigen »Tafeln der Geschicke« auf, in denen Informationen über Planetenbahnen und Raumflüge gespeichert waren. Einmal stahl ein Gott, der wie ein Vogel fliegen konnte, diese Tafeln:

»Aufgehoben waren göttliche Formeln,
Stille verbreitete sich allenthalben.
Der Glanz des Heiligtums war dahin.«

Im DIR.GA wurden auch die Himmelskarten und die Konstruktionspläne der astronautischen Apparaturen aufbewahrt. Es war eine Kammer:

»So geheimnisvoll wie der ferne Äther,
wie der Zenit des Himmels.
Unter den Emblemen ...
die Embleme der Sterne.
Die Worte werden geäußert,
die Worte sind gnädige Orakel.«

Ein Kontrollzentrum gleicht demjenigen, das im vorsintflutlichen Mesopotamien den Anflug der Raumfähren geleitet hatte, mußte auch für den Raumflughafen im Sinai geschaffen werden. Und wo? In *Jerusalem.*
Den Juden, Christen und Moslems gleichermaßen heilig, hat diese Stadt etwas unerklärlich Geheimnisvolles. Jerusalem war schon eine heilige Stadt, bevor König David sie zu seiner Hauptstadt machte und Salomo hier dem Herrn einen Tempel baute. Als Abraham zu ihrem Tor kam, war sie längst die Feste »Els, des Höchsten, des Gerechten von Himmel und Erde«. Ihr frühester bekannter Name war *Ur-Schalem* (»Stadt des vollkommenen Kreislaufs«), ein Name, der an eine Verbindung mit Kreislaufbahnen oder mit dem Gott der Planetenbahnen denken läßt. Die Frage, wer *Schalem* gewesen sein mag, haben die Forscher mit verschiedenen Theorien beantwortet; manche führen Enlils Enkelsohn Schamasch an, andere Enlils Sohn Ninib. Unbestritten ist bei allen Theorien, daß Jerusalem im mesopotamischen Pantheon wurzelt.
Von Anfang an war Jerusalem zwischen drei Hügeln angelegt; von Norden nach Süden sind es *Zophim, Moria, Zion.* Die Bedeutung

ihrer Namen spricht von ihrer Funktion: Im Norden »Berg der Beobachter«, in der Mitte »Berg des Wegweisens«, im Süden »Berg des Signals«. Obwohl Jahrtausende vergangen sind, werden sie noch immer so genannt.
Auch die Senken Jerusalems tragen vielsagende Namen und Beinamen. Das Tal *Hizzajon* war das »Tal der Vision«, das Tal *Kidron* das »Tal des Feuers«, und im *Hinnomtal* soll es nach einer jahrtausendealten Sage einen Eingang zur Unterwelt gegeben haben, den eine Rauchsäule zwischen zwei Palmen bezeichnete. Das *Repha'imtal* wurde nach den göttlichen Heilern benannt, die laut den ugaritischen Texten der Göttin Schepesch unterstanden. In aramäischen Übersetzungen des Alten Testaments heißen sie »Helden«; in der ersten griechischen Übersetzung des Alten Testaments ist es das Tal der *Titanen.*
Von den drei Hügeln Jerusalems war Moria der heiligste Berg. In der Genesis heißt es ausdrücklich, daß Abraham, als der Herr ihn auf die Probe stellen wollte, mit Isaak zum Berg Moria geführt wurde, um dort das Brandopfer zu bringen. Nach jüdischer Überlieferung erkannte Abraham den Berg von weitem: »Er sah darauf eine Feuersäule, die von der Erde bis zum Himmel reichte, und eine schwere Wolke, auf der die Gloriole des Herrn zu sehen war.«
Auf der großen Plattform auf dem Moria, bekannt als Tempelberg, steht jetzt der berühmte sogenannte Felsendom, eine herrliche Moschee (Abb. 159).
Der erste Tempel wurde von König Salomo auf dem Moria erbaut, an einer Stelle, die ihm nebst genauen Anweisungen vom Herrn angegeben worden war. Das Allerheiligste wurde auf einem großen Felsen errichtet (oder war von ihm umgeben), dem seit unvordenklicher Zeit heilige und magische Eigenschaften zugeschrieben wurden. Der Innenraum war mit lauterem Gold überzogen; zwei große Cherube (geflügelte sphinxähnliche Wesen) wurden ebenfalls aus Gold angefertigt; sie standen in der Mitte des innersten Tempelraums und hielten ihre Flügel so ausgebreitet, daß der Flügel des einen die eine Wand und der des zweiten die andere Wand berührte, während ihre inneren Flügel einander berührten. Zwischen ihnen stand die Bundeslade, von der aus der Herr zu Moses in der Wüste gesprochen hatte. Das vollständig von der Außenwelt abgeschirmte Allerheiligste wird im Alten Testament *Dwir* (wörtlich: »Sprecher«) genannt.
Die Annahme, daß Jerusalem ein »göttliches Kommunikationszen-

trum« war, wo »glänzende Steine« gehütet wurden, und von wo das Wort oder die Stimme des Herrn ins Weite ausgestrahlt wurde, ist nicht so absurd, wie es scheinen mag. Im Alten Testament kommen Hinweise darauf vor. Ja, diese Fähigkeit des Herrn und die Wahl Jerusalems als Standort für eine Kommunikationszentrale erklären die Zeugnisse von Jahwes und Jerusalems Übermacht.

»Ich will den Himmeln antworten, und sie werden der Erde antworten«, hat der Herr dem Propheten Hosea versichert. Amos weissagte: »Jahwe wird von Zion brüllen; von Jerusalem wird Seine Stimme ertönen.« Und der Psalmist sagte, wenn der Herr aus Zion spräche, würden seine Worte vom einen Ende der Erde bis zum anderen und auch im Himmel gehört:

»Zu den Göttern hat Jahwe gesprochen,
und zur Erde hat Er aus dem Osten bis zum Westen gerufen ...
Zu den Himmeln oben wird Er rufen und zur Erde.«

Baal, der Beherrscher der Anlagen in Baalbek, rühmte sich, seine Stimme könne in Kadesch gehört werden, dem Tor zum Sitz der Götter in der »Wildnis« des Zentralsinais. Der 29. Psalm, in dem die Orte auf Erden aufgezählt werden, die die Stimme des Herrn von Zion erreicht, nennt sowohl Kadesch als auch den Ort der Zedern (Baalbek):

»Die Stimme des Herrn ist über den Wassern ...
Die Stimme des Herrn zerbricht die Zedern ...
Die Stimme des Herrn wird in der Wildnis ertönen ...
Jahwe wird die Wildnis von Kadesch erzittern lassen.«

Die Fähigkeiten, die Baal erwarb, als er in Baalbek die »glänzenden Steine« errichtete, werden in den ugaritischen Texten folgendermaßen umschrieben: Er konnte »eine Lippe an die Erde legen und die andere an den Himmel«. Das Symbol für diese Kommunikationsmittel waren, wie wir gesehen haben, die Tauben. Sowohl der Symbolismus als auch die Terminologie kommen in den Versen des 68. Psalms zum Ausdruck, der die Ankunft des fliegenden Herrn beschreibt:

»Singet dem Herrn, singet seinem *Schem*,
macht Platz dem Wolkenreiter ...
Der Herr wird das Wort sprechen
und die Orakel eines Heeres vernichten.
Könige von Armeen werden flüchten und entfliehen;
Wohnung und Haus werden in Schutt fallen,
auch wenn sie zwischen den beiden Lippen liegen

und den Tauben, deren Schwingen mit Silber überzogen sind,
deren Flügelspitzen grünlichgolden sind . . .
Der Wagen des Herrn ist mächtig,
er ist von Jahrtausenden her;
darin ist der Herr vom heiligen Sinai gekommen.«

Der »glänzende Stein« von Jerusalem – »ein Stein, der Zeuge ist«, »ein Prüfstein« nach den Worten der Propheten – wurde in einer unterirdischen Kammer aufbewahrt. Das erfahren wir in einer Klage über die Zerstörung Jerusalems, als der Herr seinem Volk zürnte:

»Der Palast war verlassen von den Menschen der Stadt;
verlassen ist der Gipfel des Berges Zion
und der Prüfer, der Zeugnis ablegt.
Die Höhle des ewigen Zeugnisses
ist ein Tummelplatz für wilde Esel,
eine Weide für Herden.«

Nach dem Wiederaufbau des Tempels in Jerusalem verheißen die Propheten: »Das Wort Jahwes wird von Jerusalem aus ergehen.« Jesaja, der das Versprechen des Herrn übermittelt, versichert dem Volk, daß nicht nur der »Prüfstein«, sondern auch die »Meßfunktionen« wieder in Betrieb gesetzt werden sollen:

»Sehet, ich werde in Zion einen Stein fest errichten,
einen Prüfstein, einen seltenen und erhabenen Eckstein,
der felsenfest gegründet ist.
Der, welcher glaubt, wird nicht ohne Antwort bleiben.
Gerechtigkeit wird meine Richtschnur sein,
Gerechtigkeit wird mein Maß sein.«

Ähnliche Aussprüche im Neuen Testament, die das »neue« Jerusalem betreffen und betonen, es werde wieder der Sitz eines Hauptecksteins sein, haben einige Forscher folgern lassen, der Eckstein in der Bibel sei ein Pyramidion gewesen. Die Worte der Propheten und der Apostel bezögen sich nicht auf einen Grundstein, sondern auf einen vieleckigen Apexstein. Edwin E. Le-Bas sah eine deutliche Parallele zwischen dem von Jesaja beschriebenen Stein und dem *Ben-Ben* in Heliopolis.

Gab es eine derartige Verbindung zwischen Jerusalem und Heliopolis?

Um als Kontrollzentrale zu dienen, mußte Jerusalem – wie auch Nippur – an der langen Mittellinie des Korridors an einem Schnittpunkt liegen. Die vielen Legenden bestätigten die Funktion der

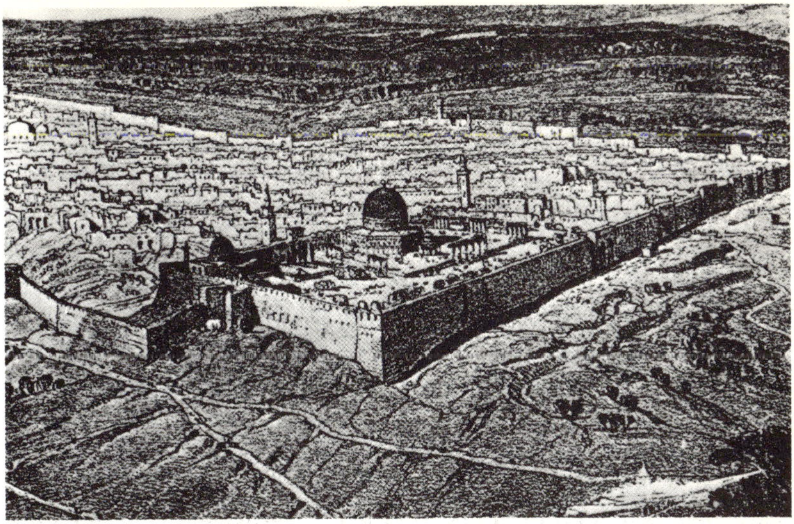

Abb. 159

Stadt, und zweifellos bezeichnet der heilige Felsen das geodäsische Zentrum.

Nach jüdischer Überlieferung galt Jerusalem als »Nabel der Welt«, was ja bedeutet, daß es eine Kommunikationszentrale war, von der »Schnüre« zu anderen Verankerungspunkten des Luftkorridors gezogen wurden. Es geschah also nicht zufällig, daß die Hebräer den heiligen Felsen *Eben Schethia* nannten, was nach jüdischen Legenden »Stein, aus dem das Wort gewoben war« bedeutet haben soll. Der Ausdruck *scheti* hat tatsächlich mit Weberei zu tun: Er bezeichnet den Kettfaden des Webstuhls. Ein passender Ausdruck für einen Stein, der die genaue Stelle bezeichnet, von der aus die göttlichen Fäden die Erde wie ein Spinnennetz bedeckten.

Doch so einleuchtend alle diese terminologischen und legendären Belege auch sein mögen, entscheidend ist die Frage: Lag Jerusalem tatsächlich auf der Mittellinie des Luftkorridors, dessen Außenlinien den Ararat mit den Pyramiden von Giseh und dem Dschebel Umm-Schumar verbanden?

Die Antwort lautet entschieden: Ja. Jerusalem liegt genau auf dieser Linie!

Wie bei den Pyramiden von Giseh finden wir auch bei diesem Luftkorridor erstaunliche Ausrichtungen und Triangulationen.

Jerusalem liegt nämlich auch genau dort, wo die Baalbek-Katharinenberg-Linie die Mittellinie des Flugkorridors schneidet.
Heliopolis ist von Jerusalem gleich weit entfernt wie vom Dschebel Umm-Schumar.
Die Diagonalen zwischen Jerusalem und Heliopolis einerseits und dem Umm-Schumar andrerseits bilden einen Winkel von genau 45° (Abb. 160).
Diese Verbindungen zwischen Jerusalem, Baalbek (Gipfel von Zaphon) und Giseh (Memphis) wurden in biblischer Zeit gepriesen:

»Groß ist Jahwe, und geheiligt
in der Stadt unsres Herrn ist sein heiliger Berg.
In Memphis ist Er schön.
Die Freude der ganzen Erde,
des Berges Zion und des Gipfels von Zaphon.«

Irgendwo an dieser Mittellinie, an der »Jerusalem-Linie«, muß der

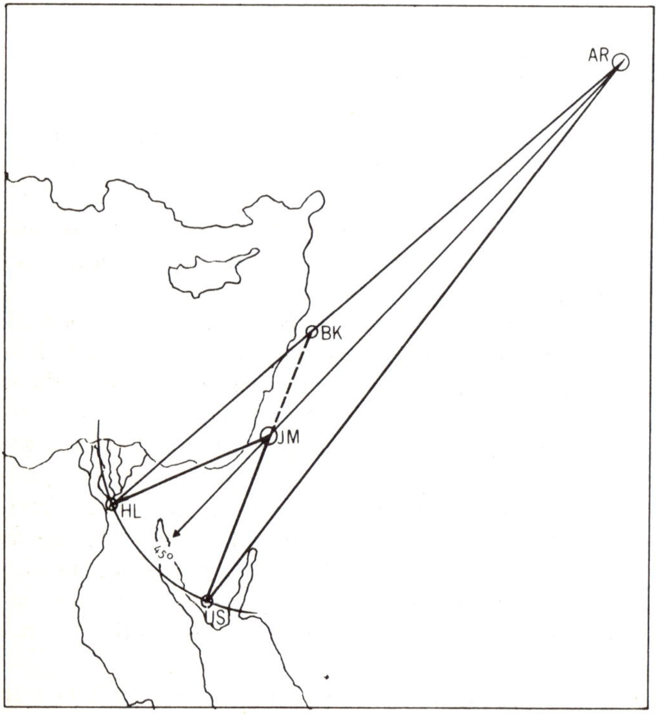

Abb. 160

Raumflughafen gelegen haben. Dabei spielt eine Trennlinie mit, die wir heute den dreißigsten Breitengrad nennen.
Aus sumerischen astronomischen Texten wissen wir, daß der die Erde umgebende Himmel geteilt wurde, um den nördlichen »Weg« (Enlil zugeschrieben) durch ein breites Mittelband, das als »Anus Weg« galt, vom südlichen »Weg« (Ea zugeschrieben) zu trennen. Natürlich ist anzunehmen, daß auch nach der Sintflut, als die Erde in vier Bezirke eingeteilt wurde, der dreißigste Breitengrad als Demarkationslinie zwischen den beiden feindlichen Brüdern diente.
War es bloßer Zufall oder ein absichtsvoller Kompromiß zwischen den beiden Brüdern und ihren feindlichen Nachkommen, daß in jedem der drei Bezirke, die den Menschen zugewiesen worden waren, ihre heilige Stadt auf dem dreißigsten Breitengrad lag? In den sumerischen Texten steht: Als nach der Sintflut »das Königtum vom Himmel auf die Erde kam, war das Königtum in Eridu«. *Eridu* lag beim dreißigsten Breitengrad, so nahe wie es die Sumpflandschaft des Persischen Golfes erlaubte. Obwohl die weltliche Verwaltung von Sumer von Zeit zu Zeit verlegt wurde, blieb Eridu eine heilige Stadt.
Auch im zweiten Bezirk (wo die Nilkultur entstand) wurde die weltliche Hauptstadt ab und zu verlegt. Aber *Heliopolis* – so nahe beim dreißigsten Breitengrad gelegen, wie es das weitverzweigte Delta erlaubte – blieb die heilige Stadt, zu der jeder gläubige Ägypter wallfahrte. Als die dritte Zivilisation folgte, die sogenannte Induskultur, lag die weltliche Hauptstadt an der Küste des Indischen Ozeans, aber ihre heilige Stadt, *Harappa*, meilenweit nördlich davon, genau auf dem dreißigsten Breitengrad.
Der dreißigste Breitengrad behielt seine Bedeutung jahrtausendelang bei. Ungefähr im Jahr 600 v. Chr. erbauten die persischen Könige eine zweite Hauptstadt, die »allen Völkern heilig sein sollte«, und zwar in einer abgelegenen und unbewohnten Gegend. Hier, buchstäblich im Niemandsland, wurde eine große Plattform geschaffen. Darauf errichteten sie Paläste mit prachtvollen Treppenhäusern sowie viele Schreine, alle zu Ehren des Gottes der geflügelten Kugel (Abb. 161). Die Griechen nannten diesen Ort *Persepolis* (»Stadt der Perser«). Sie hatte keine Einwohner; der König und sein Hofstaat kamen nur hierher, um das Neujahrsfest am Tage der Frühlingstagundnachtgleiche zu feiern. Auch sie lag am dreißigsten Breitengrad.
Niemand weiß mit Sicherheit, wann *Lhasa* in Tibet – die heilige

Abb. 161

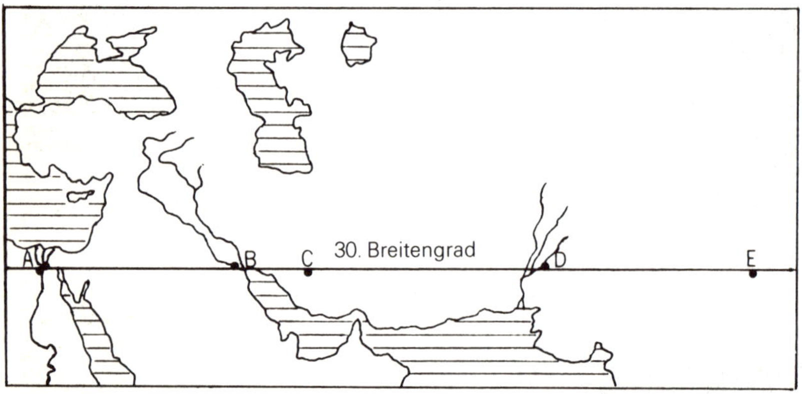

(A) Giseh-Heliopolis (B) Eridu (C) Persepolis (D) Harappa (E) Lhasa

Abb. 162

Stadt der Buddhisten - gegründet worden ist. Tatsache ist jedoch, daß Lhasa - wie Eridu, Heliopolis, Harappa und Persepolis - auf dem dreißigsten Breitengrad liegt (Abb. 162).
Die Heiligkeit des dreißigsten Breitengrades muß zu den Ursprüngen zurückverfolgt werden: Als Standort für die Pyramiden von Giseh bestimmten die Erbauer den dreißigsten Breitenkreis. Können die Götter das Sakrileg oder die Neutralität des dreißigsten Breitengrades aufgegeben haben, als sie ihre wichtigste Installation - den Raumflughafen - in ihrem eigenen Bezirk, dem vierten, auf der Halbinsel Sinai anbrachten?

Hier nun müssen wir die Erklärung beim letzten Rätsel von Giseh suchen, beim großen Sphinx. Er hat den Körper eines kauernden

Abb. 163

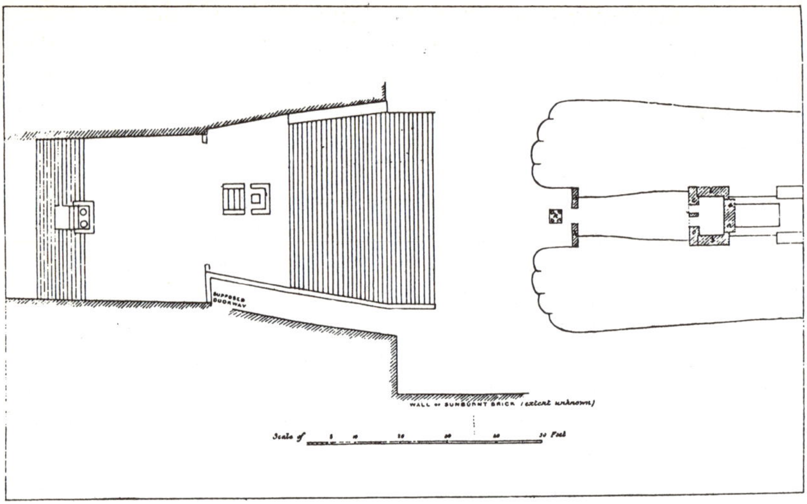

Abb. 164

Löwen und einen Männerkopf mit königlichem Kopfschmuck (Abb. 163). Wann und von wem ist er geschaffen worden? Zu welchem Zweck? Wen versinnbildlicht er? Und warum liegt er ganz allein?

Der Fragen sind viele, der Antworten sehr wenige. Aber eines ist sicher: *Sein Blick ist ostwärts gerichtet, längs des dreißigsten Breitenkreises.* Auch die umliegenden Bauwerke sind so ausgerichtet (Abb. 164).

Weil der Sphinx seinen Standort unweit des Weges zur Zweiten Pyramide hat, fanden die Gelehrten keine andere Erklärung als die, Chefren habe ihn geschaffen, der »Erbauer« der Zweiten Pyramide, und folglich stelle der Sphinx ihn dar. Diese Ansicht entbehrt jeglicher sachlichen Grundlage, aber sie hat sich in den Lehrbüchern erhalten, obwohl E. A. Wallis Badge, Kurator der ägyptischen und assyrischen Altertümer im Britischen Museum schon 1904 in seinem unvergleichlichen Buch über die Götter der alten Ägypter schrieb: »Dieses wunderbare Baudenkmal gab es bereits zur Zeit von Cha-f-ra oder Chefren; aber wahrscheinlich ist es noch viel, viel älter und datiert aus dem Ende der archaischen Periode.«

Wie die Stele, die Chufu sich als Denkmal errichtet hat, bezeugt, stand der Sphinx aber schon zur Zeit Chufus, der Chefrens Vorgänger war.

Wie auch mehreren Pharaonen nach ihm ist Chufu das Verdienst zuzuschreiben, den Sand vom Sphinx entfernt zu haben. Auch das beweist, daß die Figur schon zu Chufus Zeit ein altes Monument war. Welcher frühere Pharao hat sie denn geschaffen und ihr sein eigenes Gesicht gegeben?
Die Antwort: Der Sphinx stellt gar keinen Pharao dar, sondern einen Gott, und er wurde nicht von einem König geschaffen, sondern aller Wahrscheinlichkeit nach von den Göttern selbst.
Als Napoleon und seine Begleiter den Sphinx sahen, ragten nur Kopf und Schultern aus dem Sand hervor; so wurde er im neunzehnten Jahrhundert abgebildet. Es bedurfte wiederholter und systematischer Ausgrabungen, die Kolossalfigur zu enthüllen und bestätigt zu finden, was alte Historiker geschrieben hatten: Sie ist aus einem natürlichen Felsen herausgehauen. Obwohl sie auf drei Seiten von einer Schutzmauer umgeben war, bedeckte der Sand immer wieder den größten Teil des Körpers, ebenso die Tempel, Heiligtümer und Stelen, die hier in uralter Zeit errichtet worden waren.
Kein anderer als Giovanni Battista Caviglia, den später Oberst Vyse in Giseh entließ, hatte 1816–1818 nicht nur einen großen Teil des Körpers und der ausgestreckten Vorderbeine des Sphinx freigelegt, sondern auch die Tempel, Heiligtümer, Altäre und Stelen, die vor ihm errichtet waren.
Als er das Gebiet vor dem Sphinx freilegte, entdeckte Caviglia eine Plattform, die sich zu beiden Seiten des Sphinx, besonders aber in östlicher Richtung ausdehnte. Bei Ausgrabungen etwa 30 m östlich des Sphinx stieß er auf eine Treppe von 30 Stufen, auf deren oberstem Absatz sich Überreste befanden, die einer Kanzel ähnelten. Am östlichen Ende des Treppenabsatzes entdeckte man in einem Abstand von ca. 12 m eine weitere Treppe mit 13 Stufen, die in der Höhe des Kopfes des Sphinx endete.
Dort befand sich ein Unterbau, der zwei Säulen trug, die so ausgerichtet waren, daß der ostwärts gerichtete Blick des Sphinx genau zwischen den beiden Säulen hindurchfiel (Abb. 165).
Griechische Eroberer und römische Kaiser setzten die Tradition der Pharaonen fort, indem sie dem Sphinx huldigten und Inschriften hinterließen. Die Inschriften zeugen von dem Glauben (der sich bis zur Zeit der Araber fortsetzte), daß der Sphinx ein Werk der Götter sei, dazu geschaffen, eine zukünftige Ära des Friedens anzukündigen. Eine Inschrift des sattsam bekannten Kaisers Nero nennt den Sphinx »*Armachis*, Aufseher und Retter«. In einer anderen In-

Abb. 165

schrift, aus dem zweiten Jahrhundert n. Chr., ist er der »heilige Führer«. Weiter heißt es darin: »Deine gewaltige Gestalt ist das Werk der unsterblichen Götter.«
In seiner Gedenkstele nennt Chufu den Sphinx »Hüter des Äthers, der die Winde mit seinem Blick leitet«. Er bezeichnet die Figur deutlich als das Bild eines Gottes:

»Diese Gestalt des Gottes wird bestehen in Ewigkeit;
immerdar wird das Gesicht wachsam gen Osten gerichtet sein.«

Chufu erwähnt, daß ein sehr alter Bergahorn in der Nähe der Figur beschädigt wurde, »als der Herr des Himmels auf den Ort von *Hor-em-Achet* niederging«. Dieser Name, der »Falkengott des Gesichtskreises« bedeutet, kommt in den Inschriften der Pharaonen am häufigsten vor; weitere Namen sind *Ruti* (»Löwe«) und *Hul* (vielleicht »Ewiger«).
Zur Zeit der Pharaonen wurde angenommen, der Sphinx – obwohl aus Stein gehauen – könne hören und sprechen. In der Inschrift auf einer Stele (Abb. 166), die Thutmosis zwischen den Löwentatzen errichtet hat, sagt der König, der Sphinx habe zu ihm gesprochen und ihm eine lange und glückhafte Regierung verheißen, wenn er den Sand beseitigte, der den Sphinx am Gebrauch seiner Glieder hinderte. Als Thutmosis – so berichtet er – eines Tages außerhalb von Memphis auf die Jagd ging, geriet er auf »die heilige Straße der Götter«, die von Heliopolis nach Giseh führte. Müde legte er sich in den Schatten des Sphinx, an einer Stelle, die laut Thutmosis »herrlicher Ort des Zeitbeginns« hieß. Als er bei diesem »sehr großen Bildnis des Schöpfers« einschlief, hob der Sphinx zu sprechen an und stellte sich mit den Worten vor: »Ich bin dein Ahne *Hor-em-Achet*, der von Ré-Aten geschaffen worden ist.«

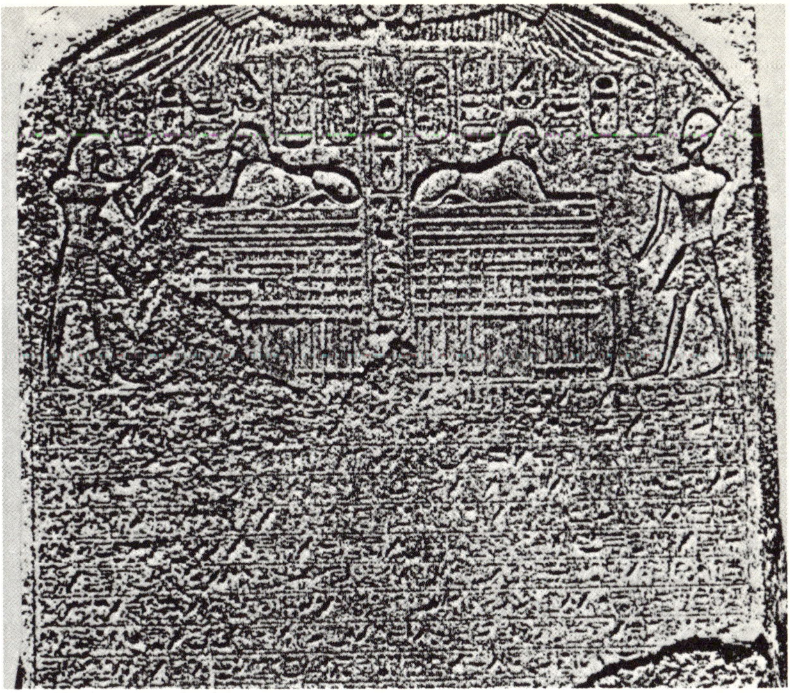
Abb. 166

Aus zahlreichen Begräbnistexten geht hervor, daß der Sphinx als der »heilige Führer« betrachtet wurde, der die Verstorbenen vom Gestern zum Morgen geleitete. Auf Särgen angebrachte Beschwörungsformeln, die die Reise auf dem »Weg der verborgenen Türen« ermöglichten, deuten an, daß sie bei dem Sphinx ihren Anfang nahm. Der Sphinx wurde angerufen, und Beschwörungen brachten die Gewißheit: »Der Herr der Erde hat befohlen, der Doppelsphinx hat es wiederholt.« Die Reise begann, wenn *Hor-em-Achet* – der Sphinx – gesprochen hatte: »Geh vorbei!« Zeichnungen im »Buch der zwei Wege« zeigen an, daß es vom Ausgangspunkt in Giseh zwei Wege gab, auf denen der *Duat* erreicht werden konnte.
Oft wurde der Sphinx als »heiliger Führer« der Himmelsbarke dargestellt, und zwar wie auf der Stele des Pharaos Thutmosis (Abb. 166) in Gestalt eines Doppelsphinx, der die Himmelsbarke vom »Gestern« zum »Morgen« leitet. In dieser Rolle wurde er mit dem im unterirdischen Gebiet verborgenen Gott verknüpft, und als sol-

cher erscheint er symbolisch neben der hermetisch versiegelten Kammer des Gottes Seker im *Duat* (s. Abb. 19).
In der Tat, die Inschriften auf den Pyramiden und das Totenbuch nennen den Sphinx den »Großen Gott, der die Tore der Erde öffnet«, was annehmen läßt, daß der Sphinx in Giseh, der »den Weg angibt«, ein Gegenstück nahe bei der Himmelsleiter hatte, das »die Tore der Erde öffnet«. Vielleicht läßt sich nur damit eine archaische Abbildung (die sonst unerklärlich bleibt) auf dem Wege des Pharaos zum Leben nach dem Tod erklären (Abb. 167). Sie beginnt mit dem Symbol eines kauernden Horus, der zum Land der Dattelpalmen blickt, wo sowohl ein ungewöhnliches Fahrzeug mit Baggern oder Kränen als auch eine Struktur, die an die sumerische Darstellung des Namens EN.LIL als eines Kommunikationszentrums erinnert, zu sehen sind (Abb. 52). Ein Gott, der den Pharao grüßt, ein Stier und der Vogel der Unsterblichkeit sind abgebildet, ferner alle möglichen Symbole, und zum Schluß das Zeichen für »Ort« (schräges Kreuz in einem Kreis) zwischen der Himmelsleiter und *einem Sphinx, der in die andere Richtung blickt!*
Die Pyramideninschriften und das Totenbuch nennen den Sphinx den »Großen Gott, der die Tore der Erde öffnet« – der den Weg zur Himmelsleiter zeigt. Eine Stele, errichtet von einem gewissen Paremheb, der in uralter Zeit Restaurierungsarbeiten in der Gegend des Sphinx leitete, weist Verse auf, in denen der Sphinx verherrlicht wird, und die verblüffende Ähnlichkeit mit biblischen Psalmen haben:

Abb. 167

»Heil dir, König der Götter,
Atum, Schöpfer ...
Du erstrecktest die Schnüre für den Plan,
du formtest die Länder ...
Du machtest die Unterwelt geheim.
Die Erde untersteht deiner Führung.
Du machtest den Himmel hoch.
Du bautest dir einen geschützten Ort
mit verborgenem Namen in der heiligen Wüste.
Du steigst am Tage ihnen gegenüber auf ...
Du steigst herrlich auf.
Du überquerst den Himmel bei gutem Wind,
du fährst in der Barke über den Himmel.
Der Himmel jubelt, die Erde stößt Freudenrufe aus.
Die Mannschaft, die Ré untersteht, preist jeden Tag;
er naht im Triumph.«

»Verborgener Name« lautet in diesen Versen *Scheti.t.* Für die hebräischen Propheten war *Scheti* – die Mittellinie des durch Jerusalem führenden Flugwegs – die göttliche Linie, die Richtung, die man beobachten mußte: »Daher ist der Herr vom heiligen Sinai gekommen.«

Für die Ägypter aber war laut dieser Inschrift *Scheti.t* der »Ort mit verborgenem Namen«. Er lag in der »heiligen Wüste« – genau das bedeutet der biblische Ausdruck »Wüste von Kadesch«. Dorthin erstreckten sich die »Schnüre des Planes« vom Sphinx aus.

Es war ein geschützter Ort, der Ort des Aufstiegs. Wer ihn erreichen wollte, mußte sich vom Sphinx leiten lassen. Denn sein Blick ist gegen Osten gerichtet, genau am dreißigsten Breitengrad entlang.

Im Schnittpunkt der Linie von Jerusalem mit dem dreißigsten Breitengrad müssen die Türe des Himmels und der Erde gelegen haben: der Raumflughafen der Götter.

Der Schnittpunkt liegt in der Zentralebene der Halbinsel Sinai. Wie der im Totenbuch abgebildete *Duat* ist die Zentralebene ein von Bergen umgebenes ovales Plateau. Die Berge, die ein weites Tal umgeben, sind durch sieben Pässe voneinander getrennt. Wie im Buch Henoch beschrieben, hat die große Ebene eine natürliche harte Oberfläche, wie geschaffen als Pisten für die Raumfähren der Anunnaki.

Nippur lag im Mittelpunkt konzentrischer Kreise, die vom Raum-

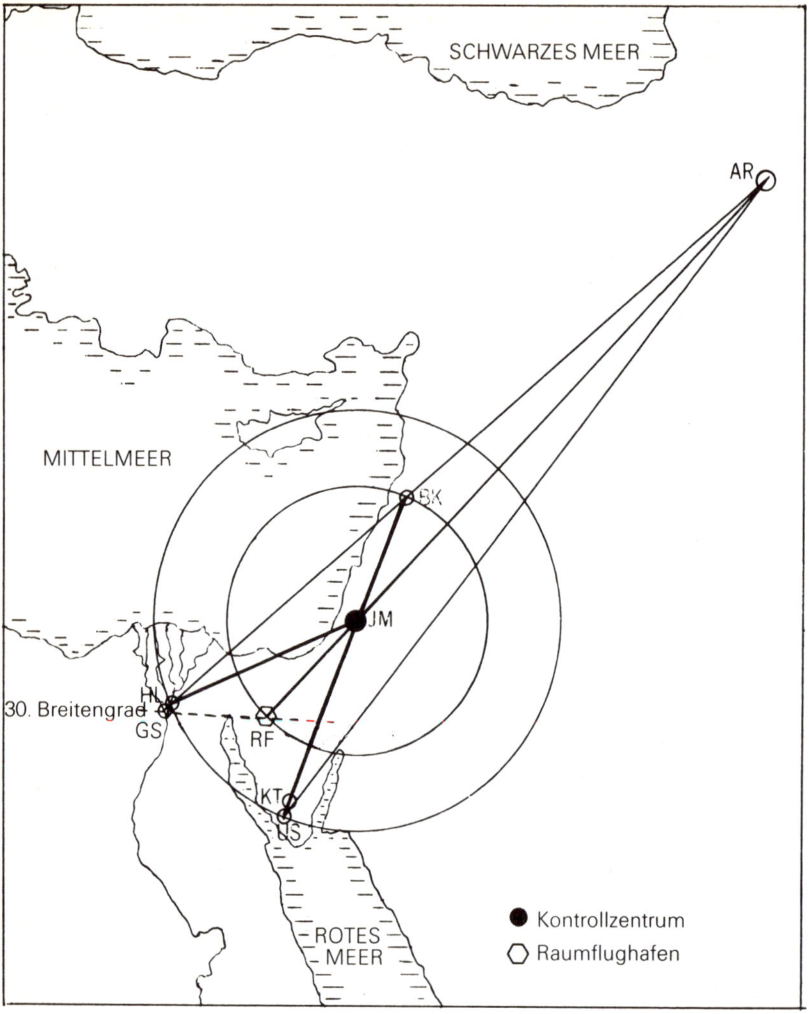

Abb. 168

flughafen in Sippar und anderen wichtigen technischen Anlagen gleich weit entfernt waren. Dasselbe gilt für Jerusalem (Abb. 168):

- Der Raumflughafen (RF) und der Landeplatz von Baalbek (BK) liegen an einem Innenkreis, beide gleich weit von Jerusalem (JM) entfernt.

- Das geodäsische Merkmal Umm-Schumar (US) und das Merkmal Heliopolis (HL) liegen an einem Außenkreis, beide ebenfalls gleich weit von Jerusalem entfernt.

Wenn wir diese Karte betrachten, entfaltet sich vor unseren Augen der meisterhafte Luftkorridor der Anunnaki, und wir staunen über die Genauigkeit und die kunstvolle Verbindung von Geometrie mit den naturgegebenen Landkennungen:

- Die Baalbek-Katharinenberg-Linie und die Jerusalem-Heliopolis-Linie schneiden sich im genauen Winkel von 45° ; die Mittellinie des Flugwegs teilt diesen Winkel in zwei Winkel von genau 22½° ; der große Luftkorridor dagegen hatte genau den halben Winkel (11¼°) inne.
- Der Raumflughafen am Schnittpunkt der Mittellinie des Luftkorridors und des dreißigsten Breitengrades ist von Heliopolis und vom Umm-Schumar gleich weit entfernt.

Wundern wir uns noch, wenn wir feststellen, daß der kunstvolle »Weg der Götter« noch andere heilige Stätten und Orakelsitze umfaßt?

Ist es nur geographischer Zufall, daß Delphi (DL) von der Kontrollzentrale in Jerusalem gleich weit entfernt ist wie vom Raumflughafen in der Zentralebene? Nur Zufall, daß die Linien von Delphi zum Flughafen und von Delphi nach Baalbek im selben Winkel verlaufen und so zwei Flugkorridore zu verzeichnen sind? Nur Zufall, daß die Linien, die Delphi mit Jerusalem und mit der Oase Siwa (SW) verbinden, einen genau gleichen Winkel bilden (Abb. 169)? In Siwa war Amuns Orakel, das Alexander der Große aufsuchte.

Wurden andere heilige Stätten und Orakelsitze in Ägypten wie etwa Theben und Edfu nach Lust und Laune des Königs an einer malerischen Flußbiegung des Nils angelegt, oder absichtlich an einer Stelle, die sich für das Flugnetz eignete?

Wollten wir alle diese Stätten studieren, so würde wahrscheinlich die ganze Erde in Betracht gezogen werden müssen. Aber wußte Baal das nicht schon, als er seine technischen Anlagen heimlich in Baalbek schuf? Sein Ziel war es ja, nicht nur mit den Nachbarländern in Verbindung zu treten und sie zu beherrschen, sondern er hatte es auf die ganze Erde abgesehen.

Auch der biblische Gott muß es gewußt haben; denn als Hiob »Els Wunder« zu enträtseln trachtete, antwortete ihm der Herr aus einem Wettersturm mit Gegenfragen:

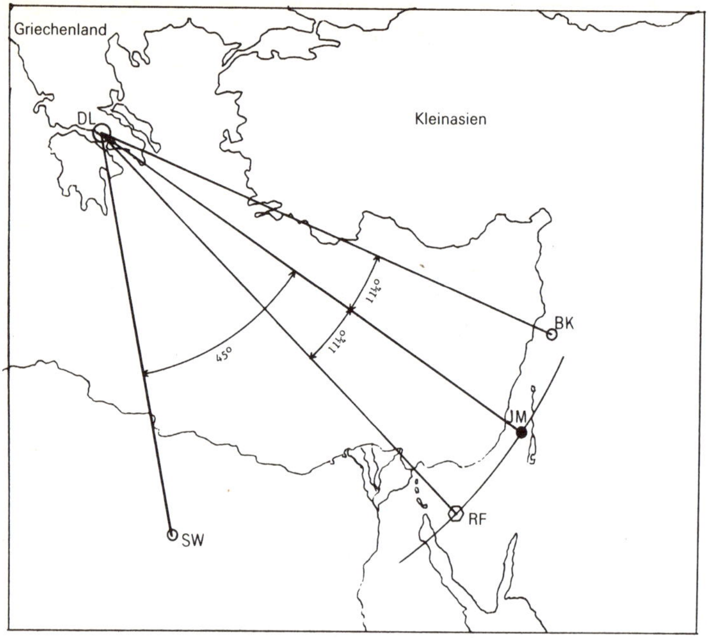

Abb. 169

»Laß mich dich fragen, und antworte du mir:
Wo warst du, als ich die Erde gründete?
Sag, wenn du das Wissen hast:
Wer hat die Erde gemessen, auf daß sie bekannt sei?
Wer hat eine Schnur über sie gespannt?
Wie wurden ihre Plattformen hergestellt?
Wer hat ihre Ecksteine geformt?«

Dann beantwortete der Herr seine Fragen selbst. Alles dies, das Messen der Erde, die Herstellung von Plattformen, das Errichten der Ecksteine, wurde getan

»Als die Morgensterne sich miteinander freuten
und alle Söhne der Götter jauchzten.«

Der Mensch, so klug er auch gewesen sein mag, hat an all dem keinen Anteil gehabt. Baalbek, die Pyramiden, der Raumflughafen – alles war nur für die Götter bestimmt.

Aber der Mensch, ewig auf der Suche nach Unsterblichkeit, hat nie aufgehört, dem Blick des Sphinx zu folgen.

Quellen

Neben den bereits im Text erwähnten liegen folgende Werke diesem Buch als Quellen zugrunde:

1. Monografien

Alouf, M. M.: *History of Baalbek.* 1922.
Amiet, P.: *La Glyptique Mésopotamienne Archaique.* 1961.
Antoniadi, E. M.: *L'Astronomie Égyptienne.* 1934.
Avi-Yonah, M.: *Sefer Yerushalaim.* 1956.
Babelon, E.: *Les Rois de Syrie.* 1890.
–, *Les Collections de Monnais Anciennes.* 1897.
–, *Traité des Monnais Greques et Romaines.* 1901–1910.
Bauer, H.: *Die alphabetischen Keilschrifttexte von Ras Schamra.* 1936.
Borchardt, L.: *Die Entstehung der Pyramide.* 1928.
Bourguet, E.: *Les Ruines de Delphos.* 1914.
Buck, A. de: *The Egyptian Coffin Texts.* 1935–1961.
Budge, E. A. W.: *The Alexander Book in Ethiopia.* 1933.
–, *Cleopatra's Needle.* 1906.
–, *The Egyptian Heaven and Hell.* 1906.
–, *Egyptian Magic.* 1899.
–, *The Gods of the Egyptians.* 1904.
–, *The History of Alexander the Great.* 1889.
–, *The Life and Exploits of Alexander the Great.* 1896.
–, *Osiris and the Egyptian Resurrection.* 1911.
Budge, E. A. W., und King, L. W.: *Annals of the Kings of Assyria.* 1902.
Capart, J.: *Recueil de Monuments Égyptiens.* 1902.
–, *Thebes.* 1926.
Cassuto, M. D.: *Ha'Elah Anath.* 1951.

–, *Perush al Sefer Shemoth.* 1951.
Contenau, G.: *L'Épopée de Gilgamesh.* 1939.
Davis, Ch. H. S.: *The Egyptian Book of the Dead.* 1894.
Delaborde, L.: *Catalogue des Cylindres Orientaux.* 1910.
Delitzsch, F.: *Wo lag das Paradies?* 1881.
Dussaud, R.: *Notes de Mythologie Syrienne.* 1905.
–, *Les Découvertes de Ras Shamra (Ugarit) et l'Ancien Testament.* 1937.
Ebeling, E.: *Reallexikon der Assyriologie.* 1928–1932.
Eckenstein, L.: *A History of Sinai.* 1921.
Emery, W. B.: *Excavations at Saqqara.* 1949–58.
Erman, A.: *Aegypten und Aegyptisches Leben im Altertum.* 1923.
Falkenstein, A.: *Literarische Keilschrifttexte aus Uruk.* 1931.
Faulkner, R. O.: *The Ancient Egyptian Coffin Texts.* 1973.
–, *The Ancient Egyptian Pyramid Texts.* 1969.
Frankfort, H.: *Kingship and the Gods.* 1948.
Frauberger, H.: *Die Akropolis von Baalbek.* 1892.
Friedländer, I.: *Die Chadirlegende und der Alexanderroman.* 1913.
Gaster, Th. H.: *Myth, Legend and Custom in the Old Testament.* 1969.
Gauthier, H.: *Dictionnaire des Noms Geographiques.* 1925.
Ginsberg, L.: *Kitbe Ugarit.* 1936.
–, *The Legends of the Jews.* 1954.
–, *The Ras Shamra Mythological Texts.* 1958.
Gordon, C. H.: *The Loves and Wars of Baal and Anat.* 1943.
–, *Ugaritic Handbook.* 1947.
–, *Ugaritic Literature.* 1949.
Gray, J.: *The Canaanites.* 1965.
Gressmann, E.: *Altorientalische Texte zum alten Testament.* 1926.
Grinsell, L. V.: *Egyptian Pyramids.* 1947.
Heidel, A.: *The Gilgamesh Epic and Old Testament Parallels.* 1946.
Hooke, S. H.: *Middle Eastern Mythology.* 1963.
Hrozny, B.: *Hethitische Keilschrifttexte aus Boghazköy.* 1919.
Jensen, P.: *Assyrisch-Babylonische Mythen und Epen.* 1900.
–, *Das Gilgamesch-Epos in der Weltliteratur.* 1906, 1928.
Jéquier, G.: *Le Livre de ce qu'il y a dans l'Hades.* 1894.
Kazis, I. J.: *The Book of the Gests of Alexander of Macedon.* 1962.
Kees, H.: *Ägyptische Kunst.* 1926.
Kenyon, K. M.: *Jerusalem.* 1967.
Kraeling, F. G. (Hrsg.): *Historical Atlas of the Holy Land.* 1959.

Kramer, S. N.: *Gilgamesh and the Huluppu Tree.* 1938.
–, *Sumerian Mythology.* 1944.
Langdon, S.: *Historical and Religious Texts.* 1914.
–, *The Epic of Gilgamesh.* 1917.
Leonard, W. E.: *Gilgamesh.* 1934.
Lefébure, M. E.: *Les Hypogées Royaux de Thébes.* 1882.
Lepsius, K. R.: *Auswahl der wichtigsten Urkunden des Ägyptischen Alterthums.* 1842.
–, *Königsbuch der Alten Ägypter.* 1858.
Lesko, L. H.: *The Ancient Egyptian Book of the Two Ways.* 1972.
Lipschitz, O.: *Sinai.* 1978.
Luckenbill, D. D.: *Ancient Records of Assyria and Babylonia.* 1926–1927.
Meissner, B.: *Alexander und Gilgames.* 1894.
Mercer, S. A. B.: *Horus, Royal God of Egypt.* 1942.
Meshel, Z.: *Derom Sinai.* 1976.
Montet, P.: *Eternal Egypt.* 1969.
Montgomery, J. A., und Harris, R. S.: *The Ras Shamra Mythological Texts.* 1935.
Müller, C.: *Pseudokallisthenes.* 1846.
Naville, H. E.: *Das ägyptische Totenbuch.* 1886.
Nöldeke, Th.: *Beiträge zur Geschichte des Alexanderromans.* 1890.
Noth, M.: *Geschichte Israels.* 1956.
–, *Exodus.* 1962.
Obermann, J.: *Ugaritic Mythology.* 1948.
Oppenheim, A. L.: *Mesopotamian Mythology.* 1948.
Perlman, M., und Kollek, T.: *Yerushalayim.* 1969.
Perring, J. E.: *The Pyramids of Gizeh from Actual Survey and Measurement.* 1839.
Petrie, W. M. F.: *The Royal Tombs of the First Dynasty.* 1900.
Poebel, A.: *Sumerische Studien.* 1921.
Porter, B., und Moss, R. L. B.: *Topographical Bibliography of Ancient Egypt.* 1951.
Pritchard, James B.: *Ancient Near Eastern Text Relating to the Old Testament.* 1969.
–, *The Ancient Near East in Pictures Relating to the Old Testament.* 1969.
Puchstein, O.: *Führer durch die Ruinen von Baalbek.* 1905.
Puchstein, O., und Lupke, Th. von: *Baalbek.* 1910.

Rawlinson, H. C.: *The Cuneiform Inscriptions of Western Asia.* 1861–1884.
Reisner, G. A.: *Mycerinus: The Temples of the 3rd Pyramid at Gizeh.* 1931.
Ringgren, H.: *Israelitische Religion.* 1963.
Rothenberg, B. und Aharoni, Y.: *God's Wilderness.* 1961.
Rougé, E. de: *Recherches sur les Monuments qu'on peut Attributer aux six premières dynasties de Manethon.* 1866.
Schott, A.: *Das Gilgamesch-Epos.* 1934.
Schrader, E. (Hrsg.): *Keilinschriftliche Bibliothek.* 1889–1900.
Soden, W. von: *Sumerische und Akkadische Hymnen und Gebete.* 1953.
Smyth, C. P.: *Life and Work at the Great Pyramid.* 1867.
Thompson, R. C.: *The Epic of Gilgamesh.* 1930.
Ungnad, A.: *Die Religion der Babylonier und Assyrer.* 1921.
–, *Das Gilgamesch-Epos.* 1923.
–, *Gilgamesch-Epos und Odyssee.* 1923.
Ungnad, A., und Gressmann, H.: *Das Gilgamesch-Epos.* 1919.
Vandier, J.: *Manuel d'Archéologie Égyptienne.* 1951.
Virolleaud, Ch.: *La déesse 'Anat.* 1938.
–, *La légende phénicienne de Danel.* 1936.
Volney, C. F.: *Travels Through Syria.* 1787.
Wainwright, G. A.: *The Sky Religion in Ancient Egypt.* 1938.
Weidner, E. F.: *Keilschrifttexte aus Boghazkoy.* 1916.
Wiegand, Th.: *Baalbek.* 1921–1925.
Woloohjian, A. M.: *The Romance of Alexander the Great by Pseudo-Callisthenes.* 1969.
Zimmern, H.: *Sumerische Kultlieder.* 1913.

2. Beiträge in verschiedenen Ausgaben folgender Zeitschriften

Abhandlungen der Königlichen Akademie der Wissenschaften zu Berlin (Berlin).
Ägyptologische Forschungen (Hamburg–New York).
Der Alte Orient (Leipzig).
American Journal of Archeology (Concord, N.H.).
American Journal of Semitic Languages and Literature (Chicago).
Ametocan Philosophical Society, Memoirs (Philadelphia).

Analecta Orientalia (Rome).
Annales du Musée Guimet (Paris).
Annales du Service des Antiquites de l'Egypte (Cairo).
Annual of the American Schools of Oriental Research (New Haven).
Annual of the Palestine Exploration Fund (London).
Antiquity (Cambridge).
Archaeologia (London).
Archiv für Keilschriftforschung (Berlin).
Archiv für Orientforschung (Berlin).
Archiv Orientālni (Prag).
The Assyrian Dictionary of the Oriental Institute, University of Chicago (Chicago).
Assyriologische Bibliothek (Leipzig).
Assyriological Studies of the Oriental Institute, University of Chicago (Chicago).
Babyloniaca (Paris).
Beiträge zur Ägyptischen Bauforschung und Altertumskunde (Kairo).
Beiträge zur Assyriologie und semitischen Sprachwissenschaft (Leipzig).
Biblical Archaeology Review (Washington).
Bibliotheca Orientalis (Leiden).
British School of Archaeology and Egyptian Research, Account Publications (London).
Bulletin de l'institut français d'archeologie orientale (Cairo).
Bulletin of the American Schools of Oriental Research (New Haven).
Cuneiform Texts from Babylonian Tablets in the British Museum (London).
Egypt Exploration Fund, Memoirs (London).
Ex Oriente Lux (Leipzig).
France: Délégation en Perse, Memoires (Paris).
France: Mission Archéologique de Perse, Memoires (Paris).
Harvard Semitic Series (Cambridge, Mass.).
Hispanic American Historical Review (Durham, N.C.).
Iraq (London).
Imperial and Asiatic Quarterly Review (London).
Institut Français d'Archéologie Orientale, Bibliothèque d'Etude (Cairo).
Institut Français d'Archéologie Orientale, Memoires (Cairo).
Israel Exploration Society, Journal (Jerusalem).

Jahrbuch des Kaiserlich Deutschen Archäologischen Instituts (Berlin).
Jewish Palestine Exploration Society, Bulletin (Jerusalem).
Journal of the American Oriental Society (New Haven).
Journal of Biblical Literature and Exegesis (Philadelphia).
Journal of Cuneiform Studies (New Haven and Cambridge, Mass.).
Journal of Egyptian Archaeology (London).
Journal of Jewish Studies (Oxford).
Journal of Near Eastern Studies (Chicago).
Journal of the Palestine Oriental Society (Jerusalem).
Journal of the Royal Asiatic Society (London).
Journal of Sacred Literature and Biblical Record (London).
Journal of the Society of Oriental Research (Chicago).
Leipziger Semitische Studien (Leipzig).
Mitteilungen der altorientalischen Gesellschaft (Leipzig).
Mitteilungen des deutschen Instituts für ägyptische Altertumskunde in Kairo (Augsburg and Berlin).
Mitteilungen der Deutschen Orient-Gesellschaft (Berlin).
Mitteilungen des Instituts für Orientforschung (Berlin).
Mitteilungen der Vorderasiatisch-Ägyptischen Gesellschaft (Leipzig).
Orientalia (Rome).
Orientalistische Literaturzeitung (Leipzig).
Palestine Exploration Quarterly (London).
Preussische Akademie der Wissenschaften, Abhandlungen (Berlin).
Proceedings of the Society of Biblical Archaeology (London).
Qadmoniot, Quarterly for the Antiquities of Eretz-Israel and Bible Lands (Jerusalem).
Recueil de travaux relatifs à la philologie et à l'archéologie égyptiennes et assyriennes (Paris).
Revue Archéologique (Paris).
Revue d'Assyriologie et d'archéologie orientale (Paris).
Revue Biblique (Paris).
Sendschriften der Deutschen Orient-Gesellschaft (Berlin).
Sphinx (Leipzig).
Studia Orientalia (Helsinki).
Studies in Ancient Oriental Civilizations (Chicago).
Syria (Paris).
Tarbiz (Jerusalem).
Tel Aviv, Journal of the Tel-Aviv University Institute of Archaeology (Tel-Aviv).

Transactions of the Society of Biblical Archaeology (London).
Untersuchungen zur Geschichte und Altertumskunde Ägyptens (Leipzig).
Urkunden des ägyptischen Altertums (Leipzig).
Vorderasiatische Bibliothek (Leipzig).
Die Welt des Orients (Göttingen).
Wissenschaftliche Veröffentlichungen der Deutschen Orient-Gesellschaft (Berlin and Leipzig).
Yale Oriental Series, Babylonian Texts (New Haven).
Yerushalayim, Journal of the Jewish Palestine Exploration Society (Jerusalem).
Zeitschrift für ägyptische Sprache und Altertumskunde (Berlin).
Zeitschrift für die alttestamentliche Wissenschaft (Berlin und Giessen).
Zeitschrift für Assyriologie und verwandte Gebiete (Leipzig).
Zeitschrift der deutschen morgenländische Gesellschaft (Leipzig).
Zeitschrift des deutschen Palästina-Vereins (Leipzig).
Zeitschrift für Keilschriftforschung und verwandte Gebiete (Leipzig).
Zeitschrift für die Kunde des Morgenlandes (Göttingen).